职业能力培养与就业指导

主编　程龙泉

北京理工大学出版社
BEIJING INSTITUTE OF TECHNOLOGY PRESS

内容提要

本书主要内容为两部分，一是职业能力培养，二是就业指导。职业能力培养包括：职业生涯规划、职场基本能力培养、职业适应能力、职场沟通与协作能力、情绪管理能力、时间管理能力等。就业指导包括：大学生就业前的准备、大学生求职策略，涵盖了就业前的政策学习、就业技能训练等内容。

本书以职业素质教育为主线，注重能力的培养，既有理论，又有实践，内容选取贴近实际，具有时代性。

图书在版编目（CIP）数据

职业能力培养与就业指导 / 程龙泉主编. —北京：北京理工大学出版社，2017.5（2023.8重印）
ISBN 978-7-5682-4048-2

Ⅰ.①职…　Ⅱ.①程…　Ⅲ.①职业选择-高等职业教育-教材　Ⅳ.①G717.38

中国版本图书馆 CIP 数据核字（2017）第 109604 号

出版发行 / 北京理工大学出版社有限责任公司
社　　址 / 北京市海淀区中关村南大街 5 号
邮　　编 / 100081
电　　话 /（010）68914775（总编室）
（010）82562903（教材售后服务热线）
（010）68944723（其他图书服务热线）
网　　址 / http：/ / www. bitpress. com. cn
经　　销 / 全国各地新华书店
印　　刷 / 廊坊市印艺阁数字科技有限公司
开　　本 / 787 毫米×1092 毫米　1/16
印　　张 / 18　　　　责任编辑 / 刘永兵
字　　数 / 420 千字　　　　文案编辑 / 刘永兵
版　　次 / 2017 年 5 月第 1 版　2023 年 8 月第 6 次印刷　　　　责任校对 / 周瑞红
定　　价 / 48.00 元　　　　责任印制 / 王美丽

图书出现印装质量问题，请拨打售后服务热线，本社负责调换

前　言

近几年来，我国大学生就业形势发生了较大的变化，一是就业形势越来越严峻，二是对就业者的职业素养要求越来越高，这给高校大学生带来了新的挑战，使他们感到了较大的就业压力，缺乏职业素养、就业能力差的大学生在面临就业时会感到茫然和苦闷，面对职业选择不知所措。党的二十大报告提出："促进高质量充分就业"，要实现更加充分、更高质量就业，抓住重点群体是关键。这就要求高校在注重大学生技能培养的同时，要注重大学生的职业素养的培养和就业能力的提高，使他们学会规划职业生涯，掌握求职基本技能，提高职业素养，为高质量就业和入职后能更好地工作奠定良好的基础。基于此目的，我们编写了本书，全书共分为五章：第一章，认识职业生涯规划；第二章，实施职业生涯规划；第三章，大学生就业前的准备；第四章，大学生求职策略；第五章，职场基本能力培养。栏目设计包括：名人名言、本章学习目标、引例、问题聚焦、核心知识、经典案例、训练活动、知识阅览等。本书由四川机电职业技术学院程龙泉担任主编，杨春城、周百聪、曾雄、樊涛参与了本书的编写。

本书主要阐述了大学生职业生涯规划的意义、内涵，对目前大学生的就业现状和前景进行了分析，描述了如何提高大学生的就业能力及如何进行就业前的心理调适，列举了主要的就业权益保护的相关法律条款，论述了培养大学生职业素养的主要内容。本书以职业素质教育为主线，注重能力的培养，既有理论和案例，又有实际训练的项目，内容选取贴近实际，具有时代性。

由于编者水平及所掌握的资料有限，疏漏或不妥之处难免，我们期待各位同行、专家、学者及广大读者批评指正。

编　者

目　　录

第一章　认识职业生涯规划……1
第一节　职业生涯规划概述……2
【核心知识】……2
一、什么是生涯……2
二、什么是职业生涯规划……3
三、职业生涯规划的主要内容……4
四、职业生涯规划的类型……5
五、职业生涯规划的步骤……6
六、职业生涯规划的基本原则……9
【经典案例】……11
【训练活动】……11
【知识阅览】……13
第二节　职业生涯规划的意义及误区……13
【核心知识】……13
一、大学生活对职业生涯发展的影响……13
二、大学阶段进行职业生涯规划的意义……14
三、大学生职业生涯规划的误区……16
【经典案例】……18
【训练活动】……18
【知识阅览】……19
第三节　职业生涯规划基本理论……19
【核心知识】……20
一、职业选择理论……20
二、舒伯的职业发展理论……24
三、职业决策理论……26
【经典案例】……28
【训练活动】……29
【知识阅览】……30
第二章　实施职业生涯规划……32
第一节　自我评估……33
【核心知识】……33

一、自我认识的方法 …… 33
二、自我探索的方法 …… 35
【经典案例】 …… 56
【训练活动】 …… 58
第二节　外部环境评估 …… 64
【核心知识】 …… 64
一、社会环境因素 …… 64
二、组织环境因素 …… 65
三、个体环境因素 …… 66
四、寻找环境的方法 …… 67
五、利用环境的方法 …… 68
六、职业认知 …… 68
【经典案例】 …… 71
【训练活动】 …… 72
第三节　职业生涯目标确立 …… 73
【核心知识】 …… 73
一、职业生涯目标设定的原则 …… 73
二、目标分解 …… 74
三、目标组合 …… 75
四、制定长远职业生涯目标注意事项 …… 75
五、制定短期职业生涯目标注意事项 …… 76
【经典案例】 …… 77
【训练活动】 …… 77
第四节　职业生涯决策 …… 77
【核心知识】 …… 78
一、职业生涯决策类型 …… 78
二、职业生涯决策的要素 …… 79
三、大学生职业生涯决策中常见的阻碍因素 …… 80
四、职业生涯决策的方法 …… 81
【经典案例】 …… 89
【训练活动】 …… 90
第五节　职业生涯规划书的撰写 …… 91
【核心知识】 …… 91
一、职业生涯规划书的结构 …… 91
二、职业生涯规划书的类型 …… 92
【经典案例】 …… 94
【训练活动】 …… 102
第三章　大学生就业前的准备 …… 103
第一节　就业形势与就业政策分析 …… 104

【核心知识】……104
一、就业形势分析……104
二、就业政策分析……113
【经典案例】……119
【训练活动】……120
【知识阅览】……120
第二节　收集就业信息……121
【核心知识】……121
一、就业信息的种类……121
二、收集就业信息的原则……121
三、收集就业信息的方法……122
四、收集就业信息的途径……122
五、就业信息的整理与利用……124
六、谨防就业信息渠道陷阱……127
【经典案例】……129
【训练活动】……131
【知识阅览】……131
第三节　求职心理困扰与调适……132
【核心知识】……132
一、求职中的常见心理困扰……132
二、大学生求职过程中的心理调适……135
三、其他不良情绪的调节……139
四、良好求职心态培养……139
【经典案例】……143
【训练活动】……144
【知识阅览】……144
第四节　职场礼仪……145
【核心知识】……145
一、职场礼仪的定义……145
二、礼仪的分类……145
三、礼仪的基本原则……146
四、礼仪的作用……147
五、基本礼仪规范……147
【经典案例】……163
【训练活动】……163
【知识阅览】……163
第四章　大学生求职策略……164
第一节　自荐材料……166
【核心知识】……166

一、自荐材料的作用……………………………………………………………… 166
二、自荐材料的特点……………………………………………………………… 166
三、自荐材料的内容……………………………………………………………… 167
【经典案例】 ……………………………………………………………………… 173
【训练活动】 ……………………………………………………………………… 174
【知识阅览】 ……………………………………………………………………… 174
第二节　笔试和面试……………………………………………………………… 175
【核心知识】 ……………………………………………………………………… 175
一、笔试…………………………………………………………………………… 175
二、面试…………………………………………………………………………… 179
【经典案例】 ……………………………………………………………………… 194
【训练活动】 ……………………………………………………………………… 195
【知识阅览】 ……………………………………………………………………… 195
第三节　就业权益与法律保障…………………………………………………… 196
【核心知识】 ……………………………………………………………………… 196
一、就业权益……………………………………………………………………… 196
二、法律保障……………………………………………………………………… 200
三、签订就业协议书……………………………………………………………… 204
四、签订劳动合同………………………………………………………………… 209
五、防范求职陷阱………………………………………………………………… 211
【经典案例】 ……………………………………………………………………… 216
【训练活动】 ……………………………………………………………………… 218
【知识阅览】 ……………………………………………………………………… 218
第五章　职场基本能力培养……………………………………………………… 220
第一节　职业适应能力…………………………………………………………… 221
【核心知识】 ……………………………………………………………………… 221
一、影响职业适应的因素………………………………………………………… 221
二、职业适应中容易出现的问题………………………………………………… 222
三、转变角色，适应职业的需要………………………………………………… 225
四、塑造良好的职业形象………………………………………………………… 231
五、树立责任意识………………………………………………………………… 232
【经典案例】 ……………………………………………………………………… 233
【训练活动】 ……………………………………………………………………… 235
【知识阅览】 ……………………………………………………………………… 235
第二节　职场沟通与协作能力…………………………………………………… 236
【核心知识】 ……………………………………………………………………… 236
一、职场沟通能力………………………………………………………………… 236
二、职场协作能力………………………………………………………………… 244
【经典案例】 ……………………………………………………………………… 250

【训练活动】……………………………………………………………… 251
【知识阅览】……………………………………………………………… 254
第三节　情绪管理能力…………………………………………………… 255
【核心知识】……………………………………………………………… 255
一、情绪概述……………………………………………………………… 255
二、负面情绪对人的影响………………………………………………… 256
三、如何管理和调控自己的情绪………………………………………… 258
【经典案例】……………………………………………………………… 263
【训练活动】……………………………………………………………… 263
【知识阅览】……………………………………………………………… 264
第四节　时间管理能力…………………………………………………… 265
【核心知识】……………………………………………………………… 265
一、时间管理的定义与内涵……………………………………………… 265
二、时间需要管理………………………………………………………… 267
三、科学利用、管理时间的方法………………………………………… 269
【经典案例】……………………………………………………………… 272
【训练活动】……………………………………………………………… 273
【知识阅览】……………………………………………………………… 276
参考文献…………………………………………………………………… 278

第一章　认识职业生涯规划

名人名言

目标之所以有用，仅仅是因为它能帮助我们从现在走向未来。

——戴维·坎贝尔

理想是需要的，是我们前进的方向。现实有了理想的指导才有前途，反过来也必须从现实的努力中才能实现理想。

——周恩来

本章学习目标

知识目标

1. 了解职业生涯规划的含义、意义、类型；
2. 掌握职业生涯规划的原则、内容及步骤；
3. 辨别职业生涯规划的误区，正确认识职业生涯规划；
4. 了解职业生涯规划基本理论的内容，掌握其应用方法。

能力目标

能够应用职业生涯规划基本理论，初步做出职业选择和职业生涯规划。

引例

没有规划的人生注定要失败

张颖，毕业于某师范专科学校中文系，现从事文职工作。张颖一直是个优秀的学生，但自认为毫无特长，大学的专业并不是自己喜欢的，但自己到底喜欢什么也不清楚。当了两年教师，没找到兴奋点，后来又稀里糊涂地读了原专业的研究生，毕业后进入出版社工作。工作了两三年，没有太大的成就感，感觉很苦闷，好像有劲没处使，于是想跳槽。偶然看到报纸上的某个招聘广告就去应聘了，虽然顺利进入新领域，然而对所进入的行业没有太多的了解。

刚进入一个新领域的新鲜感消失后，她又开始怀疑自己的选择：到底适不适合这个职业？她在这个岗位工作了几年，别人看来还算不错，但自己内心有时会冒出一个声音：这不是我最想要的！不满足感常常困扰自己。这期间她读到一些有关职业规划的资料，才把这个问题与自己的职业规划挂起钩来，后悔从前没有自我规划的意识。但转念一想，即便有自我规划的意识，如果不清楚自己想干什么，也无从规划。

这时张颖已经35岁了，再重新规划职业道路也有些力不从心了。所以她非常想提醒那些尚未进入职场的大学生：不要随波逐流，规划一下自己的未来很重要。

【案例分析】

张颖的职业之路虽然在他人看来也许是很“成功”的，但只有她自己知道，其过程是盲目的。因为没有规划，所以就没有成功的自我参照系；因为没有规划，所以一直找不到自己喜欢和适合自己的职业，然而再重新规划职业道路好像也有些力不从心了……

其实，进行职业生涯规划对大学生个人生涯发展的作用是多方面的，认识职业生涯规划，可以树立和加强我们的规划意识。

问题聚焦

1. 大学只是另一次旅途的起点，进入大学后你是否为自己找到了一个目标？
2. 应该怎样选择自己的职业呢？
3. 我该干什么？我会干什么？我能干什么？
4. 大学生生涯发展各阶段有怎样的成长任务？

第一节　职业生涯规划概述

一个人一生只从事一种工作的时代已经过去，在现代职场上人面临着太多的选择，职业生涯规划已成为现代人力资源管理体系和大学教育体系的重要组成部分。对大学生而言，大学有专业的知识技能，丰富的教学资源，有助你学习、成长、进步的机会，在大学里，我们可以如饥似渴地学习，酣畅淋漓地游戏，为实现自己的理想努力拼搏……但如果在大学阶段缺乏人生规划，不清楚自己的目标，即使成绩优秀、知识面广，也可能是一个碌碌无为的平庸之人。一个人如果有清晰且详细的生涯规划，将是一个有着明确目标、努力追求成功且很可能成功的人。

一份成功的职业生涯规划将为求职者带来较多的就业机会和良好的职业发展前景。

核心知识

一、什么是生涯

从狭义上说，生涯是指生活之计、谋生之业，与当今所说的工作和职业意义相近；但就广义而言，又隐含着个人对生活的安排计划、生命的追寻与期许。目前，大多数西方学者所接受的生涯定义是舒伯的论点：生涯是生活中各种事态的演进方向和历程，它统合了人一生中的各种职业和生活角色，由此表现出个人独特的自我发展形态。生涯也是人生从青春期到退休之后，一连串有酬或无酬职位的综合体。生涯具有如下特征。

- 方向性：生活中各种事态的连续演进方向。
- 时间性：生涯的发展是一生当中连续不断的过程。
- 空间性：生涯是以事业的角色为主轴，也包括了其他与工作有关的角色，还包括任何与工作有关的经验和活动，如承担该工作需要的资格和能力，以及工作中建立的与其他部门社会成员的人际关系等。

◆ 独特性：每个人的生涯发展都是独一无二的。

◆ 现象性：只有在个人寻求它的时候，它才存在。

◆ 主动性：人是生涯的主动塑造者。

二、什么是职业生涯规划

通过对生涯概念的了解，我们知道，职业生涯规划不应该简单地等同于找工作，或仅仅与工作相关。职业生涯规划（Career Planning）简称生涯规划，又叫职业生涯设计，是指个人与组织相结合，在对个人职业生涯的主客观条件进行测定、分析、总结的基础上，对自己的兴趣、爱好、能力、特点进行综合分析与权衡，结合时代特点，根据自己的职业倾向，确定自己最佳的职业奋斗目标，并为实现这一目标做出行之有效的安排。

职业生涯规划的目的绝不仅是帮助个人按照自己的资历条件找到一份合适的工作，达到个人目标，它更重要的目标是帮助个人真正了解自我，为自己筹划未来，拟定一生的发展方向，根据主客观条件设计出合理且可行的职业生涯发展方向。

职业生涯规划有如下特点：

◆ 可行性：规划要结合实际，要有事实依据，并不是美好的幻想或不着边的梦想，否则将会延误生涯发展机遇。

◆ 适时性：规划是预测未来的行动，确定将来的目标。因此，各项主要活动何时实施、何时完成，都应有时间和时序上的详细安排，以作为检查行动的依据。

◆ 目标性：职业生涯规划是通过设计目标、确定路径，学生个体有计划分阶段实现目标的过程。一旦目标导向确定，所有的路径和手段都应该指向这个目标，并为目标的实现服务。职业生涯目标的设定是职业生涯的核心。

◆ 持续性：人生每个发展阶段应能连贯衔接。对于大学生来说，职业生涯规划不仅仅是毕业年度的工作与任务，职业生涯规划应当贯穿整个大学期间，分阶段、分任务逐级做好职业生涯规划。

◆ 适应性：规划未来的职业生涯目标涉及多种可变的因素，因此规划应有弹性，应留有余地，以增强其适应性。

举例

职业生涯规划表（见表 1-1-1）

表 1-1-1　职业生涯规划表

规划类型	简要描述	作用	规划目标
人生规划	40 年左右的规划，设定整个人生的发展目标	一生的奋斗目标	如规划拥有一个有数亿元资产的公司
长期规划	5～15 年的规划，主要设定较长远的目标	保障个体始终在确定的方向上努力	如规划 30 岁时拥有一家小型企业，40 岁时拥有一家中型企业

续表

规划类型	简要描述	作用	规划目标
中期规划	3～5 年的目标与任务	确定各个时期或阶段的重点追求	如规划成为一家中型企业的业务经理
短期规划	3 年的规划，确定近期目标，规划近期完成的任务	增强成就感，提供计划依据，激励和强化个体行为	如规划如何学习，掌握创业知识，进行创业孵化

三、职业生涯规划的主要内容

不少人都曾经这样问过自己："人生之路到底该如何走？"记得一位哲人这样说过："走好每一步，这就是你的人生。"是啊，人生之路说长也长，因为它是你一生意义的诠释；人生之路说短也短，因为你生活过的每一天都是你的人生。每个人都在设计自己的人生，都在努力实现自己的梦想。在今天这个人才竞争的时代，职业生涯规划开始成为在人才争夺战中的利器。作为当代大学生，若是带着一脸茫然，踏入这个竞争激烈的社会，如何能使自己占有一席之地？俗话说，欲行千里，先立其志。否则，漫无目的地乱走一遭，岂不贻误时机，浪费年华。

职业生涯作为个体最重要的人生过程，它包含三个维度，如表 1-1-2 所示。

表 1-1-2　职业生涯的三个维度

维　度	描　述
时间维度	终其一生的职业过程，在人生的不同阶段、时期的连续过程
范围维度	一生从事的职业，扮演不同的角色
深度维度	在职业角色中投入的程度及个体对职业、职位的影响程度

一份完整有效的职业生涯规划至少包括以下五个部分：

（一）自我剖析

认真剖析我是谁、我在哪里、我想干什么、我能干什么，明确认识自己的性格、兴趣、特长、能力、情商、气质、价值观以及家庭、学校、社会对自己的影响等。

（二）外部环境剖析

社会需要我干什么？环境支持我去干什么？探索外部世界，包括职业的特点、不同职业所需要的能力、择业的渠道、岗位的工作内容、行业发展的前景、工作要求及待遇等外在社会特性。

（三）确立目标，明确方向

目标在哪里？目标与方向是职业生涯规划的核心，是行动的动力与指南。

（四）实施策略

我该怎么干？如何强化我的优势？如何弥补我的劣势？

（五）反馈评估

效果怎么样？现阶段的发展规划是否需要调整？

四、职业生涯规划的类型

职业生涯规划按照时间维度来分类，可分为人生规划、长期规划、中期规划与短期规划四种类型。

（一）人生规划

人生规划是指对整个职业生涯的规划，时间跨度可达40年左右，其规划的目的是确定整个人生的发展目标。

（二）长期规划

长期规划是指5～10年的职业生涯规划，目的主要是设定较长远的目标。对职业生涯进行远期的规划，能够使大学生明晰各个阶段的职业目标，保持整个职业生涯阶段的连贯性和持续性，使总体目标更容易循序渐进地实现，进而产生最大的职业动力。大学生如果有条件的话，应该进行这种远期的职业生涯规划，激励自己为达到各个阶段的目标而不懈努力。

（三）中期规划

中期规划一般规划2～5年的职业目标与任务。中期规划是规划时间年限与大学生生涯年限基本符合的大学生职业生涯规划。大学时期正处于职业准备和选择的职业生涯探索阶段，它的主要目的就是通过选择、尝试与磨合，找到最合适自己的职业。大学生的职业生涯中期规划，就是大学生根据这个阶段的主要特点和任务要求，在确立总体目标之后，以实现就业为阶段目标，对自己的大学学业生涯制定相应的行动计划和实施方略。

（四）短期规划

短期规划一般是2年以内的规划，主要是确定近期目标，规划近期完成的任务。如专业知识的学习、业务知识的掌握等。近期规划的特点是主要以大学学制为阶段进行目标分解和策略实施，其根本目的是为实现总体目标而在学业上做好准备，使自己顺利毕业并找到目标职业。短期规划的侧重点以就读期间的职业学习和职业准备为主要内容，规划期限基本以大学生涯的终止为结束。对大学生而言，短期规划更具有针对性，也更具有可操作性。通过短期规划，大学生可以在认识自我、了解职业的基础上，从自身的条件和社会的需求出发，确定职业发展的方向，明确职业目标，制订大学期间的学习、培训、实践计划，不断地挑战自我、超越自我，为将来迈出校门、走向社会做好准备，为总体目标的实现打下良好的基础。由于规划的时间跨度不长，因此短期规划比较易于评估与修正。

在实际操作中，时间跨度太长的规划由于环境、个人的变化而难以把握；而时间跨度太短的规划又没有多大意义，所以，一般提倡个人职业生涯规划掌握在2～5年比较好。这样既便于根据实际情况设定可行目标，又便于随时根据现实的反馈进行修正和调整。

五、职业生涯规划的步骤

职业生涯规划不是随意计划，也不是应付了事，而是一个周而复始的连续过程，有着严格完整的体系和步骤。大学生的职业生涯规划包括自我评估、外部环境分析、职业生涯机会评估、目标确立、实施策略和评估反馈六个环节。所有这些步骤或环节的顺序并不是固定不变的，在实际的职业生涯规划中，每个人的职业生涯规划、设计、开发、管理各有特色。

（一）自我评估

系统化的生涯规划是一个“从内而外”的过程，一个有效的职业生涯设计必须是在充分且正确认识自身条件与相关环境的基础上进行的。自我评估就是对自己做全面分析，通过自我分析，审视自己、认识自己、了解自己。因为只有对自己进行客观而准确的评估，明确了自己的长处和不足，扬长避短，才能对自己的职业做出正确的选择，才能选定适合自己发展的生涯路线，才能对自己的生涯目标做出最佳抉择。因此，自我评估是生涯设计的重要步骤之一。

自我评估的主要内容包括与自己相关的所有因素，如兴趣、特长、性格、学识、技能、智商、情商、思维方式、道德水准以及组织管理、协调、活动能力等内容。即要弄清自己想干什么（职业兴趣），自己能干什么（职业技能），自己适合干什么（个人特质），最看重什么（职业价值观），人、岗是否匹配（胜任力特征）。

一个人对自己的认识总是片面的，所以，在自我评估中还应当包括他人的意见，我们称之为“角色建议”。根据家长、老师和同学们的评价，借助于职业兴趣测验和性格测验，确定自己是一个较为外向开朗的人，还是内向稳重的人；对哪些问题较为感兴趣，如经济问题还是管理问题；或擅长哪些技能，如擅长分析、对数字敏感还是善于语言表达等。也可分析出自己的一些弱点，如抗压力能力、合作能力较弱，考虑问题深度不够，文字表达能力不佳等。

（二）外部环境评估

环境因素对个人职业生涯发展的影响是巨大的，作为社会生活中的一个个体，只有顺应外部环境的需要，趋利避害，最大限度地发挥个人优势，才能实现个人目标。外部环境评估主要是分析外部环境对自己职业生涯发展的影响，最重要的影响因素是政治形势、经济兴衰、科学文化潮流、社会时尚、组织（企业）等环境。每一个人都处在一定的环境之中，离开了这个环境，便无法生存与成长。

短期的规划应比较注重对组织（企业）环境的分析，长期的规划应更多地注重对政治、经济、社会环境的分析。

对外部环境的评估主要包括：

◆ 社会环境及政策；

◆ 专业与职业的关系；
◆ 职业环境的特点、发展变化趋势；
◆ 职业环境对工作人员的要求、条件和待遇等；
◆ 自己在职业环境中的地位、优势和待完善的地方。

（三）职业生涯机会评估

职业生涯机会的评估包括对长期的机会和短期的机会的评估。通过对政治、经济、社会环境的分析，结合本人的具体情况，评估有哪些长期的发展机会；通过对组织环境的分析，评估组织内有哪些短期的发展机会。通过职业生涯机会的评估可以确定职业和职业发展目标。

（四）设定职业生涯目标

目标的设定是在继专业选择之后，对大学生职业生涯的新抉择。成功的职业规划从制定合适的目标开始。该步骤的目的是谋求职业生涯目标与自己的潜能以及主客观条件的最佳匹配。良好的职业定位是以自己的最佳才能、最优性格、最大兴趣、最有利的环境等信息为依据的。通过自我评估、外部环境评估两个步骤后，对自己的优势、劣势有了清晰的判断，在此基础上制定出符合实际的、有一定实现可能的最长远目标，包括人生目标、长期目标、中期目标和短期目标。一般来说，我们首先可根据个人素质与社会大环境确立人生目标和长期目标，然后通过目标分解，再划分为符合组织需要的中期、短期目标。

在为自己制定职业生涯规划的时候，需要弄明白这样一个问题："自己到底想过一种什么样的生活？"即有什么志向。志向是个人发自内心的、一生最热切渴望达成的结果。它是一种期望的未来或意象，是事业成功的基本前提，没有志向，事业的成功也就无从谈起。由于人在一生中要扮演多个角色，因此志向是多方面的。总的来说，个人志向主要包括以下几个方面的内容。

1. 自我形象

你希望成为什么样的人？假如你可以变成你向往的那种人，你会有哪些特征？

2. 有形财产

你希望拥有哪些物质财产？希望拥有多大的数量？

3. 家庭生活

在你的理想中，你未来的家庭生活是什么样子的？

4. 个人健康

对于自己的健康、身体、运动以及其他与身体有关的事情有什么期望？

5. 人际关系

你希望与你的同事、家人、朋友以及其他人拥有什么样的关系？

6. 工作状况

你理想中的工作环境是什么样子的？你希望取得什么样的成就？

7. 社会贡献

希望对社会做出什么样的贡献？

8. 个人休闲

期望拥有什么样的休闲生活？

每个人的条件不同，目标也不可能完全相同，但确定目标的方法是相同的。正确的职业生涯目标设定至少应考虑以下几点：

◆ 兴趣与职业的匹配；
◆ 性格与职业的匹配；
◆ 特长与职业的匹配；
◆ 价值观与职业的匹配；
◆ 内外环境与职业相适应；
◆ 同一时期目标不宜多，目标要明确具体。

（五）实施策略

所谓职业生涯规划实施策略，是指为实现职业生涯目标而制订的行动计划。在确定职业生涯目标后，行动变成了关键的环节。没有实现目标的行动，目标就难以实现，也谈不上事业的成功。实施策略的制定要具体可行，容易评测，包括职业生涯路线、教育培训安排、发展策略、实践计划等措施。例如，为了达到目标，在专业学习方面，计划学习哪些知识，掌握哪些技能以提高专业能力？在社会工作方面，计划采取什么措施来提高工作效率？在潜能开发方面，准备采取什么措施开发潜能？这些都要有具体的计划与明确的措施，以便定时检查。

选择职业生涯发展路线是职业生涯规划的关键内容。在职业（或目标职业）选定后，即面临着职业生涯路线选择的问题。例如，是走经营管理路线，还是走专业技术路线，或是先走技术路线，再转向行政管理路线。人的素质不同，发展路线也应不同。例如，有的人适合从事研究工作，有可能在某一专业领域获得新突破，从而成为一名著名的专家学者；有的人则适合从事经营活动，能够在商海中有所建树，成为一名经营型人才。如果一个不具备管理才能的人，却选择了行政管理路线，就很难在事业上取得成功。所以，在职业生涯规划中必须做出选择，以便使自己的学习、工作沿着预定的方向前进。通常职业生涯路线的选择需考虑三个问题：我想往哪一条路线发展？我能往哪一条路线发展？我可以往哪一条路线发展？

（六）评估与反馈

生涯评估是指在实现职业目标的过程中有意识地收集相关信息和评价，不断地总结经验和教训，自觉地修正对自我的认知，适时地调整职业目标。影响生涯规划的因素很多，有的变化因素是可以预测的，而有的变化因素难以预测。制定职业生涯规划时，由于对自身及外界的环境都不十分了解，最初确定的职业生涯目标往往都是模糊或抽象的，有时甚至是错误的。经过一段时间的学习生活，有意识地回顾自己的行为，检验自己的目标，在实施过程中自觉地总结经验教训，评估自己的职业生涯规划。在此状况下，要使生涯规划行之有效，就须不断对生涯规划进行评估与反馈，及时纠正最终职业目标与分阶段目标的偏差。其修订的内容包括：职业的重新选择，生涯路线的选择，人生目标的修正，实施措施与计划的变更，等等。

大学生在职业生涯规划过程中必须分阶段地将预期目标与现实状况进行比较，筛选出有效、可行的执行措施和合理适度的目标，对自己的职业生涯规划进行调整。

六、职业生涯规划的基本原则

（一）知己原则

在进行职业生涯规划时，最基本的原则是做自己喜欢的与做自己擅长的事，这也是百度总裁李彦宏给刚刚走出校门的年轻人的最大忠告。

任何职业都要求从业者掌握一定的技能，具备一定的能力条件，不同职业对技能的要求也不一样。任何一项技能都必须经过一定时间的训练才能掌握，一个人不可能掌握所有的技能，所以每个人都有自己的强项和弱项。因此，职业生涯规划的重要原则之一就是“做自己擅长、胜任的事情”。

1. 做自己喜欢的事

从事一项你所喜欢的工作，工作本身就能给你一种满足感，你的职业生涯也会从此变得妙趣横生。调查表明，兴趣与成功概率有着明显的正相关性。在设计自己的职业生涯时，务必注意考虑自己的特点，珍惜自己的兴趣，择己所爱，选择自己所喜欢的职业。

什么样的事情是一个人的兴趣所在呢？只有符合个人兴趣和性格的事情才是自己所喜欢的。有些人对与人打交道感兴趣，有些人对与物打交道感兴趣。如果一个不喜欢与人打交道的人被安排去做市场营销，他一定会非常痛苦。同样，一个不喜欢与物打交道的人被安排去操作机器或是管理库房，也一定非常痛苦。因此，人的兴趣和性格类型要与职业类型匹配，只有当人与职业匹配的时候才可能快乐。

2. 做自己擅长的事

有一位个性极度内向的人，做销售时很难靠跟客户应酬建立关系，这方面他做不到100分，所以他只能发挥自己做事仔细的优势。因此，他在做销售的时候，常常花很多时间给客户讲课，客户很乐意听跨国公司的管理和产品方面的信息，他就靠这个方法赢得客户，靠这个方法来战胜对手。每个人都有自己优势的一面，需要做的是发现自己的优势，通过不断学习，突出自己的优势，才能在这个激烈竞争的环境里脱颖而出。

除了兴趣与长处，“知己”还包括对自己的价值观、能力、心理特征等全方位的了解。大学生可以通过自我探索、自我测评、心理测验等了解自己，这样在职业选择时才能做到选择自己喜欢的和自己擅长的职业方向，为职业生涯的发展奠定良好的基础。

（二）知彼原则

1. 认知职业

职业认知包括对不同职业，尤其是目标职业的性质、特点、任务、工作环境、资格要求等作全面的了解。大学生在进入大学前就选择了自己学习的专业，但是，有的同学在填报专业志愿时存在着依赖倾向，选择专业方向时更容易听从父母、老师等一些对自己有影响的人的意见，甚至片面地追求所谓热门、高薪的专业，而不是根据自己的职业性格、兴趣和能力来选择学习方向。因此新生一入校，就应从所在院系的专业介绍中了解本专业的发展前景、培养目标、人才素质要求等，以及本专业的就业方向和社会需求情况，以便结合自身素质条件，初步筛选出符合个人发展的目标职业，针对职业方向做出相应的调整和准备，制订适合自己理想的学习计划。

2. 认知社会

认知社会，就是要了解产业结构、行业结构和分类、职业结构和分类、社会职业的发展趋势、职业变化的特点与规律等。任何规划的制定都不能脱离现实而存在。大学生应从职业目标确定之日起，结合自身条件，根据专业知识、职业技能和选修科目及其对今后职业发展的影响，并参考家长、老师及高年级同学的意见，制定出自己大学生涯的发展规划，根据制定的生涯规划来调整自己的学习和生活。大学生在规划职业生涯时，应及时把握社会人才需求的动向，把社会需要作为出发点和归宿，以社会对人的要求为准绳，既要看到眼前的利益，又要考虑长远的发展，又要考虑个人的因素，又要自觉服从社会需要，择世所需。

（三）其他原则

1. 主动性原则

人是生涯的主动塑造者，不同的个体有不同的需求，因而也就表现出了不同的生涯形态。大学生应自觉主动发展自己的职业意识，积极规划自己的未来，掌握自己的人生方向。有人说："没有自己的计划就会成为别人计划的一部分。"德国诗人歌德说："请慎重考虑你希望自己将来成为什么样的人，因为最终承担后果的是你自己。"

2. 发展性原则

生涯规划既应立足于现实发展水平，又应能促进个体向更高层次的发展水平迈进。现实发展水平是生涯规划的起点，自我实现，即潜能的充分展现是生涯规划的终极目标，生涯规划是将起点和终极目标连接起来的一幅蓝图。为了最大限度地促进自己的发展，生涯规划目标必须建立在个人素质优势，即最优性格、最大兴趣、最佳才能的基础上，排除社会时尚、从众心理、利益因素等干扰，实现人、职的合理匹配。

3. 可行性原则

可行性原则体现在两方面：一是生涯规划应具有可行性，指生涯规划目标既是经过个人努力能达到的，同时又是社会许可的，即必须与自身发展及社会需求相匹配；二是实施策略应具有可行性，指将目标分成若干个步骤，并计划具体的完成时间，要具体合理、操作性强、难易适度。

4. 灵活性原则

在人生发展过程中，外界的环境条件、个人的需求不可能一成不变，这就要求目标具有弹性，有变通的余地。一旦条件变化，生涯规划目标和实施策略也应随之进行相应调整，这一点在生涯评估与修订阶段得到了充分体现。

5. 终身性原则

生涯是一个动态的发展历程，也是终身发展的过程。大学生应树立终身职业规划意识，尽早明确职业奋斗目标，积极开展职业探索与规划，分阶段、有侧重、循序渐进地设计生涯实施策略。同时不能期望从事某一种特定的、终身不变的职业，而应培养自己有能力在多种专业中尽可能多地流动，并永远有自我学习和培训自己的欲望。

经典案例

小李职业生涯发展目标

18 岁，高中毕业典礼上发誓要当李嘉诚第二！要当中国首富！

20 岁，想创立自己的公司，30 岁时拥有资产 2 000 万元。

22 岁，大学毕业在某工厂当技术员，第二职业是炒股，觉得在工厂上班无前途，利用炒股挣钱后离开这家工厂，想在三年内用 5 万炒到 300 万元。

25 岁，炒股失意而情场得意，开始准备结婚：希望一年后能有 10 万元，风风光光地结婚。

26 岁，在不太风光的结婚典礼上：我想生一个胖小子，不久的将来当个车间主任就行，别的不想了。

28 岁，工厂效益下滑，偏偏正是妻子怀胎十月的时候：希望这次下岗名单里千万不要有我的名字。

【案例分析】

小李年轻时口气大，树立遥不可及的理想，随着年龄的增长，他的理想越来越现实。小李的人生发展轨迹并不是少数人的情况，我们身边有太多的“小李”。他们有理想、有抱负，但是缺乏切实可行的行动规划，重复着“雄心壮志→怀才不遇→满腹牢骚→撞钟混日→担心下岗→走投无路”的历程。相信每个人都想让自己的人生过得充实而富有意义，但是，仅仅有理想是不够的，还必须进行切实可行的职业发展规划。

训练活动

一、调查已毕业的学长成功之路

调查你最关注的学兄、学姐，了解他们目前的职业状态是什么样的，了解他们的职业生涯规划是如何进行的。

人物：________________

职业状态：________________

职业生涯规划的方法：________________

对你的启示：________________

1. 现在静下心来，考虑你明天、后天、大后天这三天该做的、对自己未来最具建设性的三件事，并记录下来。到了大后天，对照一下，看哪件事完成好了，哪件事完成得不好，如果完成得不好，查查问题出在哪里。

2. 确定在七天内坚持要做的、对自己未来最具建设性的三件事，第七天进行对照。

3. 确定在三个月内要坚持做的、对自己未来最具建设性的三件事。

二、自我效能感测试

请仔细阅读下面的描述，每个描述后有四个选项，请根据真实情况，在最符合你情况的一项上打"√"。(A 表示完全不正确；B 表示尚算正确；C 表示多数正确；D 表示完全正确)

	A	B	C	D
1. 如果我尽力去做的话，我总是能够解决问题的。	□	□	□	□
2. 即使别人反对我，我仍有办法取得我想要的。	□	□	□	□
3. 对我来说，坚持理想和达成目标是轻而易举的。	□	□	□	□
4. 我自信能有效地应付任何突如其来的事情。	□	□	□	□
5. 以我的才智，我定能应付意料之外的情况。	□	□	□	□
6. 如果我付出必要的努力，我一定能解决大多数难题。	□	□	□	□
7. 我能冷静地面对困难，因为我相信自己处理问题的能力。	□	□	□	□
8. 面对一个难题时，我通常能找到几个解决方法。	□	□	□	□
9. 有麻烦的时候，我通常能想到一些应付的方法。	□	□	□	□
10. 无论什么事在我身上发生，我都能够应付自如。	□	□	□	□

记分方法：完全不正确得 1 分；尚算正确得 2 分；多数正确得 3 分；完全正确得 4 分。分数越高说明自我效能感越高。

1～10 分表明你的自我效能感很低，甚至有点自卑，建议经常鼓励自己，相信自己是行的，正确地对待自己的优点和缺点，学会欣赏自己。

10～20 分表明你的自我效能感偏低，有时候会感到信心不足，找出自己的优点，承认它们，欣赏自己，抓住机会展示和锻炼自己，让更多的人看到你的能力。

20～30 分表明你的自我效能感较高。对于大多数的工作你都有九成的把握，对自己有充分的信心，工作完成起来更加高效，但仍要注意谦虚低调，才能取得更大成就。

30～40 分表明你的自我效能感非常高，但要注意正确看待自己的缺点，不能自信心膨胀，那样会变成自负。

测试完毕后，请写下你在测试中表现出来的不足，打算如何去完善或改变，制订你的行动计划。

你的不足：

(1) ________________

(2) ________________

（3）________

应对措施：

（1）________

（2）________

（3）________

知识阅览

选择性注意

在心理学中，有一个名词叫“选择性注意”，简单地说，就是人们在同时存在的两种或两种以上的刺激信息中，选择一种进行“注意”，而忽略其他刺激信息。当没有人提示你注意某一信息时，它可能被忽略，因为它不是一个目标。但当有人提示你注意该信息后，在今后几天你都会关注这个目标。

若把注意力称为一种能量，那么目标便能帮助人们集中能量。所以，当一个人的生涯发展中有目标时，他就容易集中所有的能量和资源去实现，成功的可能性就会更大。

第二节　职业生涯规划的意义及误区

大学生涯是整个人生中最美好的时期之一，它是职业发展的准备期和起步阶段，是协调自我概念增强与认知能力发展的关键阶段，也是丰富情感与开发智力的关键阶段。很多新生拿到录取通知书到校报到、注册后就以为完成了身份的华丽转身，其实不然。从高中到大学，无论是生活方式、学习方法，还是人际交往都会有全新的变化和不一样的感受。因此，在大学里做一份详细的学业规划，制定达成目标的行动方案是非常必要的。

核心知识

一、大学生活对职业生涯发展的影响

（一）大学生活是职业生涯规划的重要准备阶段

上大学虽然还没有正式进入职业阶段，但是大学是我们职业生涯的重要准备期，也是我们人生发展的黄金时期。我们在大学阶段的学习情况会直接影响到我们毕业时的就业竞争力，同时也会间接影响我们进入职场后的职业发展力。

（二）大学生活能帮助大学生理性思考和长远规划

职业生涯规划有利于大学生对未来理想职业与所学专业的关系进行思考并逐步确立长远而稳定的发展目标，提高大学学习的目的性、积极性。大学的文化知识学习为职业发展奠定了坚实基础和储备挑战的动力。

（三）大学生活能增加不断晋升的机会

当今社会对文凭非常看重，虽然高学历并不一定意味着高能力和高素质。但从概率上讲，高学历者较低学历者确确实实有更高的能力与素质。因此，用人单位在招聘时为了降低用人风险，往往将文凭设置成一个基本门槛。

（四）大学生活能奠定较高的职业发展起点

随着我国社会经济的发展，大学教育已经逐渐由精英教育转向大众化教育，上大学虽不再意味铁饭碗、进大企业，但是经历了大学期间的系统培养之后，你就具备了从事起点更高的职位所要求的知识与能力，这些知识与能力优势也会让大学生未来的职业生涯发展有更大的潜力和持续成长力。我们应该积极调整心态，将自己定位为“有知识的普通劳动者”，遵循人才成长的基本规律，从基层做起，在为社会创造财富的过程中实现自身价值。

（五）大学的专业学习、社会活动、课外兼职等给职业生涯发展带来积极影响

大学的校园文化和氛围为大学生向社会过渡起到了桥梁作用，大学期间锻炼的沟通能力、组织能力、表达能力、交往能力都是在职业发展中尤为重要的财富，因此，大学专业学习的方方面面都对未来职业发展起到积极推动作用。

二、大学阶段进行职业生涯规划的意义

人生中的事物有些是完全无法掌握的，有些是可以部分掌握的，有些则是完全可以掌握的。生涯规划的功能之一便是认清何者可掌握、何者不可掌握，并将时间与精力集中在可掌握的部分，以便产生最大的效果。如果放任而不作任何规划，原本可掌握的部分也变为不确定，便会增加风险，降低成功性。

著名的职业生涯专家米歇尔罗兹（Michelozzi，1988）指出生涯规划有突破障碍、开发潜能、自我实现三个积极的目的，如图 1-2-1 所示。一个人最大的幸福，是能以自己选择的方式生活，择其所爱、爱其所择的结果，会使一个人以己为荣，并呈现出圆融、丰足、喜悦、智慧和充满创造力的气质。

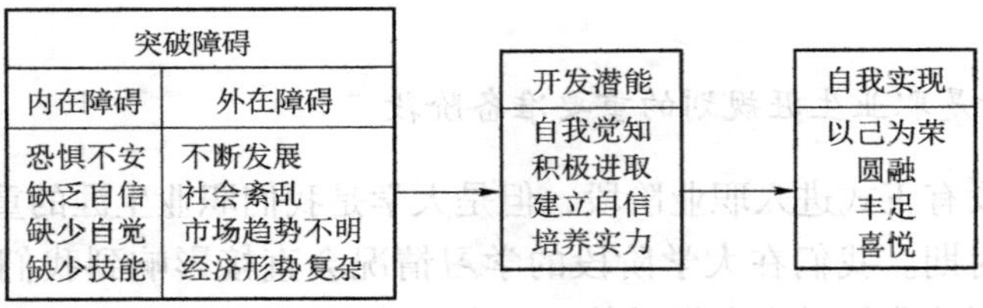

图 1-2-1　职业生涯规划的三个积极目的

在生涯发展过程中，很多学生对追求理想的工作或人生目标充满疑虑；还有的学生甚至不敢去想象或者设立理想目标，因为觉得那是不可实现的。阻碍学生插上理想的翅膀、迈出勇敢脚步的原因通常来自图 1-2-1 中所示的两种原因：内在障碍和外在障碍。内在障碍通常是一个人对自己不了解、低评价、不自信或者无安全感造成的。例如，某些学生很难看到

自己的长处，总用自己的短处和别人优势相比，内心从未觉得自己有可用或者见长之处，导致找工作时缺乏信心，总感觉自己这也不好，那也学得不够，还没做好踏入社会的准备，从而影响自己找好工作的信心，影响到面试等环节中的表现。这是典型的不能真正了解和接纳自己，自我评价低，从而对就业产生了影响。外在障碍则来自一个人所处的环境，通常与政治形势不利、市场难以预测、经济衰退和社会秩序混乱等相关。一个没有生涯目标的人，很容易受外界因素影响，生涯规划可以帮助人们设立目标、给自己带来希望，从而突破发展中的内外障碍，最终实现幸福人生。职业生涯规划可能在如下方面对你产生影响：

- ◆ 你选择了某种职业，它决定了你的兴趣、能力是否能得到充分发展。
- ◆ 你的生涯抉择将决定你在什么地方工作或居住。
- ◆ 不同的生涯抉择，对你的生活作息与工作时间有不同的影响。
- ◆ 不同的职业，决定了你与什么人一起工作，建立怎样的人际关系。
- ◆ 工作时间的长短对休闲方式也会有所影响。
- ◆ 不同的工作也会影响家庭生活形态。

职业生涯活动将伴随我们的大半生，拥有成功的职业生涯才能实现完美人生，因而职业生涯规划对大学生具有如下重要意义。

（一）发掘自我潜能，增强个人实力

一份行之有效的职业生涯规划对个人的成长有重大意义。

（1）引导个体正确认识自己的个性特质、现有与潜在的资源优势，帮助你重新对自己的价值进行定位并使其持续增值。

（2）引导你对自己的综合优势与劣势进行对比分析。

（3）帮助你树立明确的职业发展目标与职业理想。

（4）引导你评估个人目标与现实之间的差距。

（5）引导你通过前瞻与实际相结合进行职业定位，搜索或发现新的或有潜力的职业机会。

（6）使你学会运用科学的方法，采取可行的步骤与措施，不断增强职业竞争力，实现自己的职业目标与理想。

（二）增强发展的目的性与计划性，提升成功的机会

职业生涯发展要有计划、有目的，不可盲目地“撞大运”，很多时候我们的职业生涯受挫就是由于生涯规划没有做好。好的计划是成功的开始。职业生涯规划不光要有职业目标，还得将目标分解，细化到每年每月甚至每周，不光要有长期计划，还要有阶段计划、短期计划。同时，需要注意的是，职业生涯规划并不是学习计划，达到职业目标往往不仅需要知识，更重要的是能力，所以职业生涯规划的重点是工作能力提升的规划。大学生通过自我规划和设计来寻找真正适合自己能力的岗位，是今后的一种趋势。

（三）帮助大学生认识既有的发展状态

认识既有的发展状态，包括对个性的认识、对现有能力和不足的认识、对发展阶段的认识等。如果对既有的发展状态有较好的把握，就可以确定之前所做努力的效果，明确下一步

应做的工作。这样，就能知道今后是应该继续沿着之前的发展之路，还是作适当的调整。这既可以作为一种对之前制定的人生目标的检验，又能促进我们逐渐朝人生目标迈进。

（四）帮助大学生树立正确的择业观念

没有正确的择业观念，带来的结果往往要么是在就业中四处碰壁，要么是从事一个不适合自己的职业，导致个性被压抑，能力被限制，生活上郁郁寡欢，事业上举步维艰。对于有抱负的人而言，其实大多数职业都有广阔的发展空间，都能给人生带来成功的荣耀。正确的择业观念应当是自我认识、环境认识、价值目标认识的系统结合。而职业生涯规划可以帮助个体在此基础上树立具体的、有针对性的择业观念，从而对机遇的把握更为全面和深刻。

（五）引导大学生重视并有针对性地培养素质和能力

我们常常听说这样的事，有的学生在工作中由于不能熟练地使用各种现代化的工具，使得其能力大打折扣；有的学生在大学期间博览群书，可谓满腹经纶，但在工作时无论是口头的还是书面的表达能力都不强，直接影响到别人对自己思想观点的认可；还有一些学生在工作时感叹专业知识学得不深，有重返校园学习的冲动。这些都是大学生没有针对性地培养自己的素质和能力的结果。

三、大学生职业生涯规划的误区

（一）职业生涯规划就是功利地为找工作而准备

职业生涯规划是为了找到适合自己的职业，如果在大学阶段就为自己日后的职业发展充分准备，那就可以相应地加快个人的职业发展历程。找到了适合自己的职业就可以更好地发展自己的职业生涯，职业生涯的有利发展也会促进个人生涯的发展。我们可以看到，职业就是人生最大的课题之一。所以说，在大学阶段规划职业是对人生负责的一种表现。

（二）职业生涯规划就是找到赚钱多的好工作

好工作，应该有个社会普遍认可的标准，个人也会有对其自己的理解，但若从最终受益者和付出者的角度上讲，大学生本人应该更有权作出这个较主观性的价值判断。赚钱多，只是给你劳动后的报酬比较多，这表现为一个结果，但这个赚钱多的工作你喜不喜欢、适不适合自己？从这个内在的判断上显然可以明确你所做的工作是不是好工作。职业生涯规划的目的是找到适合自己的职业，那这个职业是否就是赚钱多的工作呢？这不一定。因为职业生涯规划的出发点首先是适合自己，其次才是薪酬等其他因素。适合自己的工作才是职业生涯规划所要达到的目标，所以说，职业生涯规划的首要任务是找到适合自己的工作。

（三）职业生涯规划赶不上变化，还是走一步算一步好

在规划职业及职业生涯时，大学生往往认为计划没有变化快，还是不要规划了，否则还要再去改变，还是走一步算一步稳稳当当的算了。有这种意识的大学生混淆了规划和计划及规划和变化的关系。计划是一种较主观的思考安排，而规划则是将主客观都考虑到的一种统

筹安排。很多计划更多的是表现为头脑一热，大腿一拍就草率确定的主观行为，我们可以在众多大学生安排寒暑假的生活中来明确这个区别。一些大学生设定的假期计划落了空，而另外一些大学生的计划得以落实，前者为计划，后者为规划。造成计划落空主要有两方面的原因：一方面反映了计划的不周密，另一方面也暴露了自我管理的不严格，当然还有其他的因素在里面。但如果是规划呢？那就会在事前把自律性差、环境不具备等因素考虑进去，并制定相应的应急方案。可以说，如果规划制定得不严密就会沦为计划，而缜密的计划就是规划。要澄清的是，计划和规划的区别并不仅仅是以执行的最终结果为判断依据，而是以考虑得全面周到与否和执行得严格与否来区分的。变化本身就是在规划中要考虑的因素和步骤，换句话说，就算是最坏的结果、最大的问题也是会预料到的，即使预料不到也会通过修正步骤及时发现，即使不能及时发现也会通过应急方案予以解决。所以说，变化是逃不过规划的，除非你没有考虑变化就开始规划。而没有考虑变化的规划是不能够称为规划的，最多可以称为计划。

（四）职业测评是可以测出自己适合什么职业的

目前在大学生中有着这样的一种认识倾向或者说是迷信：通过做职业测评就可以测出自己所适合的职业。我们先不说具体的职业测评到底有多大作用、多大的可信度和有效度，单说测评这个手段。我们知道测评主要是依据一定的行为投射反映内在心理，界定影响目标行为的关键因素并确定所占影响的权重，再结合一定的真实样本，通过测评个人对关键因素的关键事件的反应来做出一定判断。测评是通过外在因素来分析内在本质特征，因此，我们不能迷信人才测评，很多测评选取的常模不是来自中国本土案例，这样就更加大了测评的风险性。所以，国内的一些职业测评软件的可信度和有效度不像没有测评公司对外宣传的那么高。那么，测评有没有作用呢？我们认为，人才测评报告只能作为我们分析自己和选择职业的一个参考，仅仅凭一个测评软件来为自己人生职业的前程做决策显然是不理智的。职业规划是一定要将理论分析和实践验证以及自我修正等手段加以综合并且通过一定时间才可以确定，否则单纯依靠理论分析，或者单纯依赖职业测评，抑或是单纯的职业实践都不能得出有效和准确的判断。

（五）职业生涯规划是可以通过讲座等方式速成的

职业生涯规划是不能速成的。职业生涯规划是不可能通过几场讲座或者几次活动，甚至是几次授课就可以做出的，因为这里有几个必须由当事人在实际情景中亲身探索才能确定的因素，而这些仅仅通过理论上的学习、课堂的讲授是无法落实的。技能、技术等操作层面的东西可以速成，只要掌握了正确有效的方法，但职业生涯规划必须经过实际职业体验和职业能力塑造、职业潜力开发等各个过程才可以初见端倪的，自身定位是无法通过理论来速成的。

（六）职业生涯规划是毕业时才要面临的事情，大一时用不着想

这是很多刚上大学的新生抱定的观念。的确，大学生的职业生涯是在毕业后才开始的，在大一时确实不用开始找工作。那这是否就说明了大一阶段与职业生涯规划没有关系呢？其实不然，首先，大一开始的生活严格来说是学业规划。学业规划是要在实际的专业学习和探

索中选择自己最喜欢最适合的专业来学习，并且在大学期间最大可能地选择并精通自己最喜欢最擅长的一个细分领域。学业规划所选定的专业不一定是自己所学的专业，因为很多学生在高考报专业时的轻率和盲目导致了上大学后专业与兴趣的巨大错位，这个错位只能由上大学后的大一、大二阶段来纠正和弥补。大学阶段本是一体的，无论怎么划分、怎么安排，其核心的、最后的目标还是实现就业，让学生找到适合自己的职业。因此，职业生涯规划不仅仅是临近毕业时才要面临的问题，而是整个大学阶段都要面临的。从职业生涯规划对大学生的影响来看，职业生涯规划意识的觉醒以及职业能力与职业素质的准备，不是越晚越好，而是越早越好。所以，我们认为，大学生应该从大一开始花时间进一步了解自己，探索职业和社会，设计自己的职业生涯，为将来走向社会、走进职场做好准备。

经典案例

小张的求学困惑

来自农村的小张考入了某职业学院，就读市场营销专业。三年的大学生活转瞬即逝，毕业临近了，就业压力巨大，小张原本想找一家大型企业做产品销售工作，最终未能找到心仪的单位。老师告诉他："凭你的成绩，只要再稍加努力，定能专升本，本科毕业后一定能找到合适的工作。"小唐心想，说得也对，于是开启了学霸模式，终于如愿以偿地升入了某本科院校继续深造两年。当毕业的时候，他想，我已经本科毕业了，这下怎么也能进个知名企业实现自己的理想了吧？但随之而来的是就业大军涌向市场，激烈的竞争将他打回了原点，仍然没有找到他满意的工作。此时，他的朋友来开导他："不要灰心，还是去读个研究生吧，研究生毕业后竞争力就强了。"两次就业的不如意，深深地刺痛了小张。由于家庭困难，他不愿意再继续读下去，迫切需要找份工作就业，解决家庭的生计问题。于是，他放下当初的理想，来到一家广告印务公司。未曾想，小张在这家广告公司干得如鱼得水，短短两年时间，就由普通学徒工、小组长干到了策划部主管的位置，薪资待遇更是高出一般销售人员许多。

多年来，小张由于对自身情况认识不足，自己也不明白自己该干什么，可以干什么，只知道努力满足父母的愿望，迅速赚到钱，改善家庭生活。虽然在校期间考过了营销师资格证，参加了很多方案策划大赛等活动，并取得了些许成绩，但他的性格特点并不合适做营销员，而在他不熟悉和不热爱的广告印务公司，却发挥出了他的特长与能力，在工作岗位上干得游刃有余，前途一片光明。从故事中我们发现，大学生的职业规划尤为重要，要制定切实可行的规划方案，必须认真剖析自我、认识自我，制定适合自己的职业生涯规划。

训练活动

我的生命线

1. 请在白纸上画一条直线，这条直线的长度代表了你生命的长度。思考一下，你期望自己活到多少岁？将直线的一端视为你生命的开始，另一端写上你期望可以活到的年龄。

2. 在这条生命线中找到你现在的年龄点，并标记出来，写下现在的年龄，在该点左边写上过去，在该点右边写上未来。

3. 回顾你过往生命历程中发生的重大事件，在直线上方写出对你有积极影响的事件，并在直线相应位置标明年龄，在直线下方写出对你人生有消极影响的事件，并在直线相应位置上标明年龄（从现在往后的部分你可以在稍后设想），然后依照顺序连接起来。

4. 思考一下这些事件对你的影响和启发，这时，你便能看到生命故事的跌宕起伏，而当下只是其中的一个点。当拿出这条线中的任何一个点，你都可以讲一段生命的故事，所不同的是：你是站在主导者的角度，还是受害者的角度？不同的角度会讲出不一样的故事，并影响未来的建构。

知识阅览

有目标定位与没有目标定位的出路比较

哈佛大学曾做过一个非常著名的关于目标定位对人生所产生的影响的跟踪调查，调查对象是一群智力、学历、环境等条件都相当的年轻人，调查内容为规划对人生的影响，结果发现：毕业时，27%的人没有人生目标；60%的人目标模糊；10%的人有清晰但比较短期的目标；3%的人有清晰而长远的目标。

通过25年的跟踪调查发现，他们的生活状况与定位有极大的关系，定位决定了他们日后的发展，目标定位对人的出路有巨大的导向作用。

27%没有目标的人，几乎都生活在社会的最底层。他们都生活得不如意，常常失业，靠社会救济生活，并且常常抱怨他人、抱怨社会、抱怨世界。

60%目标模糊的人，几乎都生活在社会的中下层，安于现状，属于社会的蓝领阶层，几乎没有什么特别的成绩。

10%有清晰的短期目标的人，大都生活在社会中上层。他们的共同特点是：不断完成短期目标，生活状态良好，他们已经成为各行业不可或缺的专业人士，如医生、律师、工程师、高级主管等。

3%有清晰且长远目标的人，25年来总是朝着同一个方向不懈努力。25年后，他们已经成为社会各界的顶尖人士，其中不乏创业者、行业领袖、社会精英。

美国耶鲁大学也曾做过类似的调查研究，调查结果为：3%有清晰的长期目标的毕业生，20年后挣的钱比剩下的97%的毕业生挣的钱的总和还多。

我们人人都知道的目标，像分水岭一样，轻而易举地将资质相似的人分为少数精英和多数平庸之辈。前者主宰了自己的命运，后者随波逐流。

第三节　职业生涯规划基本理论

不同的人，其生涯发展与经历的事件和所走的道路不一样，会呈现多样的规划方案和成长轨迹，尽管每个人有太多不同的经历，但仍有一些普遍适用的基本准则和规律，科学的方法是需要我们每个人遵循的。

关于职业生涯规划的基本理论，目前大致可以分为这样几个类型：职业选择理论、职业生涯发展理论和职业生涯决策理论。它们从不同的角度对个人职业选择和职业发展的问题进行了研究和阐述。职业选择理论从静态的角度来探讨个人特质与职业之间的匹配问题，重视个人的需要、能力、兴趣和人格等内在因素在职业选择中的作用。职业生涯发展理论从动态的角度探讨个人职业生涯的成长历程，强调自我概念、自我职业决策能力的发展。职业生涯决策理论主要探讨个人应该如何作职业选择的问题。

对于大学生来说，初步了解和掌握这些理论也是很重要的，这些理论是后面章节内容的基础，而且这些理论本身对于我们了解自我，了解职业生涯发展的阶段和规律、职业抉择的本质以及职业决策的方法和步骤等都很有帮助。

核心知识

一、职业选择理论

职业选择是指人们从对职业的评价、意向、态度出发，依照自己的职业期望、兴趣、爱好、能力等，从社会现有的职业中挑选其一的过程。职业选择的目的在于使自身能力素质和职业需求特征相符合。选择职业是人生大事，因为职业决定了一个人的未来。选择职业就是选择将来的自己。选择什么样的工作，很大程度上就等于选择了什么样的人生。为什么有些人本该在事业上获得成功，却事与愿违，这并不完全是他们能力不够，而主要是他们选择了不适合自己特征的职业。那些事业有成的人，并不一定比别人聪明，他们成功的关键在于找到了适合自己特点的职业。合适的职业使他们的个人才能得到充分发挥，为他们带来了无限的创造机会，也带来了事业的成功。因此，在选择什么样的职业之前，一定不要先“为五斗米折腰”，急于根据工资待遇等物质条件做决定。最重要的是，要先问问自己，自己究竟有哪些特征，究竟想要过一种什么样的人生。比如，你充满热情和抱负，喜欢接受新鲜事物和工作挑战，却选择了一份十分安逸清闲的工作，那你每天的工作都成为你理想与现实的痛苦拉锯战，其结果也只能是两种：一是你妥协了，热情渐渐被消磨，志气一点点被减弱；二是你经过复杂的心理斗争，最终还是选择出来继续为自己的理想而奋斗。

在职业选择理论中有几个著名的理论，如帕森斯的特质因素理论、霍兰德的人格类型理论等。

（一）帕森斯特质因素理论

特质因素理论是由美国职业指导专家帕森斯创立，并由美国职业心理学家威廉姆斯发展而成的。它是西方国家最为古老而且应用范围最广的一种理论，在职业指导中一直处于主导地位。帕森斯在职业指导方面做出了伟大的贡献并产生了深远的影响，被人们尊称为“职业指导之父”。

“特质”主要指个人的人格特征，可以通过测验或者量表工具等予以测评，包括个性、兴趣、价值观等，以此反映出个人的潜能发展。“因素”主要指在事业上获得成功所必须具备的资格与条件。经过对工作要求特性的测评，可以将个人特质与之相适配，从而帮助个体找到最适合、最理想的职业生涯，这也是该适配理论的核心内涵所在。

1. 职业选择三原则

根据特质因素论的适配原则，帕森斯归纳了选择职业时必须注意的三大原则，即认识自己、认识外部世界、做出合理的推论。做出职业选择的关键就是将了解到的关于自我条件与职场的相关信息进行整合判断，以个人和职业的互相配合作为职业选择的最终目标，找到最有利于个人发展的职业，做出最佳生涯选择。

2. 职业选择三步骤

特质因素理论指导下的职业选择过程，可划分为三个主要步骤：特性评价、因素分析、人职匹配。

（1）特性评价。

每个人都有独特的人格特性、综合能力、为人处世的方式等，这些都可通过测试、事件反馈而显现出来。职业选择的第一步主要通过心理测试等测评手段分析个体的个人资料，如身体状况、脾气性格、兴趣爱好、能力素质等，同时还包括家庭因素等，从而获得较为全面的信息资料，以做出综合评价。

（2）因素分析。

不同职位的工作内容及资格要求一般都不相同。职业选择的这一步骤需要广泛收集目标职业的相关信息，如关于工作性质、福利待遇、工作条件、发展前景等职业特性，关于身体要求、年龄限制、学历要求、技能水平、专业能力等入职的门槛要求，关于职前培训、教育训练、抗压抗挫的心理承受力等入职准备要求。这些都是需要纳入分析考虑范围的外界因素。

（3）人职匹配。

在顺利完成前两个步骤的基础上，将个人特性评价与社会职业因素相比较，对条件相匹配的，重点考察选择。例如，对于需要专门技术和专业知识的职业，要求掌握该种特殊技能和专业知识的择业者与之相匹配。个性上较为感性、有创造性、具有理想主义思想倾向的择业者，适合从事要求良好审美能力、表达能力的设计师、艺术创造等职业。总之，在这个适配的环节中，需要运用逻辑和推理来决定最佳的选择，要选择既适合自己特点又有可能获得该机会的职业。

（二）霍兰德人格类型理论

人格类型理论是美国约翰·霍普金斯大学心理学教授、著名的职业指导专家霍兰德创立的，霍兰德长期从事职业咨询工作并成为该领域的里程碑式的人物。人格类型理论是一种在特质因素理论基础上发展起来的人格与职业类型相匹配的理论，它一方面汲取了人格心理学的重要概念，认为职业选择是个人人格的反映和延伸；另一方面它还是霍兰德本人职业咨询经验的结晶。霍兰德的人格类型理论可以归纳为以下几个方面。

1. 个人与环境之间的关系

大多数社会学家都认为，一个人生理和社会环境的特征都会影响到个体的行为。这些环境特征不仅中和了个体的行为，而且在相当长的一段时间内还中和了亚文化以及社会环境。我们在分析一个人的时候，不仅要分析他或她先天的个性特征，而且还要分析这个人成长或生活的环境特征。霍兰德对“个人与环境之间的匹配”有如下一些代表性观点。

(1) 个人做出职业选择的依据就是寻找那些能够满足自己成长的环境。

(2) 对自己的工作环境知道得越多，就越容易做出正确的职业选择。

(3) 职业的选择应该是慎重的，它反映了这个人的动机、知识、个性和能力。职业代表了一种生活方式，它是一种环境而不是一系列相互孤立着的工作项目和技能。一种职业不仅意味着要有某种特定的形象（社会角色），而且还意味着要有某种特殊的生存方式。从这层意义上来讲，一种职业的选择代表着一系列信息：某人的工作动机、对于职业的看法，以及对自身能力的认识。

2. 理论假设

人格类型理论是建立在以下四项核心假设的基础上的。

假设一：在我们生活的社会文化环境中，大多数人的人格类型可以归纳为六种人格类型中的一种：现实型（Realistic）、研究型（Investigative）、艺术型（Artistic）、社会型（Social）、企业型（EnterPrising）、传统型（Conventional）。每一种特定人格类型的人，会对相应职业类型中的工作或学习感兴趣。

假设二：现实生活中存在与上述人格类型相对应的六种环境类型：现实型、研究型、艺术型、社会型、企业型以及传统型。

假设三：人们总是在积极寻找适合他们的职业环境，在其中他们能够充分施展自己的技能和能力，表达他们的态度和价值观，并且能够完成那些令人愉快的使命和任务。

假设四：一个人的行为表现是由其个性特征和环境特征交互作用决定的。

3. 人格类型与职业类型匹配模型

在上述理论假设的基础上，霍兰德进一步提出了人格类型与职业类型的匹配模型。霍兰德认为，同一类型的劳动者与职业互相结合，便能够达到适应状态，其结果是劳动者找到适宜的职业岗位，职业岗位获得了合适的人才，劳动者的才能与积极性便会得以很好发挥。霍兰德提出六种人格类型的特点和其适合的工作如下：

(1) 现实型（R 型，又叫技能型或实用型）

该类型的人性格特征表现为：坦率、正直、诚实、谦逊。喜欢从事规则明确的活动及技术性工作，甚至热衷于亲自动手创造新事物。他们的身体技能及机械协调能力较强，希望工作任务是明确而具体的。另外，这类人不喜欢言谈，对于人际交往及人员管理、监督等活动不感兴趣。

适合的职业：需熟练技能方面的职业，如动植物管理、机械管理、生产技术、手工艺、机械师、木工等。

(2) 研究型（I 型）

该类型的人性格特征表现为：谨慎、严格、严肃、内向、谦虚，独立性强。他们通常喜欢理论思维或数理统计工作，对于解决抽象问题具有极大热情。对于人员的领导及人际关系兴趣不大。

适合的职业：要求具备智力或分析才能，并将其用于观察、估测、衡量、形成理论，最终解决问题的工作，如科学研究人员、教师、工程师、电脑编程人员、医生、分析员、设计师、生物学家等。

（3）艺术型（A 型）

该类型的人性格特征表现为：感情丰富、内心充满热情、善于表达且富有想象力。善于通过语言动作、色彩和形状来表达审美原则，比较喜欢独立行事，不太合群。他们具备艺术性的、独创性的表达和直觉能力，创造倾向明显，对于机械性及程式化的工作不感兴趣。

适合的职业：艺术创作方面的工作，如作曲家、音乐家、舞台指导、舞蹈家、演员、作家、室内设计师等艺术类的职业。

（4）社会型（S 型）

该类型的人通常善良、热情、灵活、有耐心和毅力，语言能力通常优于数理能力，慷慨大度，善于劝说，乐于与人相处，乐于给人提供帮助，具有人道主义精神，热情助人，责任心强。

适合的职业：与人打交道、咨询、培训、辅导、说劝类的工作，如教师、演说家、临床心理师、客询顾问、护士、公关人员、商品营销人员、素质教育工作者等。

（5）企业型（E 型）

该类型的人通常乐于冒险、雄心勃勃，具有外向、易冲动、乐观、自信的个性特征，喜欢影响、管理、领导他人，具备劝说、管理、监督、组织和领导等能力。不喜欢具体精细或需长时间集中心智的工作。

适合的职业：需要言行反应、说服他人、完成监督性角色的工作，如项目经理、销售人员、营销管理、政府官员、企业领导、法官、律师、厂长、各级领导、管理者、政治家、推销员、批发商、调度员、广告宣传员等。

（6）传统型（C 型，又叫常规型）

该类型的人注重细节，讲求良心和精确性，通常体现出有序、有恒心、有效率、服从安排的个性特征，喜欢高度有序、要求明确的工作，对于规则模糊、自由度大的工作不太适应，不喜欢主动决策，一般较为忠诚可靠，偏保守，与人交往会保持一定距离。

适合的职业：从事办公室工作和一般事务性的工作，如银行职员、图书管理员、会计、出纳、统计、计算机操作、办公室职员、法庭速记员、打字员等。

上述六大类型并非各自独立，每一种类型与其他类型之间存在一定程度的关联，不同人格类型的人之间可能有较大的共同点，也可能兴趣差异悬殊。

在现实生活当中，人们往往迫于各种社会条件的限制，并非都能按照各自的人格特征和职业兴趣来进行职业选择。然而，只要现实条件允许，大多数人总是倾向于选择与自己的人格特征、兴趣爱好相符的职业。然而，上述提到的六种人格类型及其对应的典型职业选择是一种理想化的划分，由于人的社会性和多样性，个体的人格类型并不是单一和绝对的，大多数人并非只有一种性向（如一个人的性向中很可能是同时包含着社会性向、现实性向和研究性向）。霍兰德认为，这些性向越相似，相容性越强，则一个人在选择职业时所面临的内在冲突和犹豫就会越少。为了帮助描述这种情况，霍兰德建议将这六种性向分别放在一个正六角形的每一角，如图 1-3-1 所示。

在图 1-3-1 中，六种类型占据了六边形的六个角，每一个角代表一个职业性向。各角之间相邻类型彼此具有较高的一致性，而相隔一角的类型之间一致性其次，相对角之间的类型一致性最弱。比如现实型的个体经过适应和训练后可以比较好地从事研究型和传统型职业，但对角线上的两种人格类型互相排斥，适应难度最大，个体在职业选择时应尽力避免。

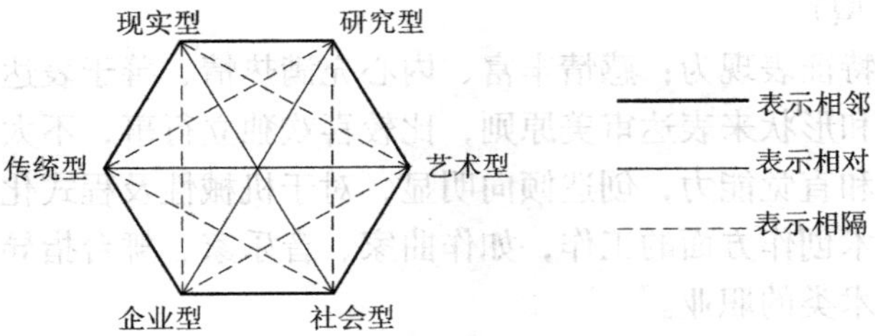

图 1-3-1　霍兰德人格类型图

该理论的核心观点是人与职业的匹配，即人格特质、个体兴趣要与职业环境相一致。员工的工作满意度与流动倾向性取决于个体的人格特点与职业环境的匹配程度。当人格和职业相匹配时，会产生最高的满意度和最低的流动性。

人们在进行职业选择时，应该尽量扩大职业选择范围，科学合理地评估自己，了解和归纳自己的兴趣爱好，根据自己的能力制定生涯规划，并在具体的生涯规划过程中探索及理解工作世界，进行合理、有效的职业选择。

二、舒伯的职业发展理论

人们一生的职业历程，有种种不同的可能：有的人从事这种职业，有的人从事那种职业；有的人一生变换多种职业，有的人终生在一个岗位上；有的人不断追求、事业成功，有的人穷困潦倒、无所作为。造成人们职业生涯的差异的原因，有个人能力、心理、机遇方面的问题，也有社会环境的影响。这一切看似复杂无序，然而，却都有一定的内在规律。随着人们对生涯理论的进一步深入研究，学者们发现个性与职业的匹配并不是一次就可以完成的，不论是个体自身发展的内在规律，还是社会生活变化产生的外在影响，使人们的职业心理多处于一种动态的发展过程中。因此，职业发展理论也开始更倾向于从动态、发展的角度来研究人的职业行为以及各个发展阶段。于是，动态的“生涯”概念渐渐取代了较为稳定的静态“职业”概念。

在生涯发展流派中，造诣最深的是舒伯，他是美国具有代表性的职业管理学家，被大家公认为生涯发展大师。生涯发展理论是生涯规划理论中最具整合色彩的理论。早期提出该理论的是以金斯伯格为首的一群学者，而集大成者是学科整合高手舒伯，他集差异心理学、发展心理学、职业社会学和人格发展理论于一体，进行长期研究，系统提出了有关生涯发展的观点，成为自帕森斯之后又一位里程碑式的大师。

（一）舒伯职业发展理论的主要思想

（1）人的才能、兴趣和人格各不相同，因而适合从事不同类型的职业。也就是说，一个人在选择职业之前，应该对自己的兴趣、能力、价值观及人格等方面有客观的认识和评价。在这样的基础上，选择适合自己的职业并在人生和职业的每个阶段扮演好相应的角色，从而获得生命的快乐与事业的成功。

（2）职业选择行为和心理随着时间、经历和经验的变化而变化。

（3）个体的职业生活受其父母的社会经济地位、个人智力、人格及机遇的影响。

（4）个体的职业发展过程是自我概念形成、发展和完善的过程，也是主客观的一种折中调和过程。

（5）提出生涯彩虹图理论（Life-career Rainbow），把职业发展分为五个阶段，即成长阶段（1～14 岁）、探索阶段（15～24 岁）、确立阶段（25～44 岁）、维持阶段（45～64 岁）和衰退阶段（65 岁及以后）。

（二）生涯发展的五个阶段

舒伯提出的生涯发展的五个阶段中有三个阶段与金斯伯格的分类相近，只是年龄与内容稍有不同，舒伯增加了就业以及退休阶段的生涯发展。舒伯认为，每一阶段都有特定的发展目标和任务，前一阶段目标的实现，关系到后一阶段目标的实现。

1. 成长阶段

出生～14 岁。该阶段孩童开始发展自我概念，开始以各种不同的方式来表达自己的需要，且经过对现实世界不断地尝试，修饰他自己的角色。这个阶段发展的任务是：发展自我形象，发展对工作世界的正确态度，并了解工作的意义。这个阶段共包括三个时期：一是幻想期（4～10 岁）；二是兴趣期（11～12 岁）；三是能力期（13～14 岁）。

2. 探索阶段

15～24 岁。该阶段的青少年通过学校、社团、休闲等活动，对自我能力及角色、职业进行探索，选择职业时有较大弹性。这个阶段发展的任务是：使职业偏好逐渐具体化、特定化并实现职业偏好。这阶段共包括三个时期：一是试探期（15～17 岁）；二是过渡期（18～21 岁）；三是试验并稍作承诺期（22～24 岁），生涯初步确定并试验其成为长期职业生活的可能性。

3. 建立阶段

25～44 岁。由于经过上一阶段的尝试，不合适者会谋求变迁或做其他探索，因此该阶段较能确定在整个事业生涯中属于自己的“位子”，并在 31～40 岁开始考虑如何保住这个“位子”并固定下来。这个阶段发展的任务是统整、稳固并求上进。这个阶段又包括两个时期：一是试验—承诺稳定期（25～30 岁），个体寻求安定，也可能因生活或工作上若干变动而尚未感到满意；二是建立期（31～44 岁），个体致力于工作上的稳定，大部分人处于最具创意时期，由于资深往往业绩优良。

4. 维持阶段

45～65 岁。个体仍希望继续维持属于他的工作“位子”，同时会面对新的人员的挑战。这一阶段发展的任务是维持既有成就与地位。

5. 衰退阶段

65 岁以上。由于生理及心理机能日渐衰退，个体不得不面对现实，从积极参与到隐退。这一阶段往往注重发展新的角色，寻求不同方式以替代和满足需求。

在上述生涯发展阶段中，每一阶段都有一些特定的发展任务需要完成，每一阶段需达到一定的发展水准或成就水准，而且前一阶段发展任务的达成与否关系到后一阶段的发展。在人一生的生涯发展中，各阶段同样需要面对成长、探索、建立、维持和衰退的问题，因而形成“成长—探索—建立—维持—衰退”的循环。

（三）生涯彩虹图

如图 1-3-2 所示，生涯彩虹图概括了个人一生的职业成长过程，描绘了生涯发展阶段与角色交互影响的关系，其作用主要是对自身未来的各阶段如何调配各种角色的计划和安排，使人成为自己的生涯设计师。图中的横向层面代表的是横跨一生的生活广度。彩虹的外层显示人生主要的发展阶段和大致估算的年龄，成长期约相当于儿童期，探索期约相当于青春期，建立期约相当于成人前期，维持期约相当于中年期，衰退期约相当于老年期。图中的纵向层面代表的是纵贯上下的生活空间，是由一组职位和角色所组成。舒伯认为人在一生当中必须扮演九种主要的角色，依次是：儿童、学生、休闲者、公民、工作者、夫妻、家长、父母和退休者。不管人们愿意不愿意，每个人自踏入学校之后，其一生必然多数时候同时在不同的舞台上扮演不同的角色。角色之间是交互作用的，某一个角色上的成功，可能带动其他角色的成功，反之，某一个角色的失败，也可能导致另一角色的失败。不过舒伯进一步指出，为了某一角色的成功付出太大的代价，也有可能导致其他角色的失败。他进而引出了一个“显著角色”概念，如彩虹图所示，成长阶段最显著的角色是儿童；探索阶段（15～20岁）是学生；建立阶段（30 岁左右）是家长和工作者；维持阶段（45 岁左右）工作者的角色突然中断，又恢复了学生角色，同时公民与休闲的角色逐渐增加，这正如一般所说的“中年危机”的出现，同时暗示这时必须再学习、再调适才有可能处理好职业与家庭生活中所面临的问题。显著角色的概念可以使我们看出一个人一生中工作、家庭、休闲、学习研究以及社会活动对个人的重要程度，以及对个体不同的发展阶段所具有的特殊意义。

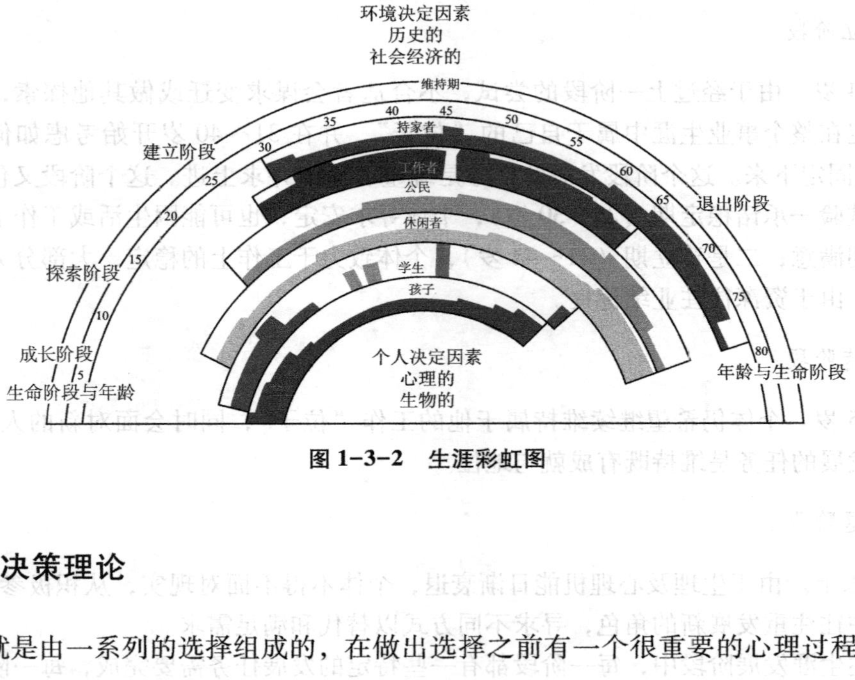

图 1-3-2　生涯彩虹图

三、职业决策理论

生活就是由一系列的选择组成的，在做出选择之前有一个很重要的心理过程——决策。

一个人遇到的麻烦和不如意，往往是由于他做出了不合适的决策或未做出决策而产生的。日常生活中的很多决策往往在不经意中就完成了，其过程相当缺乏理性。在人生的重要关口，在职业发展的关键阶段，很多人却不知所措，不知道该何去何从，不知道自己的方向在哪里。导致这种关键时刻出现迷茫的根本原因是没有系统的职业决策知识、方法和技术。

职业决策（career decision-making）又称职业生涯决策或职业决定，有广义和狭义之分。广义的职业决策是指一个完整职业规划的过程，狭义的职业决策是指职业规划过程中的一个环节。职业决策是职业生涯规划中的重要内容，决策是否科学、是否可行，直接决定着职业生涯规划是否成功。职业生涯决策分为标准化职业生涯决策模型、描述性职业生涯决策模型和规范性职业生涯决策模型。

职业生涯决策是一个高度复杂的过程，常常会令人左右为难，很难用简单的方程式来概括。人不可能完全理性，但学会把一些理性的方法引入生涯决策中，培养理性决策的能力将使你受益终身。所有的道路，不是别人给的，而是你自己选择的结果。你有什么样的选择，也就有了什么样的人生。当我们面临选择的时候，我们是果断的还是犹豫的？是理智的还是逃避的？我们在决策的时候要考虑哪些要素？我们应该学会的决策方式是什么？

目前在职业生涯发展与规划实践中应用得最广的职业决策理论是认知信息加工理论（Cognitive Information Processing theory，CIP）。该理论由盖瑞·彼得森（Gary Peterson）等人于1991年提出，CIP认为生涯发展过程的实质是一个人如何作出生涯决策以及在生涯决策和生涯问题解决过程中如何使用信息的过程。CIP理论按照信息加工的基本流程构建了一个信息加工金字塔，如图1-3-3所示。

塔底是知识领域，包括自我知识和职业知识。塔顶是执行领域，包括自我言语、自我觉察、控制与监督。中间是决策领域，也是整个认知信息加工理论的核心部分。

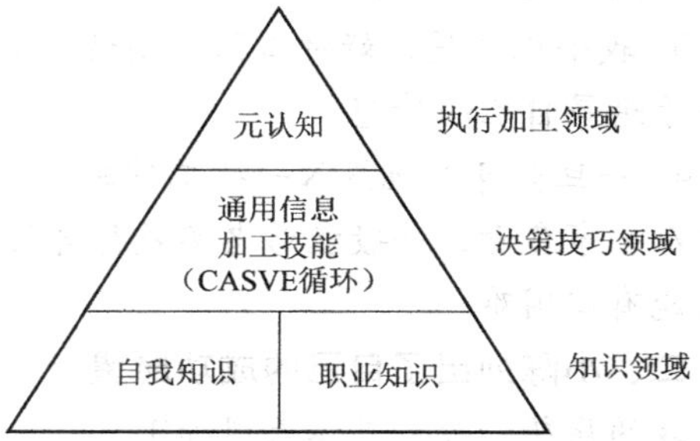

图1-3-3　信息加工金字塔模型

具体到决策技巧领域，CIP理论提出了CASVE循环决策模式，包括沟通（C）—分析（A）—综合（S）—评估（V）—执行（E）五个阶段，如图1-3-4所示。

其中，沟通阶段要求个人意识到问题的存在，发现理想与现状的差距，这一步是决策的开始；分析阶段要求对所有的信息及彼此之间的关系进行深入、细致、全面的分析，将问题的各个组成部分相互联系起来，对现状进行评估，了解自己和自己可能存在的选择。“分析”是决策过程中最容易出现问题的阶段；综合阶段要求个人在分析的基础上形成可能的解决方法并寻求实际的解决方法；评估阶段要求评估每种选项的优劣并确定先后顺序；执行阶段要求依照选择的方案严格行动。

CIP认为，任何一个职业决策都应该经历CASVE循环决策模式的五个阶段，只有完整经历这五个阶段并按照每个阶段要求认真采取行动之后，作出的决策才是科学、合理的决策。

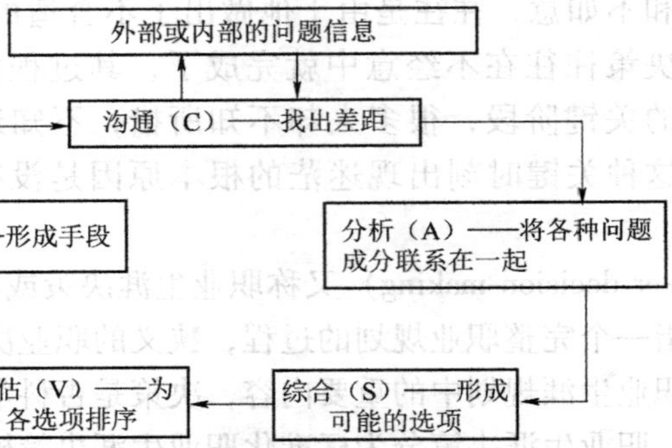

图 1-3-4 CASVE 循环

经典案例

小陈的个性特征分析

一、小陈对自己的性格类型及特点进行了深入分析，内容如下：

1. 我比较敏感，非常崇尚内心的平和，看重个人的价值、忠诚、理想化，一旦作出选择，就会约束自己完成。

2. 我外表看起来沉默冷静，但内心非常善良，有同情心，善解人意。重视与他人建立有深度、真实、共同进步的关系，希望参与有助于自己及他人的进步和内在提升的工作，欣赏那些能够理解我价值的人。

3. 我个性鲜明，好奇心强，创造力突出，思维开阔，有远见，乐于探索事物的可能性，致力于追寻自己的梦想。

4. 一旦全身心地投入一项工作时，我往往发挥出冲刺式的干劲，全神贯注，全力以赴。我对人、事负责，一般能够忠实履行自己的义务。但是，对于意义不大的日常工作，我做起来可能有些困难。

二、小陈列出了自己的成功愿望

我的愿望一般，具体表现如下：

1. 做事有特定的目标和方向；愿意承担一定的责任。

2. 面对新尝试时，我往往会参照以前的经验和方法来进行。

3. 对人和事的要求不高不低，这种“中庸”也让我和周围的人感到自在，而不至于压力太大。

三、小陈进行了优点分析

1. 能够一个人做事情，忠于职守；

2. 考虑问题细致周到，而且很深刻；

3. 会考虑新的可能性，跳出以前的圈圈；

4. 做自己喜欢的工作能使我振奋；

5. 能与自己尊敬的人保持频繁、有意义的交流，并从那里得到支持；

6. 收集所需要的信息有一种天生的好奇与技巧；

7. 能看到事情发展的趋势，看到行动背后的含义；

8. 能理解别人的真实想法，想别人之所想；

9. 适应能力强，对千变万化的世界游刃有余，能迅速调整自己的状态和目标；

10. 一对一地与人工作是我擅长的方式；

11. 有雄心和志向，魄力强，善于影响他人；

12. 有韧性，在困境中不轻易放弃。

四、小陈进行了缺点分析

1. 过于追求完美，会花很长时间酝酿自己的想法，导致行动力较弱；

2. 经常忽略逻辑思考和具体现实，沉浸于梦想。当意识到自己的理想与现实之间的差距时，就容易灰心丧气；

3. 比较固执，经常局限在自己的想法里，对外界的客观事物没有兴趣；

4. 总是用高标准来要求自己，投入太多的感情，导致我对批评相当敏感；压力很大的时候，我可能会非常怀疑自己或他人的能力，而变得吹毛求疵，对一切都有抵触情绪；

5. 有时做事会无秩序，很难把握事情的优先级别；

6. 讨厌以传统的或习惯的方式行事；

7. 过于关注失败的可能性，对没有把握的事情感到紧张和压力；

8. 做事可能存在感情用事的倾向；

9. 很难在竞争的、气氛紧张的环境中工作下去；

10. 有时表现得过于强势，让人难以接受。

结合小陈同学的人格自我分析，我们可以看出他感情丰富，内心充满热情，善于表达且富有想象力。比较喜欢独立行事，具备艺术性的、独创性的表达和直觉能力，创造倾向明显，对于机械性及程式化的工作不感兴趣。

适合的岗位特点是：

1. 需要在一个注重合作、没有压力和人际冲突的环境中，与其他富有创造性的同事一起工作；

2. 需要在一个没有太多限制、比较灵活的机构中工作，有足够的私人空间和时间；

3. 需要可以发挥创造力的工作条件，并能得到鼓励和嘉奖，不断提升自己的能力。

综上所述，比较适合小陈的职业有：记者、娱乐业人士、演员、编辑、室内设计师、艺术指导、营养师、健康护理医师、企业培训师、薪酬福利人员、人力资源顾问及项目经理等。

训练活动

一、假如我有七天假期

正是桃花盛开的春天，你刚好会有七天的春假，你计划着前往远方一处新开发的岛屿群度假。旅行社经理向你大力鼓吹这个旅游地的新特点：“这是我们和当地旅游机构合作开发的新路线，一共有六个各具特色、各具风情的岛屿。如果你的时间允许，可以安排前往其中的三个岛各停留几天，保证你能遍览岛上风光，乐不思蜀。”请仔细浏览旅游手册上记载的六个岛屿的特色：

A 岛：美丽浪漫的岛屿，岛上有美术馆、音乐馆，弥漫着浓厚的艺术文化气息。同时，当地的原住民还保留了传统的舞蹈、音乐与绘画，许多文艺界的朋友都喜欢来这里找寻灵感。

S岛：温暖友善的岛屿，岛上居民个性温和、十分友善、乐于助人，社区均自成一个密切互动的服务网络，人们多互助合作，重视教育，弦歌不辍，充满人文气息。

E岛：显赫富裕的岛屿，岛上的居民热情豪爽，善于企业经营和贸易。岛上的经济发达，处处是高级饭店、俱乐部、高尔夫球场。来往的多是企业家、经理人、政治家、律师等，衣香丽影，夜夜笙歌。

C岛：现代管理秩序井然的岛屿，岛上建筑十分现代化，是进步的都市形态，以完善的户政管理、地政管理、金融管理见长。岛民个性冷静保守，处事有条不紊，善于组织规划。

R岛：自然原始的岛屿，岛上保留有热带的原始植物林，自然生态保护甚佳，也有相当规模的动物园、植物园、水族馆。岛上居民以手工见长，自己种植花果蔬菜、修缮房舍、打造器物、制作工具。

I岛：深思冥想的岛屿，岛上人烟稀少，建筑物多僻处一隅，平畴绿野，适合夜观星象。岛上有多处天文馆、科博馆以及科学图书馆等。岛上居民喜好沉思、追求真知，喜欢和来自各地的哲学家、科学家、心理学家等交换心得。

按先后顺序选择你旅游的岛屿。并从下列几个方面考虑你的类型：

我选择的岛屿是：______________________________

对应的霍兰德人格类型特点是：______________________________

我是什么样的人：______________________________

我能够做什么：______________________________

我喜欢做什么：______________________________

我的爱好是：______________________________

二、想象自己未来的生活角色，找一张空自的纸，首先画出彩虹图的半圆，并标注年龄阶段和你可能扮演的角色名称，然后将你在某个年龄段所希望扮演角色的区域，按照你认为它重要性的程度涂上颜色（一种角色一种颜色）

知识阅览

马斯洛需求层次理论

马斯洛理论把需求分成生理需求（Physiological needs）、安全需求（Safety needs）、爱和归属感（Love and belonging）、尊重（Esteem）和自我实现（Self-actualization）五类，依次由较低层次到较高层次排列。在自我实现需求之后，还有自我超越需求（Self-Transcendence needs），但通常不作为马斯洛需求层次理论中必要的层次，大多数会将自我超越合并至自我实现需求当中。

通俗理解：假如一个人同时缺乏食物、安全、爱和尊重，通常对食物的需求是最强烈的，其他需求则显得不那么重要。此时人的意识几乎全被饥饿所占据，所有能量都被用来获取食物。在这种极端情况下，人生的全部意义就是吃，其他什么都不重要。只有当人从生理需求的控制下解放出来时，才可能出现更高级的、社会化程度更高的需求如安全的需求。

第一层次：生理上的需求

如果这些需求（除性以外）任何一项得不到满足，人类个人的生理机能就无法正常运转。换言之，人类的生命就会因此受到威胁。从这个意义上说，生理需求是推动人们行动最首要的动力。马斯洛认为，只有这些最基本的需求满足到维持生存所必需的程度后，其他的需求才能成为新的激励因素，而到了此时，这些已相对满足的需求也就不再成为激励因素了。

第二层次：安全上的需求

马斯洛认为，整个有机体是一个追求安全的机制，人的感受器官、效应器官、智能和其他能量主要是寻求安全的工具，甚至可以把科学和人生观都看成是满足安全需求的一部分。当然，当这种需求一旦相对满足后，也就不再成为激励因素了。

第三层次：情感和归属的需求

人人都希望得到关照。感情上的需求比生理上的需求来得细致，它和一个人的生理特性、经历、教育、宗教信仰都有关系。

第四层次：尊重的需求

人人都希望自己有稳定的社会地位，要求个人的能力和成就得到社会的承认。尊重的需求又可分为内部尊重和外部尊重。内部尊重是指一个人希望在各种不同情境中有实力、能胜任、充满信心、能独立自主。总之，内部尊重就是人的自尊。外部尊重是指一个人希望有地位，有威信，受到别人的尊重、信赖和高度评价。马斯洛认为，尊重需求得到满足，能使人对自己充满信心，对社会满腔热情，体验到自己活着的用处和价值。

第五层次：自我实现的需求

自我实现的需求是最高层次的需求，是指实现个人理想、抱负，发挥个人能力到最大程度，达到自我实现的境界，接受自己也接受他人，解决问题能力增强，自觉性提高，善于独立处事，要求不受打扰地独处，完成与自己的能力相称的一切事情的需求。也就是说，人必须干称职的工作，这样才会使他们感到最大的快乐。马斯洛提出，为满足自我实现需求所采取的途径是因人而异的。自我实现的需求是在努力实现自己的潜力，使自己越来越成为自己所期望的人物。

更高需求：自我超越的需求

自我超越的需求是马斯洛需求层次理论的一个模棱两可的论点。通常被合并至自我实现需求中。1954 年，马斯洛在《激励与个性》一书中探讨了他早期著作中提及的另外两种需求：求知需求和审美需求。这两种需求未被列入他的需求层次排列中，他认为这二者应居于尊敬需求与自我实现需求之间。

第二章 实施职业生涯规划

名人名言

生命里最重要的事情是要有个远大的目标，并借助于才能与坚持来完成它。

——歌德

如果你能成功地选择劳动，并把自己的全部精神灌注到它里面去，那么幸福本身就会找到你。

——乌申斯基

本章学习目标

知识目标

1. 掌握外部环境对职业发展的要求、影响及作用；
2. 掌握自我评估的方法；掌握兴趣、性格、能力、价值观如何与职业相匹配；
3. 了解职业生涯目标确立的意义、原则、注意事项；
4. 掌握职业生涯目标制定的方法；
5. 了解职业生涯决策的理论、要素、类型、方法；
6. 掌握职业生涯决策的方法。

能力目标

1. 能够运用自我探索的方法，分析自己的各种情况，初步找到适合自己的职业；
2. 结合外部环境分析，初步作出职业选择与职业生涯规划；
3. 能够制定适合自己的职业生涯发展目标；
4. 具备对自己进行职业生涯决策的分析能力，能够熟练运用职业生涯的决策方法制定自己的发展目标。

引例

HP公司员工的职业生涯管理

美国著名的惠普公司非常重视员工的职业生涯发展规划，为了帮助公司的每位员工制定令个人满意的、有针对性的职业生涯发展规划，公司开设了职业生涯规划与管理的课程，并从哈佛商学院获得六种工具，让员工来自我剖析，以获取个人特点的资料。这六种工具是：

1. 一份书面的自我访谈记录。给每位参加者发一份提纲，其中有11道问题涉及他们自己的情况，要他们提供有关自己生活（有关的人、地、事件）、经历过的转折以及未来设想的资料，并让他们在小组中互相讨论。这篇自传摘要体裁的文件将成为随后自我分析所依据的主要材料。

2. 一篇24小时活动日记。参加者要把一个工作日及一个非工作日全天的活动如实而无遗漏地记下来，用来对照其他来源所获同类信息是否一致或相反。

3. 对另两位“重要人物”（指跟他们的关系对自己有较重要意义的人）的访谈记录。每位参加者要对自己的配偶、朋友、亲戚、同事或其他重要人物中的两个人，就自己的情况提出一些问题，听听这些旁观者对自己的看法。这两次访谈过程需要录音。

4. 个人生活方式描述。每位参加者都要用文字、照片、图像或选择其他手段，把自己的生活方式描绘一番。

5. 一份“斯特朗·坎贝尔个人兴趣调查问卷”。这份包含有325个问题的问卷填完后，就能据此确定他们对职业、专业领域、交往的人物类型等的喜恶倾向，为每个人跟各种不同职业中成功人物的兴趣进行比较并提供依据。

6. 一份“奥尔彼特·弗农·林赛价值观问卷”。此问卷中列有多种相互矛盾的价值观，每人需做出45种选择，从而测定这些参加者对多种不同的理论、经济、美学、社会、政治及宗教价值观接受和同意的相对强度。

问题聚焦

1. 世界上最重要的事情是认识自我，你真正认识自己吗？
2. 择业前，你认真思考过外部环境的影响吗？

第一节　自我评估

在人的认识活动中，对人的认识是最困难的，因为人是发展变化的。在认识人的活动中，对自己的认识更加困难，当事者往往评价不准。所以，自我评估需要科学的方法。

核心知识

一、自我认识的方法

（一）橱窗分析法

心理学家认为，对个人的了解好像橱窗一样，可大可小。为便于理解，我们把橱窗放在直角坐标系中加以分析。坐标横轴正向表示别人知道，负向表示别人不知道；坐标纵轴正向表示自己知道，负向表示自己不知道。坐标橱窗如图2-1-1所示。这个坐标橱窗图明显地把自我分成了四部分，即四个橱窗。

橱窗1：“公开我”。这是自己知道、别人也知道的部分，属于个人展现在外、无所隐藏的部分。

橱窗2：“隐私我”。这是自己知道、别人不知道的部分，属于个人内在的私有秘密

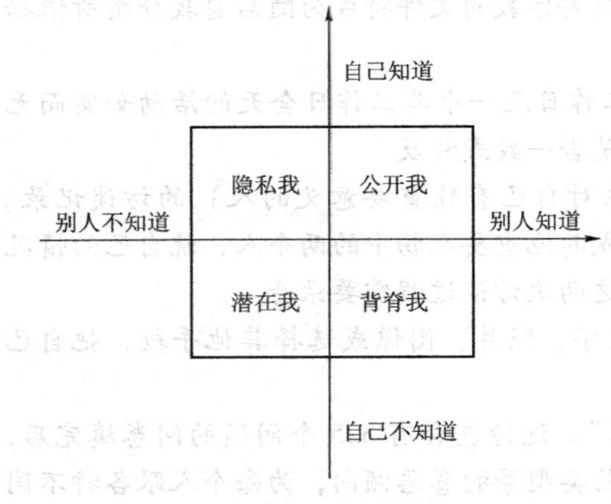

图 2-1-1　坐标橱窗

部分。

橱窗 3："潜在我"。这是自己不知道、别人也不知道的部分，是蕴藏着无限潜能但有待于进一步开发的部分。

橱窗 4："背脊我"。这是自己不知道、别人知道的部分，就像自己的背脊一样，自己看不到，别人却看得很清楚。

在进行自我分析时，"潜在我"和"背脊我"是自我分析中的盲点，因此认识自我的重点是了解橱窗 3（潜在我）和橱窗 4（背脊我）这两部分。"潜在我"是影响一个人未来发展的重要因素，因为每个人都有巨大的潜能。了解"潜在我"的主要方法有积极性暗示法。"背脊我"是准确对自己进行评价的重要方面，如果自己诚恳地、真心实意地征询他人的意见和看法，就不难了解"背脊我"。要做到这一点，需要有开阔的胸怀、正确的态度和有则改之、无则加勉的精神，否则，就很难听到别人的真实评价。

（二）心理测试（问卷）法

心理测试的基本原理是，通过一个人对问题情景的反应来推论他的心理特征，也就是从个体的外在行为模式来推知其内在心理特征，因此心理测验是间接地而不是直接地测量人的心理特征。心理测验的方法很多，主要包括四个方面：智力测验、人格测验、职业性向测验以及能力测验。通过职业测评可以深入地分析和评价自己不知道、别人也不知道的一面（潜在我）。为了最大限度地发挥职业测评的效用，进行心理测验时需要注意的问题是：首先，应该选用一个心理学专家编制的、权威性比较高的标准化测验量表；其次，在做测验的过程中，一定要按自己的真实想法填答，切记寻找标准答案，避免主观情绪；最后，要选择一个安静、没有外界干扰的环境。

（三）自我评价法

1. 从"我"与他人的关系中认识和评价自我

他人是反映周围世界的镜子，与他人交往，是个人获得自我观念的主要来源。在通过与他人交往来认识自己时要注意比较的参照物：第一，跟别人比较的是行动前的条件，还是行为后的结果？第二，跟别人比要有标准，要注意是相对标准还是绝对标准？是可变标准还是不可变标准？经常有学生认为自己不如别人，其实他们关注的可能是身体、家庭等不可改变的条件，没有实际比较的意义。第三，比较的对象是什么人，是与自己条件相类似的人，还是自己心目中的偶像或极其不如自己的人？参照物和立足点的确立合理与否，对认识自己尤为重要。

从别人的评价中认识自己，如果自我评价与周围人的评价有较大的相似性，则表明自我评价较成熟；反之，则表明自我评价有偏差，因为别人评价比自我评价更具有客观性。当然对待别人的评价，要有认识上的完整性，不要按照自己的心理需要只注意某一方面的评价，也不要只听取同自己关系密切的人的评价，应全面听取、综合分析、公正评价。

面对职业生涯规划，大学生除了要客观地分析就业环境外，最主要的是正确地认识自我和评价自我，应当明确自己的专业发展方向是什么、自己的特点爱好是什么、自己的性格气质是什么、自己最适合干什么工作、自己的优势和劣势是什么等。

2. 从“我”与事的关系中认识和评价自我

从“我”做事的经验中了解自己。一般人通过自己所取得的成果、成就以及社会效应来分析自己，但却常常受到成败经验的限制。其实任何一种活动都是一种学习，不经一事，不长一智。成败得失，其经验的价值也因人而异。

3. 从“我”与己的关系中认识和评价自我

从“我”与己的关系中认识和评价自我，看似容易实则困难。在自我意识结构中，“我”有很多，我们大概可以从以下几个“我”中去认识自己。

——自己眼中的“我”：个人实际观察到的客观的“我”，包括身体、性别、年龄、职业、气质、能力等。

——别人眼中的“我”：这是与别人交往时，由别人对你的态度、情感反应而知觉的“我”。不同关系的人，对自己的反应和评价不同，它是个人从多数人对自己的反应归纳的统觉。

——自己心中的“我”：这是指自己对自己的期许，即理想的“我”。另外，还可以从实际中的“我”、自觉别人心中的“我”等多个“我”来全面认识自己。对于大学生而言，虽然有多个“我”可供认识，但形成统合的自我观念比较困难。因为现代社会急剧变迁，受改革开放后多元价值观的影响，现在的大学生自我认识难以客观、全面。

二、自我探索的方法

自我探索是客观了解自我的必经过程，人生只有在不断的自我探索中，才能寻找到真正的自我。一个人，只有了解了自己，才能确定适合自己的人生，才能走适合自己发展的人生道路。然而有很多大学生在择业前缺乏对自己的剖析，不知道自己的性格、气质、能力适合做什么工作，不清楚自己的职业取向，导致对自己期望过高。为了更好地进行职业生涯规划，可以通过分析个人情况、利用职业测评了解自己的兴趣爱好、性格特点、职业能力、职业取向、价值观等，制定自己的职业计划和实施方案。

（一）兴趣与职业

1. 兴趣

兴趣指兴致，是个体对事物喜欢和关心的情绪，是人们对爱做的事、想做的事、做起来快乐的事的心理状态，是推动人们认识事物并探索事物发展规律的动力。人对某件事感兴趣，表现为积极快乐地投入全部精力，主动自觉地搜集相关信息，自愿关切地寻找参加机会，通过参与得到愉悦和满足的情绪体验。例如对表演感兴趣的人，就会对表演特别关注，主动学习相关的知识，欣赏喜欢的作品，参加有关的活动甚至亲自投入实践，并在所有与表演相关的事情上都表现出心驰神往的情绪，产生快乐放松的体验。

职业兴趣是指人对某种职业表现出的认识上的偏好和行为上的亲近性。职业兴趣具有倾向性、广阔性和稳定性的特征。职业兴趣是职业选择的重要依据，目前在职业兴趣研究中较有影响的是霍兰德的职业兴趣理论。他提出了一种人格理论，将人分为六大类型，同时发现职业和工作环境也可以用类似的标准归为现实型、研究型、艺术型、社会型、企业型、传统型六大类，这是因为同一类型的人往往更容易聚在一起，创造出更容易吸引他们那一类人的环境。

根据霍兰德的兴趣理论，个体的职业兴趣可以影响其对职业的满意程度。当个体所从事的职业和他的职业兴趣类型匹配时，个体的潜在能力可以得到最彻底的发挥，工作业绩也更加显著。职业兴趣是职业选择中最重要的因素，是一种强大的精神力量。在职业兴趣测试的帮助下，个体可以清晰地了解自己的职业兴趣类型和在职业选择中的主观倾向，从而成功地进行职业调整，从整体上认识和发展自己的职业能力。此外职业兴趣也是职业成功的重要因素。

2. 兴趣与职业的关系

（1）兴趣能激发人的潜能。

幽默作家马克·吐温曾经说过：“最成功的人是那些整天做自己喜欢做的事，并且搞得像是在度假的人。”人们在做自己感兴趣的事时像度假一样快乐，并有成功的满足感，在这样的自觉行为动机和愉悦的情绪体验下，能极大地发掘一个人的潜能。先天智障的儿童周周对音乐兴趣浓厚，虽然智力不及常人，但他指挥乐团演奏的交响乐被称为感动内心最好的音乐。

（2）兴趣能影响人的职业选择。

著名生物学家达尔文自幼就表现出对动物与植物的强烈兴趣，他狂热地搜集昆虫与植物标本，采集贝壳、化石之类的东西，他的卧室简直就像个博物馆。兴趣能使人集中精力去研究探索，积累职业知识，创造性地开展工作，取得个人工作成就，为行业做出贡献。

（3）兴趣能增强人的职业适应力。

兴趣是激发工作动力的主要源泉之一，正如伟大的发明家爱迪生所说，你会发现工作如此好玩，以至于好像你这辈子都没有上过一天班一样。从事自己感兴趣的工作，会长时间地保持工作热情，提高工作效率。兴趣广泛的人对环境的适应性更加迅速，即使工作辛苦，甚至经历重大的工作转折，也能轻松应对，适时调整，迅速地熟悉和融入新的工作之中。

3. 兴趣的评定方法

（1）量表测评法。

量表测评是评定职业兴趣的有效方法，专业的职业兴趣测评工具很多，如斯特朗兴趣量表、库德职业兴趣量表、霍兰德职业兴趣自测量表（SDS）等。

（2）工作观察法。

你对目前的工作哪些方面感到最满意？哪些方面感到最不满意？

你认为理想的工作应该是怎样的？

你曾经做过的什么事情让你最有成就感？

你学过的新知识、新技能，哪些是你学得很快，并且非常有兴趣学的？哪些是你学得很认真，但总是很吃力且掌握不好的？

记下你取得的成绩、受到的肯定，以及你觉得有收获且充实的事情。记录以上的问题及回答，大约每3个月或半年左右分析一次，如此试几次，你就能够逐步地明白你的兴趣所在。而且，即使你没有参加工作，你也可以从自己的生活中获得相关的资料。

（3）羡慕他人工作法。

我们都曾经有过羡慕别人工作的经历，在人生的某个特定阶段，或者在某个特定的场合，有时这种羡慕只是一个短暂的念头，而有时这种羡慕会在脑海一直徘徊。这种感觉往往是我们自身兴趣的一种投射。回顾自己对某个工作曾有过的羡慕体验，从中可以体会出你乐意为之奋斗的工作。

（二）性格与职业

1. 性格

性格是指人对现实的相对固定的态度，性格是人在社会生活中逐渐形成的，当社会生活中的客观事物作用于人时，人通常会产生相应的态度，并表现出反映这种态度的行为，这种态度和行为在人与客观事物的接触中不断稳固下来，就构成了人所特有的个性心理特征，这就是性格的本质特点。性格主要体现在对自己、对别人、对事物的态度和所采取的言行上。我们通常看到的一个人对待生活的态度是积极进取，还是消极颓废；对待朋友的态度是热情诚恳，还是忽冷忽热；在处理问题时是果断坚毅，还是优柔寡断……就反映了人不同的性格特点。

性格是个体稳定的个性心理特征，只有那些经常的、一贯的表现才会被认为是个体的性格特征，因此性格在人的个性特征中占有重要地位。不同的性格影响着个体不同的气质、能力的表现形式和发展方向。

人的性格不是生来就有的，而是在后天的生活与实践中逐步形成的。性格会受到过去的经历、家庭关系及社会文化的影响，具有很大的稳定性，其中有难以改变的部分，也有可以改变的地方。性格对生活、工作、健康、家庭、社会都有重要作用。性格的特征表现在各方面，包括性格的理智特征、情绪特征、意志特征和态度特征。在这四个方面中意志起着特殊重要的作用，既能调控态度，又能调控情绪，并且促进和保证理智的充分发挥。意志是人的行动的动力之源。例如，具有情绪型性格的人，做事拖拉，感情用事，没有恒心，事业很难成功；若为意志型的性格，则做事有恒心，自制力强，只要确定了目标就会坚持到底。

2. 职业性格

职业性格是指人们在长期特定的职业生活中所形成的与职业相联系的比较稳定的心理特征。许多职业对性格品质有着特定的要求，要选择某一职业就必须具备这一职业所要求的性格特征。职业性格与职业能力不同，不是一个人的显性的智力商数、专业水平、工作经验等，而是受一个人心理条件先天性、内在性、稳定性的影响，在职业的岗位匹配、职业的环境适应性、工作业绩和职业成就上表现出的一系列无法改变或者说至少是难以培育的非智力决定因素。

职业心理学的研究表明，每一类性格都有与之相适应的职业范围。不同的职业需要具有不同性格的从业者，同一类职业能够体现出某一类共同的职业性格。如对驾驶员要求具备注意力稳定、动作敏捷的职业性格特征；对医生则要求具备耐心细致、热情待人的职业性格特征。从事与自己的性格不匹配的工作，个人的才能就会受到阻碍，个人的潜能也往往得不到开发。很难设想让一个性格暴烈的人去搞公关、谈生意或做服务工作，让一个性格怯懦、柔弱的人去搞刑侦破案，让做事大大咧咧、马马虎虎的人去当医生或会计，会有怎样的后果。近年来，用人单位在选拔人才时提出了一种新的理念，即性格比能力更重要。一个人如果能力不足，可以通过培训提高，但其性格如果与职业或岗位不匹配，改变起来就相当困难。

每个人的性格都不一定能百分之百地适合某项职业，但却可以根据自己的职业方向来培养和发展相应的职业性格。一种性格在某种职业中获得成功，可能会在另一职业中大受挫折。因此在职业选择和发展中，应尽可能充分地考虑自己的个性特征与职业要求是否相适应，这样在工作中就能够发挥个体特有的能力，还能利用个人资本，体验到更多的快乐和愉悦。正如一位名人说的，成功者大都不是天才，他们只是一些有着普普通通品质的人。但他们在适合自己性格的工作中，充分挖掘了自己这些普普通通的品质，从而取得了卓越的成就。

3. 职业性格的分类

世界上没有性格完全相同的两个人，每一个人的成长环境都是独一无二的，先天素质也不尽相同，即使有许多共同点，但依然各有特色，所以，人的个性差异首先体现在性格上，每个人都拥有自己的性格特征。由于性格结构的复杂性，在心理学的研究中至今还没有大家公认的性格类型划分的原则和标准，下面介绍一些有代表性的分类观点。

（1）以心理机能优势分类。

这是英国的培因（A. Bain）和法国的李波特（T. Ribot）提出的分类法。他们根据理智、情绪和意志三种心理机能在人的性格中所占优势不同，将人的性格分为理智型、情绪型和意志型。

理智型：这种性格类型的人善于以理智来调节自己的言行，深思熟虑地解决问题，处事冷静。适合从事管理性、研究性和教育性的职业，如医生、律师等。

情绪型：这种性格类型的人言谈举止容易受情绪支配，处理问题不冷静，但情绪体验深刻，这类人最大的特点是不能三思而后行。适合从事艺术性、服务性的职业，如演员、设计师等。

意志型：这种性格类型的人目标明确，主动积极，处事果断，勇于克服困难，善于控制自己的言行和情绪，有较强的自制力。适合从事经营性或决策性的职业，如领导者、公关人员、营销人员等。

除了这三种典型的类型外，还有一些混合类型，如理智—意志型，实际生活中的大多数人都是混合型。

（2）心理活动的倾向分类。

这是瑞士心理学家荣格（C. G. Jung）的观点。荣格根据一个人“力比多”（指个人内在的、本能的力量）的活动方向来划分性格类型。力比多活动的方向可以指向内部世界，也可以指向外部世界。前者属于内倾型，后者属于外倾型。

外倾型：这种性格类型的人心理活动倾向于外露，活泼、开朗、好交际、不善于掩饰自己的思想和情绪、不拘小节、社会适应能力强。适合做管理人员、律师、政治家、业务员、记者和教师等。一般来说，此类人由于具有对外界事物的关心，善于表露自己的情感，乐于与人交往等特点，更适合从事能充分发挥自己的积极主动性、与外界有着广泛接触的职业。

内倾型：这种性格类型的人沉静、孤僻、不善交际、思想和情绪不易外露、处世谨慎、深思熟虑、社会适应能力弱。科学家、技术人员、会计师、打字员、一般办公室职员等通常属于内倾型。此类人比较适合从事有计划的、稳定的、不需要与人过多交往的职业。

（3）以个体独立性程度分类。

美国心理学家威特金（H. A. Witkin）等人根据场的理论，将人的性格分成场依存型（也称顺从型）和场独立型（也称独立型）。这两种人是按两种对立的认知方式进行工作的。

独立型：这种性格类型的人不易受外来干扰，习惯于更多地利用内在参照（即自己的认识），心理活动的独立性强，有主见，他们具有独立判断事物、发现问题、解决问题的能力，而且应急能力强。

顺从型：这种性格类型的人倾向于以外在参照物作为信息加工的依据，易受环境或附加物的干扰，心理活动的独立性弱，愿意配合别人或按别人指示办事，而不愿意自己独立做出决策，担负责任。

（4）以人的社会生活方式分类。

德国心理学家斯普兰格（E. Spranger）从文化社会学的观点出发，根据人认为哪种生活方式最有价值，把人的性格分为六种类型，即经济型、理论型、审美型、宗教型、权力型和社会型。

经济型：一切以经济观点为中心，以追求财富、获取利益为个人生活目的。实业家多属于此类型。

理论型：以探求事物本质为个人最大价值，但解决实际问题时常无能为力。哲学家、理论家多属于此类型。

审美型：以感受事物美为人生最高价值，他们的生活目的是追求自我实现和自我满足，不大关心现实生活。艺术家多属于此类型。

宗教型：把信仰宗教作为生活的最高价值，相信超自然力量，坚信生命永存，以爱人、爱物为行为标准。神学家是此类型的典型代表。

权力型：以获得权力为生活的目的，并有强烈的权力意识与权力支配欲，以掌握权力为最高价值。领袖人物多属于此类型。

社会型：重视社会价值，以爱社会和关心他人为自我实现的目标，并有志于从事社会公益事业。文教卫生、社会慈善等职业活动家多属于此类型。

（5）迈尔斯—布里格斯心理类型指标（MBTI）。

MBTI 是一种必选型、员工自报告式的人格测试问卷，用以衡量和描述人们在获取信息、做出决策和生活取向等方面的偏好。这套工具为人们提高自我认识、了解人际间的差异与相似提供了一种有效的方法。布瑞格斯等认为，大部分人在 20 岁以后会形成稳定的 MBTI 人格，从此便很难变化。MBTI 的人格会随着年龄的增加、经验的丰富逐步发展、完善。根据 MBTI 的理论，对于 MBTI 中任何类型的人而言，均有相应的优点和缺点，有适合自己的工作环境和适合自己岗位的特质。使用 MBTI 进行职业生涯开发的关键在于如何将个人的人格特点与职业特点进行结合。

该量表包括四个维度，每个维度由对立的两极构成：外向—内向；感觉—直觉；思维—情感；判断—知觉。

外向—内向型是指我们与世界相互作用的方式和能量的疏导方式。外向型的人的心理能量指向外部世界，与他人在一起的时候感到兴奋，希望成为注意的焦点，愿意与他人共享个人信息，先行动后思考；内向型的人的心理能量指向内部世界，喜欢独处，不愿意成为注意的焦点，只与少数人共享个人信息，先思考后行动。

感觉—直觉型是指感知世界、接受信息的方式。感觉型的人倾向于通过自己的感官来获取有关环境的事实和信息，注意和留心事物的细节，他们是实际的；直觉型的人相信灵感，习惯于通过想象、无意识等超越感官的方式来获取信息，他们更注重事情的含义、象征意义和潜在意义。直觉型的人对于洞察力、抽象的事物和未来等方面有明显的偏好。

思维—情感型是指做决策的方式。思维型的人崇尚逻辑、公正，习惯于通过分析数据、权衡事实来做出符合逻辑的、客观的结论和选择，很少把个人感情牵扯到决策中去；而情感型的人则习惯于通过自己的价值观和感受做出决定，通常会对信息做出个人的主观评价，注重人际和睦。

判断—知觉型是关于我们如何对待所做出的决策以及面对外部环境如何行动的两种态度。判断型的人会通过思维和情感去组织、计划和调控自己的生活，他们习惯井然有序的生活，喜欢将事情管理得井井有条，他们确立目标就会按时完成，并注重结果，通过完成任务获得满足；而知觉型的人则倾向于用感觉和直觉的方式处理事情，做出决定，他们通常是灵活机动的、开放的，他们喜欢自发随意地处理问题，愿意保持开放性的选择，注重过程，通过接触新事物获得满足。以上四个维度可以组成16种人格类型，见表 2-1-1。

表 2-1-1　迈尔斯—布里格斯人格类型

类　型		感觉型（S）		直觉型（N）	
		思维（T）	情感（F）	情感（F）	思维（T）
内向型（I）	判断（J）	ISTJ	ISFJ	INFJ	INTJ
	知觉（P）	ISTP	ISFP	INFP	INTP
外向型（E）	知觉（P）	ESTP	ESFP	ENFP	ENTP
	判断（J）	ESTJ	ESFJ	ENFJ	ENTJ

每一种人格类型是一种天生的倾向性、一种特定的行为和思维方式，并无好坏之分。每一种类型都有自己的 MBTI 代码。代码由四个字母构成，如果一个人的类型偏好编码是 ESFP，那么他就是这样一种人：外向（E），习惯于通过感觉（S）来获取信息，依据情感（F）来做决定，主要通过知觉（P）的方式与外界发生联系。

4. 职业与性格的关系

(1) 性格差异影响职业选择

性格不同，职业选择不同。据相关研究表明，性格影响着人的职业取向。如性格内向的人喜欢选择研究性的工作，性格外向的人喜欢选择销售类的工作。由于性格不同，每个人对工作和职业的态度也是不同的，如同样在办公室工作，性格内向的人工作态度严谨，会把工作做得更加流程化、条理化，性格外向的人工作态度积极热情，能为办公室创造更融洽的工作氛围。总而言之，一定的性格适合与之相应的职业。

（2）不同职业有不同的性格要求。

目前，许多用人单位在招聘员工时都会进行一些性格测验，目的是考查应聘者是否适合本单位的岗位。虽然岗位职责中没有明确的性格要求，但如果能够做到性格与职业匹配，个人能够了解自己的性格特征，并据此选择相适应的职业，就能够缩短入职磨合期，也能更快、更容易取得成功。

5. 职业性格测试

目前国际最流行的职业性格测评工具是迈尔斯—布里格斯类型指标（MBTI），MBTI 有许多研究数据的支持，属于信度、效度都较高的心理测评工具。它被个人和组织广泛使用，用来测试人在获取信息、做出决策、对待生活等方面的心理活动规律和性格类型倾向。MBTI 的 16 种职业性格及其对应的职业简介如下。

（1）内向+感觉+思维+判断（ISTJ）型。

他们严肃、通情达理、有责任心，适合在政府机构、金融工贸、技术领域工作，如各单位的领导人、学者、工程师、警察、律师、财会人员、医学专家等。

（2）外向+感觉+思维+判断（ESTJ）型。

他们果断、负责、讲求实效、追求高效率地完成任务，适合在金融、财贸、技术领域担任业务主管，如各种经理、经纪人、银行官员、承包商、教育工作者、技术人员、计算机分析人员等。

（3）内向+感觉+情感+判断（ISFJ）型。

他们谨慎、友善、忠诚、有责任感、有奉献精神，适合在服务、商业、医护等行业工作，如人事管理、文秘、艺术、室内装潢、代理或经纪等有关职业。

（4）外向+感觉+情感+判断（ESFJ）型。

他们谨慎、现实、友爱、合作、有责任心，适合做与人打交道的工作，如人事、销售、公共关系、餐饮与保健服务等有关职业。

（5）内向+感觉+情感+知觉（ISFP）型。

他们沉静、仁慈、敏感、易与他人相处，适合在艺术、服务、商业、医护等行业工作，如行政、景观设计、测绘、销售、生物工程、机械与维修、餐饮服务、医生等有关职业。

（6）外向+感觉+情感+知觉（ESFP）型。

他们内向、包容、友善、通融、富有同情心、乐意与人相处，适合在服务、旅游、广告、娱乐等行业工作，如公关、社会、演艺、旅游、销售、保险等有关职业。

（7）内向+感觉+思维+知觉（ISTP）型。

他们平和、坦率、容忍、诚实、讲求实效，适合在技术、农业、金融、商贸等行业工作，如经济学者、技术人员、管理顾问、银行职员、软件开发商等。

（8）外向+感觉+思维+知觉（ESTP）型。

他们现实、友善、灵活、有忍耐力、注重结果，适合在服务、金融、商贸、艺术、娱乐等行业工作，如企业家、业务顾问、销售人员、财会人员、新闻记者、工程师、演艺人员等。

(9) 内向+直觉+情感+判断（INFJ）型。

他们富有理想、忠诚、坚定、多有领导才能，适合做教育、科研、公共事业等领域的工作，如社会科学工作者、编辑、艺术指导、教师、牧师、人力资源经理、业务顾问、营销人员等。

(10) 外向+直觉+情感+判断（ENFJ）型。

他们温情、友爱、敏感、有条理性、有责任心，适合在教育、文化、艺术、传媒、咨询等行业工作，如作家、记者、教师、公关人员、广告经理、程序设计员、销售经理、生态旅游专家等。

(11) 内向+直觉+思维+判断（INTJ）型。

他们有独特的思想、足智多谋、喜欢以自己的方式行事，适合在科技、金融、高新技术等行业工作，如经济学者、管理顾问、金融规划师、网络专业人员、信息系统开发商等。

(12) 外向+知觉+思维+判断（ENTJ）型。

他们坦率、果断、富有决策和领导能力，适合在工商、金融、咨询、培训等行业工作，如业务主管、销售经理、环保工程师、程序设计员、技术顾问等。

(13) 内向+直觉+情感+知觉（INFP）型。

他们忠诚、敏感、理想化、适应力强，适合在创作性的、研究、咨询、艺术教育等领域工作，如社会科学工作者、编辑、艺术指导、记者、建筑师、心理学家、研究人员、顾问等。

(14) 外向+直觉+情感+知觉（ENFP）型。

他们热情洋溢、富有想象力、即兴发挥能力强、善于发现和创新，适合在许多领域担任人力资源经理、改革管理顾问、事业发展顾问、营销经理、环保律师、开发总裁、广告撰稿人等。

(15) 内向+直觉+思维+知觉（INTP）型。

他们沉静，喜欢独立思考和探索，热衷于理论研究和富有想象力的活动，适合在学术、专业、计算机技术等创造性领域工作，如金融规划师、系统分析员、软件设计师、研发人员、信息服务开发商、战略规划师等。

(16) 外向+直觉+思维+知觉（ENTP）型。

他们睿智、警觉、足智多谋、善于激励别人，面对新的富有挑战性的问题时机智而有策略，适合在项目投资与策划、市场营销、公共关系等领域工作，如投资经纪人、工业设计经理、金融规划师、营销策划人员、国际营销商、广告创意指导、人事系统开发人员等。

（三）能力与职业

1. 能力

能力就是人们掌握和运用知识技能所需要的个性心理特征。这里所说的能力主要是指职业能力，它是人们从事其职业所需要的知识和技能，以及在职业活动中不断学习、积累的知识和技能。能力按照获得的方式，可以分为能力倾向和技能两大类。能力倾向是指上天赋予每个人的特殊才能，这类能力是与生俱来的，但如果在成长过程中未被开发出来，也是会荒废的。所以说能力倾向也是一种潜能。而技能则是指经过后天的学习和练习培养而形成的能力，它占据了我们能力的大部分。因此我们在进行职业规划的时候应该将我们的能力倾向和技能两个方面都考虑在内，同时在技能的培养上，如果可以结合个人的能力倾向则会事半功倍。

2. 职业能力的内涵

（1）职业技能。

辛迪·梵（Sidney Fine）和查理德·鲍尔斯（Richard Bolles）将技能分为三种类型，即知识技能、自我管理技能和可迁移技能。其中我们最为熟悉的就是知识技能，而在职业规划中，自我管理技能和可迁移技能却是更为重要的两种类型，它们可以使我们适应更为广泛的职业范围，也是我们在竞争中取胜的关键。自我管理的技能更多的是通过我们个体的个性品质表现出来的，例如，在不同的环境下如何进行自我管理，或是对待工作是否热情、自信等。自我管理技能不管是一个人先天具有的还是后天培养的，都是需要练习的，它们是可以从生活领域中转移到工作领域中的。可迁移能力就是一个人会做的事，它是从生活的方方面面得来的，是在工作之外发展的，却可以迁移应用到不同的工作之中。例如，你的知识技能也许是汉语言文学，但是你可以从事很多不同类型的工作，如教师、文员、记者、编辑等，只是将你的知识技能通过可迁移能力运用到了不同的工作领域中而已。因此可迁移技能是个人最能持续运用和最能依靠的技能。其实大部分职业并不要求有什么特殊的知识技能，而更多的时候需要的就是一种可迁移能力和自我管理能力。

（2）职业能力倾向。

职业能力倾向又称职业能力性向。美国职业指导学家舒伯认为，能力倾向是一些各自比较稳定的、单一的独立因素，这些独立因素对于不同职业的成功，在不同程度上都有所贡献。

综合来看，职业能力倾向是个体所具备的、可以开发的、有利于职业成功的潜在能力的总和。这个概念包含这样几个层面的含义：第一，人的才能、兴趣和人格各不相同，因而适合从事不同类型的职业；第二，人们的职业偏好心理与从业资格、生活和工作的境况及其自我认识，都随着时间、经历和经验的变化而改变；第三，个人的职业生活受其智力、兴趣、人格特质和职业价值观影响，与个人对工作与生活的满意感密切相关；第四，个人可以通过获得指导来促进更加有利的发展。职业能力倾向具体说来可细分为美术职业能力倾向、音乐职业能力倾向、运动竞技职业能力倾向、机械职业能力倾向、行政职业能力倾向、管理职业能力倾向等多种。从心理测量学的角度来说，个体的职业能力倾向是可以通过心理测验来了解的。

3. 能力与职业的关系

（1）能力是进行职业活动的基本前提。

如果你决心从事某种职业，就必须掌握进行该职业活动必备的职业能力。按照能力与职业的对应关系，职业指导专家认为职业能力主要分为语言能力、数理能力、空间判断能力、察觉细节能力、书写能力、运动协调能力、动手能力、社会交往能力、组织管理能力九大类。随着社会的发展和文明程度的提高，职业能力种类的划分更加细致化、科学化、系统化，甚至未来化，比如掌握学习策略的能力、和谐能力、创新能力及反省能力等。

（2）职业活动是能力提升的重要途径。

职业能力不是人先天具备的，也不是固定不变的，它通过人的学习以及在社会活动的实践过程中积累而成的。其伴随人的职业生涯，并且拥有极大的提升空间。提升职业能力的途径有很多，可以通过阅读、学习、培训、实践锻炼等多种形式提升职业能力，但职业活动本身却是人们容易忽视的重要途径。职业能力不同于书本知识，对其不在于了解和掌握，更重要的是运用和提升，因此，没有尝试和实践，是很难把通过学习积累的职业能力得以固化和提升的。特别是伴随社会日益加快的现代化步伐，很多职业能力不再局限在书本当中，只有通过参加职业活动实践才能获取。就大学生而言，除了积累知识、学习技能，还要善于把握校内外社会实践的机会，积极参与，勇于实践，在勤工助学和广泛的社会实践活动中努力提升自己的职业能力，实现双赢。

4. 职业能力倾向测评

职业能力倾向作为潜在的心理特征，对它的了解和把握不能通过直接的测量来获得，就如不能使用直尺来测量记忆的长度一样，人的能力倾向所包含的各种心理特征都不能通过直接的测量来获得，只能通过间接的测量来获得。通常我们对人的职业能力倾向的测量都是通过对人的行为的测量来获得的，这也是心理学测量与其他学科测量的重要差异。

职业能力倾向测验有多种类型，针对的用途不同。下面简介能力倾向成套测验（DAT）和一般能力倾向成套测验（GATB）。DAT 包含八个子测验，这些子测验是语言推理能力、数字能力、抽象推理能力、空间关系、机械推理、书写速度与准确度、语言使用、拼写句子。一般能力倾向成套测验（GATB）量表主要是供地方政府职业服务部门以及其他非营业性机构和组织在得到政府允许的情况下实施。作为职业能力倾向的测验工具，它可以适用于准备寻找新就业岗位的社会失业人员能力倾向测评，也可以适用于公司在岗人员职位安排，还可以适用于想了解自己的能力比较适合从事何种领域工作的求职人员。主要用于测验以下九种能力。

（G）一般学习能力（General Learning Ability）：该能力包括对说明、指导语和原理的理解能力、推理能力和判断能力。

（V）言语能力（Verbal Aptitude）：对词语意义和词汇间关系的理解以及语言表达的能力。

（N）数理运算能力（Numerical Aptitude）：准确、快速地进行数学运算和推理的能力。

（S）空间知觉能力（Spatial Aptitude）：对立体图形及平面图形与立体图形之间关系的理解能力。

（Q）文书知觉能力（Clerical Perception）：直观地比较、辨别数字和词语，具有对字词、印刷符号、票据的细微部分正确知觉的能力，具有发现和校正字词、印刷符号、票据的细微部分所含错误的能力。

（K）运动协调能力（Motor Coordination）：快速运动中的眼手协调能力。

（P）形状知觉能力（Form Perception）：对实物或图形细微部分正确知觉的能力。

（F）手指灵巧度（Finger Dexterity）：用手指快速操作细小物体的能力。

（M）手腕灵巧度（Manual Dexterity）：用双手放置或转动物体的能力。

其他比较有名的能力倾向方面的测验，还有比奈西蒙智力测验、韦克斯勒智力测验、瑞文标准推理测验、学习能力倾向测验、分辨能力倾向测验、军用能力倾向测验、特殊能力倾向测验等。常用特殊能力倾向测验包括西肖尔音乐才能测验、梅尔美术判断力测验、明尼苏达机械拼合测验等。

应用举例

一般能力倾向测验简易量表

一、针对9种一般能力倾向进行测验

每种能力倾向都有5道题。“强”“较强”“一般”“较弱”“弱”五个等级的分值分别为1、2、3、4、5，填入分值对自己进行评定（见表2-1-2）。

表2-1-2　一般能力倾向测验简易量表

测评项目	自我评定等级				
	第一项	第二项	第三项	第四项	第五项
（1）一般学习能力倾向（G）	强（1）	较强（2）	一般（3）	较弱（4）	弱（5）
① 快而容易地学习新内容					
② 快而正确地解决数学题目					
③ 学习成绩总的来说处于					
④ 对文章的字、词、段落、篇章的理解、分析和综合能力					
⑤ 对学习过的材料的记忆能力					
（2）语言能力倾向（V）	强（1）	较强（2）	一般（3）	较弱（4）	弱（5）
① 善于表达自己的观点					
② 阅读速度和理解能力					
③ 掌握词汇的程度					
④ 语文成绩					
⑤ 写作能力					
（3）数理能力倾向（N）	强（1）	较强（2）	一般（3）	较弱（4）	弱（5）
① 做出精确的测量					
② 笔算能力					
③ 口算能力					
④ 做算术应用题的能力					
⑤ 数学成绩					
（4）书写知觉能力倾向（Q）	强（1）	较强（2）	一般（3）	较弱（4）	弱（5）

续表

测评项目	自我评定等级				
	第一项	第二项	第三项	第四项	第五项
① 快而准确地抄写资料（如姓名、日期、电话号码）					
② 发现错别字					
③ 发现计算错误					
④ 能很快查找编码卡片					
⑤ 自我控制能力（如较长时间抄写资料）					
（5）空间判断能力倾向（S）	强（1）	较强（2）	一般（3）	较弱（4）	弱（5）
① 解答立体几何方面的习题					
② 画三维的立体图形					
③ 看几何图形的立体感					
④ 想象盒子展开后的平面形状					
⑤ 想象三维的物体					
（6）形态知觉能力倾向（P）	强（1）	较强（2）	一般（3）	较弱（4）	弱（5）
① 发现相似图形中的细微差别					
② 识别物体的形状差异					
③ 注意物体的细节部分					
④ 观察物体的图案是否正确					
⑤ 对物体的细微描述					
（7）眼手运动协调能力倾向（K）	强（1）	较强（2）	一般（3）	较弱（4）	弱（5）
① 玩电子游戏					
② 篮球、排球、足球一类的运动					
③ 乒乓球、羽毛球运动					
④ 打算盘					
⑤ 打字能力					
（8）手指灵巧度能力倾向（F）	强（1）	较强（2）	一般（3）	较弱（4）	弱（5）
① 灵巧地使用很小的工具					
② 穿针眼、编织等使用手指的活动					
③ 用手制作一件小工艺品					
④ 使用计算器的灵巧程度					
⑤ 弹琴					

续表

测评项目	自我评定等级				
	第一项	第二项	第三项	第四项	第五项
（9）手腕灵巧度能力倾向（M）	强（1）	较强（2）	一般（3）	较弱（4）	弱（5）
① 用手把东西分类					
② 在推拉东西时手的灵活度					
③ 很快地削水果					
④ 灵活地使用手工工具					
⑤ 在绘画、雕刻等手工活动中的手的灵活性					

二、测验成绩统计

1. 对每一类能力倾向计算总计次数。每组5道题完成后，然后用公式计算该类的自评等级（把“强”定为第一项，“较强”定为第二项，依此类推。）公式为：

自评等级=(第一项分值之和+第二项分值之和+第三项分值之和+第四项分值之和+第五项分值之和)/5

2. 将自评等级填入表2-1-3。

表2-1-3　职业一般能力倾向自评等级统计表

职业能力倾向	自评等级	职业能力倾向	自评等级
G		P	
V		K	
N		F	
Q		M	
S			

三、选择合适的职业

根据结果，对照表2-1-4，可以找出适合自己的职业（方格中的加底线的数字所代表的职业能力倾向等级表示此职业必须达到的职业能力的最低水平）。

表2-1-4　职业对人的职业普通能力倾向的要求

职业类型	职业能力倾向								
	G	V	N	Q	S	P	K	F	M
生物学家	1	1	1	3	2	2	3	2	3
建筑师	1	1	1	3	1	2	3	3	3
测量员	2	2	2	3	2	2	3	3	3
测量辅导员	4	4	4	4	4	4	3	4	3

续表

职业类型	职业能力倾向								
	G	V	N	Q	S	P	K	F	M
制图员	2	3	2	3	2	2	2	2	3
建筑和工程技术专家	2	2	2	3	2	2	3	3	3
建筑和工程技术人员	2	3	3	3	3	3	3	3	3
物理科学技术专家	2	2	2	3	2	3	3	3	3
物理科学技术人员	2	3	3	3	3	2	3	3	3
农业、生物、动物、植物学的技术专家	2	2	2	3	4	2	3	2	3
农业、生物、动物、植物学的技术人员	2	3	3	3	4	2	3	3	3
数学家和统计学家	1	1	1	2	3	3	4	4	4
系统分析和计算机程序编制者	2	2	2	3	2	3	4	4	4
经济学家	1	1	1	2	4	4	4	4	4
社会学家、人类学家	1	1	3	3	2	2	4	4	4
心理学家	1	1	2	3	2	2	4	4	4
历史学家	1	1	3	3	4	4	4	4	4
哲学家	1	1	4	3	3	3	4	4	4
政治学家	1	1	3	3	4	4	4	4	4
政治经济学家	2	2	2	3	3	3	3	3	3
社会工作者	2	2	3	3	4	4	4	4	4
社会服务助理人员	3	3	3	3	4	4	4	4	4
法官	1	1	3	3	4	3	4	4	4
律师	1	1	3	3	4	4	4	4	4
公证人	2	2	3	3	4	4	4	4	4
图书馆管理学家	2	2	3	2	3	4	3	4	4
图书馆、博物馆和档案管理员	3	3	3	4	2	2	3	2	3
职业指导者	2	2	3	3	4	4	4	4	4
大学教师	1	1	3	3	3	2	4	4	4
中学教师	2	2	3	3	4	3	4	4	4
小学和幼儿园教师	2	2	3	3	3	3	3	3	3
职业学校教师（职业课）	2	2	2	3	3	3	3	3	3

续表

职业类型	职业能力倾向								
	G	V	N	Q	S	P	K	F	M
职业中学教师（普通课）	2	2	3	3	4	3	4	4	4
内科、外科、牙科医生	1	1	2	3	1	2	2	2	2
兽医学家	1	1	2	3	1	2	2	2	2
护士	2	2	3	3	3	3	3	3	3
护士助手	3	4	4	3	4	4	3	3	3
工业药剂师	1	1	1	3	3	2	3	3	3
医院药剂师	2	2	2	3	4	2	3	3	3
营养学家	2	2	2	3	3	3	4	4	4
作家和编辑	2	1	3	3	3	3	4	4	4
翻译人员	2	1	4	3	4	4	4	4	4
体育教练	2	2	2	3	4	4	4	4	4
体育运动员	3	3	4	4	2	3	2	2	2
秘书	3	3	3	2	4	3	3	3	3
打字员	3	3	4	3	4	4	3	3	3
记账员	3	3	3	2	4	4	3	3	4
出纳员	3	3	3	2	4	4	3	3	4
统计员	3	3	2	2	4	3	3	3	4
电话接线员	3	3	4	3	4	4	3	3	3
一般办公室职员	3	4	3	3	4	4	3	4	4
商业经营管理员	2	2	3	3	4	4	4	4	4
售货员	3	3	3	3	4	4	4	4	4
警察	3	3	3	4	3	3	3	4	3
厨师	4	4	4	4	4	3	3	3	3
招待员	3	3	4	4	4	4	3	4	3
导游	3	3	4	5	3	3	3	3	3
驾驶员	3	3	3	3	3	3	3	4	3
动物饲养员	3	4	4	4	4	4	4	4	4
矿工	3	4	4	5	3	4	3	4	3

续表

职业类型	职业能力倾向								
	G	V	N	Q	S	P	K	F	M
纺织工人	4	4	4	5	4	3	3	3	3
机床操作工	3	4	4	4	3	3	3	4	3
锻工	3	4	4	4	4	3	3	4	3
无线电修理工	3	3	3	4	3	2	3	3	3
细木工	3	3	3	4	3	3	3	4	4
家具木工	3	3	3	4	3	3	3	4	3
一般木工	3	4	4	4	3	4	3	4	3
电工	3	3	3	4	3	3	3	3	3

（四）价值观与职业

1. 价值观

价值观是指一个人对周围的客观事物的意义、重要性的总体评价和看法。价值观一方面表现为价值取向、价值追求，凝结为一定的价值目标；另一方面表现为价值尺度和准则，成为人们判断事物有无价值及价值大小的评价标准。个人的价值观一旦确立，便具有相对稳定性。人们对多个事物的看法和评价在心目中的主次、轻重的排列次序构成了价值观体系。价值观和价值观体系是决定人的行为的心理基础。

由于个人的身心条件、年龄、阅历、受教育状况、家庭影响、兴趣爱好等方面的不同，人们对各种职业有着不同的主观评价。从社会来讲，由于社会分工的发展和生产力水平的相对落后，各种职业在劳动性质的内容上，在劳动难度和强度上，在劳动条件和待遇上，在所有制形式和稳定性等诸多问题上，都存在着差别。再加上传统的思想观念等的影响，各类职业在人们心目中的声望地位便也有好坏高低之分，这些评价都形成了人的职业价值观，并影响着人们对就业方向和具体职业岗位的选择。每种职业都有各自的特性，不同的人对职业意义的认识各不相同，对职业好坏也有不同的评价和取向。职业价值观决定了人们的职业期望，影响着人们对职业方向和职业目标的选择，决定着人们就业后的工作态度和劳动绩效水平，从而决定了人们的职业发展情况。理想、信念、世界观对于职业的影响，就集中体现在职业价值观上。

2. 职业价值观分类

根据不同的划分标准，人们对职业价值观的种类划分也不同。美国心理学家洛特克在其所著《人类价值观的本质》一书中，提出 13 种价值观：成就感、审美追求、挑战、健康、收入与财富、独立性、爱、家庭与人际关系、道德感、欢乐、权力、安全感、自我成长和社会交往。我国学者阚雅玲将职业价值观分为如下 12 类：

（1）收入与财富。工作能够明显有效地改变自己的财务状况，将薪酬作为选择工作的重要依据。工作的目的或动力主要来源于对收入和财富的追求，并以此改善生活质量，显示自己的身份和地位。

（2）兴趣特长。以自己的兴趣和特长作为选择职业最重要的因素，能够扬长避短、趋利避害、择我所爱、爱我所选，可以从工作中得到乐趣、得到成就感。在很多时候，会拒绝做自己不喜欢、不擅长的工作。

（3）权力地位。有较高的权力欲望，希望能够影响或控制他人，使他人照着自己的意思去行动；认为有较高的权力地位会受到他人尊重，从中可以得到较强的成就感和满足感。

（4）自由独立。工作能有弹性，不想受太多的约束，可以充分掌握自己的时间和行动，自由度高，不想与太多人发生工作关系，既不想治人也不想治于人。

（5）自我成长。工作能够给予受培训和锻炼的机会，使自己的经验与阅历能够在一定的时间内得以丰富和提高。

（6）自我实现。工作能够提供平台和机会，使自己的专业和能力得以全面运用和施展，实现自身价值。

（7）人际关系。将工作单位的人际关系看得非常重要，渴望在一个和谐、友好甚至被关爱的环境中工作。

（8）身心健康。工作能够免于危险、过度劳累，免于焦虑、紧张和恐惧，使自己的身心健康不受影响。

（9）环境舒适。工作环境舒适宜人。

（10）工作稳定。工作相对稳定，不必担心经常出现裁员和辞退现象，免于经常奔波找工作。

（11）社会需要。能够根据组织和社会的需要响应某一号召，为集体和社会作出贡献。

（12）追求新意。希望工作的内容经常变换，使工作和生活显得丰富多彩，不单调枯燥。

3. 价值观与职业的关系

价值观因人而异，价值观不同，择业方向和岗位选择就不同。价值观是人们在考虑问题时所看重的原则和标准，是人们从事职业活动的内在动力。特别是当人们的理想与现实发生冲突时，当“鱼与熊掌不能得兼”的时候，价值观支配人的行为动机，促使人们做出决策。大学生在即将毕业选择工作时，面临很多压力，如生活、买房、成家等经济压力，因此在职业选择上往往对薪酬待遇考虑较多，但如果不适时调整，就容易被名利所累，当生存压力解决后，还应该处理好个人价值和社会价值的关系，长远发展和短期利益的关系，形成正确的价值观，进行明智的职业选择。

4. 价值观的评定方法

由于价值观对职业选择和岗位认同具有重要意义，无论企业和个人都很重视职业价值观的测评。对于企业而言，了解员工的职业价值观有助于掌握员工的职业现状；对于个人而言，认识自我价值观能帮助自己选择与之相适应的职业生涯。职业价值观的测评方式较多，有标准化和非标准化的方法，有不少标准化的问卷和量表等。除了标准化的测试外，我们还可以选择一些非标准化的工具，加强自我探索。这些工具往往以价值观探索为内核，并涉及其他个性倾向及心理特征，有助于我们进行更为全面的自我盘点与认知。

（1）标准化的量表测量。

在价值观的研究中，主要采用的是问卷法，即通过使用价值观测量表来探索自己的价值观。国外比较常用的是舒伯（Super）的“职业价值观量表”（Work Values Inventory, WVI），用于测量职业威望和喜爱度；莫里斯（Morris）编制的“生活方式问卷”，用于测量人们对 13 种生活方式的价值观；阿尔伯特等编制的“价值研究量表”，用于测量 6 种基本价值观，即经济的、审美的、理论的、社会的、政治的和宗教的价值观；罗克奇编制的“价值调查表”，用于测量工具性和终极性价值观中各因素的相对强度。国内则较多采用宁维卫修订的舒伯“职业价值观量表”以及凌文辁根据文献编制的“大学生职业价值观量表”；金盛华和李雪也编制了“目的和手段职业价值观问卷”，并验证了目的和手段职业价值观的模型。这些文件都可以用于测量个人的价值观。

（2）非标准化的方法。

价值观在团体辅导中也经常被作为主题，并发展出很多测量方法。下面介绍其中的几种。

① 价值观大拍卖。这种方法通过向团员提供价值观清单，让其自由地竞拍自己最想要的几个价值观。活动的目的是为了让团员澄清自己的价值取向，明确了解自己最珍视的是哪些价值观。

② 价值观市场。这种方法类似于上一种方法，首先，让团员选择几种最重要的价值观，然后逐一放弃，这种方法的目的也是为了让团员明白自己最看重的价值观是什么。

③ 临终十事。当你面对死亡的时候，最希望完成的十件事是什么？这个方法可以不断变化，让团员思考自己究竟想做什么，不仅可以借此机会澄清自己的价值观，也可以进行初步的自我生涯规划。

④ 价值观分类卡。使用“职业规划分类卡”中的“价值观分类卡”，根据自己的感觉迅速将价值观分为“非常重视”“一般重视”“很少重视”“从不重视”等几个方面。通过此方法可以明确自己的价值取向。

5. 如何树立正确的职业价值观

步入职场，我们所追求的不仅仅是金钱，还有在社会中，人们对自己价值的认同感。很多人可能在入职之初找不到这种认同感，也不知道要去找这种认同感，而在职业生涯过程中，慢慢地由于一点一滴的成功，积累了很多的认同感后，发现自己前前后后所追求的其实正是这种在社会中的价值认同。有的则在一度的迷茫之后，放弃了寻找这种价值的认同，而转向用于物质的方式评价自己的一切，用金钱收入的多少、权力的大小来衡量自己所取得的成绩，在职场中走入了对自己的价值认识误区。树立正确的职业价值观要必须有科学的世界观、正确的人生观，正确看待名利与地位等。

世界观是人们对这个世界的认知和理解方式，决定了人们采取什么样的方法去面对各种问题。唯物主义世界观告诉我们这个世界是物质的，物质是发展和联系的，我们可以通过自身的努力来改造这个物质世界。这样的世界观就会给予我们职业发展的信心和动力，而不至于陷入宿命论那般的消极和消沉。

人生在世不过百年，掐头去尾也就那么几十年是自己可以为之奋斗和努力的。百年之后，有的人死了，但还活着，有的人活着，却已经死了。不同的人生态度决定了是轰轰烈烈地生，还是浑浑噩噩地活，也决定了对生活、对工作的态度。积极面对生活中的各种困难和问题，积极面对职业道路上的各种困惑和压力，是我们应有的正确人生态度。只有这样我们才能够在人生的旅途上，走得更远，走得更稳，走得更踏实、更精彩。树立正确的职业价值观还要处理好的以下几个关系。

（1）处理好职业价值观与金钱的关系。

金钱是一种对成就的报酬，它是在确定职业价值观时首先要面对的问题。有些经济条件不太好的大学毕业生在求职时，将金钱作为首选价值观，从根本上讲这并没有错。但是对于一些人来说，现在拥有的知识、能力、经验和阅历还不足以使其一走上社会就获得大量金钱回报。怀有一夜暴富的心理是不正常的，更是危险的，容易被社会上的不法分子利用，甚至误入歧途。特别是面对严峻的就业形势，更应理性地降低对金钱的期望值，把眼光放远一些，应尽可能地将自我成长和自我实现作为在毕业求职时的首选价值观。

（2）处理好职业价值观与个人兴趣和特长的关系。

职业价值观、个人兴趣和特长是人们在择业时需要考虑的最重要的三个因素。在确定价值观时，一定要考虑它是否与自己的兴趣和特长相适应。据调查，如果一个人从事自己不喜欢的工作，有 80% 的人难以在他选择的职业上成功；而如果选择了自己喜欢的工作则可以充分调动人的潜能，获得职业发展的原动力。此外，选择一项自己擅长的工作也会事半功倍。

（3）处理好职业价值观的排序与取舍的问题。

职业价值观的特性决定人们不会只有唯一的职业价值观，人性的本能也会驱使人们希望什么都能得到，但在现实生活中“鱼和熊掌不可兼得”。然而在职业选择中，人们却不能理性对待。既然是选择，就要付出代价，只有舍，才能得。所以，要对自己的职业价值观进行排序，找出你认为最重要、次重要的方面，并提醒自己不可能什么都得到。否则就会患得患失，终其一生也不清楚自己到底想要什么，更谈不上职业生涯的成功和对社会的贡献了。

（4）处理好职业价值观中个人与社会的关系。

人不能离开社会而独立存在，个人只有在工作中为社会做贡献才能实现自己的职业价值。当然我们并不是说要忽略择业中的个人因素，只尽社会责任，这样不但不利于个人，也是社会的损失。例如，让一个富于科学创造力、不善言辞的学者去从事普通的教师工作，可能使国家损失一项重大的发明，而社会不过多了一个也许并不出色的老师。因此，我们反对只为个人考虑、毫不考虑国家和社会需要的职业价值观。

（5）处理好淡泊名利与追逐名利的关系。

一个人有了名利才有资格去谈淡泊，没有名利说淡泊那叫“吃不到葡萄说葡萄酸”。名利是人的欲望使然，欲望可以使人成就大的事业，也可使人自我毁灭。以合理、合法、公正、公平的方式追名逐利在一定程度上对个人对社会都会有益，但它需要一定的度，该知足时则知足，该进取时则进取。

应用举例

职业价值观测试

一、目的

大致了解自己的职业价值观倾向。

二、测试题说明

本测验共52题，在回答下列问题时，若自己认为“很不重要”记1分、“较不重要”记2分、“一般”记3分、“比较重要”记4分、“非常重要”记5分。

1. 你的工作必须经常解决新的问题。
2. 你的工作能为社会福利带来看得见的效果。
3. 你的工作奖金很高。
4. 你的工作内容经常变换。
5. 你能在你的工作范围内自由发挥。
6. 工作能使你的同学、朋友非常羡慕你。
7. 工作带有艺术性。
8. 你的工作能使人感觉到你是团体中的一分子。
9. 不论你怎么干，你总能和大多数人一样晋级和涨工资。
10. 你的工作使你有可能经常变换工作地点、场所或方式。
11. 在工作中你能接触到各种不同的人。
12. 你的工作上下班时间比较随便、自由。
13. 你的工作使你不断获得成功的感觉。
14. 你的工作赋予你高于别人的权力。
15. 在工作中，你能试行一些自己的新想法。
16. 在工作中你不会因为身体或能力等因素，被人瞧不起。
17. 你能从工作的成果中，知道自己做得不错。
18. 你的工作经常要外出、参加各种集会和活动。
19. 只要你干上这份工作，就不再被调到其他意想不到的单位和工种上去。
20. 你的工作能使世界更美丽。
21. 在你的工作中，不会有人常来打扰你。
22. 只要努力，你的工资会高于其他同年龄的人，升级或涨工资的可能性比干其他工作大得多。
23. 你的工作是一项对智力的挑战。
24. 你的工作要求你把一些事务管理得井井有条。
25. 你的工作单位有舒适的休息室、更衣室、浴室及其他设备。
26. 你的工作有可能结识各行各业的知名人物。
27. 在你的工作中，能和同事建立良好的关系。
28. 在别人眼中，你的工作是很重要的。
29. 在工作中，你经常接触到新鲜的事物。

30. 你的工作使你能常常帮助别人。

31. 你在工作单位中，有可能经常变换工作。

32. 你的作风使你被别人尊重。

33. 同事和领导人品较好，相处比较随便。

34. 你的工作会使许多人认识你。

35. 你的工作场所很好，比如，有适度的灯光，安静、清洁的工作环境，甚至恒温、恒湿等优越的条件。

36. 在工作中，你为他人服务，使他人感到很满意，你自己也很高兴。

37. 你的工作需要计划和组织别人的工作。

38. 你的工作需要敏锐的思考。

39. 你的工作可以使你获得较多的额外收入，比如，常发放实物，常购买打折扣的商品，常发放商品的提货券，有机会购买进口货等。

40. 在工作中你是不受别人差遣的。

41. 你的工作结果应该是一种艺术而不是一般的产品。

42. 在工作中你不必担心会因为所做的事情领导不满意，而受到训斥或经济惩罚。

43. 在你的工作中能和领导有融洽的关系。

44. 你可以看见你努力工作的成果。

45. 在工作中常常要你提出许多新的想法。

46. 由于工作的关系，经常有许多人来感谢你。

47. 你的工作成果常常能得到上级、同事或社会的肯定。

48. 在工作中，你可能做一个负责人；虽然可能只领导很少几个人，你信奉“宁做兵头，不做将尾”的俗语。

49. 你从事的工作，经常在报刊、电视中被提到，因而在人们的心目中很有地位。

50. 你的工作有数量可观的夜班费、加班费、保健费或营养费等。

51. 你的工作比较轻松，精神也不紧张。

52. 你的工作需要和影视、戏剧、音乐、美术、文学等艺术打交道。

三、职业价值观类型说明

本测试将人的职业价值观分为 13 种类型，各类型的基本含义见表 2-1-5。将每一类型对应的测试题所得分值之和填入得分栏（如“成就感”类型对应的测试题“13，17，44，47”，分值之和为 18 分，则得分栏填入 18），从得分最高、最低的三项中，你可以大致了解被测者的价值观倾向。

表 2-1-5 职业价值观类型说明

序号	价值观类型	对应测试题	得分	说　明
1	利他主义	2，30，36，46		工作的目的和价值，在于直接为大众的幸福和利益尽一分力
2	美感	7，20，41，52		工作的目的和价值，在于能不断地追求美的东西，得到美感享受

续表

序号	价值观类型	对应测试题	得分	说 明
3	智力刺激	1，23，38，45		工作的目的和价值，在于不断进行智力的操作，动脑思考，学习以及探索新事物，解决新问题
4	成就感	13，17，44，47		工作的目的和价值，在于不断创新，不断取得成就，不断得到领导与同事的赞扬，或不断实现自己想要做的事
5	独立性	5，15，21，40		工作的目的和价值，在于能充分发挥自己的独立性和主动性，按自己的方式、步调或想法去做，不受他人的干扰
6	社会地位	6，28，32，49		工作的目的和价值，在于从事的工作在人们的心目中有较高的社会地位，从而使自己得到他人的重视与尊敬
7	管理	14，24，37，48		工作的目的和价值，在于获得对他人或某事物的管理支配权，能指挥和调遣一定范围内的人或事物
8	经济报酬	3，22，39，50		工作的目的和价值，在于获得优厚的报酬，使自己有足够的财力去获得自己想要的东西，使生活过得较为富足
9	社会交际	11，18，26，34		工作的目的和价值，在于能和各种人交往，建立比较广泛的社会联系和关系，甚至能和知名人物结识
10	安全感	9，16，19，42		不管自己能力怎样，希望有一个安稳的工作，不会因为奖金、加工资、调动工作或领导训斥等经常提心吊胆、心烦意乱
11	舒适	12，25，35，51		希望能将工作作为一种消遣、休息或享受的形式，追求比较舒适、轻松、自由、优越的工作条件和环境
12	人际关系	8，27，33，43		希望一起工作的大多数同事和领导人品较好，相处在一起感到愉快、自然，认为这就是很有价值的事，是一种极大的满足
13	变异性	4，10，29，31		希望工作的内容经常变换，使工作和生活显得丰富多彩，不单调、枯燥

经典案例

自我认知分析

要做好职业生涯的规划，首先要清晰地认识自己。所以我从不同的渠道对自己进行了了解，包括朋友、亲人、同学、老师等对我的评价，自我评价以及性格测试等。

一、性格分析

使用 MBTI 职业性格测试题进行测试，我的性格类型为：ESTP。

小结：

精力充沛，积极解决问题，很少被规则或标准模式捆住手脚，总是能够想出容易的解决困难的办法，使自己的工作变得愉快。

天生的乐天派，积极活跃，随遇而安，乐于享受当下。对提供新经验的任何事物、活动、食物、服饰、人等都充满兴趣。

好奇心强，思路开阔，容易接受新事物，倾向于通过逻辑分析和推理做出决定，不会感情用事。

性格外向，比较受朋友欢迎，并且能在大多数社交情境中表现得轻松自如，也能够有效地缓解紧张气氛，并使矛盾双方重归于好。

二、职业兴趣分析

职业兴趣测评结果：从高分到低分依次为社会型（S）、企业型（E）、艺术型（A）、传统型（C）、现实型（R）、研究型（I）。得到霍兰德职业代码为SEA。

小结：

从职业兴趣测评结果中看出，我对企业型和技术性工作情有独钟，像技术管理和技术工程师等职业都是我很感兴趣的。

其基本的倾向是喜欢以物、机械、动物、工作等为对象，从事有规则的、明确的、有序的、系统的活动。因此，偏好的是以机械和物为对象的技能性和技术性职业。

三、职业价值观

测试结果

工作中人际关系和谐：10分

能够助人、为社会做贡献：8分

能够胜任：8分

符合家庭需求或期望：7分

能发挥自己的才能：7分

工作稳定：5分

工作内容多样丰富、不单调：5分

较高的社会地位：3分

工作内容符合兴趣爱好：2分

收入高：1分

四、360°分析

详见表2-1-6。

表2-1-6　360°分析情况表

	优　点	缺　点
自我评价	（1）个性直爽、乐观、活泼开朗、自信 （2）善良、懂事、有激情，喜欢挑战自己 （3）善于沟通交流，心理素质好，敢想、敢做 （4）肯吃苦耐劳、勤俭节约、生活习惯好	（1）缺乏事务性办事能力 （2）数理分析不细心 （3）有时会偷懒，有惰性 （4）知识面不广
家人评价	（1）乐观积极、思维活跃 （2）做事认真、学习用功 （3）勤劳、简朴、尊老爱幼、勤俭节约	（1）无耐性 （2）不细致 （3）有时松懈

续表

	优　点	缺　点
老师评价	（1）乐观、开朗、积极上进、懂事乖巧 （2）有较强的学习、工作、领导能力，适应性强、心理素质好 （3）热爱集体、团结同学、主动积极，是老师工作上的好帮手	（1）坚持能力较弱 （2）做事不够果断 （3）喜欢争强好胜
朋友评价	（1）善良、热情、活泼、自信、聪慧、大气 （2）善解人意、懂事、重感情，做事有原则 （3）独立、自强、事业心强 （4）努力上进、头脑灵活、肯学习、吃苦耐劳	（1）缺乏耐心、不坚定 （2）心太软，太重义气 （3）太逞强 （4）喜欢跟别人分享快乐，却不分享伤痛
同学评价	（1）热情积极、做事认真、乐于助人、关心同学 （2）乐观、开朗、活泼，是大家的开心果 （3）上进、好学、工作能力强、容易相处、有幽默感、理智	（1）不够成熟 （2）容易冲动
其他社会关系评价	（1）为人和善、好相处、思维活跃 （2）做事可靠、有计划、认真负责、适应能力强	（1）见世面不广 （2）经验不足 （3）对待不熟悉的人显得拘谨不自信

五、评估概括

优点：

性格外向、开朗、活泼、热情活跃；为人友好、谦逊、吃苦耐劳、乐于助人；具备较强的沟通能力、心理素质好、实践能力强；自立、自强、自信、乐观、有创新能力、勇于挑战、不轻言放弃、有行动力。

缺点：

不讲究，不够果断；太重义气，心太软；喜欢争强好胜，喜欢逞强。

六、自身发展与提高

通过对上述分析我将在以后的生活中不断改进和努力，将我的劣势转变成我的优势。

1. 克服懒惰心理，克服懒散。
2. 学会自己做决定，自己拿主意。
3. 学会留意身边的事情，多听，多了解，多思考。
4. 学会约束自己。
5. 学会控制自己的情绪，调节自己的心理，寻找适当的途径疏解自己的情绪。

训练活动

一、霍兰德职业兴趣测量

（一）霍兰德职业兴趣测量表

人的个性与职业有密切关系，不同人格特征的人适合从事不同的职业。如果通过科学的测试，预知自己的个性特征，有助于选择适合个人发展的职业。您将要阅读的这个“职业性格自测问卷”，可以帮助您作个性自评，从而了解自己的个性特征更适合从事哪方面的工作。

请根据对每一题目的第一印象和自己的情况作答，不必仔细推敲，答案没有好坏、对错之分。如果选择“是”，请打“√”，“否”请打“×”。

1. 我喜欢把一件事情做完后再做另一件事。 (　　)
2. 在工作中我喜欢独自筹划，不愿受别人干涉。 (　　)
3. 在集体讨论中，我往往保持沉默。 (　　)
4. 我喜欢做戏剧、音乐、歌舞、新闻采访等方面的工作。 (　　)
5. 每次写信我都一挥而就，不再重复。 (　　)
6. 我经常不停地思考某一问题，直到想出正确的答案。 (　　)
7. 对别人借我的和我借别人的东西，我都能记得很清楚。 (　　)
8. 我喜欢抽象思维的工作，不喜欢动手的工作。 (　　)
9. 我喜欢成为人们注意的焦点。 (　　)
10. 我喜欢不时地夸耀一下自己取得的成就。 (　　)
11. 我曾经渴望有机会参加探险。 (　　)
12. 当我一个人独处时，会感到更愉快。 (　　)
13. 我喜欢在做事情前，对此事情作出细致的安排。 (　　)
14. 我讨厌修理自行车、电器一类的工作。 (　　)
15. 我喜欢参加各种各样的聚会。 (　　)
16. 我愿意从事虽然工资少，但是比较稳定的职业。 (　　)
17. 音乐能使我陶醉。 (　　)
18. 我办事很少思前想后。 (　　)
19. 我喜欢经常请示上级。 (　　)
20. 我喜欢需要运用智力的游戏。 (　　)
21. 我很难做那种需要持续集中注意力的工作。 (　　)
22. 我喜欢亲自动手制作一些东西，从中得到乐趣。 (　　)
23. 我的动手能力很差。 (　　)
24. 和不熟悉的人交谈对我来说毫不困难。 (　　)
25. 和别人谈判时，我总是很容易放弃自己的观点。 (　　)
26. 我很容易结识同性朋友。 (　　)
27. 对于社会问题，我通常持中庸的态度。 (　　)
28. 当我开始做一件事情后，即使碰到再多的困难，我也要执着地干下去。 (　　)
29. 我是一个沉静而不易动感情的人。 (　　)
30. 当我工作时，我喜欢避免干扰。 (　　)
31. 我的理想是当一名科学家。 (　　)
32. 与言情小说相比，我更喜欢推理小说。 (　　)
33. 有些人太霸道，有时明明知道他们是对的，也要和他们对着干。 (　　)
34. 我爱幻想。 (　　)

35. 我总是主动地向别人提出自己的建议。（ ）
36. 我喜欢使用榔头一类的工具。（ ）
37. 我乐于解除别人的痛苦。（ ）
38. 我更喜欢自己下了赌注的比赛或游戏。（ ）
39. 我喜欢按部就班地完成要做的工作。（ ）
40. 我希望能经常换不同的工作来做。（ ）
41. 我总留有充裕的时间去赴约会。（ ）
42. 我喜欢阅读自然科学方面的书籍和杂志。（ ）
43. 如果掌握一门手艺并能以此为生，我会感到非常满意。（ ）
44. 我曾渴望当一名汽车司机。（ ）
45. 听别人谈"家中被盗"一类的事，很难引起我的同情。（ ）
46. 如果待遇相同，我宁愿当商品推销员，而不愿当图书管理员。（ ）
47. 我讨厌跟各类机械打交道。（ ）
48. 我小时候经常把玩具拆开，把里面看个究竟。（ ）
49. 当接受新任务后，我喜欢以自己的独特方法去完成它。（ ）
50. 我有文艺方面的天赋。（ ）
51. 我喜欢把一切安排得整整齐齐、井井有条。（ ）
52. 我喜欢成为一名教师。（ ）
53. 和一群人在一起的时候，我总想不出恰当的话来说。（ ）
54. 看情感影片时，我常禁不住眼圈发红。（ ）
55. 我讨厌学数学。（ ）
56. 在实验室里独自做实验会令我寂寞难耐。（ ）
57. 对于急躁、爱发脾气的人，我仍能以礼相待。（ ）
58. 遇到难解答的问题时，我常常放弃。（ ）
59. 大家公认我是一名勤劳踏实、愿为大家服务的人。（ ）
60. 我喜欢在人事部门工作。（ ）

（二）计分方式

在表 2-1-7 中，符合"是"或"否"答案的记 1 分，不符合的记 0 分。请将得分最高的三种类型从高到低排列，得出一个（或两个）三位组合答案，这就是你的霍兰德职业代码（如现实型、研究型、社会型得分排前三位，依次从高到低，则你的霍兰德职业代码为 RIS）。再查阅参考标准中的《人格类型与职业环境匹配表》《霍兰德代码与职业匹配对照表》，综合分析你适合从事的职业。

表 2-1-7 计分表

人格类型	答案为"是"的题号	答案为"否"的题号	得分
现实型 R	2、13、22、36、43	14、23、44、47、48	
研究型 I	6、8、20、30、31、42	21、55、56、58	
艺术型 A	4、9、10、17、33、34、49、50、54	32	

续表

人格类型	答案为“是”的题号	答案为“否”的题号	得分
社会型 S	26、37、52、59	1、12、15、27、45、53	
企业型 E	11、24、28、35、38、46、60	3、16、25	
传统型 C	7、19、29、39、41、51、57	5、18、40	

（三）参考标准

1. 人格类型与职业环境匹配表，见表 2-1-8。

表 2-1-8　人格类型与职业环境匹配表

型态	人格倾向	典型职业
现实型 R	具有顺从、坦率、谦虚、自然、坚毅、实际、有礼、害羞、稳健、节俭的特征，表现为： 1. 喜欢实用性的职业或情境，从事所喜好的活动，避免社会性的职业或情境 2. 用具体实际的能力解决工作及其他方面的问题，较缺乏人际关系方面的能力 3. 重视具体的事物，如金钱、权力、地位等	工人、农民、土木工程师
研究型 I	具有分析、谨慎、批评、好奇、独立、聪明、内向、条理、谦逊、精确、保守的特征，表现为： 1. 喜爱研究性的职业或情境，避免企业性的职业或情境 2. 用研究的能力解决工作及其他方面的问题，即自觉、好学、自信、重视科学，但缺乏领导方面的才能	科研人员、数学（或生物）方面的专家
艺术型 A	具有复杂、想象、冲动、独立、直觉、无秩序、情绪化、理想化、不顺从、有创意、富有表情、不重实际的特征，表现为： 1. 喜爱艺术性的职业或情境，避免传统性的职业或情境 2. 富有表达能力和直觉、独立、具创意、不顺从（包括表演、写作、语言），并重视审美的领域	诗人、艺术家
社会型 S	具有合作、友善、慷慨、助人、仁慈、负责、圆滑、善社交、善解人意、说服他人、理想主义等特征，表现为： 1. 喜爱社会型的职业或情境，避免实用性的职业或情境，并以社交方面的能力解决工作及其他方面的问题，但缺乏机械能力与科学能力 2. 喜欢帮助别人、了解别人，有教导别人的能力，且重视社会与伦理的活动与问题	教师、牧师、辅导人员
企业型 E	具有冒险、野心、独断、冲动、乐观、自信、追求享受、精力充沛、善于社交、获取注意、知名度等特征，表现为： 1. 喜欢企业性质的职业或环境，避免研究性质的职业或情境，有以企业方面的能力解决工作或其他方面问题的能力 2. 冲动、自信、善社交、知名度高、有领导与语言能力，缺乏科学能力，但重视政治与经济上的成就	推销员、政治家、企业家

续表

型态	人格倾向	典型职业
传统型 C	具有顺从、谨慎、保守、自控、服从、规律、坚毅、稳重、有效率，但缺乏想象力等特征，表现为： 1. 喜欢传统性质的职业或环境，避免艺术性质的职业或情境，会以传统的能力解决工作或其他方面的问题 2. 喜欢顺从、规律，有文书与数字能力，并重视商业与经济上的成就	出纳、会计、秘书

2. 霍兰德代码与职业匹配对照表（部分），见表 2-1-9。

表 2-1-9　霍兰德代码与职业匹配对照表

人格类型	匹配的职业
RIA	牙科技术员、陶工、建筑设计员、模型工、细木工、制作链条人员
RIS	厨师、林务员、跳水员、潜水员、染色员、电器修理、眼镜制作、电工、纺织机器装配工、服务员、装玻璃工人、发电厂工人、焊接工
RIE	建筑和桥梁工程、环境工程、航空工程、公路工程、电力工程、信号工程、电话工程、一般机械工程、自动化工程、矿业工程、海洋工程、交通工程技术人员、制图员、家政经济人员、计量员、农民、农场工人、农业机械操作、清洁工、无线电修理、汽车修理、手表修理、管工、线路装配工、工具仓库管理员
RIC	船上工作人员、接待员、杂志保管员、牙医助手、制帽工、磨坊工、石匠、机器制造、机车（火车头）制造、农业机器装配、汽车装配工、缝纫机装配工、钟表装配和检验、电动器具装配、鞋匠、锁匠、货物检验员、电梯机修工、装配工、托儿所所长、钢琴调音员、印刷工、建筑钢铁工作、卡车司机
RAI	手工雕刻、玻璃雕刻、制作模型人员、家具木工、制作皮革品、手工绣花、手工钩针纺织、排字工作、印刷工作、图画雕刻、装订工
RSE	消防员、交通巡警、警察、门卫、理发师、房间清洁工、屠夫、锻工、开凿工人、管道安装工、出租汽车驾驶员、货物搬运工、送报员、勘探员、娱乐场所的服务员、装卸机操作工、灭害虫者、电梯操作工、厨房助手
RSI	纺织工、编织工、农业学校教师、某些职业课程教师（诸如艺术、商业、技术、工艺课程）、雨衣上胶工
REC	抄水表员、保姆、实验室动物饲养员、动物管理员
REI	轮船船长、航海领航员、大副、试管实验员
RES	旅馆服务员、家畜饲养员、渔民、渔网修补工、水手长、收割机操作工、搬运行李工人、公园服务员、救生员、登山导游、火车工程技术员、建筑工作、铺轨工人
RCI	测量员、勘测员、仪表操作者、农业工程技术、化学工程技师、民用工程技师、石油工程技师、资料室管理员、探矿工、煅烧工、烧窑工、矿工、炮手、保养工、磨床工、取样工、样品检验员、纺纱工、漂洗工、电焊工、锯木工、刨床工、制帽工、手工缝纫工、油漆工、染色工、按摩工、木匠、农民建筑工作、电影放映员、勘测员助手
RCS	公共汽车驾驶员、一等水手、游泳池服务员、裁缝、建筑工作、石匠、烟囱修建工、混凝土工、电话修理工、爆炸手、邮递员、矿工、裱糊工人、纺纱工

续表

人格类型	匹配的职业
RCE	打井工、吊车驾驶员、农场工人、邮件分类员、铲车司机、拖拉机司机
IAS	普通经济学家、农场经济学家、财政经济学家、国际贸易经济学家、实验心理学家、工程心理学家、心理学家、哲学家、内科医生、数学家
IAR	人类学家、天文学家、化学家、物理学家、医学病理、动物标本剥制者、化石修复者、艺术品管理者
ISE	营养学家、饮食顾问、火灾检查员、邮政服务检查员
ISC	侦察员、电视播音室修理员、电视修理服务员、验尸室人员、编目录者、医学实验室技师、调查研究者
ISR	水生生物学者，昆虫学者、微生物学家、配镜师、矫正视力者、细菌学家、牙科医生、骨科医生
ISA	实验心理学家、普通心理学家、发展心理学家、教育心理学家、社会心理学家、临床心理学家、目标学家、皮肤病学家、精神病学家、妇产科医师、眼科医生、五官科医生、医学实验室技术专家、民航医务人员、护士

二、职业选择倾向测试

（一）测试内容

以下问卷是关于职业倾向的测试，每个题有两种选择：A“是”与B“否”。请结合自身实际情况作答。

第一部分

1. 墙上的画挂得不正，我看着不舒服，总想设法将它扶正。
2. 洗衣机、电视机出了故障时，我喜欢自己动手摆弄、修理。
3. 我做事情总是力求精益求精。
4. 我对一种服装的评价是看它的设计而不关心是否流行。
5. 我能控制经济收支，很少有“月初松、月底空”的现象。
6. 我书写整齐清楚，很少写错。
7. 我不喜欢读长篇大作，喜欢读议论文、小品或散文。
8. 闲暇时间我爱做智力测验、智力游戏一类题目。

第二部分

9. 我不喜欢做那些零散、琐碎的事情。
10. 以我的性格来说，我更喜欢与年龄较小而不是年龄较大的人在一起。
11. 我心目中的另一半应具有与众不同的见解和活跃的思想。
12. 对于别人求助于我的事情，总尽力帮助解决。
13. 我做事情考虑较多的是速度和数量，而不是在精雕细刻上下功夫。
14. 我喜欢“新鲜”这个概念，例如新环境、新旅游点、新同学等。
15. 我不喜欢寂寞，希望与大家在一起。
16. 我喜欢改变某些生活习惯，以使自己有一些充裕的时间。

（二）计分方法

选“A”计 1 分，选“B”计 0 分。分别计算每一部分的总分。

（三）参考标准

第一部分得分小于第二部分得分，是一个肯钻研、很谨慎、理性的人。适合的职业：律师、医生、工程师、编辑、会计师等。

第一部分得分大于第二部分，是一个善于与人交往、思想较活跃、敢于实践创新的人。适合的职业：服务员、艺人、采购员 推销员、记者等。

第一部分得分等于第二部分得分，适合的职业：美容师、美发师、护士、教师、秘书等。

第二节　外部环境评估

核心知识

一、社会环境因素

社会大环境对个人的职业选择和发展有极大的影响，这种影响既有积极的，也有消极的，关键在于对社会大环境的变化，我们如何去理解和适应。环境分为自然环境和社会环境。职业生涯规划所关注的是与大学生职业发展和生涯规划密切相关的社会环境，主要是指国家、社会、地方区域等大环境下的政策法规和经济形势。国家政策法规决定职业发展的长度，社会经济形势则决定职业发展的宽度。可以说，一个完全忽视国家政策法规、不了解社会经济发展方式的人，无论他有多努力，都不会作出客观科学且具有可行性的职业生涯规划，也就无法找到自己稳定的职业。

（一）经济环境

经济环境是影响职业选择和职业生涯发展的重要因素，主要有：经济形势、劳动力市场供求状况、产业结构调整的冲击、收入水平。

（二）人口环境

人口环境，尤其是个人所在地区的人口因素对职业选择与职业生涯发展有重要影响，主要有：人口规模、年龄结构、劳动力质量、专业结构。

（三）科技环境

科学技术对职业生涯规划的影响是全面的，具体的影响表现在工业自动化的冲击方面。

（四）政治与法律环境

政治与法律环境对职业选择和职业生涯发展有着重要的影响。如：工时制、最低工资的强制性制定、户籍制度、住房制度、人事制度、社会保障制度等。

（五）社会文化环境

社会文化是影响人们行为、欲望的基本因素。社会文化反映人们的基本信念、价值观和规范的变动。社会文化的复杂性决定个人职业选择与职业发展要考虑企业所在地的文化因素。

二、组织环境因素

组织环境是指大学生所进入的行业、企业环境的总和，是大学生面对的具体职场环境。个人所在的组织环境对个人职业发展有着重要的影响，当组织环境适宜个人发展时，个人职业更容易取得成功。但组织环境同社会环境一样，也在不断地变化，这些变化同样对职业提出了不同的要求。因此，在制定职业生涯规划时，个人所在的组织环境也是应考虑的重要因素。从组织内部环境看，影响职业发展的因素也是多方面的，主要包括以下几点：

（一）行业环境分析

行业是指职业的分类，行业环境就是各个不同行业总体环境的总和。每一个行业总会有一定的特殊性与差异性，对人才的技能、层次、特征都会提出不同需求。每一个进入职场的大学生，都必须对各自准备进入的行业有一个全面、系统的了解，特别是对各个行业从业人员的受教育程度、职业培训要求、基本素质、能力倾向、个性、兴趣、体质、体能等，有一个深入的把握，从而降低进入职场的成本，提高就业的经济与社会效益。

行业环境分析包括对目前所从事行业和将来想从事的目标行业的环境分析。分析内容包括行业的发展状况、国际国内重大事件对该行业的影响、目前行业的优势与同题、行业发展趋势等。分析行业环境的时候，一定要结合社会大环境的发展趋势。例如，科学技术的飞速发展会使某些行业如同夕阳西下，逐渐萎缩、消亡；更有许多极具发展前途的朝阳行业不断出现、发展起来。还要注意国家政策的影响，分析国家政策对某一行业在一定时期内是扶持、鼓励，还是限制、制约，尽量选择有前景、发展空间较大的行业。

（二）企业环境分析

企业是从业者赖以生存和发展的土壤。每个企业都有自己的发展目标、运作模式，了解企业的基本情况是成为企业一员的基础，便于自己以后迅速适应新环境。另一方面，为了生存和发展，企业本身也要随时关注和适应社会大环境的变化，并采取相应的变革措施，这必将影响到其成员的个人生涯。科学的职业生涯规划一定要把个人的发展与组织的发展结合起来考虑，才会一帆风顺。

企业环境分析包括企业在本行业中的地位、现状和发展前景；所面对的市场状况，产品在市场上的发展前景；能够提供的岗位等，具体包括以下三方面内容：

1. 企业实力

企业实力体现在企业在社会中的地位和声望如何；企业目前的产品、服务和活动范围是什么；企业的发展领域在哪些方面，发展前景如何；战略目标是什么；技术力量和设施是否先进；企业在本行业中是否具备很强的竞争力，是发展、扩张，还是处于一个很快就会被吞并的地位。

2. 企业领导人

很多成功的大企业都有一位出色的企业家掌舵领航。企业主要领导人的抱负及能力是企业发展的决定性因素。企业主要领导人是真心想干一番事业吗？他的能力足以带领员工开创新天地吗？企业领导有没有战略的眼光和措施？企业领导尊重员工吗？

3. 企业文化和企业制度

企业文化是全体员工在长期的生产经营活动中形成并共同遵循的最高目标、价值标准、基本信念和行为规范，企业文化是影响企业经营效益的重要因素，如果个人的价值观与企业文化有冲突，难以适应企业文化，在组织中就难以发展。求职者需分析是否认同这个企业的文化，企业的文化是否与自己的价值观相符。

企业制度涉及的范围比较广，包括管理制度、用人制度、培训制度等。应尽可能多了解这些信息，了解企业在组织结构上的特征与发展变化趋势，分析这种安排对自己的未来可能带来什么样的影响。特别要注意企业用人制度如何，能提供教育培训机会吗？提供的条件是什么？

三、个体环境因素

对大学生而言，个体环境主要包括与个体生活、学习密切相关的环境，比较有代表性的是家庭环境、朋友及周边群体环境和学校环境。这些环境对于大学生就业选择有不同的影响，同时，也能从不同角度提供相关的就业信息与指导，促进其良好就业。

（一）家庭环境

任何人的性格和品质的形成及个人的成长都离不开家庭环境的影响，在进行职业生涯规划时，家庭环境主要是考虑家庭的经济状况、家人期望、家族文化等因素。个人职业发展规划的确立，总是同自身的成长经历和家庭环境相关联的。个人在成长过程中，不同时期也会根据自己的成长经历和所受教育的情况，不断修正、调整，并最终确立职业理想和职业计划。每个人在孩提时的生长环境，对他们今后的职业目标、职业选择有很大影响，可以说，家庭环境是一个人一生中起决定性作用的首要环境。

（二）朋友和周边群体环境

人是群居动物，人如果离开了他的亲人、朋友和周边群体，那么他的社会就不存在了。所以，一个人要想成就事业、有所作为，就必须重视他的周边群体环境。朋友、周边群体的工作价值观、工作态度、行为特点等不可避免地会影响到个人对职业的偏好，以及对从事某一类职业的机会和变换职业的可能性等方面的选择。同这个群体维持良好的人际关系，充分利用朋友圈的资源，也可获取很多就业信息，取得职场和事业的巨大成功。

（三）学校环境

学校是学生成长成才的重要环境，任何一个人都必须重视和充分利用好学校这个有利环境。经济社会发展的形势和越来越多的事实证明，一个人进入大学学习，不能仅仅是为了一张文凭，更需要利用这个环境，学知识、练技能、定观念、养习惯、建关系、图发展。

1. 学知识

学知识是每一个学生的首要任务。一方面要利用一切机会尽可能多学习、掌握专业知识；另一方面要广泛学习国家政策法规，了解社会时事动态；还要深入吸收励志精华，加强自我修养，涉猎就业创业等方面的知识。

2. 练技能

练技能是大学生又一项基本任务。要充分利用学校的实验、实训活动以及社会实践活动，在学校老师及实训单位师傅的指导下，练就一身过硬的专业技能，为实现“无缝就业”奠定基础。

3. 定观念

定观念，就是要求学生在学校专业教师、思想政治工作者以及就业指导教师的指导下，通过了解国家政策方针、熟悉社会以及行业环境、加强自我修养等方式，逐步形成并修正自己的人生观、价值观、择业就业观。

4. 养习惯

养习惯，就是要求学生在高校学习期间，要借助于学校这个良好的环境，重视并善于养成良好的习惯。一个良好的习惯可以使人终身受益。

5. 建关系

建关系，就是要充分利用学校这个大环境，建立起牢固的师生关系和稳定的同学关系。

6. 图发展

图发展，就是要求大学生在奠定好以上几个方面基础的同时，提前介入，着手规划自己的前途，最有效的方法是：积极参与学校就业指导部门组织的各项职业生涯规划与就业指导活动，在老师的指导下，一步一步完善自我职业生涯规划，为图谋发展，大展宏图，制定出科学规范的行动指南。

四、寻找环境的方法

（一）大局关注法

大局关注法就是指要时时刻刻关注国家方针政策及经济发展形势大局，要积极并善于把国家关于高校学生就业、职业发展、支持创业等大政方针以及涉及经济社会发展方式转变的相关政策系统地收集起来，整理备用。

（二）长期积累法

长期积累法就是要求从开始接触到职业生涯规划的第一天起，即有意识不间断地收集积累相关的国家政策法规及有关资料。

（三）针对分类法

针对分类法要求根据自身职业生涯规划或职业发展的需要，把收集积累的环境资料进行甄别筛选、归类整理，形成条理清楚、随手可用的原始资料。

五、利用环境的方法

（一）逐次遴选法

逐次遴选法就是要以收集到的资料和掌握的有利环境为基点，从中寻找机会，找到发展突破口。

（二）需求匹配法

需求匹配法就是要从个人发展需求出发，把自己的实际情况与已掌握的资料和环境资源逐一匹配，从中找出匹配度高、操作性强的事项，作为自身职业发展与生涯规划的基础和依据。

（三）适应调整法

适应调整法就是指根据条件和环境的不断变化，不断修订自己的职业发展方向和生涯规划的相关事项。

六、职业认知

人是社会的人，具有从事某个职业的本能需求。从事某种职业，才能够维持生计，发挥个人才能，承担社会义务，服务社会，实现人生价值；从事某种职业，才能堂堂正正地做人，不会有虚度光阴的遗憾。但是，只有选择其中你所擅长的方向，并把它与你从事的职业结合，成功的大门才会向你打开。职业认知是个人职业生涯规划中的重要环节，也是职业生涯发展过程中的一个重要阶段，它有利于更好、更准地进行职业定位和生涯规划。

（一）职业的含义

职业是指个人在社会中所从事的作为主要生活来源的工作。具体来说，职业就是参与社会分工，用专业的技能和知识创造物质和精神财富，获取合理报酬，丰富社会物质或精神生活的一项工作。职业是社会分工体系中人们所获得的一种劳动角色，是最具体、最精细、最专门的社会分工。不同工种、岗位或特定环节的职业会赋予人们不同的工作内容、不同的职责、不同的声誉和社会地位以及不同的劳动规范和行为模式，于是人们便具有了特定的社会标记和专门的劳动角色。

（二）职业的特性

1. 职业的多样性和层次性

随着社会的发展，社会分工越来越细，职业种类越来越多。现代社会职业种类成千上万。职业除具有多样性的特点之外，还具有差异性和层次性。

2. 职业的专业性和技术性

每一种职业都需要专门的知识和技能、特定的职业道德品质，只有具备了特定的要求，才能胜任所对应的职业。随着科学技术的进步，职业的专业性和技术性的要求会越来越高。

3. 职业的连续性和经济性

一般来说，一个人可能在较长时间内持续从事某种职业，并通过职业活动获得较稳定的经济收入。职业具有明显的连续性和经济性。

从不同角度分析，职业除具有上述特性外，还有社会性、规范性、时代性等特性。因此，我们在衡量一项活动是否为职业时，需看其是否具备以下四个主要条件：一是看它是不是一种可以用来谋生的手段；二是看它是否具有群体性，不是一两个人在做，而是一批人在做；三是看它是否具有规范性，是否在法律、道德规范内遵循了一定的规则；四是具有周期性，一种职业有它产生、发展、消亡的周期。

（三）职业分类标准

1. 国际职业分类标准

国际劳工组织（简称 IL0）于 2007 年 12 月通过了新的职业分类体系，正式定名为《国际标准职业分类（2008）》，将职业分为 10 个大类、43 个中类、133 个小类。《国际标准职业分类》划分职业类别所采用的基本原则是按照从事的工作来归类，并根据具体的职业范围确定从事的工作类型的同一性的含义。

2. 国家职业分类标准

《中华人民共和国职业分类大典》按照社会工作性质同一性的基本原则，对我国所有职业进行了划分和归类，它突破了“一个行业部门一个类别”的分类模式，突出了职业应有的社会性、目的性、规范性等特征。《中华人民共和国职业分类大典》将我国职业分为 8 个大类、66 个中类、413 个小类、1 838 个细类（职业）。表 2-2-1 为国际、国内职业大类划分情况。

表 2-2-1 国际、国内职业大类划分情况

国际职业大类		我国职业大类	
大类序号	范　围	大类序号	范　围
1	管理者	1	国家机关、党群组织、企业、事业单位负责人
2	专业人员	2	专业技术人员
3	技术人员和专业人员助理	3	办事人员和有关人员
4	办事员	4	商业、服务业人员
5	服务与销售人员	5	农、林、牧、渔、水利业生产人员
6	农业、林业和渔业技术员	6	生产、运输设备操作人员及有关人员
7	工艺及有关人员	7	军人
8	机械机床操作员和装配工	8	不便分类的其他从业人员
9	非技术工人		
10	军人		

（四）职业认知的主要内容

职业认知是在职业生涯规划过程中对职业信息的深入了解和探知。包括经济发展、市场状况等宏观职业信息和工作性质、工作要求等微观职业信息。

1. 宏观职业信息

大学生收集就业市场状况资料，应该了解以下宏观职业信息：

（1）经济发展形势

经济发展形势是一定时期内对国家乃至整个世界经济发展状况的整体评估，在很大程度上会影响职业的长期发展。

（2）经济发展政策

国家或地方政府发布的社会经济发展政策，对未来职业发展具有引导作用。

（3）劳动力供求状况

劳动力市场一定程度上遵循供求决定价格的规律，供求关系矛盾是导致目前劳动力市场结构性矛盾的最重要原因。

（4）劳动用工制度

劳动用工制度是规范企业和劳动者双方行为的途径，我国劳动法规定，劳动用工制度必须对劳动报酬、工作时间、休息休假、劳动安全卫生、保险福利、职工培训、劳动纪律以及劳动定额管理等重大事项进行协商确定，这些规定影响个人与用人单位的关系。

（5）针对大学生的就业政策

如大学生基层就业政策，鼓励大学生的创业政策，聘用大学生参与国家和地方重大科研项目政策等。

2. 微观职业信息

及时了解某个职业微观层面的具体信息，有利于大学生提早进行规划。具体包括：

（1）工作性质

它是指一种职业区别于另一种职业的根本属性，一般通过职业活动的对象、从业方式等的不同予以体现。

（2）所需的教育培训经历

这是指大部分同类岗位都需要的入职门槛。

（3）个人素质

它包括岗位所需要的职业技能之外的其他特征，如性格特点、价值追求、人际沟通能力等。

（4）工资待遇

它是职业信息中非常重要的部分，很多时候也是人们选择职业时最优先考虑的信息之一。一些地方政府会每年发布大学生初次就业工资指导意见，是一年内对数百类岗位大规模调查后统计的结果。

（5）工作条件

它包括物理条件和心理条件，在某些劳动强度大，具有身体危害性的工作中，考虑劳动防护等工作条件显得极为重要。

（6）工作地点

地理位置影响职业活动。

（7）机构性质

政府部门、商业机构、非营利组织会有相同的岗位，但做什么和怎么做却可能大相径庭。

（8）雇用和晋升前景

发展前景已经越来越被看成选择职业时需要考量的因素，特别是在目前劳动力供应相对充裕的情况下，对大学生来说，考虑发展前景比考虑入职时的条件更为重要。

（9）相关的其他职业信息

目前社会越来越强调大学专业的适应性，如果说某一职业入职比较困难的话，相同专业背景的相关或相邻职业可以作为备选。收集已在相同职业领域内工作的人的感受，可以帮助我们判断这一职业与个人的匹配性。

经典案例

企业环境分析

张林是一家现代服务业的管理人员，下面的资料是他对自己所从事的职业进行的企业环境分析。

一、公司概述

张林所在的公司为某酒店，属于餐饮服务行业。2002 年，公司完成由“有限责任公司”到“股份有限公司”的转型，2003 年发行股票公开上市，公司经 2003 年增资扩股后，注册资本为30亿元人民币。该公司目前在全国酒店业综合业绩排名前100，公司未来5年要实现全国证券业综合排名前20名的战略目标，同时要完成国际化的目标。

二、公司的企业文化

公司的核心价值观是“诚信、稳健、服务、创新”。

“诚信”是公司立业之本；“稳健”是公司的经营风格；“服务”是公司存在、发展的理由；“创新”是公司不断发展的动力。

三、公司主要领导人的抱负和能力

企业主要领导人来自某国际知名酒店，经营风格稳健，近10年公司一直保持高速稳步发展。2012年为公司变革年，先后请来国外高级顾问为公司制定未来10年的发展目标和战略，实施业务流程和管理架构的重组，并完成了薪酬体系设计和推行绩效管理体系。公司未来5年将采用“进攻式”战略，从酒店行业危机中找到突破口，对同行业进行一系列兼并和收购，不断壮大自己。

四、企业制度

公司作为一家上市多年的集团公司，企业运作及制度方面都很规范，但相对老化，在用人方面以资历、学历、年龄、知识技能等标准选用人才；管理人员选拔很谨慎，企业基本无人员淘汰机制。

训练活动

职业调研

1. 根据实际情况，结合你所学的专业，选择一个具体职业与一家具体企业，对它的职业信息进行收集、整理，填写表2-2-2。

表2-2-2　职业调研表

所选职业：　　　　　　　　　　　单位名称：

序号	项　目	调研结果	信息来源渠道
1	行业前景		
2	劳动力状况		
3	工作内容及性质		
4	从业人员特征		
5	薪酬待遇		
6	公司组织架构		
7	工作环境及条件		
8	福利情况		
9	企业文化		
10	企业制度		
11	公司主要领导人的能力		

续表

序号	项　目	调研结果	信息来源渠道
12	培训机会		
13	社会地位		
14	其他		

2. 你根据收集到的信息得出什么样的结论？

第三节　职业生涯目标确立

职业生涯目标是指个人一生职业发展的方向、设想和希望达到的具体目标。其设定是职业生涯规划的核心和首要内容。职业生涯目标可以按长期、中期、短期目标进行设定，如确定一生的目标，则要以人生的终极目标为方向，按照远近依次确定，越近期的目标越要具体可行。

核心知识

一、职业生涯目标设定的原则

这里介绍PE-SMART原则，它比传统的SMART原则更有效。无论是制定职业生涯中哪一阶段的目标，都要符合PE-SMART原则。制定的过程就是能力提升的过程。

（一）P——Positive：用正面词语描绘的

目标多用正面的词汇或肯定的语气来描绘期望的结果，说出你希望的而非不希望的。

（二）E——Ecological：符合整体平衡（共赢）的

目标需要考虑与自己关系密切者的关注点。你的目标应该考虑是否损害你周围的人，是否对社会有利，有没有违背法律。如果只从自身考虑，目标不是半途而废就是得不偿失。当我们的目标对自己、他人和社会有利时，将得到更多人的支持，有利于目标的实现。

（三）S——Specific：具体的

目标要用具体的语言清楚地说明要达成的行为标准。明确的目标几乎是所有成功者的一致特点。

（四）M——Measurable：可衡量的

目标需要用可衡量或可量化的指标来作为目标达成的依据。如果制定的目标没有办法衡量，就无法判断这个目标是否实现。并不是所有的目标可以衡量，有时也会有例外，比如说大方向性质的目标就难以衡量。

（五）A——Achievable：可实现的

目标要在现实条件（自身条件与环境条件）下可以通过努力而达成。有两方面的含义：首先必须是合理的，在个人的控制范围之内；其次是目标具有一定的挑战性，但有实现的可能，执行者通过一定的努力提高目前的能力有希望完成，不要由于制定的目标不切实际而导致失败。

（六）R——Rewarding：达成后有满足感的

你需要想象目标达成时你的状态是什么：你会在什么地方？与什么人在一起？做着哪些事情？充分调动自己的视觉、听觉、触觉、嗅觉等感官去感受未来目标达成时的样子，想象达到目标时的感觉上是否足够强烈、兴奋，越强烈越兴奋越有推动力。

（七）T——Timebound：有时间期限的

目标要规定起始时间和完成时间，以克服人的惰性。没有时间限制的目标是无法考核的，也会让执行者失去紧迫感，从而降低积极性，使目标的实现一拖再拖，但过分的紧迫感只会使人焦虑、疲惫，甚至放弃。把目标进行分解再界定时间，则让行动计划更有节奏和韵律。

二、目标分解

职业生涯目标分为外职业生涯目标和内职业生涯目标，将生涯目标按一定的标准（如时间、性质）可将长远目标分解为许多具体可操作的子目标。目标分解的基本方式如下。

（一）按时间进行分解

以时间为标准，可将目标可分解为：人生目标、长期目标、中期目标与短期目标。它们分别与人生规划、长期规划、中期规划和短期规划相对应。通常，职业生涯目标是以自己的最佳才能、最优性格、最大兴趣、最有利的环境等信息为依据来确定自己的人生目标和长期目标，然后再把人生目标、长期目标进行分化，根据个人的经历和所处的组织环境制定相应的中期目标和短期目标。具体说明见表 2-3-1。

表 2-3-1　职业生涯目标分解说明

目标类型	计划时间
人生的最高目标	人一生的最终追求
远期目标	10 年左右实现
中期目标	3～5 年实现
近期目标	1～2 年实现
短期目标	本月、本周实现

（二）按目标性质进行分解

以性质为标准，职业生涯目标可分解为：外职业生涯目标与内职业生涯目标。外职业生涯目标是根据社会环境、企业环境、行业发展等各方面情况所确立的职业目标，如经济收入目标、职称职务目标、工作环境目标、工作地点目标等，侧重于一些较客观的因素。而内职业生涯目标是基于自身的性格、兴趣、优势特长等因素进行职业规划时确定的目标，如思想观念目标、工作成果目标、工作能力目标、心理素质目标等，侧重一种个体的自我效能感，因而较为主观，只有内、外职业生涯目标结合，职业生涯才能得到有效实施和执行。

三、目标组合

找出目标间内在的逻辑关系，然后将各个目标按内在逻辑关系组合起来的。它是处理不同目标间关系的有效方法，有助于在进行规划时理清不同分目标的关系，有步骤有目标地加以实施。目标组合最常用的方式如下。

（一）时间上的组合

职业目标在时间上的组合可分为并进与连续两种形式。并进是指在一段时间内实现两种或几种目标。连续是指目标在时间上先后连接，一个目标实现了才能进行下一个。

（二）功能上的组合

1. 因果关系

比如能力目标实现（原因），将有利于职务目标的实现（结果）；职务目标的实现（原因），会带来经济收入目标的实现（结果）。通常情况下，内职业生涯是原因，外职业生涯是结果。

2. 互补作用

例如，一个管理人员希望在成为一个优秀的部门经理的同时得到MBA证书，这两个目标之间存在着直接的互补作用。

3. 主次之分

主次之分指许多目标组合在一起时，呈现一种主次分明的状态。如最主要的目标是毕业后做老师，围绕这一目标，可能会形成许多主次分明、层次各异的小目标，从而形成一个目标体系。

四、制定长远职业生涯目标注意事项

长远职业生涯目标期限不可太长，也不可过短，一般以掌握在10年左右为宜。

确定长远职业生涯目标，建立自己的事业和职业需要，必须能够配合工作环境的需求。

能从市场角度探求人生的人，必可得到明晰的职业生涯目标。眼光放远，不要囿于现实和近期。就是说，放眼未来，预测可能的职业进步，寻找自己最渴望和追求的东西，用心去思考和发现自己的长远职业生涯目标。看清自己的欲望，是个人谋略的重要工具。只有想要什么，才可能有什么。如果你深深地渴望某件东西，实际争取的劲头就大，成功的可能性就会增加。有人说，目标是从发现得来的，而非追求所能得到，此话不无道理。长远的职业生涯目标，一靠自己思考、反思而得来，是以自己的价值观、信念、能力、特性与理想或志向为基础进行分析，把可能性与志向做一个新的组合；二靠自己的创见而得来。异乎寻常的创意，使之超脱现实思想限制，拓展更广阔的眼界，利于长远职业生涯目标的确定。制定职业生涯远景规划图应符合七个标准：

◆ 自由选择的；

◆ 从几个选择中挑出来的；

◆ 每种选择的结果，都一一做过评估；

◆ 所做的选择都应受珍视，而且感觉上“不错”；

◆ 对之感到骄傲，而且愿意告诉别人；

◆ 打算以行动完成的生涯远景规划图；

◆ 它适合自己的整个生活模式。

五、制定短期职业生涯目标注意事项

用足够的理智和准确度，把长期目标具体化、现实化、可操作化，它是结果和行动之间的桥梁。

长远职业生涯目标与短期职业生涯目标有机联系，构成一个金字塔形目标网，塔尖是长远职业生涯目标，底部是无数个短期职业生涯具体目标。短期职业生涯目标必须清楚、明确、现实、可行，如果对短期内期望完成的事业有清晰而完整的概念，那么差不多已完成目标的制定了。每一短期目标设输出目标和能力目标。所谓输出目标，即为达到长远目标而设定的具体实施目标，是能以标准衡量是否完成的目标。能力目标，则是为达到输出目标所需要的相应能力，是对于“为了达成我的输出目标，我必须擅长什么？”问题的解答。输出目标与能力目标是携手并进、互相支持的。职业生涯短期目标应当符合下列规范要求：

◆ 目标清晰、明白、确定；

◆ 目标不是幻想，要切实可行；

◆ 目标对于本人应有意义，同时与自我价值和长期目标一致；

◆ 顾及企业内外环境，目标要实际；

◆ 辨别和衡量各短期目标的重要性，依其重要程度和可能实现的时间，排列目标实施顺序；

◆ 辨认输出目标中隐含的需求能力目标，找出差距，明确增强能力的努力方向；

◆ 规定目标完成时限，包括起始时间和终结时间；

◆ 预测目标成功与否、成功的程度。

经典案例

职业生涯目标确定

一、制定目标

详见表 2-3-2。

表 2-3-2　职业生涯目标

阶段	时间	目　标
近期	2013—2015 年	考取英语、计算机等专业等级证书，获得奖学金
中期	2015—2020 年	进入专业对口的公司或者厂区工作
长期	2021—2040 年	拥有自己的产业

二、职业发展路径

专科毕业→技术岗位→技术部经理→自主创业。

训练活动

你的职业生涯目标

在毕业后的三年里，你希望达到哪些目标？表 2-3-3 没有列出所有的选项，如果你认为对你很重要的一项没有列出，就把它加在“其他”一栏中。

利用表 2-3-3，按优先顺序排出你最先考虑的三项。

表 2-3-3　职业目标排序表

职业目标	排序	职业目标	排序
打下坚实的基础		做自己企业的主人	
达到管理水平或取得几项职业资格		开发新产品或服务项目	
平衡好个人生活和事业之间的关系		为社会发展做贡献	
出国旅游		在我的研究领域成为专家	
完成具有挑战性的任务		影响公司的战略	
在多国之间调动工作		其他	

第四节　职业生涯决策

职业生涯决策的构成要素包括：决策者个人目标、可供选择的方案与结果，以及对各个结果的评估。职业生涯决策的内容包括：选择何种专业与行业；选择行业中的哪一种职业（工作）；选择所适用的策略，以获得某一特定的工作；从数个工作机会中选择其一；选择工作地点；选择工作的取向，即个人的工作作风；选择生涯目标或系列的升迁目标。

核心知识

一、职业生涯决策类型

美国职业生涯专家斯科特（Scott）和布鲁斯（Bruce）认为，决策风格是在后天的学习经验中逐渐形成的，他们将决策风格划分为五种类型：理智型、直觉型、依赖型、回避型和自发型。

（一）布鲁斯分类方法

1. 理智型

进行周全的探求，对选择的逻辑性进行评估。理智型的决策者具备深思熟虑、分析、逻辑的特性。这类决策者会评估决策的长期效用并以事实为基础做出决策。理智型决策风格是比较受推崇的决策方式，强调综合全面的信息搜集、理智的思考和冷静的分析判断，是其他决策风格的个体需要培养的一种良好的思考习惯。但理智型的决策风格也并不是理想的、完美的决策方式，即使采用系统的、逻辑的方式，也会出现因为害怕承担决策的后果而不能整合自己和他人观点的困扰。

2. 直觉型

依赖直觉和感觉，比较关注内心的感受。直觉型的决策风格以自我判断为导向，在信息有限时能够快速做出决策，当发现错误时能迅速改变决策。由于以个人直觉而不是理性分析为基础，这类决策发生错误的可能性较大，因此易造成决策不确定，容易使人丧失信心。

3. 依赖型

寻求他人的指导和建议。依赖型的决策者往往不能够承担自己做决策的责任，允许他人参与决策并共同分享决策成果，会受到他人的正面评价，但也可能因为简单地模仿他人的行为导致负面的反应。

4. 回避型

试图回避做出决策。回避型的决策风格是一种拖延、不果断的方式。面对决策问题会产生焦虑的决策者，往往因为害怕做出错误决策而采取这样的反应。由于决策者不能够承担做决策的责任，而倾向于不考虑未来的方向，不去做准备，不知道自己的目标，也不思考，更不寻求帮助。这样的决策者更容易受到学校等支持系统的忽略。所以，这些学生需要意识到自身的决策风格及其可能造成的危害，努力调整，增强职业生涯规划的意识和动机，才能从根本上得到帮助。

5. 自发型

渴望即刻、尽快完成决策。自发型的个体往往不能够容忍决策的不确定性，以及由此带来的焦虑情绪，是一种具有强烈即时性并对快速做决策的过程有兴趣的决策风格。自发型决策者常会基于一时的冲动，在缺乏深思熟虑的情况下做出决策，此类决策者通常会给人果断或过于冲动的感觉。

（二）哈瑞恩分类方法

根据学者哈瑞恩（Harren）的观察，按照对职业和自己的了解水平，大部分人的职业生涯决策被分成四类：理性型、依赖性、直觉型、犹豫型。

1. 理性型

经过理性分析，对自己认识明确，对环境了解清楚，并且综合考虑个人与环境因素，分析利弊得失，做出并执行相应的计划。理性型的决策形态是做出合理、客观决策的充分保障。大部分职场成功人士在规划自己的职业生涯时，都是非常理性的。

2. 直觉型

直觉型的人在做出决定时往往跟着感觉走，决策的依据就是自己的感受和情绪反应，较冲动，很少能系统地收集相关信息。他们往往较少在一个领域深入，所以较难在同一工作上晋升到较高的职位，因而直觉型的人可能常常会对结果不满意。当然，也有一部分直觉型的人，在“直觉”的引导下，恰好达到了理想的目标。但是，直觉的引导毕竟不能取代科学、理性的决策。

3. 依赖型

依赖型决策风格的人较为被动、顺从，非常看重他人对自己的看法和评价，个人行为的目标是满足他人和社会的需求。由于文化传统的影响，亚洲的大学生比较倾向于这种决策类型。

4. 犹豫型

犹豫型是指个体不愿做出任何选择的决策风格，他们会挣扎、会痛苦。这种类型比较易延误良机，是对个体负面影响最大的决策风格。每个人的生活态度不一样，所选择的生活方式也不一样，从结果上来看，理性型和直觉型的决策风格更容易给个体带来高满意度的职业生涯规划。

二、职业生涯决策的要素

任何一个合理的职业生涯决策的做出，都需要考虑和分析决策的目标、选择、结果、评价，这也被称为职业生涯决策的四大要素。

目标是指所要达到的目的，这是职业生涯决策这一行为之所以存在的根本；选择是指在达到目标的过程中有多种途径，采取哪一种途径做出选择；结果是指每一种选择所衍生出来的附加物；而评价是指对各种选择结果进行合理的评估。

在进行职业生涯决策时，还要考虑如图 2-4-1 所示的几个问题，以确保目标、选择、结果、评价这四大要素的合理性。

（1）我可以做什么：分析环境中的挑战与机遇。

（2）我能够做什么：分析自己的优势与限制。

（3）我想要做什么：个人的价值取向、兴趣爱好等。

（4）我应该做什么：是否符合社会价值、家庭期望、个人期望等。

这几个问题是做职业生涯决策之前必须考虑的问题，它们会使我们的职业生涯决策更加务实。

三、大学生职业生涯决策中常见的阻碍因素

当我们不能成功地做出职业生涯决策时，可能存在阻碍因素不利于我们做出决定，使我们的职业选择不顺利，或是造成职业生涯发展困境长久无法突破。这些阻碍因素主要包括以下几个方面（见图 2-4-1）。

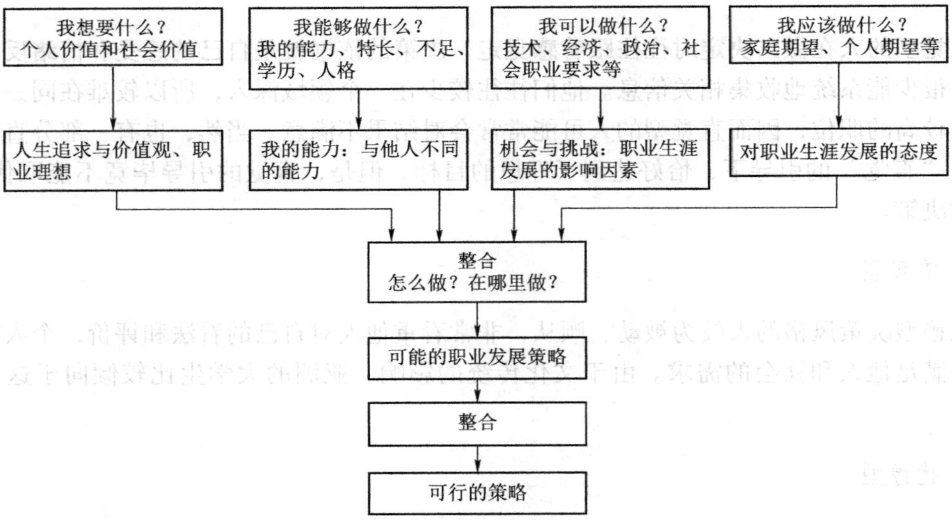

图 2-4-1 职业生涯决策思考框架

（一）意志薄弱

个人职业生涯选择受到父母、他人影响的情形相当明显，因而学生往往忽略真正适合自己的选择，或虽有少数能立定志向的学生却往往因为不能持之以恒或失去毅力而放弃想要发展的方向。这时该想一想：我的理想是什么？我的职业生涯目标是否投射了他人的期待？真正适合我发展的方向在哪里？哪些因素影响着我做正确的决策？我应该坚持哪些部分？然后朝自己掌握的方向去努力。

（二）行动犹豫

许多人虽然有自己的想法与目标，但可能因为担心、害怕或缺乏信心而迟迟无法展开实际行动。像这类只想、只计划却没有行动的人，就属于“行动犹豫”的一群。这时若能先

建立信心，或利用一些策略进行自我督促便可改善。

（三）信息探索不足

对目前社会或工作环境的信息太缺乏或不清楚信息取得渠道的人，属于“信息探索不足”的一群。应强化信息的收集与了解，因为有丰富的信息才能有效率地做出职业生涯决策。

（四）特质表现不佳

对于个性积极、有主见者，在职业生涯发展上较容易为自己铺一条适当的路。但有些人个性过于被动且缺乏主见，或没有规划的习惯，抱着“船到桥下自然直”的态度，这些特质长期下来极不利于自己的职业生涯决策，属于“特质表现不佳”的一群。应该加以主动调整，才有机会改变状态。

（五）方向选择未定

有些人受阻于未来发展的方向模糊，而无法明确地规划，也无法为将来做出预期努力，这是“方向选择未定”的一群。这时应先多花时间去探索自己的兴趣、能力、社会现状等，先找出方向才不会做错决策。

（六）专业选择不当

若个人所学的专业领域能与未来职业生涯有所契合，那么将更有助于进入专业领域的职业生涯发展中，然而许多大学生常因某些因素而进入非原先所期待的专业就读，是属于“专业选择不当”的一群。这一群应先给自己一些时间沉淀，再通过其他方法寻找合适的专业，考虑转专业、辅修、双学位等的可能性。

（七）学习状况不佳

在学生生涯中，学习是最重要的一件事。如果人对所处的学习环境不满意，或学习心态不适当，则可能无法有好的学习态度，连带地使自己在为未来发展的准备上受到负面的影响，而成为“学习状况不佳”的一群。这时需要去查找这种现象背后的原因，从而在认知与行动上有所调整，才能自然地投入学习中去。

（八）学习困扰高

许多学生会因为同学、老师互动状况不佳或异性交往问题而明显影响其个人状态，从而无法全心投入学习。恶性循环的结果可能使个人愈加无法达到自己理想的成绩。

四、职业生涯决策的方法

在第一章第三节中我们学习了由盖瑞·彼得森（Gary Peterson）等人提出的认知信息加工理论（Cognitive Information Processing theory，CIP），以及决策技巧领域的 CASVE 循环决策模式，此处介绍职业生涯决策的平衡单法和 SWOT 分析法。

（一）平衡单法

1. 平衡单法概述

做职业生涯决策时比较常用的方法是金树人引用詹尼斯和曼恩设计的平衡单法。平衡单法将不同的选择方案放在自我—他人、精神—物质四个维度进行评估，集中在四个主题上：自我物质方面的得失；他人物质方面的得失；自我精神方面的得失（自我赞许与否）；他人精神方面的得失（社会赞许与否）。平衡单法兼顾了内部需求和外部环境因素，是一种职业生涯决策的好方法，该方法用于决策职业生涯方向很有效。平衡单法可以帮助我们具体地分析每一个可能的选择，考虑各种方案实施后的利弊得失，最后排出优先顺序，确定选择方案。如表 2-4-1 所示。

表 2-4-1　生涯决策平衡单

职业选择加权计分 考虑因素		权重 （1～5 倍）	职业选择一 （　）		职业选择二 （　）		职业选择三 （　）	
			得 （+）	失 （−）	得 （+）	失 （−）	得 （+）	失 （−）
个人物质方面的得失	1. 收入							
	2. 升迁的机会							
	3. 休闲时间							
	4. 生活的变化							
	5. 就业机会							
	6. 对健康的影响							
	7. 工作的难易程度							
	8. 工作环境的安全							
	9. 未来的发展							
	10. 社交范围							
	11. 其他							
他人物质方面的得失	1. 家庭经济							
	2. 家庭地位							
	3. 与家人相处的时间							
	4. 其他							
个人精神方面的得失	1. 生活方式的改变							
	2. 成就感							
	3. 自我实现的程度							
	4. 兴趣的满足							

续表

职业选择加权计分 考虑因素		权重 （1～5倍）	职业选择一 （　　）		职业选择二 （　　）		职业选择三 （　　）	
			得 （+）	失 （-）	得 （+）	失 （-）	得 （+）	失 （-）
个人精神方面的得失	5. 挑战性							
	6. 社会声望的提高							
	7. 所学应用							
	8. 其他							
他人精神方面的得失	1. 父母							
	2. 师长							
	3. 配偶							
	4. 子女							
	5. 其他							
总分								
得失差数								

2. 平衡单的使用方法

（1）在平衡单中列出个人所选择的3个潜在职业。从表2-4-1中提及的四个考察因素中列出你选择职业生涯考虑的因素，根据对你而言职业选择的重要性和迫切性，对每个考虑因素按照自己的情况设置权重（1～5倍），1倍表示最不看重，5倍表示最看重。

（2）每个所选职业的得分或失分，可以根据选择该职业具有的优势（得分）、缺点（失分）来回答，根据擅长到不擅长，从高到低递减，计分范围为-10～10分，0～10分为得分，全得为10分；-10～-1分为失分，全失为-10分。每一因素的得（失）分乘上权重为该因素的分值。

（3）计算出每个所选职业的优点总分和缺点总分，优点总分减去缺点总分，算出客观的“得失差数”，并以此分数来做出最后的决定，即比较三个职业的得失差数，分数越多，该职业越适合你。

（4）根据自己的真实想法作答，正确评估每个职业对自己的重要性。

（5）比较每一种职业的综合得分，据此做出职业生涯决定，此决定就是用职业生涯抉择平衡单法所做出的综合效用最大化的决定。

应用举例

陈林的职业生涯决策

一、基本情况

陈林，男，某大学的教育技术学专业三年级学生，性格外向，开朗活泼，喜欢与人交往，口头表达能力很强，是学院学生会干部，组织能力强。还有一年就要毕业了，他考虑自己的职业有三个发展方向：中学信息技术教师、市场销售总监、考取计算机专业硕士研究生。以下是他的具体想法。

（一）中学信息技术教师

陈林认为这个职业是他的本专业，有最大的专业优势，工作也比较稳定，但目前社会需求量并不大。

（二）市场销售总监

陈林希望用10年的时间实现这个目标，他认为这个职业符合自己的性格和兴趣，同时他也有利用暑期和课余时间兼职做销售的经历，他认为可以利用自己的专业来帮助自己更好地做好销售工作。

（三）考取计算机专业硕士研究生

陈林的父母都是高校的老师，他们希望陈林能够继续深造，以后到大学任计算机专业教师。但陈林认为，虽然高校教师工作稳定，收入也高，但他不喜欢计算机专业的教学工作，且考研也有一定的困难。

表2-4-2所示是陈林利用职业生涯决策平衡单做出的职业决策的结果。

表2-4-2　职业决策的结果

职业选择 加权计分 考虑因素		权重	中学教师		市场销售总监		考研	
			得（+）	失（−）	得（+）	失（−）	得（+）	失（−）
个人物质方面的得失	1. 符合自己理想生活方式	5		3	9			5
	2. 适合自己的处境	4	8		9		7	
	3. 有较高的社会地位	3	5			3	9	
	4. 工作比较稳定	5	9			9	9	
他人物质方面的得失	1. 优厚的经济报酬	4	5		8		9	
	2. 足够的社会资源	5	8		7		9	
个人精神方面的得失	1. 适合自己的能力	4	8		9		7	
	2. 适合自己的兴趣	5	5		9			8
	3. 适合自己的价值观	5	6		8		5	
	4. 适合自己的个性	4	7		9		9	
	5. 未来发展空间	5		3	8		9	
	6. 就业机会	4	3		8		9	
他人精神方面的得失	1. 符合家人的期望	2	6		5		9	
	2. 与家人相处的时间	3	7		4		9	
总分			312	−30	399	−54	384	−65
得失差数			282		345		319	

二、计算总分和得失差数

（一）中学信息技术教师

得分 $=4\times8+3\times5+5\times9+4\times5+5\times8+4\times8+5\times5+5\times6+4\times7+4\times3+2\times6+3\times7=312$

失分 $=5\times3+5\times3=30$

（二）市场销售总监

得分 $=5\times9+4\times9+4\times8+5\times7+4\times9+5\times9+5\times8+4\times9+5\times8+4\times8+2\times5+3\times4=399$

失分 $=3\times3+5\times9=54$

（三）考取计算机专业硕士研究生

得分 $=4\times7+3\times9+5\times9+4\times9+5\times9+4\times7+5\times5+4\times6+5\times9+4\times9+2\times9+3\times9=384$

失分 $=5\times5+5\times8=65$

（四）职业生涯决策分析

陈林通过职业生涯决策平衡单的决策之后，他的决策方案的得分分别是：市场销售总监>考取计算机专业硕士研究生>中学信息技术教师，综合平衡之后，市场销售总监较为符合陈林的职业生涯目标。

（二）SWOT（优势/劣势/机遇/挑战）分析

SWOT 分析最早是由美国旧金山大学的管理学教授提出来的。SWOT 分析是市场营销管理中经常使用的一种功能强大的分析工具，是检查个人技能、能力、职业、喜好和职业机会的有用工具。通过它，我们很容易知道自己的个人优点和缺点在哪里，并且会仔细地评估出自己所感兴趣的不同职业的机会和威胁所在。SWOT 分析将与研究对象密切相关的各种主要内部优势因素、弱点因素、机会因素和威胁因素，通过调查罗列出来，并依照一般的次序按矩阵形式排列起来，然后运用系统分析的思想，把各种因素相互匹配加以分析，从中得出一系列相应的结论。SWOT 中 S 代表 Strength（优势）、W 代表 Weakness（弱势）、O 代表 Opportunity（机遇）、T 代表 Threat（挑战），是个体“能够做的”（即个体的强项和弱项）和“可能做的”（即环境的机遇和挑战）之间的有机组合。其中，S、W 是内部因素，O、T 是外部因素。一般来说，优势和劣势从属于个人自身，而机会和威胁则来自外部环境（包括组织环境和社会环境）。

SWOT 分析可通过下列三个步骤完成。

（一）分析环境

包括内部环境和外部环境。内部环境指能力、优势等因素；外部环境指社会、家庭、行业状况、就业形势等。

（二）构建 SWOT 矩阵

将以上四个方面的因素按对职业生涯决策的影响程度排列出来，其各个问题的重要程度可以用对比矩阵技术分析得出。

（三）组合决策类型

遵循内部因素与外部因素结合的原则，组合出四种类型（见表 2-4-3）。

构建这样的组合是为了制定出相应的策略，以发挥优势因素；利用机会因素，克服劣势因素，化解威胁因素。SWOT 方法要求必须对组合类型进行系统的、综合的分析，才能得出一系列适合自己的可选择的对策。由于各种因素都在随时间发生变化，你的选择应该时时调整，大学生可以每隔一段时间做一次，在校期间至少要做两次。

表 2-4-3　SWOT 分析

外部环境分析 / 内部环境分析	机会（O） 1. 2. 3.	威胁（T） 1. 2. 3.
优势（S） 1. 2. 3.	机会—优势（OS）策略 1. 2. 3.	威胁—优势（TS）策略 1. 2. 3.
劣势（W） 1. 2. 3.	机会—劣势（OW）策略 1. 2. 3.	威胁—劣势（TW）策略 1. 2. 3.

SWOT 分析的目的是强化优势，抓住机会。如何化解威胁，对待劣势，应具体情况具体分析。如果威胁一直存在，不能回避，就要用优势战胜它。如果劣势不构成职业生涯发展的障碍，就不要太在意，反之，要尽可能地去弥补。一般而言，花时间去弥补劣势，不如花同样的时间强化自己的优势。

（一）自我优势分析（知己）

找出自己出色的地方，与竞争对手相比处于优势的方面，回答下面三个问题。

1. 你曾经做过什么？

即你已有的人生经历和体验，如在学校期间担任的职务、曾经参与或组织的实践活动、获得的奖励等。这些可以从侧面反映出一个人的素质状况。在自我分析时，要善于利用过去的经验选择，推断未来的工作方向与机会。

2. 你学习了什么？

在学校期间，你从学习的专业课程中获得了什么？专业也许在未来的工作中并不起多大作用，但在一定程度上决定你的职业方向，因而尽自己最大努力学好专业课程是生涯规划的前提条件之一。同时，你要善于从中总结，真正化为自己的智慧。

3. 最成功的是什么？

你可能做过很多，但最成功的是什么？为何成功？是偶然还是必然？通过分析，可以发现自我性格优越的一面，譬如坚强，挖掘出自己的动力之源和魅力闪光点，这也是职业规划的有力支撑。

（二）自我劣势分析（知己）

找出自己不是很喜欢做的事情和弱势，如性格弱点、经验或经历中所欠缺的方面。

1. 性格弱点

一个独立性强的人会很难与他人默契合作，而一个优柔寡断的人绝难担当企业管理者的重任。

2. 经验或经历中所欠缺的方面

也许你曾多次失败，就是找不到成功的捷径；需要你做某项工作，而之前从未接触过，这都说明经历的欠缺。欠缺并不可怕，怕的是自己还没有认识到，而一味地不懂装懂。

3. 职业机会分析（知彼）

找出有利于职业选择和职业发展的一些机会。

（1）对社会大环境的认识与分析。当前社会政治、经济发展趋势；社会热点职业门类分布与需求状况；自己所选择的职业在当前与未来社会中的地位；社会发展趋势对自己职业的影响。

（2）对自己所选企业的组织环境分析。包括所从事行业的发展状况及前景；在本行业中的地位与发展趋势；所面对的市场状况。包括行业环境分析和企业环境分析。

（3）人际关系分析。包括个人职业过程中将同哪些人交往，其中哪些人将对自身发展起重要作用，是何种作用，这种作用会持续多久，如何与他们保持联系，可采取什么方法予以实现；工作中会遇到什么样的同事或竞争者，如何相处、对待等。

4. 职业威胁分析（知彼）

找出存在的潜在危险的方面。包括知识过时、同行竞争、薪酬过低等。特别是知识过时，其实我们之前在学校里所学的知识，等我们毕业时差不多就已经过时了 40%。工作几年后，如果我们停止了学习，以前掌握的知识就会完全老化，无法适应社会和企业的需要了。

外因是变化的条件，内因是变化的依据。既知己，又知彼，职业设计就有了成功的基础。通过分析，一幅清晰的职业生涯机会前景图就呈现在你的面前。要注意的是，运用 SWOT 法进行职业生涯机会评估时，要尽可能考虑全面，权衡各种发展机会，然后从中选出最优的发展机会。

5. 制定行动规划

制定行动规划的基本思路是：发挥优势因素，克服劣势因素，利用机会因素，化解威胁因素；考虑过去，立足当前，着眼未来。

运用系统分析的综合分析方法，将排列与考虑的各种环境因素相互匹配起来加以组合，得出一系列职业生涯发展规划的可选择对策。这些对策见表 2-4-4。

表 2-4-4　生涯发展规划的可选择对策

对策名称	功　能
最小与最小对策（WT 对策）	着重考虑劣势因素和威胁因素，努力使这些因素都趋于最小。
最小与最大对策（WO 对策）	着重考虑劣势因素和机会因素，努力使劣势趋于最小，使机会趋于最大。
最大与最小对策（ST 对策）	着重考虑优势因素和威胁因素，努力使优势因素趋于最大，使威胁因素趋于最小。
最大与最大对策（SO 对策）	着重考虑优势因素和机会因素，努力使这两种因素都趋于最大。

仔细地对自己做一个 SWOT 分析评估，列出你 5 年内最想实现的 4～5 个职业目标。这些目标可以包括：你想从事哪一种职业，你将管理多少人，或者你希望自己拿到的薪水属哪一级别。

最后，再提纲式地列出一份今后 3～5 年的职业行动计划，这一步主要涉及一些具体的内容，特别是要达到自己的职业目标所需要提高的内容。列出一份实现最完美匹配的职业目标的行动计划，并且详细地说明为了实现每一目标你要做的每一件事，何时完成这些事。如果你觉得你需要一些外界帮助，请说明你需要何种帮助和如何获取这种帮助。例如，SWOT 分析可能表明，为了实现理想中的职业目标，需要进修更多的管理课程，那么，你的职业行动计划应说明要参加哪些课程、什么水平的课程以及何时进修这些课程等等。详尽的行动计划将帮助你做决策，就像外出旅游前事先制订的计划将成为你的行动指南一样。

能分析出自己职业发展及行为习惯中的缺点并不难，但要去以合适的方法改变它们却很难。那么，这时候就一定要寻求各种渠道、各种途径的帮助。有时候需要你的朋友、上级主管、职业咨询专家帮助你改善自身的弱势，而协助和监督以及及时地反馈信息，对于弱势的改善以及计划的顺利实施都有很大的帮助。

应用举例

张帆的生涯决策 SWOT 分析

一、基本情况

张帆，男，师范大学毕业的研究生，专业为心理学，在校期间专业成绩优秀，曾多次获得奖学金，且一直担任学生干部工作，成绩斐然。但是他性格急躁，容易冲动，而且没有直接的工作经历，唯一的工作经历是大学二年级时在一家大型电子公司的人力资源部门实习了半年。现在他想谋取一份人力资源管理的工作。

二、SWOT 分析

根据SWOT 分析法，首先进行自身优势、劣势分析，以及周围职业环境的机会、威胁分析，然后在这些分析结果的基础上依次制定出各种相关策略。SWOT 分析表见表 2-4-5。

表 2-4-5　SWOT 分析表

外部环境分析 / 内部环境分析	机会（O） 1. 人力资源管理部门逐渐受到企业的重视 2. 外资企业的进入导致人力资源管理人才需求量的增大 3. 心理学在人力资源管理中的重要性逐渐凸显出来	威胁（T） 1. 人力资源管理方向的其他毕业生 2. MBA 的兴起 3. 人力资源管理在很多企业中仍然处于刚起步阶段，其运作很不规范
优势（S） 1. 硕士学历，成绩优秀 2. 学生干部管理经历 3. 大型公司半年实习 4. 具有心理学的知识背景	机会—优势（OS）策略 1. 学习心理学知识，将心理学知识运用到人力资源管理中 2. 发挥担任学生干部的管理特长	威胁—优势（TS）策略 1. 强调自身心理学背景优势 2. 强调大型公司半年的实习经验 3. 强调较强的学习能力和适应能力
劣势（W） 1. 师范院校毕业 2. 没有丰富的工作阅历 3. 专业不对口 4. 性格急躁，容易冲动	机会—劣势（OW）策略 1. 利用较强的学习能力，自学人力资源管理课程，加强英语的学习 2. 继续加强自己在师范院校中所培养的口语交流、文字书写等优势	威胁—劣势（TW）策略 1. 克制自己的冲动个性 2. 结合两个不同的专业，培养宽阔的视野和创新能力 3. 积极寻找重视员工潜能的企业

三、结论

职业发展道路定位在大中型的外资企业人力资源管理部门。

经典案例

规划实施

一、近期规划（2013—2015 年）

（一）学习

认真学好自己的专业知识，积极参加各种活动。通过在校和校外实习，总结自己的专业不足，制订自己的学习计划。抓紧提高自己的专业技能水平，平时上课认真，下课多练。多腾出时间去图书馆看书，增长自己的知识面。争取通过各个考证，如 CAD 技能考证、英语考证、计算机考证等，也要多学习专业技巧，以后有利于进入公司工作。利用周末等空余时间去做一些兼职，使自己能够适应这个社会，积累一些工作经验，以便于以后更快地步入这个社会。

（二）生活

学会独立自强，学会勤劳，养成更好的生活习惯，把自己的惰性去掉。学会更好地与别人相处、交流。

二、中期规划（2015—2020 年）

每年都制定一个短期的工作目标，然后朝着这个目标在工作岗位上努力奋斗。在工作中，我会自我总结，不断改进，争取做得最好。

（一）2015 年

毕业后，我就直接去××软件开发有限公司从事技术服务工作，加强自己各方面的能力，往技术服务部经理方向发展。

（二）2017—2020 年

让自己更加老练能干，培养自己在这个行业的人际圈，有自己的为人处事风格，成为公司的主要干部（技术服务部经理）。

在工作中努力增长工作经验，使自己更加优秀，分析总结自身条件，在工作中不断积累经验。

三、远期规划（2021—2040 年）

我的远期职业目标是成为一家有较大规模的民营企业总经理，让自己有更大的发展空间。

在合适的时候进行自主创业，发挥自己社会阅历丰富、沟通能力强、做过多个基层岗位工作、熟悉业务、管理能力突出的优势，凭着对 CAD 软件行业发展的经营战略的把握，成为一家有较大规模的民营企业总经理。

训练活动

SWOT 分析评估

选择一个你需要通过努力才能达到的发展任务，应用 SWOT 分析法进行胜任程度分析，填入表 2-4-6 中，探索在预计时间内完成任务的措施。

表 2-4-6 SWOT 分析评估

外部环境分析 / 内部环境分析	机会（O） 1. 2. 3.	威胁（T） 1. 2. 3.
优势（S） 1. 2. 3.	机会—优势（OS）策略 1. 2. 3.	威胁—优势（TS）策略 1. 2. 3.
劣势（W） 1. 2. 3.	机会—劣势（OW）策略 1. 2. 3.	威胁—劣势（TW）策略 1. 2. 3.

第五节　职业生涯规划书的撰写

核心知识

一、职业生涯规划书的结构

一份完整的职业生涯规划书，必须具备以下内容。

1. 职业选择

职业选择分两种情况，一种是初次选择职业，可根据个人因素和环境因素的分析结果进行选择；另一种情况是已经在业，此时可将个人因素和环境因素分析结果与自己所从事的职业进行一次核查，如有必要可重新选择。

2. 个人经历

主要是个人的教育经历、工作经历和培训经历，通过对这些经历的分析，可以了解向什么方向发展更有利。

3. 个人因素分析

个人因素包括自己的能力、气质、性格、兴趣、情绪等方面。分析的重点是自己的性格、兴趣与能力（重点是特长），找出三者的结合点。

4. 环境因素分析

环境因素包括组织环境和社会环境。分析出哪些是有利因素，哪些是不利因素，哪些因素将阻碍你的职业生涯发展，哪些因素将为你的发展提供机遇。

5. 职业生涯目标

职业生涯目标包括短期职业生涯目标、中期职业生涯目标和长期职业生涯目标。目标要具体明确，并写出各目标的完成时间。

在短期规划与措施中，应写出近两年的具体实施措施。例如，在业务方面提高到什么程度，学习哪些知识，什么时间学习，学习多长时间，学习哪几本教材等；在工作技能方面，掌握哪些技能，如何掌握，计划在哪些部门轮岗等；在研究方面，计划发表几篇文章，写几本书，达到什么学术水平等；在设计方面，计划完成哪些产品设计，达到什么水平，产生多大效益等；在管理方面，掌握哪些管理知识，学习哪些管理技能，通过何种方式学习，怎样安排时间，安排多少时间等。不同的职业、不同的岗位，应根据自己的具体情况提出具体要求。

在中期规划与措施中，主要是列出第三年到第五年的行动与计划。此阶段的计划是短期目标的继续，可概括性地列出，短期目标实现后，再将中期目标细化，变为短期目标加以实施。

在长期规划和人生规划中，要制定五年以上的行动方案。长期规划不要求具体，但必须概括性地列出。完成职业生涯目标是一个系统工程，也是一个整体工程，如果只顾前不顾后，这个规划也就失去了意义。

6. 目标的评估

目标评估要听取老师、亲人、同学、朋友以及其他一些可能了解或帮助自己的人的意见，征询他们对自己职业生涯目标的建设性意见。

7. 目标与现实的差距分析

即自己设定的职业生涯目标是否与组织经营战略、发展目标相一致。如有差异，是否要与组织协商或者修订。

8. 确定目标实现或成功的标准

成功应该有个标准，不能以一种差别来阐述自己目前的所谓成功，更不能以眼前的所谓成功来折射人生的辉煌，而应该以一生的发展来诠释自己的成功，它是从客观、公正的评价和真实的收获中得来的。

二、职业生涯规划书的类型

为了更好地管理自己的职业生涯规划，通常采用表格式、问卷式和文字叙述三种形式把职业生涯规划内容记录在案。

1. 文本型职业生涯规划书

文本型职业生涯规划书没有固定的模板，具有创作的空间，但规划的依据是首先让自己信服，其次有可执行性。一般情况下，文本型职业生涯规划书包括职业理想、自我认识、职业认知、职业目标、实施方案及遇到障碍的对策等内容。

2. 表格型职业生涯规划书

表格型职业生涯规划书主要包括两部分，即表头和规划内容栏。表头是规划人的基本信息，内容栏以呈现目标和实施要点为主，内容不是固定不变的，可以根据个人情况进行调整，如表2-5-1所示。

表2-5-1　职业生涯规划表

时间：　　年　　月　　日

<table>
<tr><td>姓名</td><td></td><td>性别</td><td></td><td>年龄</td><td></td></tr>
<tr><td>所在部门</td><td></td><td>政治面貌</td><td></td><td>婚姻状况</td><td></td></tr>
<tr><td>职业选择</td><td colspan="2"></td><td>流动意向</td><td colspan="2"></td></tr>
</table>

续表

<table>
<tr><td rowspan="3">个人
经历</td><td>教育经历</td><td colspan="2" rowspan="3"></td></tr>
<tr><td>工作经历</td></tr>
<tr><td>培训经历</td></tr>
<tr><td colspan="2">个人因素分析</td><td colspan="2"></td></tr>
<tr><td colspan="2">环境因素分析</td><td colspan="2"></td></tr>
<tr><td colspan="2" rowspan="4">职业生涯目标</td><td>人生目标</td><td>岗位目标、职务（职称、技术等级）目标、收入目标、社会影响目标、重大成果目标、其他目标
简要文字说明：实现人生目标的战略要点</td></tr>
<tr><td>长期目标</td><td>岗位目标、职务（职称、技术等级）目标、收入目标、社会影响目标、重大成果目标、其他目标
简要文字说明：实现长期目标的战略要点</td></tr>
<tr><td>中期目标</td><td>岗位目标、职务（职称、技术等级）目标、收入目标、社会影响目标、重大成果目标、其他目标
简要文字说明：实现中期目标的战略要点</td></tr>
<tr><td>短期目标</td><td>岗位目标、职务（职称、技术等级）目标、收入目标、社会影响目标、重大成果目标、其他目标
简要文字说明：实现短期目标的战略要点</td></tr>
<tr><td colspan="2">短期规划
与措施</td><td colspan="2">任务及拟采取的措施、有利条件、主要障碍及其对策、可能出现的意外和应急措施
年度目标及年度计划的细节通常另行安排，以保持职业生涯规划的相对稳定性和可保存性</td></tr>
<tr><td colspan="2">中期规划
与措施</td><td colspan="2">同上</td></tr>
<tr><td colspan="2">长期规划
与措施</td><td colspan="2">同上</td></tr>
<tr><td colspan="2">人生规划
与方案</td><td colspan="2">同上</td></tr>
<tr><td colspan="2">所在部门主管
审核意见</td><td colspan="2"></td></tr>
<tr><td colspan="2">人力资源部门
审核意见</td><td colspan="2"></td></tr>
</table>

3. 档案型职业生涯规划书

档案型职业生涯规划由多个表格组成，它可以把职业生涯规划制定过程真实而详细地记录下来，是具有史料性质的职业生涯规划书，包括曾经的职业理想、高考选择分析、性格认识、兴趣探索、优势技能分析、价值观澄清、专业与职业关系分析、职业分析与职业体验、咨询与总结、生涯选择与职业决策、职业发展规划（含大学职业生涯规划）等部分。规划档案的任何一部分都可以根据内容而扩展，职业发展规划部分可以按学期制定。一份完整的职业生涯规划档案就是一个人成长的历程。

经典案例

职业生涯规划书

姓名：×××

性别：男

年龄：22

所在学校：×××学院

一、前言

随着我国高等教育的大众化发展趋势，高校毕业生的就业问题越来越突出。严峻的就业形势给当今大学生带来了前所未有的压力。作为一名即将走上工作岗位的大四学生，在此时对自己和职业环境进行准确评估，进而规划自己的职业生涯，有十分重要的导向意义。

二、职业定位

根据个人的实际情况和面临的职业环境，我的职业定位是西部基层教育工作者。整个职业生涯按照时间顺序分为以下三个阶段：① 大四阶段；② 基层教师（23～35 岁）；③ 西部办学（36 ～60 岁）。这三个阶段按照时间顺序分布，根据各个阶段的职业发展特点，制定不同的阶段目标、实施路径、调整方案（见表 2-5-2），使自己不断完善，使职业目标得以实现，促进自己与社会的共同发展，寻求个人价值与社会需要的契合点。

表 2-5-2　职业路径列表

职业阶段	时　间	职业目标
第一阶段	大四	大四学生
第二阶段	23～35 岁	基层教师
第三阶段	36～60 岁	西部办学

三、认识自我

为了科学、全面地认识自我，我参加了职航快线的人才测评，测评结果如下：

（一）职业能力

职业能力是一个人从事某项工作的潜质，对一个人的职业定位和职业选择非常重要，它决定了一个人是否适合某种工作。只有人与岗的很好匹配，才能使自己的职业生涯得到很好发展，反之，会阻碍自己的职业发展。另外，对自己的职业能力有了清晰明确的认识，才能在以后的自我提升中扬长避短，不断提高自己。

我的推理能力、数理能力和信息分析能力以及语言能力较高，而基本智能和人文素质较低。较强的推理能力得益于自己缜密的思维和做事的认真、讲求逻辑性。这项能力对一个人经营一个较独立的团队有很大帮助，能使人清晰地分析出团队的生存空间、发展步骤等。数理能力是对数字的整理分析能力，这是在数字化社会中人的一项必备能力。信息分析能力是在综合材料的基础上提炼出对自己有价值的信息，这项能力对做一名语文教师非常有帮助，因为对课文的分析是语文教学的重点。语文课文的重要特点就是通过象征、隐喻等手法将作者的思想和感情隐藏于文字之后，造成距离美感，这就要求语文教师有对材料中直接表述的内容有较强的分析能力。语言能力是作为一个教师最重要的能力之一，它是知识的最后传输阶段，是直接影响工作质量的一种能力。而人文素质是从事各种职业所不可缺少的一项能力，尤其是教育工作者。因为教育是面向人、面向孩子的职业，教师的职责不仅要向学生传递知识，而且要培养学生高尚的品德。老师先要有高尚的品德，才能给学生以好的影响。人文素质是我比较缺乏的，要在以后的学习、生活中不断提高完善。

（二）职业价值观

职业能力决定一个人对职业的选择以及能否很好地适应职业，而职业价值观决定能否在职业生涯中得到自我追求的满足。前者更侧重于短期选择和表象，后者更侧重于长期发展和内在提高。所以，两者同等重要。我的三个最主要的职业价值观是：家庭取向、经营取向和自我实现取向。这三个价值取向各有其优势和劣势，分析如表2-5-3所示。

表2-5-3　职业取向测评结果

	家庭取向	经营取向	自我实现取向
优势	1. 有较高的稳定性和忠诚度 2. 做事勤奋踏实 3. 重视同事、个人情感	1. 独立性强 2. 主动行动 3. 有强烈的成就动机	1. 重视他人感受与价值 2. 做事目标明确 3. 有强烈的发展、提升意识
劣势	1. 进取心不够 2. 处事比较保守 3. 工作状态易受家庭影响	1. 较主观 2. 协作性可能不够 3. 可能比较固执	1. 可能不够客观 2. 对自身利益考虑不够 3. 有时过于敏感

以上对三种主要价值取向的分析，使我更深层次地了解了自己的优缺点，应在以后的学习和生活中不断提高完善自己，更好地评估调整自己的职业规划，更好地实现自己的职业目标。

（三）职业人格

职业人格是人格的一个组成部分。一个人的人格是相对固定的，而且是互不雷同的。所以，认识自己的性格，特别是职业性格是确定适合自己的岗位的前提。只有做到人岗匹配，才能发挥自己职业人格中有利于职业发展的部分。所以，选择适合自己职业人格的职业也就意味着选择适合自己性格的职业。通过测评可知，我的职业人格属于稳健型。具体表现如下：

1. 综合特质

冷静有耐心；稍许的开明态度，友善且热心；接纳他人的看法；珍惜与人之间的互动；内向。

2. 能力优势

忠实可靠；善解人意，善于聆听与辅导，极具毅力；自制且有耐心；稳定地完成艰难工作。

3. 人际关系

希望别人主动；外表稳重可靠；维持既有人际关系；交际圈小。

通过对我的职业人格的分析可知：稳健型的职业性格使我适合做相对稳定且不具有冒险精神的工作，适合与人打交道，能独立承担并很好地完成一项有难度的工作。但一些不利因素也会影响到我的职业目标的实现，所以，在清楚认识自我的基础上，要积极主动地完善自己职业性格中不利于实现职业目标的因素，为职业目标的实现时刻准备着。

（四）个人因素和外部环境因素 SWOT 分析

1. 个人部分

（1）健康状况。

身体很健康，无重大疾病，能够顺利通过服务西部计划的体检。平常喜爱运动，像爬山、游泳、打篮球等。善于学习与休闲的有机结合。生活有规律，学校寝室 10 点半熄灯，一般 11 点睡觉，早晨 6 点起床，保证 7 个小时左右的睡眠时间。白天午休 1 小时，保证高效率的学习。

（2）学习情况。

在中学学习一直很好，以较高分数考入×××学院。尤其是语文，一直很优秀，为大学期间中文专业的学习打下基础。大学期间在学好专业课的基础上，积极培养对其他专业的学习兴趣。

（3）兴趣爱好。

爱好写作、演讲、演话剧等活动，积极锻炼自己对文字和语言的驾驭能力。爱好爬山、打篮球等体育活动，使自己拥有强健的体魄、旺盛的精力。

（4）个人提高。

我善于将理论知识与实际情况结合起来，在知与行统一的基础上得出自己的结论，有一定的科研能力。通过大学生活的锻炼，提高了自学能力，能独立完成一门功课的初步学习。

（5）管理技能。

有较强的领导团队的能力，善于与人沟通，善于控制自己的情绪，有较好的心理素质，在策划组织大型活动中体现出了较强的组织能力。

（6）价值追求。

追求自我价值的实现，有强烈的事业成就欲望。看重对社会的一份责任，注重个人内在素质的提高和生活的精神享受。

2. 学校部分

（1）专业学习。

我所就读的是中文专业中的汉语言文学，是中文专业的基础性专业。选择这一专业是我兴趣与特长的结合。学习过程是愉快的，也是很有成效的，其中现代文学曾考过全班最高分。但是文学理论由于理论性太强、较枯燥，学习效果相对较差。

（2）技能掌握。

顺利通过了普通话测试，取得了一级乙等证书。计算机通过了省文管二级测试，能熟练使用 Word、Excel 等 Office 办公软件和 Foxpro 数据库管理系统软件。英语通过了非专业四级考试，有一定的阅读和交际能力。

(3) 所任职务。

任华中地区十大文学社团之一的远方文学社社长，出版《远方》杂志，定期请作家、教授举办文学讲座。任学校学工部教育科学生助理。任某广播电台兼职主持人。现任我班班长。这些职务锻炼了我的工作和人际交往能力，提高了我的专业素质。

(4) 所获奖项。

一等奖学金，单项奖学金，“网通杯”首届河南省大学生职业规划设计大赛“规划设计之星”荣誉称号，×××学院教师技能大赛二等奖。

(5) 学习环境。

我所就读的学院的学习风气较好，考研率较高，良好的学习氛围为自我提升创造了客观条件，学校优美的环境和良好的师资以及浓厚的学术氛围使我的素质得到了潜移默化的提高。

(6) 生活环境。

近几年学校注重了基础设施的建设。住宿、就餐、购物、休闲、锻炼等设施达到了国内一流水平，为自我提升提供了物质保障。

3. 家庭部分

(1) 家庭经济情况。

农村一般家庭，经济上可以帮我完成学业，但不能提供更多的经济支持。

(2) 家人健康状况。

家人均身体健康，不会影响我的职业选择和职业发展。

(3) 家庭成员关系。

家庭成员关系非常好，都非常支持我的职业选择。

综合以上分析，采用 SWOT 分析法得出以下结论，如表 2-5-4 所示。

表 2-5-4 SWOT 测评结果

外部环境因素	机会因素（O）	威胁因素（T）
	1. 国家对大学生就业，尤其是到西部基层就业的优惠政策 2. 在西部大开发及西部基层教育发展的迫切性、必然性的历史机遇下，农村下一阶段就业人数增多，我国基层教育小班教学模式将推广 3. 知识经济时代的到来，教育在国民经济中的作用越来越重要，教师的地位越来越高	1. 大学生就业形势严峻，竞争激烈 2. 就读学校和所学专业竞争力不强 3. 西部基层教育发展缓慢，基础设施跟不上，限制个人才能的发挥
个人状况	优势因素（S）	劣势因素（W）
	1. 身体健康，精力充沛 2. 有正确的目标和为目标奋斗的毅力 3. 扎实的专业知识基础，较高的人文修养 4. 在组织、参与各种活动中得到很多经验 5. 在大学期间，参加了各种社会实践，增强了对社会的认识 6. 家人和朋友的大力支持	1. 自我意识强，有时忽略别人的感受 2. 自信心太强，对困难估计不足

由SWOT分析可以看出，师范类专业学生就业形势虽然很严峻，但如果把目光投向广大基层，就业前景还是很乐观的。我的性格特征、能力倾向以及家庭和在学校所学专业决定了我选择做一名西部基层教育工作者是正确的。但随着越来越多的大学生投身西部教育事业，竞争还是有的，所以我要为实现这一职业目标在各个方面做好准备。

认识自我总结：通过以上的自我分析，根据职航快线人才测评结果和SWOT分析显示以及家人、朋友对自己的评价，说明我适合从事教育事业，也具有为社会做贡献的精神和自主创业的能力。

四、职业环境

（一）西部大开发

自从2000年我国西部大开发迈出实质性步伐以来，短短几年，青藏铁路、西气东输等大型工程相继竣工；500万亩退耕还林还草试点工程、高新技术产业化项目等正在如火如荼地进行，西部已成为一片开发的热土。中共中央已经明确表示，要坚持实施西部大开发战略不动摇，坚持对西部大开发的支持力度不减弱。在这一历史机遇下，西部的基层教育也面临难得的发展机遇。

（二）大学生志愿服务西部计划

在西部面临的难得历史机遇面前，人才的缺乏日益凸现。为此，共青团中央、教育部、财政部、人事部2003年联合发起“大学生志愿服务西部计划”，鼓励大学生服务西部。胡锦涛总书记就实施“大学生志愿服务西部计划”曾做出重要指示，中央下发了关于引导和鼓励高校毕业生面向基层就业的文件。2005年“西部计划全国项目办”共派遣11 300名志愿者，这些志愿者大都是两年的服务时间。我毕业的2007年，国家将招募和11 300这个数字相当的志愿者去接替这些志愿者。随着西部社会的全面发展，这一数字有可能增加。“大学生志愿服务西部计划”和这一计划的良好落实为我到西部支教的职业目标的实现提供了客观条件。

（三）西部基层教育情况

西部基层教育面临着严峻的现实。随着国家“两免一补”政策在西部的实施，很多贫困家庭的孩子得以走进教室，避免了失学的命运。但教育现状的改变不可能一蹴而就，主要体现在以下几个方面：首先是学校基础设施的建设跟不上学生的需要。国家在免除了学生的学杂费之后，按照学生人数给学校一定的财政补贴，这些补贴用来弥补免收学杂费造成的财政空缺，只是维持学校的正常运转。而学校校舍、体育器材等需要较多资金的项目则很难得到改善。其次是师资力量薄弱。在如今的西部基层学校讲台上的老师，大多年龄较大，且有一部分是由民办教师转为公办教师的，这些教师具有丰富的教学经验和可贵的奉献精神，但随着社会的发展变化，知识经济、信息时代的到来，他们的知识体系和教学方法已经落后，不利于学生的学习。而西部本土培养出来的师范类学生又由于人事制度的落后得不到很好的安排。再者是“读书无用论”的不良影响，加之高中又不在国家免除学杂费的范围，贫困家庭很难负担得起高中费用，导致很多孩子在初中毕业后就外出打工，影响了西部整体教育质量。以上这些严峻的现实，决定了西部还需要大批高素质的教师充实到教育第一线，也需要高质量的、能帮助西部贫困孩子高级阶段学习的中学。这样的形势使我的西部办学的职业目标不仅具备了个人价值实现的可能，同时也具备了社会意义，使自我价值与社会需要得到了很好的结合。

（四）专业因素

据《关于做好2005年大学生志愿服务西部计划招募选拔工作的通知》显示，现阶段西部紧缺农业、林业、水利、师范、医学等专业的人才，学历要求为“本科及本科以上学历”。我就读的学院是一所以本科教学为主的有一定影响的师范类院校，非常符合国家相关政策要求。我所学的中文专业是基础性学科，虽然不是社会需要的热门专业，但多年来一直保持稳定的就业率。其就业行业主要是记者、编辑、教师、文秘等，可选择行业不是太多，但近年需求量稳中有升。如果师范类的中文专业学生把就业目标放在基层，则非常容易就业。因为在广大中小学，语文是一门基础学科，需要大批优秀的语文教师。

（五）社会力量办学

在西部大开发这一战略中的西部农村教育，也将取得历史性的发展。随着西部基层教育的发展和前一时期我国人口出生高峰的到来，西部入学人数将会增加，会给虽在发展但基础尚薄弱的西部基层学校带来压力，为社会力量办学提供空间，也使其变得迫切。国家对社会力量办学也一直大力支持，尤其是2003年9月1日实行的民办教育促进法，更是给社会力量办学以法律保障。相信这方面的法律建设会越来越完善。

总结：通过对职业环境的分析可以看出，社会大环境对教师尤其是西部基层教师的需求量依然很大。所读学校以及所学专业都能使我找到一份教师工作。国家的教育形势为到西部办学提供了客观条件。选择教育工作，不仅使我的职业倾向与岗位能很好匹配，也能适应国家和社会发展的需要。

五、实施路径

（一）大四学生

这一阶段总目标：打下扎实的专业知识基础；掌握一名合格教师所应具备的各项技能；提高自己的人文素质；收集就业信息，了解必要的面试技巧，报名到西部支教。

1. 行动策略

（1）学好专业知识。

中文专业知识包括三大块：语言、文学、文艺理论。我校中文专业大四学年开设的主要课程：近代文学、西方文学思潮、中国文字学、中国民间文学、语文教学论（以上为必修课）；老舍研究、鲁迅作品专题研究、诗词曲赋比较研究（以上为选修课）。

学习时间：保证正常上课时间，课余抽出一定时间预习、复习，阅读与课程相关的书籍，以扩大知识面。

学习方法：有系统地复习前三年所学专业知识，时间截至大四上学期。大四学年要学的课程根据每门课程的性质采取不同的学习方法。文学性质的课程要把理论学习和作品阅读、背诵相结合。研究性的课程多阅读相关书籍，扩大知识面，掌握最前沿的研究成果。实践性的课程，如语文教学论等，要把理论学习和实践相结合，提高自己的实际能力。

（2）提高师范技能。

师范技能主要包括普通话、“三笔”字、计算机等。这些在以前的大学阶段已经得到了比较系统的学习和锻炼，最后一年要做的是进一步强化，使其和实践更好地结合。

2. 强化措施

（1）普通话。

作为教师，语言的普通话训练侧重于发音准确和较强的语言组织能力。我已经考取了普通话一级乙等证书，发音已经达到较高水平，计划每天抽出半小时的时间读一些文章，在日常生活中坚持说普通话，保证语音的标准化。提高语言组织能力的具体措施：阅读散文大家的作品，学习其质朴委婉而又内涵无穷的语言风格。背诵汉赋名篇，学习其铺张凌厉的语言风格。阅读鲁迅作品，学习其语言的深刻性与简洁性。

(2) "三笔"字

"三笔"字指粉笔字、钢笔字、毛笔字。三者内在是统一的，复习在书法课上学到的理论知识，平常经常练习。每天下课后，抽出20分钟左右的时间在教室黑板上练习粉笔字，在平常写字中有意练习钢笔字，每天晚饭后抽出20分钟左右时间在寝室练习毛笔字。定期请我校书法学教师、书法协会老师批评指正。

(3) 计算机。

通过以前的大学学习，已经熟练地掌握了计算机基础知识，通过了省文管二级考试。需要进一步提高的是教学课件的制作，主要措施是从图书馆借阅有关 Flash、课件大师等书籍，利用学校机房自学，遇到困难向机房老师请教。

(4) 提高人文素质。

人文素质虽然很抽象，但对人的影响却是具体的，影响到一个人对待工作、对待生活的态度。要通过阅读中国古典文学作品和外国文学名著来提高人文素质，并要特别注意在日常生活中严格要求自己。这也是内职业生涯的重要组成部分。

(5) 收集信息，报名支教。

团中央、教育部等四部委2003年联合发起的"大学生志愿服务西部计划"在我省各高校得到了很好的落实，我将从西部计划网站上及时了解相关信息，并留意我校的相关信息发布。在规定时间内进行网上报名，接受学校选拔。学校选拔的标准是：思想品质好、业务素质高、奉献精神强、身体健康。这些素质我都具备，自信能通过学校的选拔和省项目办的审核。我国现行的服务西部计划大部分为期两年，可申请重新分配工作，并且有一定的优惠政策。两年期满后，我将申请留在西部基层学校。

(二) 基层教师 (23～35岁)

本阶段目标：践行素质教育；做学校的管理者。

1. 践行素质教育行动策略

素质教育的最终实现，不仅靠专家的大声疾呼，更要靠无数一线老师的躬身践行。也许一个人的践行微不足道，但正是无数的微不足道才能彻底改变应试教育的面貌。实施措施有：

(1) 培养自强精神和平等心态。既不自卑也不自傲，用平和的心态对待生活。

(2) 注重学生知识和技能的提高。

(3) 注重自身提高。

2. 做学校管理者的行动策略

(1) 目标实施路线：班主任→中层管理者 →高层管理者。

(2) 实施措施：

① 班主任阶段。刚参加工作的年轻教师大多从事班主任工作，实现这一目标不是太困难。职位虽然不高，但因是学校的基本单位，与学生接触最多，是一个很能锻炼人的岗位。我将在班里大力提倡民主教育和爱心教育，建立一个宽松、团结的班集体。从思想上让我的

学生意识到肩负的责任和学习的重要性，从而营造浓厚的学习氛围，在学习成绩和学生综合素质两方面做出优异成绩，争取晋升为教务方面的中层管理者。

② 中层管理者。准确地说是教务方面的中层管理者。在这一阶段，我将首先加强师资队伍建设，通过能者上、庸者下的竞岗政策，建立高素质的教师队伍，并且使教师年龄老中青结构合理。与当地及国内师范类院校取得联系，加大教师培训力度。加强本校教师的业务交流，利用自身资源提高教师素质。其次是加大教学改革力度，大力推广素质教育。在学校教师内推广素质教育理念，全面改革学校的应试教育面貌。

③ 高层管理者。在这一阶段我将着重考虑学校的生存和发展环境，为学校制订长远的发展计划。加强学校与社会的沟通和交流，开门办学校。注重对社会力量办学的关注和研究。

（三）西部办学（35～60 岁）

1. 本阶段目标

创办一所体现我的教育理念的、突出公益性质的高级中学，挖掘自身经营取向，为西部教育尽己之力，达到自身价值实现和社会需要的很好契合。

2. 目标实现保障

西部教育的需要；国家政策的支持；丰富的教学经验和学校管理经验；资金和师资的保证。

3. 行动策略

（1）资金筹措。资金来源有以下几个方面：个人积累；亲友支持；国家和社会慈善机构支援捐助；银行贷款。主要以吸纳社会资金为主。社会力量办学吸纳社会资金的形式有三种：教育贮备金、教育债券、股份制形式。第一种形式对家长来说风险太大，已产生的种种弊端使其已没有太大的市场空间。第二种形式需要政府统一规划，作为学校个体不易操作。我将主要采取股份制形式筹措办学资金。

（2）师资建设。师资的好坏是决定一个学校档次的决定性因素。但很多民办学校又都面临着师资不稳定的困扰，我将努力建立一支高素质的、稳定的教师队伍。具体措施有：公开招聘，注重应聘者的专业素质和道德修养；与当地教育主管部门积极沟通协商，解决教师的编制问题，享有和公办学校老师一样的待遇；提高工资待遇，实行多劳多得的制度；加大教师培训，为我校老师提供良好的发展前景；以对西部基层教育的赤诚之心留人。

（3）办学理念。建设校园文化，突出公益性质。建设特色校园，注重学校软环境建设。在保证学校正常运转的基础上，加强对贫困孩子的经济资助。

六、评估、调整

（一）评估

1. 评估时间

每月评估一次。

2. 评估办法

自评与他评相结合。

3. 评估内容

自我能力、积累、职业兴趣的变化情况和我所从事的职业环境及其发展前景。

（二）调整

上述职业目标主要突出地表现为外职业生涯规划，内职业生涯规划也蕴含其中。两者实质不同，但实现方式殊途同归，都表现为个人的不断完善、个人发展和社会贡献的更好协调。职业生涯规划是一个有机、持续不断的探索过程，随着自身条件和外部环境的变化而变化；规划是在客观现实的基础上合理的逻辑推理，所以具有一定的弹性。在实际操作中，把合理的科学预测与实际相结合，坚持原则性与灵活性相结合，才能使规划真正得以实现。

如果第二阶段的职业目标——基层教师实现不了，我将把就业范围扩大，主要是扩大就业地域，而不是改变职业。第三阶段的西部办学难度较大，如果到了预定职业期，主客观办学条件不成熟，我将适当延缓办学时间，但这一目标不会改变。虽然社会在不断变化，但知识始终是推动社会前进的动力，任何时候都会受到重视，我的职业目标也始终具有积极意义。

七、结束语

结合自身的实际情况做好职业生涯规划对职业发展和自我实现起着十分重要的作用。规划固然美好，但要真正实现，需要在人生路上不断进取、百折不挠。思想有多远，我们就能走多远，重要的不是现在我们站在哪里，而是下一步走向何方。当我在大四这一年回望过去、展望未来，我要做的是鼓起知识和信念的风帆，向着遥远的彼岸远航！

训练活动

参照上述“经典案例”样本，制定自己的职业生涯规划书。

第三章　大学生就业前的准备

名人名言

战略管理不是一个魔术盒，也不只是一套技术。战略管理是分析式思维，是对资源的有效配置。

——彼得·德鲁克

本章学习目标

知识目标

1. 了解当前大学生的就业形势与就业政策；
2. 了解就业信息的收集渠道、方法与注意事项；
3. 了解求职心理困扰与调适；
4. 熟知大学生求职过程中的职场礼仪。

能力目标

1. 掌握如何调适求职过程中的心理压力的技巧；
2. 能运用收集到的就业信息帮助自己确立就业目标。

引例

【案例一】

在某大学毕业生宿舍，小赵在电脑前不停搜寻着各种招聘网站的信息，中国国家人才网、中国就业网、前程无忧……他根据自己的专业和兴趣浏览着就业岗位，脸上不时闪过焦虑和迷茫的表情。此时，他同一宿舍的杨阳却早已胸有成竹，手中拿着几个单位的接收函，从国企到民企，杨阳在犹豫不决，但脸上有种灿烂的神情。

是什么让同一个专业、同一个宿舍的他们在就业的重要关头面临不同的境况呢？经过了解发现，原因在于他们对就业信息掌握的情况不同。

小赵只是单一地将搜集就业信息定位在传统的网站搜索，杨阳则有更多的想法，他说："我觉得自己能在就业上脱颖而出，主要是因为手头有很多就业信息可以选择。从综合学校就业指导中心提供的就业信息，到自己去心仪的企业网站上搜集招聘信息，我在尽可能多地搜集和利用就业信息，我是赢在起跑线上。"

【案例二】

进入毕业学年前的暑假，许多高校应届毕业生正式走上社会求职，不少在校大学生也开始勤工俭学。然而，由于他们心地单纯且求职心切，一些不法机构便抓住他们的这些弱点和心理，挖好“陷阱”等人来跳。

镜头一：大学毕业生小刘在郑州北环一家电器贸易公司面试通过后，被要求交360元服装费，然后才能签合同和培训。交费后，她同该公司签了劳动合同，上面还特别注明：如因个人原因辞职或自动离职，公司不予退还服装费。上班后，小刘因一直未被安排工作就要求辞职并退还服装费，被对方以签有协议为由拒绝。

镜头二：李强是广告系的高才生，5月份南下到某广告公司应聘。对方给他出了一道题：为一款家用电器做个广告策划方案，限期3天。3天后，李强带着自己做出的策划方案来到该公司，对方收下后让他回家等通知，然后就再无下文。6月份，李强发现一条家用电器的广告“很眼熟”，和他做的方案几乎一模一样，而策划公司正是他曾去应聘的那家。原来，对方招聘是假，窃取他的创意才是真。

问题聚焦

1. 国家对大学生就业有哪些扶持政策？
2. 招聘信息搜寻的途径与方法有哪些？
3. 如何开发、运用你的就业资源？
4. 如何在心理上适应激烈的就业竞争环境？

第一节　就业形势与就业政策分析

大学生就业问题已成为全国上下共同关注的民生问题，它不仅牵涉到百姓的切身利益，更关系到社会的和谐和经济的发展。大学生就业问题不是孤立的教育问题，而是涉及政治、经济、社会等多个领域。随着我国社会主义市场经济体制改革的深入，大学生就业制度改革面临着新形势，“市场导向、政府调控、学校推荐、学生和用人单位双向选择”的就业机制已经基本建立。新的就业制度和就业机制要求大学生不仅要掌握择业技巧、提升就业能力，还要从宏观上熟悉国家的就业政策，了解当前的就业形势，以及社会用人的新理念等。只有把握好这些信息，才能树立正确的择业观，为成功就业做好充分准备。

核心知识

一、就业形势分析

近年来，大学毕业生数量大幅增加，而同期社会提供的工作岗位数量增长缓慢，毕业生就业形势非常严峻。2012—2015年，大学毕业生人数分别为680万、699万、727万、749万，毕业生人数的增加足以体现就业的压力。大学生劳动力市场已经相对供大于求。

据教育部统计，截至2014年年底，全国高等职业院校1 327所，在校生1 006.6万人。高职院校为服务国家经济转型升级培养了大量高技能人才。“中国制造2025”“互联网+”“精准扶贫”“一带一路”等重大国家战略的实施，使高职生就业工作面临新的机遇与挑战。

从毕业去向的城市类型来看，2010—2014 届高职高专毕业生在地级市及以下就业的比例从 56% 上升到 60%。数据表明，在过去五年里，高职生的就业城市分布已经初步出现重心下沉。如果加强这方面的政策引导，高职毕业生去向与城市化进程的不匹配现象将有所缓解。

但随着社会经济转型和政府的政策干预，高职毕业生就业存在冰火两重天的现象，“啃老族”队伍将继续扩大，盲目择业现象仍然存在，就业结构性矛盾突出。高职毕业生数量仍将持续增长，广大高职毕业生的就业压力十分沉重。

（一）就业困难形势分析

1. 就业结构性矛盾突出

结构性失业，即由劳动力市场的结构性特征与社会对劳动力需求不吻合导致的失业。经济产业的每次变动都要求劳动力供应也能相应变动，但现有劳动力的知识、技能、观念、区域分布等方面不能迅速适应新变化，导致劳动力供给与市场需求不匹配，从而引发失业，造成“失业与空岗”现象并存即为结构性失业。

据某权威杂志调查显示，“专业销售人才匮乏、机械工程师人才紧缺；月薪 6 000 元难觅数控高手；三类汽车人才市场人才奇缺、营销人员非常难招”；装备制造业所涉及的高职专业中铸造专业（包括技术检测专业）、热处理专业等技能型人才更是严重短缺。这反映了我国当前就业形势的另一个问题：人才供求存在结构性矛盾——需求大的专业生源少，需求少的专业生源多。

随着我国经济增长方式逐渐由粗放型转向集约型，我国产业结构的调整和升级加快，中国经济进入主要依靠科技进步促进经济增长，通过技术革命寻找新增长点，努力走低碳经济之路的新的发展阶段，转型调整必然导致高结构性失业。实际上，随着我国产业升级和结构调整，对人才是非常渴求的，但是由于高等教育结构调整的过程性，专业设置和人才培养的滞后性，培养的人才往往不能满足这些变化迅速的社会需求。在时间结构上，大学毕业生供给超量增长在短期内超出了需求的增长，劳动力市场还需要时间逐步调整。近年来，经济结构的升级速度加快，提升国民素质的需要，也极大地推动了高等教育的迅速发展。问题是大学毕业生供给增长的速度远高于经济增长。一些专业人才供给趋于饱和，但每年仍会有大量毕业生涌向就业市场，势必造成这种结构性失业。另外一种“结构性失业”是由于区域性供需失衡造成的，即就业市场上的“孔雀东南飞”现象。大学毕业生就业区域选择偏好差异与政府政策激励上的错位导致实际有效需求不足。由于我国经济发展的地区间与城乡间差异，人才都涌向工作条件好、劳动力价格高的大城市和沿海城市，在这些地方，人才汇聚、竞争激烈，一部分人竞争失败，面临失业。经济欠发达地区特别是西部地区很难对大学生形成有效需求，而且在较长的时期内，地区性的有效需求不足的局面都将难以改变。中西部地区城市、广大农村和基层组织虽求贤若渴却无人问津。所以说，目前的大学生供过于求是相对的。

随着社会经济的发展和产业结构的调整，我国对高端技能型人才的需求迅速增加，尤其是一些高新技术企业更急需一大批高职专门人才。据统计资料显示，我国目前有技术工人约 7 000 万人，其中初级工的比例为 60%，中级工的比例为 35%，高级工的比例为 5%；而在西方国家，高级工占技术工人的比例通常要超过 35%，中级工占 50%，初级工占 15%。

我国许多企业开出年薪 28 万～30 万元的高价，竟然请不到一名高级技术人才。许多装备制造业的央企，急需月薪超过 5 000 元的高端技能型人才，但往往不能按计划招够。自 2013 年以来，有的国内大型企业，通过与有关民间组织联系向我国引进日本高级技工，上海市曾通过人力资源公司的运作以 70 万元的高价引入日本高级技工。

2. 地域和行业的差距大

作为占据大学生队伍“半壁江山”的高职高专学生，对于就业的地域充满了设想，经济势头较好的大中城市和东南沿海城市自然是首选。当然大中城市和东南沿海城市能提供的就业机会多，这是由我国区域发展不平衡、城乡发展不平衡的大背景所决定的。“珠三角”“长三角”和“环渤海”地区（简称“三大经济圈”）是我国高职教育最为发达的地区。三大经济圈的 GDP 占全国 GDP 的 48. 3%，传统产业、现代产业竞相发展，是世界加工基地、生产基地和创业基地，外资企业、合资企业、民营企业占有很大比重。这些条件在客观上为高职教育的发展和高职毕业生就业提供了条件。但是当大部分毕业生涌到这些地方时，当地院校的竞争优势便显现出来，使外地的毕业生备受冷落。因此，东部地区的毕业生就业形势明显好于西部，大中城市的毕业生就业形势明显好于小城镇。

吸纳高职高专学生能力强的用人单位多为制造业、销售业，因此，相关专业的毕业生备受欢迎，技术好、能力强的毕业生成了“抢手货”，而技术差、能力弱的毕业生由于过于集中，无形中加大了竞争压力，造成表面上的过剩。

3. 就业机会不均等

自 20 世纪 90 年代以来，我国大学生就业经历了从“统包分配”到当前的“双向选择、自主择业”阶段。在“统包分配”的年代，大学生无论是城市生源还是农村生源均享有平等的、由国家统一分配的权利。当前，大学生就业是通过“自主择业”“竞争择业”等办法来实现的。由于就业市场的法律法规尚不健全，而“自主择业”又存在激烈的竞争，一些地区“关系就业”成了普遍现象，干扰了就业市场的“公开、平等、竞争、择优”的原则，造成虽然具有同等教育程度，但就业的机会却常因家庭、社会、地域、经济背景的差异和名校效应而大有不同的情况。

另外，就业市场中的性别歧视问题一直存在，尽管我国劳动法明确规定“妇女享有与男子平等的就业权利”，但同等条件下，在录用、使用、待遇等方面，女生遭遇拒绝、冷落等歧视现象仍相当普遍。根据一项调查显示，在相同条件下女大学生就业机会只有男大学生的 87. 7%，女大学生初次就业率仅为 63. 4%，比男大学生低 8. 7 个百分点，就业中的性别歧视与性别限制为女大学生择业制造了重重障碍。

4. 就业岗位层级下移，劳动力价格标准趋低

社会所提供的岗位总体上是呈金字塔形的，处于金字塔上部的、少量的岗位属于“精英岗位”，处于金字塔中、下部的大部分岗位属于“大众化岗位”。

大众化教育必然带来大众化就业。大众化就业是指在大众化教育背景下，大学生就业岗位层级下移，更多地面向基层、面向生产第一线，更多的大学生从事普通劳动者的工作。这是我国经济发展和社会进步的客观要求，也是适应高等教育大众化的必然选择。然而，有调

查发现，我国应届大学毕业生收入预期高估幅度在40%左右，远远高于美国和欧洲等国的10%。大学生们普遍感到“找不到理想的工作”，指的是大城市中那些工作条件好、生活待遇高、晋升机会多的大公司、大企业、机关单位等，这就反映出高校毕业生求高薪、求舒适、求名气的普遍心态。然而现实情况是，恰恰是那些中小城市、基层单位、中小公司求贤若渴，但却招不到大学生。这就造成了少数优质就业岗位竞争激烈的现状，这是不利于就业的。

5. 存在“人才高消费”现象

如果说“就业岗位层级下移”是客观存在的话，那么“人才高消费”现状则是一种扭曲的用人理念。大学是分类型的，大学生也是分层次的，应该说不同类型的院校和不同层次的大学生在社会上的位置也应该是不同的。如果低层次岗位配置了高规格层次的人才，就会出现“人才高消费”现象。换句话说，“人才高消费”是指企事业单位在招聘人才时的一种“大材小用”现象，即聘请高学历、高层次的人才去做一些低技能、低层次的工作。这会直接带来就业岗位的“挤占效应”，即部分研究生挤占了本科生的岗位，部分本科生挤占了专科生的岗位，专科生的就业处境更为不利。

出现这种现状的原因在于：一方面在供大于求的情况下，用人单位“市场选择”的空间大，而大学生岗位竞争却日趋激烈，很多大学生是不得已而为之；另一方面，劳动力市场不完善、不同层次大学生的劳动力价格差距没有合理拉开，同样的劳动力成本，用人单位当然选择高学历的人才。当然，更与部分大学生观念没有转变直接相关。人才高消费的错误观念导致对高校毕业生需求出现扭曲，人为地造成了就业难的问题。

6. 面临“三撞车”的严峻就业形势

“三撞车”包括：农村富余劳动力，城镇下岗职工及新增劳动力，高校毕业生。三者加起来，每年有2 400多万人需要就业，而我国目前能够提供给社会的就业岗位在1 200万人左右，大约有一半的人找不到工作。高职毕业生面对“前有本科毕业生的虎视眈眈，后有下岗职工等城市新增劳动力的激烈竞争”情形，在夹缝中艰难前行。同时，我国中小企业发展严重不足。从其他国家来看，99.5%的企业属于中小企业，劳动者65%～80%在中小企业就业（包括社区与中介），如日本人口为1.25亿，中小企业就有660万个；而中国有人口13亿，中小企业只有700万个，明显“僧多粥少”，这就是我们面临的严峻形势。

7. 人才供求信息不畅，造成职位浪费

据统计，目前因为信息不畅，导致20%的人“人不知其位，位不得其人”，就业机会丧失152.6万个。这从一个方面反映出人才中介机构和媒体在市场经济和社会发展中不可或缺的重要作用，特别需要强调高校、人事、劳动部门与企业的信息沟通与共享。

（二）导致就业困难的个人因素分析

1. 专业发展前景预测不准确

教育应当具有一定的超前性，但这种超前是建立在学校现有专业实力和社会刚性需求基础之上的。高职院校三年一个周期的专业设置难以跟上社会企事业单位对人才需求的变化速度，必然产生人才供需市场配置的时间差。三年前还是社会需求的热门职业，三年后就变成了滞销专业，供给与需求错位在一定程度上成为高职学生就业难的重要原因之一。

2. 自我定位不准确

由于“毕业即失业”的悲观论普遍流行，一方面导致不少学生盲目就业，对以后的发展非常不利；另一方面也产生了大量违约现象，给大学生的社会信誉造成不良的影响。同时，大学生失业率有上升之势，供需结构性矛盾增强，“就业不就”和“无业可就”共存，“挤占效应”等问题突出。而且，部分大学生的职业价值观存在问题，表现为就业时过分强调自我实现，把个人的爱好和兴趣放在第一位；期望值过高，简单地从“我想做什么”出发，而不是考虑“我能做什么”，过于注重工作岗位、生活环境和待遇条件等。高职生在职业生涯定位上的这种错位导致的严重后果是高不成、低不就。

3. 就业准备不足

随着“被就业”一词的流行热炒，高职学生就业的被动性也一览无遗。这种被动性严重制约着高职学生的人生发展轨迹，他们中的大部分人被动地接受基础教育和升学教育，被动地接受高职教育，被动地接受就业和失业，被动地开展自己的社会生活。

（1）上大学目的不明确。

中国受儒家思想的影响达千年之久，学而优则仕的观念至今仍存在很多人的意识形态中。尤其在农村，“鲤鱼跳龙门”是多少家庭倾其所有负债累累而执意追求的梦想，所以上大学成了众多农民家庭的唯一目标，并把上大学和就业画上等号。流行一时的反映大学生就业状况的网络小说《错样年华》，记录了一名来自农村男孩的大学生活，以及大学毕业后的求职生活与心路历程的变化，故事中的主人公就是传统观念熏陶下的典型人物。

（2）习惯性地盲目听从。

中国的基础教育以其基本功扎实而著称，绝对的教师权威训练出乖乖听话的学生。高职学生迈入大学校门后，仍然没有自己的主见，等着父母的命令，等着老师的指令，甚至把同学或室友当作自己的主心骨来依赖，不知道自己需要什么，不知道自己适合做什么，不知道要对未来进行规划，一切都在等待中，每天都在宿舍、教室、食堂三点一线地机械重复。

（3）大学就是象牙塔。

受升学教育的影响，很多刚踏进大学校门的高职学生认为，工作是遥远的事，经历了辛苦的高考备战后，终于踏进大学校门，应该好好放松，先玩一两年再考虑就业问题。于是旅游、泡吧、谈恋爱成为许多高职学生在校期间的头等大事，完全不去想三年以后怎么办。

（4）知识转化率低。

据调查，60%的企业反映，应届大学生到岗后，实际知识应用率不足40%，而且多数学生表现为：学过的知识转化不出来，不能变成自己在岗位上的实际能力。我国大学生的适应期为1～1.5年，一般在这段时期之后才能独立完成工作，而发达国家的大学毕业生的适应期才为2～3个月。据大多数老师和学生反映，高职学生在校学习期间多数精力都用于应付考试，考试结束后，知识就忘得差不多了。上大学学什么？多数大学生都没思考过这个较为深层的问题。

（5）缺乏过硬的职业素质。

部分毕业生缺乏过硬的专业知识和技能，外语和计算机水平离企业的要求有一定的差距，缺乏良好的心理素质、较强的团队合作精神和良好的职业道德风范。

4. 传统职业教育观念仍然存在

在传统职业教育制约之下，高职院校还是从简单的就业需要角度来确立职业教育原则，让接受职业教育者掌握一门技能。这种教育思想没有看到当今世界发展之迅速，技能型人才不断提高自己的重要意义，从而忽视了培养全面发展型人才的重要性。

随着市场经济的发展、知识经济时代的到来，人们追求管理型、高新技能型人才的意识逐步强化，认为只有达到这样的高度才是一个真正的人才，因而不屑于接受职业教育。再者，社会的分配机制不健全，技能型人才没有相应的社会地位，致使他们失去了继续接受职业教育的信心。

另外，还存在对大学生就业问题重视不够，就业指导工作开展不力，以及大学生的就业素质存在明显缺陷等问题。

（三）高职学生就业的主要机遇

高职生找个工作并不难，难的是找一个理想的工作。作为朝气蓬勃的年轻人，没有必要“一叶障目，不见森林”，也没有必要患得患失，要看到高校毕业生就业面临的有利条件和难得的历史机遇，迎难而上。我们在充分认识当前高校毕业生就业面临的严峻形势的同时，要善于把握当前促进毕业生就业的大好机遇，增强自觉性和主动性，发挥主观能动性，充分利用各方面的有利条件，顺利实现就业。

1. 各级政府高度重视，积极创造就业机会

党中央、国务院高度重视高校毕业生就业工作，中央领导同志多次就做好高校毕业生就业工作做出重要批示，要求把促进高校毕业生就业和创业作为一项十分重要的工作。国务院各部委及各级政府出台了多项促进毕业生就业的政策措施。比如大学生到村委会任职计划、大学生志愿服务西部计划、“三支一扶”计划、农村义务教育特岗教师计划等，国家鼓励中小企业聘用应届毕业生，提高了中小企业吸纳毕业生的能力。据相关政策规定，高校毕业生应征入伍服兵役由政府返还相应学费，代偿助学贷款，具有高职（高专）学历的，退役后免试入读成人本科，或经过一定考核入读普通本科；高职学生当“村官”可免试读成人本科；大学毕业生自主创业可获5万元小额贷款等。

目前，我国经济发展进入深水区，经济发展速度虽然放缓，但是，这是优化经济结构、谋求长远发展的必经阶段，因此，未来国家经济发展仍是大趋势。在这样的经济社会环境中，国家将有能力为大学生就业创造更多机会和更加优良的就业环境。和谐的经济环境推动着社会的发展，同时这种全面的可持续发展也对就业形成了拉动力，必将进一步增加对人才的需求。另外，从全国范围看，我国劳动年龄人口的增长趋势有所减缓，也就是说来自其他方面的就业者减少了，那么对大学生而言就业机会就多了，大学生的就业环境更趋宽松。针对就业，国家还出台了一系列的积极就业政策，比如户籍管理制度改革，弱化了户口对大学生就业的限制，这样不但可以促进大学生择业的自主性和能动性，而且也扩大了大学生就业

的空间，当然也缓解了就业压力。

2. 国家发展为高职学生提供广阔天地

西部大开发和建设社会主义新农村的国家战略，在中华大地掀起了轰轰烈烈的建设高潮，基础设施建设、生态建设、产业结构优化、科教加快发展等开辟了广阔的市场，为基层带来了机遇和挑战，也为各级人才提供了施展才华的舞台。目前，我国高职院校学生中逾七成来自农村，从农村中来，到基层去，成为高职毕业生的时代选择，也符合国家大力倡导的新的就业增长点。

3. 高职教育迎来发展的春天

经过二十多年的发展，我国高职教育已经占据高等教育的半壁江山，在完善高等教育结构体系、促进高等教育的大众化、满足人民群众接受高等教育愿望方面起到重要作用。大多数高职院校在师资结构、硬件设施等方面上了一个新台阶，正在或者已经完成从外延向内涵建设的转变。

（1）新的职业教育观念。

新经济的崛起、新兴产业的涌现，要求我们用多把尺子来衡量人才，多元化、多样化地看待人才。高职院校发展要得到社会的广泛认同，必须将“学而优则仕”向“技而精则业”转变，无论接受大学教育还是职业教育，无论从事何种职业，都是职业生涯的开始。教育要多元化发展，建人才立交桥，为未来新经济增长抢占制高点。

（2）高职院校的发展与调整。

随着中国产业结构的不断优化，相应的技能人才需求增大，激发了高职院校的专业布局调整，也促进了高职院校与地方产业的双赢合作。面对当前全球金融形势，产业及经济结构不断调整，大量需要高技能人才，也正是制造业储备、吸纳技能型人才的好时机，我们培养人才要从简单技能型劳动力向高技能型人才转变。高职教育是民生工程、基础工程，也是企业转型升级的必备工程，成为地方招商引资的要素之一。

（3）高职毕业生逐步得到社会认可。

国家在高度关注高职毕业生就业的同时，也尽力弥补高职教育投入的严重不足，近年来，中央财政投入专项资金支持各地教育实训基地建设，改善职业院校实践教学条件，建校内仿真、模拟或完全等同于实际工作现场的实训基地，极大地提高了高职生教学质量，使毕业生能够很快投入生产一线工作。由于高职生的心态较好，实际工作能力较强，不少有招聘意向的企业都加大了对高职学生的招聘计划。

4. 大学生就业手段和就业渠道更趋多元化

大学生就业单位可划分为两类：一是体制内单位，也就是我们常说的非市场化的单位，包括国有企业、事业单位、政府机关和党群组织等。体制内单位一般来说，工作稳定、福利好、工作压力不大，是一个很好的选择。另一类是体制外单位，也就是我们常说的市场化单位，包括有私营企业、个体企业、外资企业和合资企业等。社会普遍认为，体制外单位工作的风险高、不确定因素多、稳定性不强、工作压力较大，受传统观念影响，大多数毕业生在择业时会偏向于体制内单位。但是，随着社会经济的发展，随着社会主义市场经济体制改革的深入，目前，无论是哪种单位都需要参与到市场竞争中，都存在工作压力。另外，随着就业压力的加大，很多毕业生择业逐渐改变了想法，由最初的倾向于一些大型的国企及机关事业单位，逐渐转变为选择民企、外企等单位就业。此外，现在很多大学生还自主创业。自主创业不仅缓解了就业的压力，还为社会带来了新的就业岗位，创业将成为未来高校毕业生新的就业模式。随着社会的发展，轻西部重东部、轻农村重城市的现象也得到了缓解。根据有关人员调查，在上海、深圳、北京这些城市，毕业生就业的比例在逐渐下降，而一些二线城市、西部城市毕业生就业则相对增加。国家对西部的发展非常重视，对西部地区的就业工作有很多优惠政策，自然很多毕业生都愿意选择到西部的一些城市就业。

5. 高职院校把就业指导工作真正摆上日程

尽管各高职院校对毕业生就业指导工作十分重视，但由于就业形势严峻、就业指导工作起步较晚等原因，许多高职院校的就业指导工作还比较薄弱，毕业生还存在在职业定位模糊、心理准备不足、职业素养较差、自我调适能力不强、就业观念滞后等问题。这些问题严重影响了高职毕业生及时、充分地就业，造成了人力资源的浪费。

目前，许多高职院校已将就业指导工作“前移”，从大学一年级就开始，贯穿学生三年的学习过程。高职院校通过理论课的教学及各种技能的实习、实训，再辅之以职业发展和就业指导教育，有利于学生有准确地做好职业定位，有利于将学生培养成知识和能力横向拓宽、纵向深化的复合型高技能人才。另一方面，全面引进职业生涯规划及相关的职业指导课程，已开设的职业指导课程已然形成全程性、分阶段进行的合理体系。最后，积极与企业合作，举办学校招聘模拟会、毕业生就业洽谈会、企业进校人才招聘会等，为毕业生和用人单位牵线搭桥。

（四）高职学生如何适应就业形势

1. 设计好自己的职业生涯

科学合理的职业生涯规划是实现顺利就业的基础 清晰地规划职业生涯目标是人生走向成功的第一步。一定要设计好自己的职业生涯，只有这样，未来才有希望。当然，自我设计时要切记做到知己知彼，特别是全面地认识自我、认清自己的长处和短处、自己的脾气秉性、自己的职业适应性、自己的才能以及自己可能在哪些方面取得成功，等等。为了更准确地认识自己，科学合理地进行自我设计，建议运用科学的职业能力、心理、个性、适应性测量工具，好的职业测量工具将是你正确步入职业生涯的指南针。

2. 转变观念是实现顺利就业的关键

（1）正确看待基层工作岗位。

大学生不再是精英的代名词，而是具有较高素质的普通劳动者。学会从基层做起，到基层工作较艰苦，生活条件较差，但往往自主性较强，锻炼的机会较多，成长会更快。

关于大学生到村委会任职，现在全国 64 万个村委会，如果每个村委会都设置一名助理，就是 64 万个职务。现在有 3.5 万个乡镇政府，还有 6.3 万个街道办事处，又能够提供 20 万个左右兼职或者是助理岗位。我们还有很多基层、农村的教育机构，所有这些如果都考虑进来的话，这是一个相当大的比例。

（2）正确看待收入。

一个单位好，有很好的发展空间，目前收入少一些，但今后的发展机会相对多一些，收入提高也可能会快一些。

（3）正确看待地区间差异。

在城市类型的选择上，中心城市固然机会多，但变动也更大，相比而言，一些有潜力的二级城市也许有更好更稳定的就业机会。

（4）不局限于自身专业，重在学以致用。

客观审视自己，找出优势，根据自己的发展潜质来择业。不要死守本行，不求变通，应尽快树立“终身学习”的理念以适应科学技术快速的升级换代，不要让“专业对口”束缚了自己的手脚。

3. 拓宽求职渠道，改变求职方式是实现顺利就业的保证

（1）主动收集社会需求信息。

变被动等待社会需求信息，到主动收集社会需求信息。大学生应该以积极主动的心态寻找机会，平时多关注招聘会、企业说明会等企业信息，主动搜集相关的就业信息，大胆向用人单位推荐自己，而不是消极地等待学校的推荐，或等待别人来帮助落实工作。

（2）改变“跟风求职”为“个性求职”。

以往大学生求职存在“四大集中”，集中时间、集中地域、集中行业、集中用人单位，这不但加大了就业竞争的激烈程度，而且导致社会行业的人才分布很不均衡，有的行业存在明显的人才过剩，而有的行业却人才匮乏。大学生应该根据自己的个性、能力、做出个性化的职业选择，不把求职的目光盯在传统的“集中”的区域、行业、单位，拓宽求职的视野。

（3）改变“短期求职”为“较长期求职”。

在选择工作时，大学生不能太理想化，一个人可能要经过三四次的选择，才能找到自己喜欢的工作，所以对第一份工作不要太挑剔了，可以先就业、后择业、再立业。在选择和落实工作单位时，不求一步到位，而是先融入社会，再寻求发展，这体现了从“一步到位”到“骑马找马”的观念。因为，在现阶段，严峻的就业形势是客观的，广大毕业生对就业单位、岗位的选择要适度，甚至要适当降低就业期望值，认识到迟就业不如早就业。工作若干年后，随着自己知识的更新、实际工作能力的提高，还可以根据自己的实际情况、爱好和潜力，重新选择单位、岗位和发展方向。否则，一旦错过应届毕业生的最佳就业期，成为往届毕业生，将会面临更大的就业压力。

总之，对大学毕业生而言，第一份工作收入如何并不重要，暂时找不到好工作，并不等于失去理想。理想是从现实做起的，我们首先要有工作平台，然后才能锻炼能力，为日后的事业发展、实现理想奠定基础。

4. 自谋职业、自主创业

随着经济、科技、教育的发展，高等教育已从精英教育转变为大众教育。大学生不仅是求职者，更应是工作岗位的创造者，创业已成为大学生一种新的就业模式和观念。创业是一种积极、主动的就业形式，也是就业的基础和前提，没有成功的创业，也不会有更多的就

业。一个社会的创业者越多，这个社会的生产要素组合就越丰富、越活跃，提供生产要素的就业行为也就越容易。

大学毕业生正值青春年华，年富力强，又掌握了丰富的专业知识和技能，具备创业的先天条件。尽管在经济基础和经验方面存在局限性，但是，创业本身就是一个迎难而上、勇于探索、不断克服障碍、战胜挫折的过程，而且为了解决目前大学生就业难的问题，国家出台了一系列优惠政策，鼓励大学生创业。目前，良好的制度环境和社会环境，是大学生创业的最佳时机。成功创业，不仅解决了自身的就业问题，而且还可以创造就业机会，个人的人生价值也随之提高。因此，这就要求大学生转变观念，形成新的就业理念，从就业走向创业，加入个体工商户行列，也可以与他人合作从事第三产业，利用自己所学开创一番事业。当然，决心创业，迈出创业的步伐要经过一番冷静的思考和艰苦的抉择。创业需要热情、勇气，更需要果断的抉择和坚持。只有那些经历艰难、初衷不改的大学生，才有可能获得创业的成功。

二、就业政策分析

目前我国的就业制度可归纳为：国家计划统招毕业生在国家规定的时间、范围内，一般通过供需见面、双向选择、自主择业的方式落实就业单位，逐步实现“建立以市场为导向、政府调控、学校推荐、学生与用人单位双向选择”的就业机制。大学生就业制度的改革总体思路是以市场为导向，引入竞争机制，同时，国家根据国民经济的发展状况对大学生的就业给予必要的宏观指导和调控。

李克强总理在2015年政府工作报告中提到：“要加强就业指导和创业教育，落实高校毕业生就业促进计划，鼓励到基层就业。”2009年1月，国务院办公厅发布的《关于加强普通高等学校毕业生就业工作的通知》，不仅囊括了2008年以前许多政策的内容，还对诸多大学生就业政策进行了梳理、整合与细化，是一个总括性的政策文件，如要求实行目标责任制，加强对大学生就业工作的组织领导和考核，强化对困难生就业援助；实施农村义务教育阶段学校教师特设岗位计划，鼓励骨干企业和科研单位吸纳毕业生，鼓励参军入伍等。

（一）大学生就业具体政策及规定

大学生就业具体政策和规定是对就业总政策的细化，更加贴近实际，更具操作性。近年来，国家针对毕业生就业推出了哪些政策呢？梳理已有的政策，可归纳为以下几个方面。

1. 鼓励高校毕业生到城乡基层就业

2003年6月，团中央、教育部、财政部、人事部发布《关于实施大学生志愿服务西部计划的通知》（中青联发〔2003〕26号），招募毕业生到西部贫困县、乡镇从事1～2年教育、卫生、农技、扶贫以及青年中心建设等志愿服务，享受交通补贴和人身意外伤害、医疗保险等，计算工龄，考研或考公务员加分、优先录取。2006年2月，中组部、人事部、教育部等发布《关于组织开展高校毕业生到农村基层从事支教、支农、支医和扶贫工作的通知》（国人部发〔2006〕16号），每年招募2万名毕业生到乡镇从事2～3年支教、支农、支医和扶贫工作。到艰苦地区、行业基层工作，实行助学贷款代偿；给予生活、交通补贴，办理人身意外伤害和住院医疗保险；团县委选拔1～2名兼乡镇团委副书记；计算工龄，考研初试加10分，考公务员优先录用。2009年2月，教育部、财政部、人力资源社会保障部、中央编办发布《关于继续组织实施“农村义务教育阶段学校教师特设岗位计划”的通知》（教师〔2009〕1号），将实施范围扩大到中西部国家扶贫县，鼓励3年聘期结束的特岗教师继续从事农村教育，要求建立数据库，加强动态管理。

相关政策可概括为以下要点：

（1）各地区要结合城镇化进程和公共服务均等化要求，充分挖掘教育、劳动就业、社会保障、医疗卫生、住房保障、社会工作、文化体育及残疾人服务、农技推广等基层公共管理和服务领域的就业潜力，吸纳高校毕业生就业。

（2）各地区要结合推进农业科技创新、健全农业社会化服务体系等，引导更多高校毕业生投身现代农业。

（3）继续统筹实施好大学生到村委会任职、“三支一扶”等各类基层服务项目，健全鼓励高校毕业生到基层工作的服务保障机制。高校毕业生到中西部地区和艰苦边远地区县以下基层单位就业的，实行学费补偿和助学贷款代偿政策。

（4）高校毕业生在中西部地区和艰苦边远地区县以下基层单位从事专业技术工作，申报相应职称时，可不参加职称外语考试或放宽外语成绩要求。

（5）充分挖掘社会组织吸纳高校毕业生就业潜力，对到省会及省会以下城市的社会团体、基金会、民办非企业单位就业的高校毕业生，所在地的公共就业人才服务机构要协助办理落户手续，在专业技术职称评定方面享受与国有企事业单位同类人员同等待遇。

2. 鼓励小型微型企业吸纳高校毕业生就业

《国务院关于进一步做好新形势下就业创业工作的意见》（国发〔2015〕23号）、《国务院办公厅关于做好2014年全国普通高等学校毕业生就业创业工作的通知》（国发〔2014〕22号）、《国务院办公厅关于做好2013年全国普通高等学校毕业生就业工作的通知》（国办发〔2013〕35号）、《国务院关于进一步支持小型微型企业健康发展的意见》（国发〔2012〕14号）和《国务院关于进一步做好普通高等学校毕业生就业工作的通知》（国发〔2011〕16号）等文件规定，可概括为以下要点：

（1）各地区、各有关部门要认真落实文件精神，为小型微型企业发展创造良好环境，推动小型微型企业在转型升级过程中创造更多岗位吸纳高校毕业生就业。

（2）对招收高校毕业生达到一定数量的中小企业，地方财政应优先考虑安排扶持中小企业发展资金，并优先提供技术改造贷款贴息。

（3）对劳动密集型小企业当年新招收登记失业高校毕业生，达到企业现有在职职工总数30%（超过100人的企业达15%）以上，并与其签订1年以上劳动合同的劳动密集型小企业，可按规定申请最高不超过200万元的小额担保贷款并享受50%的财政贴息。

（4）高校毕业生到中小企业就业的，在专业技术职称评定、科研项目经费申请、科研成果或荣誉称号申报等方面，享受与国有企事业单位同类人员同等待遇。

（5）科技型小型微型企业招收毕业年度高校毕业生达到一定比例的，可申请最高不超过200万元的小额担保贷款，并享受财政贴息。

（6）对小型微型企业新招用高校毕业生按规定开展岗前培训的，要求各地根据当地物价水平，适当提高培训费补贴标准。

3. 国家对引导国有企业吸纳高校毕业生就业的政策

《国务院关于进一步做好新形势下就业创业工作的意见》（国发〔2015〕23号）、《国务院办公厅关于做好2014年全国普通高等学校毕业生就业创业工作的通知》（国发〔2014〕22号）、《国务院办公厅关于做好2013年全国普通高等学校毕业生就业工作的通知》（国办发〔2013〕35号）和《关于做好2013—2014年国有企业招收高校毕业生工作有关事项的通知》（国资厅发分配〔2013〕37号）等文件规定，可概括为以下要点：

（1）承担对口支援西藏、青海、新疆任务的中央企业要结合援助项目建设，积极吸纳当地高校毕业生就业。

（2）建立国有企事业单位公开招聘制度，推动实现招聘信息公开、过程公开和结果公开。

（3）国有企业招聘应届高校毕业生，除涉密等特殊岗位外，要实行公开招聘，招聘应届高校毕业生信息要在政府网站公开发布，报名时间不少于7天；对拟聘人员应进行公示，明确监督渠道，公示期不少于7天。

4. 企业招收就业困难高校毕业生享受的优惠政策

按照《财政部、人力资源社会保障部关于进一步加强就业专项资金管理有关问题的通知》（财社〔2011〕64号）规定，对各类企业（单位）招用符合条件的就业困难高校毕业生，与之签订劳动合同并缴纳社会保险费的，按其为就业困难高校毕业生实际缴纳的基本养老保险费、基本医疗保险费和失业保险费给予补贴，不包括企业（单位）和个人应缴纳的其他社会保险费。

根据《中华人民共和国就业促进法》有关规定，就业困难人员是指因身体状况、技能水平、家庭因素、失去土地等原因难以实现就业，以及连续失业一定时间仍未能实现就业的人员。就业困难人员的具体范围，由省、自治区、直辖市人民政府根据本行政区域的实际情况规定。

企业（单位）按季将符合享受社会保险补贴条件人员的缴费情况单独列出，向当地人力资源社会保障部门申请补贴。社会保险补贴申请材料应附：符合享受社会保险补贴条件的人员名单及《身份证》复印件、《就业创业证》复印件、劳动合同等就业证明材料复印件、社会保险征缴机构出具的社会保险费明细账（单）、企业（单位）在银行开立的基本账户等凭证材料，经人力资源社会保障部门审核后，财政部门将补贴资金支付到企业（单位）在银行开立的基本账户。

5. 企业为高校毕业生开展岗前培训享受的优惠政策

按照《国务院办公厅关于做好2014年全国普通高等学校毕业生就业创业工作的通知》（国发〔2014〕22号）、《财政部、人力资源社会保障部关于进一步加强就业专项资金管理有关问题的通知》（财社〔2011〕64号）等文件规定，企业新录用毕业年度高校毕业生与其签订6个月以上期限劳动合同，在劳动合同签订之日起6个月内由企业依托所属培训机构或政府认定的培训机构开展岗前就业技能培训的，根据培训后继续履行劳动合同情况，按照当地确定的职业培训补贴标准的一定比例，对企业给予定额职业培训补贴。

企业开展岗前培训前，需将培训计划大纲、培训人员花名册及《身份证》复印件、劳动合同复印件等材料报当地人力资源社会保障部门备案，培训后根据劳动者继续履行劳动合同情况，向人力资源社会保障部门申请职业培训补贴。申请材料经人力资源社会保障部门审核后，财政部门按规定将补贴资金直接拨入企业在银行开立的基本账户。企业申请职业培训补贴应附：培训人员花名册、培训人员《身份证》复印件、《就业创业证》复印件、劳动合同复印件、职业培训合格证书等凭证材料。

对小型微型企业新招用高校毕业生按规定开展岗前培训的，各地要根据当地物价水平，适当提高培训费补贴标准。

6. 高校毕业生从企业到机关事业单位就业后工龄的计算

按照《国务院关于进一步做好普通高等学校毕业生就业工作的通知》（国发〔2011〕16号）等文件规定，高校毕业生从企业、社会团体到机关事业单位就业的，其按规定参加企业职工基本养老保险的缴费年限合并为连续工龄。

7. 高校毕业生到企业特别是中小企业就业在当地落户的政策

按照《国务院办公厅关于做好2014年全国普通高等学校毕业生就业创业工作的通知》（国发〔2014〕22号）、《国务院办公厅关于做好2013年全国普通高等学校毕业生就业工作的通知》（国办发〔2013〕35号）文件规定，要简化高校毕业生就业程序，消除其在不同地区、不同类型单位之间流动就业的制度性障碍，切实落实允许包括专科生在内的高校毕业生在就（创）业地办理落户手续的政策（直辖市按有关规定执行）。

省会及以下城市要放开对吸收高校毕业生落户的限制，简化有关手续，应届毕业生凭《普通高等学校毕业证书》、《全国普通高等学校毕业生就业报到证》、与用人单位签订的《就业协议书》或劳动（聘用）合同办理落户手续；非应届毕业生凭与用人单位签订的劳动（聘用）合同和《普通高等学校毕业证书》办理落户手续。高校毕业生到小型微型企业就业、自主创业的，其档案可由当地市、县一级的公共就业人才服务机构免费保管。办理高校毕业生档案转递手续，转正定级表、调整改派手续不再作为接收审核档案的必备材料。

8. 激励高校毕业生自主创业

2003年6月，财政部发布的《关于切实落实2003年普通高等学校毕业生从事个体经营有关收费优惠政策的通知》（财综〔2003〕48号）规定，毕业生从事个体经营，1年免交个体工商户注册登记费、工商管理费等行政事业性收费。2004年4月，团中央、劳动和社会保障部发布的《关于深入实施“中国青年创业行动”促进青年就业工作的意见》（中青联发〔2004〕13号），要求提供创业服务，优化创业环境，每年帮助20万名青年掌握创业本领、5万名青年创办企业，开发就业岗位30万个。2007年8月颁布的《中华人民共和国就业促进法》坚持劳动者自主择业、市场调节就业、政府促进就业的方针，要求把扩大就业放在突出位置，实施积极就业政策，发展经济和调整产业结构、规范市场、完善就业服务、加强职业培训、提供就业援助、倡导自主创业。这为大学生就业提供了基本的法律基础。2010

年5月，教育部《关于大力推进高等学校创新创业教育和大学生自主创业工作的意见》（教办〔2010〕3号）提出，加强创新创业教育课程体系和师资队伍建设、建立检测跟踪体系、加强理论研究，加大资金投入，加强创业培训、创业信息服务、创业基地建设。当月，人力资源和社会保障部也发布了《关于实施大学生“创业引领计划”的通知》（人社部发〔2010〕31号），提出在2010—2012年引领45万名大学生创业，建立模拟公司、信息化实训平台，组织竞赛；给予注册资金优惠、小额担保贷款、税费减免等政策；建立大学生创业项目库，成立导师团、创业俱乐部等交流平台；建立一批大学生创业园，提供低成本的经营场所和企业孵化服务。目前，相关规定可概括为以下要点：

（1）2014—2017年，在全国范围内实施大学生创业引领计划，通过提供创业服务，落实创业扶持政策，提升创业能力，帮助和扶持更多高校毕业生自主创业，逐步提高高校毕业生创业比例。

（2）各地要采取措施，确保符合条件的高校毕业生都能得到创业指导、创业培训、工商登记、融资服务、税收优惠、场地扶持等各项服务和政策优惠。

（3）各高校要广泛开展创新创业教育，将创业教育课程纳入学分管理，有关部门要研发适合高校毕业生特点的创业培训课程，根据需求开展创业培训，提升高校毕业生创业意识和创业能力。

（4）各地公共就业人才服务机构要为自主创业的高校毕业生做好人事代理、档案保管、社会保险办理和接续、职称评定、权益保障等服务。

（5）各地区、各有关部门要进一步落实和完善工商登记、场地支持、税费减免等各项创业扶持政策。拓宽高校毕业生创办企业出资方式，简化工商注册登记手续。

（6）鼓励各地充分利用现有资源建设大学生创业园、创业孵化基地和小企业创业基地，为高校毕业生提供创业经营场所支持。

（7）对高校毕业生创办的小型微型企业，按规定落实好减半征收企业所得税、月销售额不超过2万元的暂免征收增值税和营业税等税收优惠政策。

（8）对从事个体经营的高校毕业生和毕业年度内的高校毕业生，按规定享受相关税收优惠政策。

（9）留学回国的高校毕业生自主创业，符合条件的，可享受现行高校毕业生创业扶持政策。

（10）各银行业金融机构要积极探索和创新符合高校毕业生创业实际需求特点的金融产品和服务方式，本着风险可控和方便高校毕业生享受政策的原则，降低贷款门槛，优化贷款审批流程，提升贷款审批效率。通过进一步完善抵押、质押、联保、保证和信用贷款等多种方式，多途径为高校毕业生解决担保难的问题，切实落实银行贷款和财政贴息。

（11）在电子商务网络平台开办“网店”的高校毕业生，可享受小额担保贷款和贴息政策。

（12）充分发挥中小企业发展专项资金的积极作用，推动改善创业环境。鼓励企业、行业协会、群团组织、天使投资人等以多种方式向自主创业大学生提供资金支持，设立重点面向扶持高校毕业生创业的天使投资和创业投资基金。对支持创业早期企业的投资，符合条件的，可享受创业投资企业相关企业所得税优惠政策。

9. 促进离校未就业高校毕业生就业

（1）各地区要将离校未就业高校毕业生全部纳入公共就业人才服务范围，采取有效措施，力争使每一名有就业意愿的未就业高校毕业生在毕业半年内都能实现就业或参加到就业准备活动中。

（2）有关部门、各高校要密切协作，做好未就业高校毕业生离校前后信息衔接和服务接续，切实保证服务不断线。教育部门要将有就业意愿的离校未就业高校毕业生的实名信息及时提供给人力资源社会保障部门。人力资源社会保障部门要建立离校未就业高校毕业生实名信息数据库，全面实行实名制就业服务。

（3）各级公共就业人才服务机构和基层就业服务平台要及时主动与实名登记的未就业高校毕业生联系，摸清就业需求，提供有针对性的就业服务。教育部门和高校要加强对离校未就业高校毕业生的跟踪服务，为有就业意愿的高校毕业生持续提供岗位信息和求职指导。

（4）各地区要结合本地产业发展需要和高校毕业生就业见习意愿及需求，扩大就业见习规模，提升就业见习质量，确保凡有见习需求的高校毕业生都能得到见习机会。要根据当地物价水平，适当提高见习人员见习期间基本生活补助标准。高校毕业生见习期间参加职业培训的，按现行政策享受职业培训补贴。

（5）各地区要继续推动离校未就业高校毕业生技能就业专项行动，结合当地产业发展和高校毕业生需求，创新职业培训课程，提高职业培训的针对性和实效性。在高校毕业生集中的城市，要提升改造一批适应高校毕业生特点的职业技能公共实训基地。国家级重点技工院校和培训实力雄厚的职业培训机构，要选择一批适合高校毕业生的培训项目，及时向社会公布。

10. 加强就业指导和服务

2007 年 12 月，教育部颁发《大学生职业发展与就业指导课程教学要求》（教高厅〔2007〕7 号），要求高校开设“职业发展与就业指导”课程，建设专业化、职业化的师资队伍，使就业指导成为高校一项常规性、规范性的工作。劳动和社会保障部发布的《关于做好 2007 年高校毕业生就业有关工作的通知》（劳社部发〔2007〕13 号）提出，公共就业服务机构应提供免费职业介绍服务，提供劳动保障代理；重点援助登记失业较长或家庭生活困难的毕业生，优先进入见习基地，给予职业资格、培训和见习补贴；加强市场管理，完善失业统计，按照劳动法的规定，向毕业生提供各种福利和劳动保障。目前，相关规定可概括为以下要点：

（1）各地区、各有关部门、各高校要根据高校毕业生特点和求职需求，创新服务方式，改进服务措施，提高服务质量，促进更多的高校毕业生通过市场实现就业。

（2）加强网络信息服务，建立健全全国公共就业信息服务平台，加快招聘信息全国联网，更多地开展网络招聘，为用人单位招聘和高校毕业生求职提供高效便捷的就业信息服务。

（3）积极开展公共就业人才服务进校园活动，为高校毕业生送政策、送指导、送信息，特别是要让高校毕业生知晓获取就业政策和岗位信息的渠道。

（4）精心组织民营企业招聘周，高校毕业生就业服务月、就业服务周，部分大中城市联合招聘高校毕业生专场活动和每季度的全国高校毕业生网络招聘月等专项服务活动，搭建供需信息平台，积极促进对接。

（5）高校要加强就业指导课程和学科建设，积极聘请专家学者、企业人力资源经理、优秀校友担任就业导师。

（6）各地区、各高校要将零就业家庭、优抚对象家庭、农村贫困户、城乡低保家庭以及残疾等就业困难的高校毕业生列为重点对象实施重点帮扶。

（7）要在高校毕业生离校前，将享受城乡居民最低生活保障家庭的毕业年度内高校毕业生的求职补贴全部发放到位，求职补贴标准较低的要适当调高标准。

（8）鼓励各地结合本地实际将残疾高校毕业生纳入享受求职补贴对象范围。党政机关、事业单位、国有企业要带头招录残疾高校毕业生。

（9）离校未就业高校毕业生实现灵活就业的，在公共就业人才服务机构办理实名登记并按规定缴纳社会保险费的，给予一定数额的社会保险补贴，补贴数额原则上不超过其实际缴费的2/3，最长不超过2年，所需资金从就业专项资金中列支。

11. 创造公平就业环境

（1）各地区、各有关部门要积极采取措施，促进就业公平。用人单位招聘不得设置民族、种族、性别、宗教信仰等歧视性条件，不得将院校作为限制性条件。省会及以下城市用人单位招聘应届毕业生不得将户籍作为限制性条件。

（2）国有企业招聘应届高校毕业生，除涉密等特殊岗位外，要实行公开招聘，招聘应届高校毕业生信息要在政府网站公开发布，报名时间不少于7天；对拟聘人员应进行公示，明确监督渠道，公示期不少于7天。

（3）各地区、各有关部门要严厉打击非法中介和虚假招聘，依法纠正性别、民族等就业歧视现象。加大对企业用工行为的监督检查力度，对企业招用高校毕业生不签订劳动合同、不按时足额缴纳社会保险费、不按时支付工资等违法行为，及时予以查处，切实维护高校毕业生的合法权益。

（4）各地区、各有关部门要消除高校毕业生在不同地区、不同类型单位之间流动就业的制度性障碍。省会及以下城市要放开对吸收高校毕业生落户的限制，简化有关手续，应届毕业生凭《普通高等学校毕业证书》、《全国普通高等学校毕业生就业报到证》、与用人单位签订的《就业协议书》或劳动（聘用）合同办理落户手续；非应届毕业生凭与用人单位签订的劳动（聘用）合同和《普通高等学校毕业证书》办理落户手续。

（5）高校毕业生到小型微型企业就业、自主创业的，其档案可由当地市、县一级的公共就业人才服务机构免费保管。办理高校毕业生档案转递手续，转正定级表、调整改派手续不再作为接收审核档案的必备材料。

经典案例

小林临近毕业时，看到身边的同学拿着厚厚的简历四处跑招聘会，但很不幸的是四处碰壁，伤心而归。他们垂头丧气地回到宿舍就开始埋怨：“谁说21世纪是生物学的世纪？怎么在我们自己的世纪里找不到工作？”确实，学生物的人太多了，而现在国内生物产业并不发达，想找到个满意的工作很难。

“看着他们那可以称得上是艺术品的简历，再看看自己那只是勉强打印了一页的简历，我并没有感觉到寒酸，因为自己已经胸有成竹。我从小爱好文学，经常发表一些文章。上了大学以后，宿舍安了电脑和宽带，写完后马上用电子邮件发送过去，投稿更为方便，所以发表的文章越来越多。

“接到公司面试通知的时候，我重新拿上了那寒酸的简历，还有发表的那一堆文章去公司面试。我很自信，因为自己不是应聘一般理科生习惯应聘的研发部门，而是一般文科学生才应聘的内刊编辑职位。

“记得当时主管见了我就高兴地说：‘我们已经有了宣传企业文化的内刊，目前正打算办个技术型内刊，以宣传我们的产品和介绍国内外最新进展，正发愁怎么找这样的复合型人才，正巧你来了。’没错，我不仅有生物学的背景，还具备扎实的文学功底，所以主管很爽快地答应录用我。

“我回来后，当告诉同学自己被市里最大的生物公司录用的消息时，看着他们惊讶的面孔，心里有些得意。很快，我的故事在毕业生中传播开来。其他同学也开始八仙过海，各显神通。有的去了体育学院当老师，有的去了中专教书，有的居然进了公安局。”

点评：

其实，工作并不难找，对大学生而言，换个思路来求职，或许会得到意想不到的结果。

训练活动

广泛收集资料，了解当前高职大学生的就业形势，了解我国目前的毕业生就业新政策。

知识阅览

1. 什么是人事代理？

公共就业和人才服务机构可在规定业务范围内接受用人单位和个人委托，从事下列人事代理服务：

（1）流动人员人事档案管理；

（2）因私出国政审；

（3）在规定的范围内申报或组织评审专业技术职务任职资格；

（4）转正定级和工龄核定；

（5）大中专毕业生接收手续；

（6）其他人事代理事项。

2. 高校毕业生怎样办理人事代理？

按照《人才市场管理规定》，人事代理方式可由单位集体委托代理，也可由个人委托代理；可多项委托代理，也可单项委托代理；可单位全员委托代理，也可部分人员委托代理。单位办理委托人事代理，须向代理机构提交有效证件以及委托书，确定委托代理项目。经代理机构审定后，由代理机构与委托单位签订人事代理合同书，明确双方的权利和义务，确立人事代理关系。

3. 大中专毕业生人事代理程序

（1）大中专毕业生确定在某省（自治区、直辖市）落实到非公有制企业工作。

（2）由毕业生与非公有制企业签订《就业协议书》并且由非公有制企业在《就业协议

书》上盖章。

(3) 毕业生将《就业协议书》送至非公有制企业所在地的省（自治区、直辖市）或地、州、市政府人事行政部门所属人才交流服务机构，经审核后盖章由毕业生反馈给所在院校，毕业生所在院校据此作为就业计划，由院校所在省（自治区、直辖市）主管毕业生调配的部门开出《全国普通高等学校毕业生就业报到证》，院校凭报到证开具《户籍迁移证》及转移党团关系，档案由学校邮寄到其联系的人才交流服务机构。

(4) 毕业生持报到证到人才交流服务机构报到。由该人才交流服务机构负责其档案管理、转正定级、评定职称、出国政审等手续，并负责办理大中专毕业生集体落户手续。档案托管期间保留全民干部身份，工龄连续计算，调出按国家干部介绍。

第二节　收集就业信息

核心知识

一、就业信息的种类

（一）宏观信息

国家的政治经济情况，国家或地区社会经济的方针政策规定，国家对毕业生的就业政策与劳动人事制度改革的信息，社会各部门、企业需求情况及未来产业、职业发展趋势等信息都是毕业生在把握就业方向时需要了解的宏观信息。了解当年毕业生的供求总形势也能帮助毕业生在求职时调整心态、合理选择，即各地区各专业的毕业生与用人单位的供需比例——供大于求，还是求大于供，或两者基本平衡。

（二）微观信息

涉及求职意向单位的各种具体信息就是微观信息。如用人单位的岗位设置和人才需求、企业背景及发展前景、岗位要求及工作内容、培训及晋升制度、薪资水平及福利待遇等都是毕业生求职时必须掌握的信息。这些信息了解得越全面、客观，越能帮助毕业生在求职时有的放矢，避免随意性和盲目性，提高求职的成功率并确保未来职业发展目标的顺利实现。

二、收集就业信息的原则

（一）准确性、真实性

这是信息的生命。就业市场中充斥着各种不实信息，要小心地鉴别信息的准确性和真实性，不可盲目相信，防止上当受骗、延误时机。

（二）实用性、针对性

即使是真实准确的信息，根据自己的自身资源和求职意愿，还要善于筛选出对自己有实用价值的信息。

（三）系统性、连续性

将各种相关的信息积累起来，然后加工、整理，形成能客观地、系统地反映当前就业市场、就业政策、就业动向的就业信息，为自己的择业提供可靠的依据。

（四）价值性原则

价值性原则要求求职者根据信息的时间（When）维度（时效性）、信息的内容（What）维度（真实性与准确性）、信息的形式（How）维度（完整性和呈现性）来衡量就业信息的价值。

三、收集就业信息的方法

（一）全方位搜集法

把与你的专业有关联的就业信息尽可能全面完整地收集起来，再按一定的标准进行整理和筛选。这种方法获取的就业信息广泛，选择余地大，但浪费时间和精力，并且缺乏针对性。

（二）定方向搜集法

根据自己选定的职业方向和求职的行业范围来搜集相关的信息。这种方法以个人的专业方向、能力倾向和兴趣特长为依据，便于找到更适合自己特点、更能发挥个人技能和价值的职业和单位。需要注意的是，当你选定的职业方向和行业范围过于狭窄时，有可能大大缩小你的选择余地，特别是你所选定的职业方向是竞争激烈的“热门”时，很可能给你下一步的择业带来较大困难。

（三）定区域搜集法

根据个人对某个或某几个地区的偏好来搜集信息，而对职业方向和行业范围较少关注，这是一种重地区、轻专业方向的信息收集法，按这种方法收集信息和选择职业，也可能由于所面向地区的狭小和“地区过热”（即有较多择业者涌向该地区）而造成择业困难。

四、收集就业信息的途径

（一）学校就业指导机构

通过学校就业指导机构所获得的信息针对性和时效性都较好。此外，学校就业指导中心还会根据上级有关部门的精神和指示，发布各种新的就业政策和规定，大学生可以通过本校或外校就业指导中心了解本年度当地就业的动态变化及各种就业信息资料。然而，作为高校的一个职能工作部门，就业指导中心的主要任务仍是服务教学与管理，而并非专业的人才交流机构，和就业市场以及用人单位的联结不紧密，能够发布和提供的用人单位招聘信息的数量和范围都远远不能满足学生的需要。

（二）人才中介机构

这些机构的主要任务就是收集、发布人才供求信息，传递市场需求信息，办理人才交流登记，为用人单位招聘人才和个人求职做好中介服务和管理工作。中介机构属于横向收集信息的渠道，通过社会劳动力市场获得的信息量大，且行业覆盖面广。

需要注意的是，通过人才中介机构收集就业信息，一定要选择背景可靠、声誉好、效率高及专业性较强的机构，并且要仔细鉴别就业信息的真实性和时效性。

（三）各种媒介

广播、电视、报纸、杂志等各种媒体都会以定期或不定期的形式提供人才供求信息。通过这些媒介的广告宣传，求职者可以了解人才需求的动态，了解用人单位的工作性质、岗位要求和工作待遇等。这种渠道发布的就业信息传播广，速度快，信息量大，容易发现择业机会。

要注意的是，通过这种方式发布的信息庞杂，针对性不强，若盲目搜集使用，成功率很低。报纸对用人单位资质及信息真实性的审查有严格的标准和规程，并承担相应的法律责任，要尽量选看那些正规的招聘类报纸杂志，少看不负责任的小报或免费的招聘广告，并根据自己的需求有针对性地甄选含金量高的信息。

（四）计算机网络

1. 专业求职网站

这类网站以专业的人才服务为宗旨，为招聘方和求职者提供专业的、多样化服务。网站上会发布大量的招聘信息，并可以根据对地域、信息发布时间、行业、薪金等的具体要求提供有针对性的查询服务，提高信息搜集效率。求职者还可以主动出击，在线填写简历，存入网站的人才数据库里，供招聘单位查询、使用。还有些网站提供电子杂志订阅服务，求职者可以通过订阅及时收到自己所需的信息。

2. 用人单位网站

目前，许多用人单位尤其是企业越来越重视建设自己的人才库，一些大型公司除了在主页上介绍企业文化与产品之外，还在线提供招聘信息及人力资源服务，如果对某个用人单位情有独钟，可以常去其主页看看，也许会有所收获。即使不能立刻达成就业目的，将自己的资料放入企业的人才库中，或许也能在未来获得就业机会。

3. 门户网站的求职频道

这类网站，比如搜狐求职频道，最大的好处是容纳、汇集了许多一流招聘网站的信息，如智联招聘网、中华英才网、前程无忧网等，而且还可以在这里获得有关的人才政策、就业方面的新闻，以及就业技巧，并可得到专家的在线就业指导。

利用网络搜集就业信息，是便捷高效的途径，但相对来说发布信息的门槛低，对企业和信息的审查不够严，网络上也充斥着各种虚假的或过时的信息，在网上搜集信息要注意甄别，避免盲目导致被动或损失。

（五）扩展求职门路

“门路”并非走后门，不是以请客送礼的不正当竞争方法寻求“门路”，这里是指途径、渠道。除了大家都可利用的公共途径外，要学会积极拓展、利用自己的社会人脉，在自身素质过硬的基础上，广开“门路”，获取更多的信息和机会。

（1）以“血缘”而论，每个人都有父母、亲人，父母、亲人都有自己的社会关系网络。

（2）以“地缘”而论，故乡或某个城市的朋友、同学以及他们的朋友、同学等都有自己的社会关系网络。

（3）以“学缘”而论，一个人从幼儿园、小学、中学、高中直至大学，都有许多同学和师长，而他们也都有自己的社会关系网络。

以此扩展下去，就会形成一个庞大的、信息量丰富的人脉网络，通过这个人脉网络获取的信息量就会激增，并且往往针对性强、含金量高，这就是你的“门路”，你独有的信息渠道。在所有的“门路”中，要特别注意利用师长和校友这一“门路”，尤其是本专业的老师或本专业已经就业的校友。老师比一般人更了解本专业毕业生适合就业的方向和范围，在与外单位的科研协作或兼职教学中，对一些对口单位的人才需求信息了解得比较详细。而校友则大多在对口单位工作，通过他们提供的信息往往比较具体、准确、成功率较高。如果校友的职业发展顺利，给用人单位留下良好印象，也会在无形中增强用人单位对本校学生的青睐，加大求职成功的概率。

（六）社会实践与教学实习

社会实践和教学实习不仅有利于学生开阔视野、了解社会、体验职业，而且可以帮助学生真正了解行业和目标单位的情况，了解人才需求状况和岗位要求，了解自身的特质和努力方向，并且第一手的信息准确可靠，是学生搜集职业信息、推荐自我的良好时机。

特别是学生在实习中与这些单位已有先期的沟通和互动，如果能够把握住实习这一难得的机会，通过自己的努力赢得用人单位的好感和信任，就可以获取有价值的就业信息甚至直接谋得职位。

五、就业信息的整理与利用

搜集来的信息要结合自身的实际情况筛选过滤，有针对性地进行分析、分类、利用，去掉无效的、过时的甚至虚假的信息，甄选出含金量高、针对性强、成功概率高的信息，是求职准备工作中极其重要的一步，只有这样，才能恰当地利用信息，更有效地为求职服务。

（一）就业信息整理原则

1. 匹配性原则

信息的有效性首先取决于它与求职者个人特质及需求的匹配度，再好的就业信息如果不适合自己，也是白白浪费精力，即使求职成功，也会影响职业生涯的后继发展。

2. 真实详尽性原则

对于初步筛选出来的重点信息，要利用各种渠道确定信息的真实可靠性，不清晰的要澄清，不详尽的要补充，为下一步的求职面试环节做好准备工作。

3. 时效性原则

就业政策及招聘信息都有各自的时效性，要根据不同的时效性将信息分类整理。

4. 重点突出与宽泛性相结合原则

信息的搜集是长期持续性工作，整理工作也要定期进行，确保搜集到的信息重点突出，也要避免信息的行业范围、地域范围等过于狭窄，影响求职。

5. 分类存放原则

这是信息整理工作的最后一步，也是很重要的一步。整个求职过程中要搜集大量信息，将整理好的信息做好标签分类存放，确保求职工作条理清晰、从容不迫，才能让这些信息发挥最大效用。

（二）对信息整理分析的方法

1. 信息的真伪辨识

可以从两方面来判断信息的真实性。首先是信息获得渠道。一般来说，经劳动人事部门核准成立的专业服务高校毕业生的就业机构或就业信息网，或高校就业指导中心，或各级人力资源社会保障部门举办的公共就业和人才服务机构，或大型的、正规的报刊、广播、电视、网站等媒体都是比较可靠的信息渠道。非正规渠道获得的信息需谨慎使用，比如沿街张贴的小广告。其次是信息的内容。真实可靠的招聘信息通常内容全面详尽而合理，通过对内容的分析就能有效地甄别出虚假信息。可以通过以下“六看”来甄别。

一看基本信息是否完整。正规的招聘信息通常包括公司基本信息（名称、简介、所在地）、岗位信息（岗位名称、岗位职责、任职资格要求、薪酬福利、招聘人数等）、联系人和联系方式，这些都是不可或缺的基本信息。

二看招聘企业的资质，通过网络、联系电话或其他的方式核实企业是否真实存在。

三看招聘内容特别是岗位职责描述。注意岗位职责描述是否符合岗位定义，是否存在模棱两可、含糊不清的情况。

四看薪酬待遇与岗位、企业以及企业所在城市普遍情况是否匹配。虚假信息往往夸大待遇来吸引人。

五看招聘联系方式，一般企业都有以其域名命名的招聘邮箱，一般不会只留手机号，注意联系电话与企业地址是否匹配。

六看招聘流程是否符合常规。正规的招聘信息中一般会有招聘流程，要经过简历投递、笔试（不是所有的招聘都有笔试）、面试、录用签约、入职体检、报到等环节。如果没有言明或不合常规就要谨慎了，比如要求求职者携带必备生活用品到某地面试、实习，或无须任何条件就直接上岗，或要求缴纳服装费、报名费、押金、保证金，或以保管为名索要身份证件等。

2. 信息的累积与分析

每一个求职信息都是相对独立的，同时又能反映出当下的就业形势，当收集了一定数量的信息之后，对这些信息进行分析加工，就能比较客观地了解当前就业的动向和趋势，帮助自己对当前的就业形势有比较全面的把握，将自己的就业心态、就业方向和目标调整得更为合理。

3. 信息的筛选和分类

面对大量的信息，要根据匹配度、重要性、时效性等标准将信息分门别类做好标签，并按相应的方式排序，分类存放，这对提高求职的效率和效度是十分有利的。比如按照信息的匹配度进行排序存放或根据信息的时效期间排序存放，一目了然，条理清晰，就不会手忙脚乱或遗漏重要信息。

4. 信息的利用价值分析

一条招聘启事所传达出来的信息，其实远比文字本身要多。大学生在求职之前，应该冷静地分析信息传递出来的内在含义，比如用人单位到底要招聘什么样的人，是否特别看重求职者某方面的特质，这个岗位对求职者的能力、专业、经验是否有特别要求等。同时，结合自身条件来分析自己与该用人单位、该职位是否匹配，比如自己有什么能力、经历或个性方面的优势能打动用人单位。还要注意不要因为招聘信息上所列举的岗位要求较高而轻易放弃。人力资源部门在制定岗位要求时通常会考虑比较全面，提出较高要求，实际上一上岗就能满足所有要求的求职者并不多，尤其对于应届毕业生来说更是如此。岗位要求中有对这个岗位来说不可或缺的核心能力要求，比如软件编程人员必须具备良好的专业能力；也有对这个岗位来说非核心的要求，所以，如果 5 条要求中你能满足其中 2～3 条比较核心的要求，就可以大胆地争取机会。另外注意“专业对口（或相近）”的要求，一些专业性很强的岗位自然要强调专业对口，还有很多岗位，比如人力资源管理、办公室文员、营销等更强调的是与专业无关的可迁移技能以及人格特质，对这类招聘信息中的专业要求就不必太在意。即使是一些专业性很强的岗位对专业的要求也不是绝对不可以突破的。比如，微软的很多职员甚至高级管理人员并非计算机专业出身，而是学数学专业的，数学是科学的根基，是理工科的奠基石，在微软看来，软件开发需要极严格的数学模式，数学思维能力比专业技能本身更重要。另根据调查，一半以上的职场人士从事的职业都不是自己大学学的专业，专业并不等于职业能力，毕业生要积极开阔思路、拓宽视野，不要让专业成为自身的局限，不要因为招聘信息中的专业要求就望而却步。

招聘实际人数的多少和岗位是否热门也是非常重要的信息。招聘人数越少，岗位越热，竞争性越强，相应的成功率就越低。要谨慎地分析自身在这个岗位上的相对竞争力，客观评估自己，既不要妄自菲薄轻易放弃，也不要盲目自信浪费精力。对与自己匹配度高且招聘人数较多的岗位则要重点关注，积极投入。

最后一点也是非常重要的，即职业可持续性发展分析。求职成功是求学生涯的终结，但只是职业生涯的起点，只图眼前盲目求职，不考虑职业的后继发展将会使初入职场的新人付出沉重代价。一定要结合自身特点和职业发展目标来分析某个用人单位和岗位是否能帮助你取得职业的可持续性发展。可从两方面来考虑：首先看行业，夕阳产业或正在逐渐退出市场的产业，由于受到行业发展的限制，能够提供的晋升发展机会少、职业能力拓展面狭窄、工作经验单一，很可能对自己未来的发展不利。而那些新兴经济领域的行业正处于成长发展期，发展迅速、机会多、职业能力提升快、前景广阔，对个人的发展会更加有利。其次看个人特质和发展目标与招聘企业及岗位的匹配度。比如企业文化、企业发展规划、岗位晋升途径等将直接关系到个人的发展是否顺利，发展目标能否顺利实现。

六、谨防就业信息渠道陷阱

记住，信息的不合理利用可能会妨害你的职业前途。这个提醒听上去有些牵强，但它也有一定道理。要想在纷繁复杂的各类信息中，找出对我们有用的信息，就需要对这些信息进行分门别类的整理，并根据其来源途径，对其可靠性、可行性进行评估分析。现在社会上有大量的招聘信息，其中很多信息是虚假、无效或无价值的，甚至有些就是陷阱。由于大学生缺乏社会阅历，所以在应聘过程中容易上当。

（一）虚拟信息渠道陷阱

虚拟信息即通过招聘网站、QQ信息、微信、微博等虚拟渠道发布招聘信息。由于有关部门监控不严，信息的真实性难以核实，信息发布者往往利用这一点，通过这类渠道发布具有很大诱惑力的职位信息，吸引求职大学生的注意。例如，某公司打出招聘“储备经理”的广告，并且许以高薪，而且条件也不苛刻，很多符合条件的大学生蜂拥而至，实际却是要干销售员的业务，所谓的高薪也要等到做到一定年限或升到一定职务之后才能享受。

1. 骗财类信息陷阱

这是最常见的招聘陷阱。一些单位和个人打着招聘的旗号，收取高额报名费、介绍费、培训费、考试费、体检费、置装费、上岗押金等，或者要求必须购买其一定数量的产品，他们还经常扣押求职者的身份证、毕业证以便日后进行要挟。

目前，社会上常见的欺诈形式有：

（1）以职业中介的名义。

有的中介公司以介绍职业为名，骗取职业介绍费，他们手上没有什么较好的工作岗位，有的根本就没有工作岗位，只是从报纸或网络上抄袭一些招聘信息欺骗求职者，以骗取介绍费等。

一些不具备营业资格的黑中介向求职者收取所谓的“上岗费”，甚至高达几千元，远远超出了物价部门所规定的中介费限额。这些中介机构一般没有劳动部门核发的职业介绍许可证，经营证照的营业范围中也不包含职业中介业务。急于找工作的大学生一般警惕性不高，辨别能力不强，自己的合法权益常常受到侵害。

（2）没人及格的考试。

有些单位打着招工考试之名收取考试费，其实就算你题目全答对了，还是不会通过的，钱也不退还了。

（3）招而不聘的岗位。

有些单位其实不需要人，也没有办理劳动用工手续，但仍然长期对外招聘。当然报名者要交报名费、产品押金等。一些求职者发现上当后要求退钱，他们不是拖着不给就是以暴力相威胁。

（4）子虚乌有的公司。

有些不法人员到处张贴“招聘启事”或在媒体刊登虚假广告，临时在写字楼租一间办公室，挂上“经理室”“财务室”或“人事部”的招牌，进行虚假招聘，向应聘者收取名目繁多的各种费用后，人去房空。

案例

毕业生小李收到一个房地产公司的电子邮件，通知他去面试。由于小李并未向该公司投送过简历，他怕遭遇“皮包公司”，为安全起见，决定上网先查一下。让小李惊讶的是，当他用百度搜索后发现，该公司居然用同一个电话、地址注册了4个公司，涉及医药、保险、建材等不同领域。该公司提出的给求职毕业生的待遇异常优厚，而招聘信息中对于学历的要求竟然是中专以上即可。该公司以低学历招聘求职毕业生，却提出付相当高的工资，值得怀疑。经向工商部门了解，该公司已不存在。招聘者是以低标准将毕业生招进来为其干活，而其承诺的高工资是不会兑现的。

（5）抵押陷阱。

有的单位在录用毕业生之后，还要求将毕业生的身份证、毕业证作为抵押物，有的则收取一定的押金，一旦毕业生上班后发现单位真实情况想要离开，就会失去押金，或者付一定的费用换取身份证或毕业证等。

案例

有两名毕业生遭遇了这样的求职经历：他们经一家职介所介绍后，到成都一家化妆品代理公司应聘业务主管，经过初试、复试后，公司负责人称要试用三个月，叫他们先学会推销公司代理的化妆品，每人交了150元信誉保证金，但没有拿到收据。经过一段时间，他们发现这些产品根本无法推销。后来他们在一家大型商场了解到，这套化妆品的销售价格是70～80元。原来，这家公司采用这种“招聘”办法，变相地向求职者卖化妆品。

上述种种，只是形形色色的骗财类招聘陷阱中的一部分。其实就业是一种双向选择的行为，求职之初，无论是求职者还是招聘单位，并没有为对方提供任何具体的服务，根本不应涉及费用。因此毕业生但凡看到要汇款或者带现金给面试方的这种信息，就应多加警惕。如果是正规职业中介，收取费用时必须有正规发票。至于收取押金或将身份证、毕业证作为抵押物的做法，更是一种违法行为，因为国家有关部门早就明文规定，任何企业在招聘员工时，不得以任何理由、任何形式收取求职者的押金，或者以身份证、毕业证等做抵押。

2. 骗色类信息陷阱

这类信息陷阱主要是针对女生，但近年来也有男生上当受骗的案例发生。有些不法分子刊登虚假招聘广告，广告内容多强调只招女生，且对专业、能力没有什么要求。然后将应聘者约到僻静处进行面试，实施不法行为。因此毕业生，尤其是女生一定要避免单独面试或到僻静和私人场所去面试。

3. 骗知识产权类信息陷阱

一些单位或个人以考试或试用的名义，要求求职者根据他们的设想写一篇文字材料，或拿出一套设计方案或计算机程序等，或要求求职者为其介绍客户、推销产品等，然后再找出种种理由加以推托，不予录用，而将求职者的劳动成果据为己有。

（二）介绍人陷阱

在大学生求职中，有一些人很主动热情地给他们介绍好工作，而这些热情的背后有可能隐藏着无法预知的危机。例如我们常说的传销。这类介绍人总是在求职大学生面前展示一副成功者的姿态，向求职大学生吹嘘自己工资高、工作轻松、生活自由、发展空间很大，往往使缺乏工作经验的大学生上当受骗。据有关研究表明，近几年经工商部门查出、遣散的传销人员，主要集中在18～25岁，其中刚毕业的学生占了相当大的比例，有的甚至是在校的大中专学生和初、高中毕业生。

案例

“只要你加入我们的团队，三个月后就拿到月薪3 000元左右，随着你业绩的增加，你的工资将逐月增加。”两位上当的学生称，他们与这家公司洽谈时，公司不看毕业证书，只让他们填一张表格，随后便通知他们说被录用了，并准备带他们去广西、云南等地。在去广西的途中，他们意识到是传销后，便在途中下车，逃了出来。

经典案例

【案例一】

利用网络进行专业（行业）的岗位薪酬调研

一般可按如下流程进行调研。

一、参照系数

（一）国家定价

国家定价即国家规定的机关公务员、事业单位职工工资标准。国家公务员、事业单位职工的工资一般分为基础工资、职务工资、级别工资、工龄工资以及各种津贴和补贴等，不同的地区、不同行业的差别仅在于津贴和补贴。

（二）有关部门发布的最低工资标准和工资指导价位

一般来说最低工资标准的高低反映着一个地区的薪酬水平。而由国家和地方劳动部门公布的劳动力市

场工资指导价位是求职者确定自身价位的重要“参考系数”。

（三）有关调查机构发布的市场价位

由于这些机构所调查的对象和数据大多取自市场，所以统计结果基本上是“行情价”。

（四）招聘单位在人才市场公布的职位薪水标准

这一标准因不同经济性质、不同行业、不同企业规模而异，此外，还应结合招聘单位的具体情况、行业地域或差异、供需状况等以及你的个人实际能力等多方面因素来衡量。

二、确定查询的关键词或词串，以保证准确、快速地查找信息

如可用毕业生工资指导价、工资指导价、工资指导价位、劳动力市场指导价、薪酬行情、劳动力市场就业指导价、薪资行情、热门职业薪酬状况等关键词或词串进行相关信息查询。

更进一步的查询，需针对专业确定更精确的关键词检索式，包括岗位名称、工资指导价、工作城市、就业年份等关键词，如：工资指导价　物流师　四川　2015年。

三、到常用人才招聘网站查询

到各地区劳动保障网等查找相关信息，对相关网站的选择使用，关系到所查资料的权威性与真实性。

（1）国家一级高校毕业生就业信息网；

（2）各地高校毕业生就业信息网；

（3）专业协会/学会网站、知名专业网站及论坛。

四、调研招聘单位在人才市场公布的职位薪水标准

这一标准因不同经济性质、不同行业、不同企业规模而异。

【案例二】

职场岗位及专业前景的分析调研

对于职场岗位的调研我们要注意以下几个问题：

1. 网上这类信息存在的形态如何，实际上在企业的岗位招聘信息中大多都有相关岗位要求的信息，只是在描述上有些区别：如职位说明书、岗位要求、岗位职责、职位要求等，在查找时按相关同义词进行检索就能找到所需检索结果。

2. 在对行业前景预测分析这类信息时，可从了解专业环境着手，对专业环境信息做出评价，了解欲从事职业的内容及要求，了解欲从事职业的现状及发展前景，找出机会与威胁；分析自身条件的优势或劣势；决定对策，制定行动方案。具体可从如下内容进行收集、分析、评定：

（1）所从事专业职位分类及基本要求与自己实际情况的评估。

（2）所从事专业人员薪资状况（参见“案例一”）。

（3）制定个人的生活预算，评估你的生活开支与实际收入状况：要求在提供的工作单

上写出你的预算，尽可能在互联网上获得你需要的信息，预算包括住房和交通费用，当然最重要的是找到一份工作，其收入能够支付你的预算。

（4）准目标公司情况分析；岗位职责需求调研、企业文化、产品、技术等综合信息收集。

（5）从整体上对人生职业规划有更远的打算和准备，如专业现状、发展前景、人才需求状况、就业方向岗位从低到高的职位发展脉络等信息。

（6）分析定位，总结自己的职业发展策略及职业发展路径，包括对现岗位、发展岗位的系统调研。

【案例分析】

从上面的两个案例我们可以看出，实际上，对就业信息的调研与分析，是通过相关信息的收集分析，再结合自己的实际能力情况，做出理性的择业定位，包括政策定位、时间定位、区域定位、岗位定位及待遇定位。所以，就业信息调研不仅仅是调研具体用人单位的需求信息，它还包括很多方面，如国家有关毕业生就业的方针、政策、法规，地方制定的有关就业政策，不同部门、不同行业在国民经济和社会发展中所处的地位、作用和发展趋势；某一个用人单位的性质、人员结构、经营状况、发展前景、工作环境、企业文化等，这些都是很重要的就业信息，若我们忽视对这些信息的搜集分析，就难以做出全面、准确的判断。

训练活动

1. 从你所学的专业中，选择你较为熟悉的某一岗位作为目标进行岗位薪酬调研。
2. 结合你所在的城市情况，对你所学的专业进行前景分析调研。

知识阅览

高校毕业生就业信息网（国家级）

全国招聘信息公共服务网 http：//www. cjob. gov. cn

全国大学生就业公共服务立体化平台 http：//www. ncss. org. cn

中国国家人才网 http：//www. newjobs. com. cn

中国人力资源市场网 http：//www. chrm. gov. cn

中国就业网 http：//www. chinajob. gov. cn

中国人事考试网 http：//www. cpta. com. cn

中国中小企业信息网 http：//www. sme. gov. cn

中国青年创业国际计划 http：//www. ybc. org. cn

第三节　求职心理困扰与调适

核心知识

一、求职中的常见心理困扰

大学生群体是个体由青年期到成年期成长过程中一个特殊的群体。他们的心理健康状况比处于这一时期的其他群体明显要差。为了帮助广大毕业生更好地认识这些问题，为就业做好心理准备和心理调适，首先从以下几个方面来看看大学生求职时一般存在哪些心理问题。

（一）择业心理压力与焦虑

当前激烈的就业竞争环境给大学生带来了较大的心理压力，而且这种压力在各年级学生身上都存在。焦虑即对将发生的某种情景或事件感到担忧和不安，又无法采取有效的措施加以预防和解决时产生的情绪体验，如考试焦虑、适应焦虑、健康焦虑、选择焦虑等。它使人处于一种无所适从的状态，总是担心将要发生的事情，以致产生坐立不安、忧虑、担心、恐惧或过度警觉等不良反应。焦虑情绪本身并不是一种情绪困扰，这里所说的，是指自身的焦虑程度已经构成了对学习和生活的不良影响或干扰。应该说，适度焦虑有益于个人潜能的开发。如果一个人没有焦虑或是焦虑不足，就会导致注意力涣散，工作学习效率下降；但是过度的焦虑，往往又会使人过度紧张而产生注意力分散和工作学习效率降低的情况。

择业时，许多大学生是既希望谋求到理想的职业，又担心被用人单位拒之门外，还担心自己在择业上的失误会造成终身遗憾，并对未来的职业生活感到心中无底。因此，在择业过程中大学生存在一定焦虑是正常的。但一些大学生的焦虑过了头，充满了各种不必要的担心，造成精神上紧张不安，行为上无所适从，这就有害无益了。

还有一些大学生在择业时显得过于急躁，整个择业期情绪始终处于亢奋状态，常常心急如焚，希望尽快找到合适的工作，但又缺乏对就业形势的冷静观察以及对自我求职的理性思考，做了许多出力不讨好的事。因此常常有一些毕业生在并不完全了解用人单位的情况下就匆匆签约，一旦发现实际情况与自己想象的不一样或发现了更好的工作时，就追悔莫及，甚至毁约，给自己带来许多不必要的麻烦与心理困扰。

（二）择业心理期望与失落感

许多大学生都有一种“十年寒窗，一举成名”的心理，因此，他们对择业的期望相当高。大学生大多希望到生活条件好、福利待遇高的大城市、大机关、大公司工作，而不愿到急需人才但条件较差的中小城市和基层小单位，过分地考虑择业的地域、职位的高低和单位的经济效益。高期望驱使毕业生总是向往高薪水、高职位、高起点，渴求高收入、高物质回报率，并一厢情愿地对用人单位提出种种要求，将自己就业的目标定得很高，即使找不到合适的单位也不肯降低就业期望值。比如，有一些学生就说："非北京、上海、深圳不去。"可是现实就业岗位大多不像大学生所想象的那么美好，因此当发现现实与理想差异较大时，就容易出现"高不成，低不就"的现象，并产生偏执、幻想、自卑、虚伪等心理问题，可能导致择业行为的偏差。

（三）择业人格缺陷

1. 自我同一性混乱

许多同学对自己的职业目标、需要、价值观以及自身特点等没有明确的认识，在就业时不能正视自己的能力、素质和择业的客观环境，不能对自己有一个客观、清醒、全面的评价。因此，他们在职业选择时往往是茫然、犹豫不决、反复无常、见异思迁、躁动不安，不能主动、独立地获取职业信息、筛选目标、规划职业生涯，也不能解决择业中的问题，做出正确的决策。自我同一性混乱在择业中的两个突出表现就是盲目从众与依赖。

2. 就业挫折承受力差

不少大学生在求职时只想成功，一旦遭受挫折就会像泄了气的皮球一样，一蹶不振，陷入苦闷、焦虑、失望的情绪之中不能自拔。他们对求职中的挫折既缺乏估计又缺乏承受能力，不能很好调节自己的心态，也不会通过总结求职中的经验教训来获得下一次的成功。

自主择业给大学生提供了就业的自由及通过竞争获得理想职业的机会。应该说这也是大多数学生所期望与认可的。但当大学生真正面对激烈的竞争环境时，也有许多人表现出缺乏信心、缺乏勇气，求职时战战兢兢、顾虑重重、畏首畏尾，不敢大胆自荐的状态。结果是有压力没勇气，不能真正向用人单位展现自己的竞争实力，错过了机会，在竞争中陷入不战自败的境地。特别是一些冷门专业或学习成绩不佳的同学就更容易出现不敢竞争、不敢尝试的问题。

3. 自卑与自大

自卑是由于某种心理或生理上的缺陷或其他原因引起的自我轻视的情绪体验，主要表现为对自己的学识、能力等自身因素评价过低。由于生活环境、学习环境的改变，部分大学生由高中时期的"佼佼者"变成大学校园中的"普通一员"，这种地位的改变是造成部分大学生自卑的重要原因，还有一些学生由于家庭条件差或自身某些方面的不足而感到自卑。

一些毕业生在求职中常会产生自卑心理，对自己评价偏低。自卑的大学生不敢正视现实，对自己的长处估计不够，怀疑自己的能力，不善于发现适合自己的职业岗位，在对自己的抱怨、贬低中失去了求职的勇气。

自卑的另一端是自大，而且两者有时会相互转化。一些专业较好、就业资本较雄厚的大学生容易从自信变为自大。还有一些大学生是脱离实际的自大，他们既缺乏对自己的客观认识，也对就业市场、职业生活缺乏了解，一切都凭自己的主观想象，在求职中自觉高人一等、自命不凡、四处吹嘘，一旦出现变故则容易陷入自卑、自责、一蹶不振的境地。

4. 偏执与人际交往障碍

大学生择业中的偏执心理有不同的表现。

（1）追求公平的偏执。大学生要求公平的竞争环境，对一些不良的社会风气感到气愤是正常的，但有一些大学生表现为对公平的过分偏执，将自己求职中的一切问题都归结为就业市场不公平，以致给自己的整个求职过程都笼罩上了心理阴影。

（2）高择业标准的偏执。大多数毕业生对求职有过高的期望，不过多数人能通过在就业市场的体验，客观地认识和接受当前的就业现状并调整自己的择业标准。但仍有部分大学生固执己见，偏执地坚持自己原来的择业标准，甚至宁愿不就业也不改变。

（3）对专业对口的偏执。一些大学生在就业时过分追求专业对口，不顾社会需要，无视专业的伸缩性、适应性，只要是与专业有一定出入的工作就不问津，只要不能干本专业就不签约。这样就人为地减少了自己就业的机会。

还有一些大学生缺乏基本的人际交往能力。人际交往中常常表现出敏感和退缩，很少参加群体活动，对自己缺乏自信，十分自卑，总觉得别人讨厌自己，紧张、不自然，讲话缺乏逻辑性，有时甚至不知所措，或是对他人的言行敏感、多疑、不信任等。有的在求职过程中过于怯懦、紧张，不敢在用人单位面前展现自己，甚至连面试也不敢去，常常一开口就面红耳赤、语无伦次。还有的在求职中不会察言观色，不懂得照顾别人的感受，不懂人际交往的礼貌礼仪。人是需要在与社会的互动中实现价值的，有的人因为交往障碍总感觉到孤独和无奈，没有能互诉衷肠、配合默契、同甘共苦的知心朋友，往往同居一室可心灵上的感觉却咫尺天涯。

（四）择业心态和情绪困扰

1. 消极等待与“怀才不遇”心理

与择业时的焦虑急躁心理相反的是一些大学生在就业问题上表现得非常消极，平时也不参加招聘会，有单位来招聘就看看，如果不满意就等下去，满意时也不主动争取，抱着“你不要我是你的损失”的态度，期待着有单位会主动邀请。还有些人这山望着那山高，不肯“低就”，明明已经找到工作，但拖着不肯签约，总希望有更好的单位出现。

另外，有些大学生自恃条件很好，自认为“满腹经纶”可以大有作为，但在择业时却常常要么碰壁，要么找到的工作不满意，于是抱怨“世上无伯乐”，怨天尤人。

2. 攀比与忌妒

在求职中，同学之间“追高比低”的现象时有发生，一些同学经常吹嘘自己的职业待遇好、收入高，求职变成了自我炫耀。还有些同学听说别人找到了条件优越、效益较好的单位，心理上就不平衡，抱着“他能去，我更能去”的态度，非要找一个条件更好的单位，而不考虑自身的条件、社会需求特点、职业发展及就业中的机遇因素。

一些毕业生对别人所找的工作心存忌妒，特别是看到自认为条件不如自己的人也能找到很好的工作就更容易出现忌妒心理，于是有些人故意对别人的工作冷嘲热讽、贬低、讽刺和挖苦，更有甚者抱着“我得不到，你也别想得到”的畸形心态，在用人单位面前造谣中伤、诋毁别人。

3. 抑郁与逆反

在择业中受到挫折后，一些毕业生会感到无能为力、失去信心，表现为失落抑郁、不思进取、情绪低落、意志消沉，他们常常会放弃一切积极的求职努力、听天由命。严重时还会对外界漠然视之，减少人际交往，对一切都无所谓，进而导致抑郁症。

还有一部分毕业生，则对正面的职业教育、职业信息存在逆反心理。对来自辅导员、班主任、学校就业指导中心以及同学和用人单位的正确信息、善意批评与建议，他们不相信、不听从，偏要对着干，要按自己的一厢情愿去求职。比如当别人为其推荐某工作单位时，他总是抱有戒心，别人讲得越多他越不相信。当求职失败时，不总结自己的问题，甚至明明知道是自己的原因也不改正，在以后的求职中依然我行我素，听不进任何批评与建议。

4. 说谎侥幸与懒散心理

有些同学认为用人单位不可能去核查每个人的自荐书是否真实，而且在面试时时间比较短、不可能对自己做全面的考察和了解，只要自己当时充分地表现一下，把工作骗到手，签好协议书就行了。于是，一些毕业生把别人的获奖证书、成果证明等偷梁换柱地复印在自己的自荐书里，而且自己明明没有当什么干部，也没有参加什么社会实践活动，也照着别人的写上，甚至胡编乱造一番，以致有时在用人单位收到的自荐书中，一个班竟出现了五六个班长。还有的大学生在面试时把自己吹得天花乱坠、无所不能，结果在现场实践考核或试用时就露出了原形。

有的毕业生签约比较早，往往在离毕业半年或更长时间就落实了单位，这时就容易出现懒散心理，认为工作单位已定，没有什么可以担心了，应该松口气、歇歇脚了，于是学习没了动力，组织纪律涣散，考试仅仅追求及格，毕业论文只求通过，甚至长期旷课、夜不归宿，极少数严重者因此受到学校的处分，甚至被开除学籍或被勒令退学，找到的工作也因此丢了，悔之莫及。

5. 心理不满与行为、生理反应失常

由于就业市场中确实存在一些不公平现象，以及某些专业、学校的毕业生不易找工作的客观现实，一些大学生在遇到就业挫折时就容易出现不满心理。比如有些同学认为“学习靠自己，就业靠关系”，还有些同学出现了对专业、学校的抱怨、贬低。

在各种不满与不良就业心态的影响下，还会出现一些不良行为和生理反应。行为与生理反应的失常通常是比较严重的就业心理失常的表现，出现这些问题时要及时进行自我心理调适或寻求心理咨询专家的帮助。

二、大学生求职过程中的心理调适

（一）大学生求职过程中常用的自我心理调适方法

大学生作为就业压力的承受者，应学习掌握科学有效的自我心理调适方法，使自己能够自我缓解、校正可能出现的各种心理异常现象，及时解决日常心理问题，维护和保持心理健康。所谓自我心理调适，就是自己根据自身发展及环境的需要对自己的心理进行控制调节，从而能最大限度地发挥个人的潜力，维持心理平衡，消除心理困扰。

心理调适的作用就在于帮助大学生在遇到心理困惑和冲突时，改变原有思考问题和解决问题的方式，使之能够适应新环境。心理调适的目的在于帮助大学生学会客观地分析自我，有效地排除心理困扰，控制和调节自己的情绪，保持良好的心态。大学生学习自我心理调适，能够帮助自己在求职遇到挫折和心理困惑时，保持一种积极稳定的心态，有效地排除心理困扰，控制和调节自己的情绪，以至寻找最佳途径实现自己择业的理想和目标。大学生可以运用以下方法进行自我心理调适。

1. 主动宣泄法

一个人在职业生涯中可能会遭到各种拒绝和失败，也会有很多的不如意和困难，面对挫折和逆境，面对重大压力，要学会化解压力，这是一个人在职业成功之路上必备的心理品质。大学生要采用适当的方法，合理宣泄，消除压抑感，才能轻松、愉快地工作和学习。释放压力的方法有以下几种。

（1）倾诉。

可以向知心朋友或老师、家长倾诉内心的烦恼和忧虑，也可以用写信的方式来倾吐心中的不快，写过后并不一定要寄出，把它撕毁或付之一炬都行；记日记、写博客也是简便易行的方法。

（2）哭泣。

悲伤、委屈的时候尽情地痛哭一场，不良情绪状态下身体产生的毒素随着眼泪及时排出，会感到一种特别的轻松、平静。

（3）运动。

运动是针对抑郁和焦虑的一剂良药，因为运动能促使大脑产生更多让人兴奋和快乐的物质——内啡呔。运动还可以使人转移注意力，给愤怒等不良情绪一个合理的发泄渠道。无论求职多么紧张，也要抽时间运动。运动是一种既锻炼身体，又能宣泄情绪的两全其美的方法。

（4）听音乐。

音乐对人的情绪会产生意想不到的作用，任何时候音乐都会影响一个人的感觉。柔和的音乐对疾病的康复十分有益，还能平复人的心灵，而节奏感强烈的音乐能使人更有活力。在忙碌的求职之余，听听音乐可以让人放松下来，使自己有快乐的感觉。

情绪宣泄要做到适时、适度，注意时间、场合和方式方法，既不能影响他人的工作、学习和生活，又不能有损自己的身心健康，更不能触犯法律、危害社会。

2. 情绪放松法

现代社会是一个竞争强、节奏快、效率高的社会，这就不可避免地给人带来许多紧张和压力。适度的精神紧张，可以帮助人们集中精力做事，有助于激发潜力，是有一定积极作用的。但如果时时精神紧张、如临大敌，那么总有一天你会发现，简单的变复杂了，复杂的变得更复杂了，最后会到无以复加的地步。

英国的斯赫伯特说过："面对一件事，很多人都会紧张。只不过有的人会调节自己，有的人不会，越弄越紧张。"紧张，已经成为现代社会流行的负面情绪，它会给生活带来各种各样的影响。"情绪如潮，越堵越高"，尤其是紧张情绪，越放松不下来，就会越紧张，不仅不能使你发挥出正常水平，反而会使你整天处于如履薄冰、战战兢兢的状态，这对身心健康，以及生活幸福都是有害无益的。大学毕业生产生心理问题的原因，大多是紧张、焦虑等情绪造成的，很多是因为找不到适合自己的工作引起的。在学习和生活中，当紧张与焦虑对大学毕业生产生不良影响，甚至不能使其正常学习和生活时，便需加以调适。以下方法可尝试一下。

（1）调息放松法（也称深呼吸放松法）。此法的关键是将胸呼吸（由于紧张，使吸入的空气最多只到达胸部便被呼出）变成腹式慢呼吸（尽量向内更多地吸入空气，再轻轻地、慢慢地将气呼出）。此法可促使血液循环正常，让紧张心理得以缓解，降低个体对焦虑的易感度。

（2）冥想是一种改变意识的形式，它通过获得深度的宁静状态从而增强自我认知，达到良好心态。在冥想期间，人们将注意力集中在自己的呼吸上并调节呼吸，采取某些身体姿势，使外部刺激减至最小，产生特定的心理表象，或什么都不想。

许多案例已证明，冥想至少能够减少那些在压力环境中充满应激的个体的焦虑感。一些冥想的追随者和实践者提出，有规律地练习某些形式的冥想会增强意识，有助于个体获得启迪，并以新的方式看待那些熟悉的事情，把知觉和思维从自发的已学会的模式中解放出来。还有一些研究者提出，有规律地进行冥想可使心理超越某种程度的局限，甚至可以增强人的智力和认知能力。

（3）肌肉放松法。肌肉放松是一种深度放松。此法的要点是先紧张后放松，在感受紧张之后再充分地体验放松的效果。从操作上来说，肌肉放松法一般是从头到脚，依次分别进行。如做面部整体放松：把眉毛往上拉，眼睛尽量睁大，嘴角尽力后拉，牙齿尽量咬紧，保持10秒钟，然后放松，对每一部分肌肉都要充分体会紧张之后再放松的舒适感觉。

3. 注意转移法

所谓注意转移法就是采取迂回的办法把自己的注意力、情感和精力转移到其他活动上去，使消极的情绪在蔓延之前就被一些因素干扰，不再恶化，朝着良性方向发展。过于强烈的消极刺激都与当时的情境密切相关，只要善于脱离不利的情境，对情绪的控制就变得相对容易。比如当产生心理问题时，自己首先应该冷静下来，转移注意力，做一些自己感兴趣或是有待解决的事情，等平静之后再考虑就业的问题。以上方法的一个特点是能让矛盾暂时得到缓解，直到自己冷静后再作处理就不容易激化矛盾，就有利于心理问题的解决。

4. 自我暗示法

自我暗示是一个心理学概念。它是运用内部语言或书面语言的形式来进行自我调节情绪的方法。积极的自我暗示有一种神奇的力量，可以启动和控制潜意识能量，调动非智力因素，以此来调整心态，补充精神动力，坚定成功信念，进而自觉地努力，以达到主体追求的效果。而消极的自我暗示会使人陷入低落的情绪之中，久而久之，潜意识的东西就会逐渐上升到意识层面，将个体引入消极的生活状态中不能自拔。言谈举止具有很强的关联性，良好的心理状态会让自己感受到轻松，从而看到希望。因此，积极的自我暗示对大学毕业生来讲是非常必要的。大学毕业生要注意调整自己，运用好自我暗示。当自认为受到用人单位的轻视，个人感到无价值时，应暗示自己：他们这样说有什么证据？对这件事有无其他解释？我应努力证实自己，让他们消除这种认识。当求职造成巨大压力，以至个人感到无所适从时，可以暗示自己：一步一步去做、一件一件去做，事情总会有结果；当遇到失败，结果无法挽回时，可以对自己说：这不是最后一次，我可以重新开始。

5. 自我安慰法

自我安慰即通常所说的文饰的方法。文饰是一种援引合理的理由和事实来解释所遭受的挫折，以减轻或消除心理困扰的方式，它的表现形式可概括为找“借口”“阿Q精神胜利法”“酸葡萄效应”等。当一个人无法达到自己追求的目标，或想得到的东西得不到时，常常像伊索寓言里那只聪明的狐狸一样，吃不到葡萄就说葡萄是酸的，冲淡内心的欲望，减少懊恼的情绪，减轻内心求而未果的痛苦。自我安慰法对于帮助人们在大的挫折面前接受现实、保护自己、避免精神崩溃是很有益处的。

6. 积极认知法

所谓认知就是我们看待事物的方式，它包括一个人的思想观点，阐述事物的思维方式，评价是非的标准，对人对事的基本信念等。积极健康的认知是指个体的认识与客观事实相符，不歪曲事实。一般来说，消极情绪是由消极的思想决定的，当一个人用否定的、悲观的思想看问题时，就会感到非常沮丧、失意与消沉。

生活中我们注意到，拥有积极健康认知的人总是在看到事物不利方面的同时，更能看到事物有利的方面，从而精神饱满、信心十足。而持消极认知的人看问题的不利方面多些，强调困难更多些，把这种不良情绪带到择业中，势必影响就业的效果。其实，一个人快乐与否完全取决于看问题的角度，取决于对待生活的态度。当杯子里剩下半杯水时，有的人会想，太幸运了，还有半杯水；有的人会想，太糟糕了，只剩下半杯水了。我们不能改变事实，但能改变心态，心态不同感受就不同。

每个人的人生都是被上帝咬过一口的苹果，如果上帝在你的苹果上咬了很大一口，也不要抱怨命运的不公平，因为你的苹果太芳香诱人了，所以上帝才咬了一大口。

雪莱说：“除了变，一切都不会长久。”但很多人宁可在痛苦中沉沦，也不愿在挣扎中改变。这会在痛苦中越陷越深。

一念天堂，一念地狱，只要挑好了对待生活的角度，快乐就无处不在。换一个角度，换一种心态，快乐就在你身边。要想拥有健康的认知，就应该正确认识自己、接受自己、维护自己、提高自己，并在此基础上形成积极正确的自我观念，摆正位置，扬长避短，不好高骛远，不给自己提出不现实的目标。同时，正确认识别人，经常进行换位思考，站在别人的立场上考虑问题，多想别人的长处和优点，避免认知偏差。只有这样，才能以积极的心态应对就业问题，干一行爱一行，干一行钻一行。

三、其他不良情绪的调节

（一）消除忌妒

作为一个凡人，有点忌妒心很正常，并且它是一个人前进的小动力。羡慕别人的优势，可以激发发愤图强的潜能，但如果忌妒过度，则可能产生病态的忌妒心理。罗素曾说：“忌妒尽管是一种罪恶，它的作用尽管可怕，但并非完全是一个恶魔，它的一部分是一种英雄痛苦的表现。”“同类相比”是人的天性。当自己不如别人时，正确的做法是找出差距、积极进取、努力赶上，而不是沮丧失落、灰心丧气，更不能忌恨别人、伺机破坏。人生是一个大舞台。在这个舞台上，每个人都有适合自己扮演的角色。可以说，人人都有其所，所以不必将忌妒永存你心。

在求职过程中受环境、机遇以及其他诸多因素的影响，对于同等资历的求职者来说，求职结果也会产生落差，反映到自身就会生成一定的忌妒心理。这种心理无论从现在学习还是将来工作的角度来讲，都需要我们努力地去克服，要能够设身处地地为别人着想，别人有困难时给予帮助，有痛苦时给予安慰，有成就时予以祝贺，做到真诚待人、光明磊落、襟怀坦荡，潇洒地工作和生活，不必为此心存不良意识而惴惴不安。此外，消除忌妒心理、诚实做人还有利于维持良好的人际关系，有利于事业的成功。所有这些都需要我们在日常生活中，有意识地进行自我控制、自我调节，及时排除各种各样的内心纠葛和烦恼，自信地面对生活。

（二）克服自负心理

自负的人，有的心高气傲、自视甚高，总是大肆吹嘘自己，把别人贬得一文不值，总认为自己比别人强；有的固执己见，唯我独尊，将自己的观点强加于人，在明知别人正确的情况下，也不愿意改变自己的立场；有的盲目乐观，看不到险境和问题，仍沉浸在表面的歌舞升平之中。

人的自负往往源于地位高、事业成功和财富多。但人生的成败不仅仅取决于物质的多寡，更在于心态的平和，要用平常心对待一切，用冷静的目光去看待人世间的恩怨、成败。

每个人都有自己的局限性。只有认清自己的局限性，做事才能够量力而行，获得成功。如果一个人太过自负，认为自己无所不能，他就是自欺欺人，最终会留下笑柄。

社交中，如果能去掉心中的高傲，将自己和别人比较一番，你就会发现原来自己有那么多不如人的地方，有很多方面需要向别人学习。当你认识到这一点时，自负就开始远离你了。

四、良好求职心态培养

（一）克服惰性，积极行动

要想成功，首先要积极行动起来，否则，即便你有着聪明的头脑、超人的智慧、高人一等的专长，也会慢慢退化，最终你便成为庸庸碌碌、一事无成的凡人。

积极行动起来，就要克服凡事不找方法只找借口的毛病。那些懒散的人一生没有什么本事，但却是制造借口的高手，一遇到难题不是找方法，而是找借口回避难题：用客观条件不具备、没有时间、能力不如人家等理由来搪塞，以至于错过了行动的最佳时机。所以说借口是行动的大敌，借口越多，人的惰性越大，行动力也就越差。

积极行动起来还需要克服对未知的恐惧。一些人之所以不敢行动，是因为他们对不确定的未来有着恐惧心理，担心行动会带来意想不到的坏结果。所以，他们宁可维持并不满意的现状，也不愿意去改变现状，这样的人是无法做成大事的。

积极行动起来还要克服等到万事俱备再行动的错误观念。一些人缺乏行动力，还有可能是因为觉得现在条件还不充分，时机还不成熟，结果今天拖到明天，明天拖到后天，一直拖延下去，直到错过了最佳时机，才后悔当初没有采取行动。条件百分之百具备的时候再行动确实可以减少风险，或确保万无一失，但是万事俱备的可能性是微乎其微的，因为世界上的一切事物都处在不断的发展变化中，机会是稍纵即逝的，只有积极行动才能把握机会，才能创造机会，才能将美好的想法转变为现实。有位哲人说，今天就是一座独木桥，只能承载今天的重量，如果你硬是在这上面加上明天的重量，那它必定轰然倒塌。因此，活在当下，过好当下的每一天，不去过多担忧未知的未来，你将充满愉快。

（二）提升求职心理素质

对于初涉社会的大学生，职业生涯刚刚开始，心理素质的锻造成为重要的一课。

1. 调整求职心态

大学生在求职中应调整求职心态，促进人格完善，培养乐观自信的精神、良好的意志和坚强的性格等人格特征，增强求职心理能力。在大学生求职心理素质教育中尤其应注意以下人格特征的培养：乐观自信、积极进取、善于合作、勇于创新、意志坚强、谦虚礼貌、自立自强、耐挫性高、自控力强、善于调节自己的情绪等。在求职中遭遇挫折是很正常的，大学生作为就业压力的实际承受者，应该以乐观自信的态度来面对，既要培养自己坚强的意志和决策的果断性，还要充分认识到良好的性格对于正确思维、理性处事、顺利求职有着重大的作用，避免在求职过程中优柔寡断、丧失良机。同时，大学生要善于听取别人意见，积极参加集体活动，在实践中防止和克服焦虑、恐惧、自卑、忧郁等心理。

2. 提高心理承受能力

换一种思维方式，把不幸当作机遇，就可以获得不幸给予你的馈赠。你就能变负为正，在做事情时找到峰回路转的契机，同时赢得一片新的天地。

已故的西尔斯公司董事长亚当斯·罗克尔说：“如果有个柠檬，食之味微苦，但如果必须吃，我们可以做成鲜美的柠檬汁。”在这里，亚当斯·罗克尔强调的就是有些困难或者挫折既然不可避免而且摆脱不掉，我们不妨换一种思维、换一种方式，把负的影响变成正的能量。

英国政治家威伯福斯厌恶自己的矮小，但是，他却为英国废除奴隶制度做出了决定性的贡献。著名作家博斯韦尔在听他演讲后对人说：“我看他站在台上真是个小不点儿。但是我听他演说，他越说似乎人越大，到后来竟成了巨人。”弥尔顿眼睛看不见世界，却可以用美好的诗篇来描绘世界；贝多芬耳朵失聪，却谱出振奋人心的曲子；海伦·凯勒从小就失去了听力和视力，却通过自己的努力在文坛上留下了不朽的篇章。他们的人生筹码有太多被注为“负”，但他们凭借顽强的精神和不屈的意志，在人生的蓝图上书写了大大的“正”字。

面对市场竞争和就业压力，大学生应该提高自己对各种突发事件的心理承受能力，应该用冷静和坦然的态度待之，客观地分析自己失败的原因，调整自己的求职策略，以便在下次的求职中获得成功。同时，应把择业过程看作是一个很好的认识社会、主动调整自我适应社会的过程，通过求职活动来了解自己、发展自己，促进自我成熟，从而增强自我心理调节与承受能力。大学生在校期间应该有意识地加强心理素质的培养和锻炼，特别是在面对挫折时，要善于调整心态，积极进取。

3. 树立自信心，克服焦虑

自信是获得成功的精神支柱，是一个人成长、成才不可缺少的重要心理素质。自信能让我们超越自我，能鼓起我们昂扬的斗志，获得摘取成功桂冠的机会。

自信不是盲目的刚愎自用，而是由知识和力量形成的。有些人虽身处逆境，但充满自信，自强不息，积极向上，最终获得了辉煌的成就。古希腊著名演说家德摩斯梯尼，原先口吃，声音细弱，演说时常被人喝倒彩，但他始终对自己信心百倍。为了克服毛病，他每天清晨口含小石子，努力练习，最终成为一名口若悬河的演说家。

自信有螺旋式上升或下降的倾向。如果你有一种积极向上的态度，你就可能表现良好，而这也将使你感觉良好。反过来，感觉良好能使你增强自信，这样一来，你就可能更好地表现，并获得更多的自信。反之，如果你自信心很差，就很容易气馁，从而导致表现极差，其结果是你想逃避这种处境。这会导致产生失败感和缺乏自信。

自信心并非短时间内就能树立的，因此，大学生在平时就应该学好文化知识，充分地挖掘自己的潜力，全面提高自己的综合素质，提高自己的能力水平，不断充实和完善自己。大学生只有在完成学业、发展特长、全面提高自己的综合素质的情况下，才能在求职时信心十足。

4. 培养独立意识，锻炼实践能力

社会是残酷的，也是公平的，它不会因为你是刚走出校门的大学生而另眼相看。社会要求大学生对自己的行为完全负责，这就要求大学生在校期间就要有意识地去培养自己的独立意识。

首先，要培养自己独立生活的能力，从小事开始，摆脱家庭的关爱呵护，训练自己独立处理问题的能力，提高生活技能，学会独立。

其次，要注意培养自己独立学习、独立完成任务、独立生活的能力，不应在老师的安排和督促下去做，而要最大限度地发挥个人能动性，要学会顺应并改变环境。

最后，要在思想上和心理上同时走向独立，思想上要有自己独立的见解，要认清自己要走的路，找寻自己的奋斗目标，不断完善自己的思想体系，独立处理面对的问题；心理上的独立就是要有自信心，不怕失败。无论成功与否，无论身处顺境还是逆境，都要相信自己的能力，坦然真诚地面对自己，保持积极健康、客观进取的心态，永远都能做到自尊、自爱、自信、自强。

（三）培养情商，实现成功

1. 情商的五个要素

情商，又称“EQ”，是 Emotional Quotient 的缩写，直译过来就是情绪智力。克里斯汀·韦尔丁说：“拥有情商是一项重要的技能。”如果你想提升自己的情商，让自己变得更成功更幸福，那你一定要了解情商的五大要素。著名的心理学家丹尼尔·戈尔曼归纳了情商的主要内容，即：

（1）自我意识：知道自己当下的情感情绪及其缘由；

（2）自我调节：即使碰到了困难，也能控制自己的情绪；

（3）自我激励：面对挫折能坚持努力；

（4）有同理心：能体会他人的情感及立场；

（5）社交技能：可以倾听和欣赏他人。

2. 情商的四种技能

大卫·卡鲁索和彼得·沙洛维在合著的《情商管理者》一书中，讲到了与情商有关的四大技能。

（1）辨认情感：对情感产生意识并将其表达出来。

情感携带着一定的数据信息，它向我们暗示了身边正在发生的重要事件，与我们的生活息息相关。我们需要准确地辨认自己和他人的情感，以便更好地传达自我的情绪，从而有效地与他人进行交流。

（2）运用情感：让情感影响并改进思维，以便解决具体的事。

我们的感受方式影响着我们思考的方式和内容。遇到重要的事情时，情商能保证我们在关键时刻采取有效的行动，合理地运用思维来解决所面临的问题。

（3）理解情感：发现情感的意义，了解事情的真相。

情感绝不是随意而发的事情，它们往往有潜在的诱发因素，只要理解了这些情感，我们就可以更好地了解周围那些正在发生的事和即将发生的事，并能透析其本质和缘由。

（4）管理情感：接受情感，与自己的思维合二为一。

情感负责传达信息、影响我们的思维，所以我们需要巧妙地把理智与情感结合起来，这样才能更好地解决问题。无论它们是好还是坏，我们都要张开双臂去接受，并找到一个富有情商水准的策略。只有这样，我们才能控制自我情绪，实现情商的管理和提升。

3. 情商的培养

著名心理学家罗杰斯认为，可以从五个方面入手培养情商。

（1）开阔地接纳自己的经历。

正确认识并接受自己的经历，包括情感经历在内。罗杰斯强调是否能开阔地接受情感对个人发展很必要。

（2）活在当下。

坦然地接受过去，不要浪费精力去思考已经发生且无法改变的事实，不要浪费精力去想未知的将来；要生活在现在，用心体验当下的每一秒。

（3）相信自己。

有足够的自信，做自己认为正确的事。

（4）有效地运用自由。

有了更多的选择余地，感觉就会更自由。罗杰斯提出，“充分发挥作用的人（也就是具有情商的人）”应该享受选择的自由，并且能够对自己的选择负责。

（5）有创造力。

一旦感觉到了自由，也就有了责任，人们就能在很多领域（如艺术和科学上）产生创造力。这时，不管是对社会的关注、对父母的爱，还是在自己的工作上，都会表现出创意。

经典案例

【案例一】

面对就业挫折，他选择了错误的应对方式

大学毕业生吴某，到一家杂志社求职应聘网络编辑岗位，在求职失败后，吴某采取了过激行为，将该杂志社网站“黑”掉，致使外界无法访问。后杂志社报警，警察调查后发现是吴某所为。

此次事件发生后，杂志社的梅先生介绍说，此前也有一名毕业生想应聘该杂志的发行职位，但由于种种原因，这名毕业生没有被聘用，而他不仅在网上对梅先生进行漫骂，还在找到工作后对梅先生进行嘲笑。梅先生认为，这种大学生求职未果而产生的“怀恨”心理，“多数情况下没有具体的实际行为，只是心里不满而已，随着社会的磨炼，心态也就平衡了”。

专家点评：

现在少数大学毕业生专业技术水平还可以，但道德素质却没跟上，而且心态也不好，不能正确面对求职中的失败，有的像吴某一样采取过激行为。报复固然能解一时之气，但是最终也只能给自己带来恶劣的影响，甚至触犯国家法律，对求职而言无半点好处。在此，我们需要直面挫折。所谓瑕不掩瑜，有了几次的失败，我们势必会重新自我评估，增强知识储备，提高自身能力，进而消除暴躁情绪和自满心理，争取在接受下一轮挑战时能够一举成功。此时，挫折对一个人的求职起着巨大的推动作用，而拥有这种潜质的人定会找到适合自己的发展道路。逃避挫折随之而来的或是对自己的怀疑，或是对社会的不认同，自觉求职无望，精神萎靡，一蹶不振。逃得过一时逃不过一世，一旦再次遇到激烈竞争或是挫折必然会遭到淘汰，更有甚者会有过激行为。此刻，挫折成了人生路上的绊脚石。

【案例二】

面对压力，学会正确调适

财会专业毕业生小娅是一个性格开朗的女孩，始终保持灿烂的微笑，第一次求职就成功地应聘到一家会计师事务所做财会人员。谈及面试经历时，小娅感触颇深。

面试时间是下午，当小娅走进办公大厅时，看到很多人都紧张地走来走去。她镇定自若，一边观察周围的环境，一边慢慢地走向面试办公室，坐在门口的椅子上静静地等待，适当调整心情，此时的心情格外好。

进入面试室后，面试考官对其很客气。面试是一对一，双方的交流在一种自然、平和的状态下进行。小娅面对考官讲述了自己的学习情况、个人爱好、职业兴趣等，并针对招聘要求坦诚地讲了自己的不足：自己实践能力欠缺，没有会计经验，也没有在事务所实习的经历。她陈述以后，考官认为她具备了一个会计师需要的诚实品德，在一定程度上弥补了她的不足。

整个面试过程，小娅始终保持微笑，以轻松的心情真诚自然地展示自己的才华和能力、优势和劣势，给考官留下了深刻的印象，结果她顺利地成为会计师事务所的一员。

案例分析：

大学生在面对就业竞争时，不可避免地会出现紧张、焦虑等心理。拥有自信，适当调适心情，善于应对压力有助于大学生克服负面情绪，更好地展示自我。良好的心理素质最直接、最具体的体现就是拥有心理自我调适能力，通过心理自我调适，来调整心态、控制情绪、缓解压力和解除困扰，从而使自己的心理状态保持一个正常水平。

训练活动

心理放松法

选择一个安静而熟悉的环境（如自己的房间），舒适地坐着或躺着，也可以放一些轻柔的音乐。松开腰带，取下眼镜及一切束缚自己的东西。练习中注意肌肉的紧张感觉，这样能自动地摒弃杂念。深呼吸几次，随着音乐想象自己在蓝天翱翔，你仿佛感受到和煦的阳光在抚摸着你，你被包裹在一个充满草香的氛围中。

开始做一些放松练习。双手紧握拳头，你会感到前臂的肌肉紧张起来，坚持几秒钟，然后放松。连续做三次，你会感受到紧张的肌肉得到放松后的那种松弛感。

依次把臂、足、小腿、腹部、颈部的肌肉群进行紧张、放松练习。动作没有固定模式，只要能在肌肉放松后体会到松弛感就行。

知识阅览

培养情商的15个小方法

① 遇事不冲动；② 果断处事；③ 不抱怨；④ 学会谈判；⑤ 批评很珍贵；⑥ 向难以相处的人学习；⑦ 赶走自卑；⑧ 谦卑是一种美德；⑨ 懂得感恩；⑩ 做一个诚实而正直的人；⑪ 坦诚相见；⑫ 鼓起勇气；⑬ 不再向往完美；⑭ 培养责任感；⑮ 提高个人的竞争力。

实现心理健康的12个措施

① 对自己的生活负责；② 思维要灵活；③ 承认现实是好与坏的混合体；④ 欣赏事情发展的过程；⑤ 承认自我，关爱自己；⑥ 学会同挫折共生存；⑦ 朝着目标努力；⑧ 理性而有创造性地思考；⑨ 表露积极和消极的情感；⑩ 发展并保持良好的人际关系；⑪ 培养引

人入胜的兴趣与爱好；⑫ 安排好时间，保持平衡。

第四节　职场礼仪

大学生在求职过程或工作中，要想把握住更多的机会，就必须具备较高的综合素质。除掌握专业知识、技术技能外，还必须提高个人修养，养成良好的习惯，避免因日常的言行细节问题影响自己的前程。要想提高个人修养，必须掌握一些必备的礼仪知识。

核心知识

一、职场礼仪的定义

礼仪是指人们在社会交往活动中形成并共同遵守的行为规范和准则。它是以约定俗成的程序、方式来表示尊重对方的过程和手段，是在人类历史发展中逐渐形成并积淀下来的一种文化。对个人来说，礼仪是一个人的思想道德水平、文化修养和交际能力的外在表现；对社会来说，礼仪是一个国家和地区生活习惯、道德风尚的综合反映，是社会文明程度的重要标志。所以说，礼仪是一门综合性很强的行为科学。在现代社会中，礼仪可以有效地展现施礼者和受礼者的教养、风度与魅力，它体现着一个人对他人和社会的认知水平和尊重程度，是一个人的学识、修养和价值的外在表现。一个人只有尊重他人，自己才会被他人所尊重，人与人之间的和谐关系就是在这种相互尊重的过程中逐步建立起来的，从这个意义上说，遵守礼仪是一个人获得尊重的重要手段和途径。

职场礼仪是礼仪的一种，它是指在求职过程中或职场工作中应具有的礼貌行为和仪表形态规范。如求职礼仪，通过求职者的应聘资料、语言、举止、仪表、着装打扮等方面体现求职者的内在素质和外在形象。职场礼仪的培养应该内外兼修，古语说得好：腹有诗书气自华。对内在修养的修炼是掌握求职礼仪最根本的途径。

二、礼仪的分类

礼仪大致分为政务礼仪、商务礼仪、服务礼仪、社交礼仪、涉外礼仪五大分支。具体有：着装礼仪、佩饰礼仪、通联礼仪、馈赠礼仪、仪容礼仪、举止礼仪、沟通礼仪、表情礼仪、聚会和应酬礼仪、就餐礼仪、求职应聘礼仪、办公室礼仪、常用交往礼仪、会议礼仪、仪式礼仪、营业员礼仪、涉外礼仪、习俗礼仪、电话礼仪、公务员礼仪、营销礼仪等。

礼仪的一个重要特点就是礼仪对象化。也就是说，在不同的场合、对不同的对象，都有不同的礼仪要求，但大都有一个共同的规律。譬如：饭店业的礼仪就基本相同，而不等同于其他行业的礼仪要求，但每个饭店的工作人员情况不尽相同，所宣扬的企业文化和理念可能不一样，所以又有所区别。

三、礼仪的基本原则

在不同的社交场合，要正确运用社交礼仪，发挥礼仪应有的良好效应，就应该遵守礼仪的基本原则。

（一）真诚尊重原则

苏格拉底曾经说过：“不要靠馈赠来获得朋友，你须贡献你诚挚的爱，学习怎样用正确的方法来赢得一个人的心。”因此，与人交往时，真诚尊重是礼仪的首要原则。只有真诚尊重他人，方能创造和谐愉快的人际关系。

真诚和尊重是为人处世的一种实事求是的态度，是真心实意的友善表现，要做到这一点，首先应该表现为不说谎、不骗人、不侮辱人，其次是对他人正确认识、相信他人、尊重他人。只有献出自己的真诚才能得到丰厚的收获，只有真诚尊重方能使双方心心相印，友谊天长地久。

（二）自信自律原则

自信原则是社交场合的心理健康原则，只有对自己充满信心，才能得心应手、如鱼得水。自信是社交场合可贵的心理素质，一个充分自信的人才能在交往中不卑不亢、落落大方，遇到强者不自惭，遇到艰难不气馁，遇到侮辱敢于挺身反击，遇到弱者会伸出援助之手；一个缺乏自信之人，则会不知所措，前怕狼后怕虎，处处碰壁。

自律则是自我约束的原则。在社交过程中，要树立一种道德观念和行为修养准则，以此来约束自己，严于律己，实现自我管理、自我约束，这样才能不会以自我为中心，高傲自负，伤害他人。

（三）平等适度原则

在社交场合，礼仪行为总是表现为相互的，你给对方施礼，对方自然会还礼于你，这种礼仪是建立在平等原则基础上的。平等是人与人交往时建立情感的基础，是保持良好人际关系的诀窍。平等交往表现为不自以为是，不骄狂，不我行我素，不傲视一切、目中无人，更不以貌取人，或以地位、职业、权势压人，而是时时处处平等谦虚待人。

适度原则就是在社交中，根据具体情况、不同场合而实施的礼仪。要把握礼仪分寸，既要彬彬有礼，又不能低三下四；既要热情大方，又不能轻浮谄谀；要谦虚，但不拘谨；要老练持重，但又不圆滑世故。

（四）信用宽容原则

讲信用才能为朋友，信用强调的就是讲究信誉和诚信。守信用也是中华民族的传统美德。在社交场合，尤其讲究守时、守约。守时，要求与人约定时间的约会、会见、会谈、会议等，绝不能迟到；守约，要求与人签订的协议、合同、约定或口头承诺的事，一定要及时认真履行，说到做到，绝不失信于人。做不到的事或没有十分把握的事，不要轻易承诺，承诺了做不到，反而落个不守信的恶名，从此会永远失去别人的信任。

宽容就是与人为善。在社交中，宽容是一种较高的处事境界，是创造和谐人际关系的法宝。对于他人的小过错、小失误，要宽容他人、理解他人，千万不要斤斤计较、求全责备、咄咄逼人。宽容他人，换回来的是他人的感恩。

四、礼仪的作用

礼仪是求职者整体素质的重要表现，对能否实现求职者的意愿，能否被理想单位录用起着重要的作用。

在交往活动中，每个人总是以一定的仪表、仪容、言谈、举止及某种行为出现。这些因素作用于对方的感官，会给对方留下深刻的第一视觉印象，即第一印象。科学研究证明，第一印象往往是看到一个人仪容、表情、举止、穿着和配饰等三秒钟内形成的，它使人形成一种特殊的心理和情绪定式，无形中影响人们相互交往的进展与深度。这就使我们与人初次见面时，常会产生此人有气质、此人豪爽、此人不友善之类的感觉。第一印象形成后往往不易改变，如果给对方的印象有所错觉的活，就很难修正。因此，在求职过程中，第一印象对招聘者的心理影响是很大的，它直接影响到对求职者的看法和评价。如果招聘者对你的第一印象非常好，哪怕在硬件方面你稍有欠缺，他们也会愿意给你机会；如果你的某个细节动作让招聘者产生反感，在今天的“买方”市场下，他们当然可以选择自己喜欢的人。因此，在求职招聘中，第一印象至关重要。得体大方的衣着，彬彬有礼的举止，良好的精神面貌，温文尔雅的谈吐，都会给招聘者留下深刻美好的第一印象，从而取得信任，得以聘用。

五、基本礼仪规范

个人是交往活动和公共关系的主体，仪容、仪表、仪态及得体的语言等，对树立良好的个人形象、建立成功的公共关系都会产生积极的影响。在求职应聘时，个人的礼仪起着重要的作用，美国罗伯特·庞德仪说过：“这是一个两分钟的世界，你只有一分钟展示给人‘你是谁’，另一分钟让他们喜欢你。”卡耐基也说过：“一个人成功的因素，归纳起来15%得益于他的专业知识，85%得益于良好的社交能力。”更有调查显示，面试官对求职者的第一印象会先入为主地影响他进一步的判断，并在以后的感觉和理性分析中起主导作用。心理学家奥里·欧文斯认为：“大多数人录用的是他们喜欢的人，而非能干的人。”礼仪贯穿整个求职过程，是求职者职业素养、职业精神、职业道德由内而外的体现，掌握它可助你给人留下良好的“第一印象”。面试就是用人单位安排的对求职者的当面考核。面试不仅可以考核应聘者的知识水平，而且可以面对面地观察应聘者的仪表、气质、口才、应变能力等综合素质。面试时，在礼仪方面的表现会给用人单位留下深刻的印象。所以，了解一些求职应聘特别是面试方面的礼仪，是求职者迈向成功的第一步。

传播学家艾伯特·梅拉比安也曾提出一个公式：信息的全部表达=7%语调+38%声音+55%肢体语言。心理学家普遍认为，第一印象主要与外表、谈吐和肢体语言有关。通过面试前的环节，已与部分面试官有了或书面或电话的第一接触。接下来，通过你的衣着打扮、言谈举止展示出健康、自信、善于沟通的第一印象将直接影响面试的成败。

（一）仪容礼仪

1. 面部的修饰

目前，仪容很大程度上指的就是人的面部。由此可见，面部修饰在仪容修饰中举足轻重。修饰面部，首先要做到清洁，即要勤洗脸，使之干净清爽，无汗渍、无油污、无泪痕、无其他任何不洁之物。女性化妆应给人清洁、健康的印象，不能浓妆艳抹，不宜用香味浓烈的香水。修饰面容，具体到不同部位的修饰，还有一些不尽相同之处（见表3-4-1）。

表3-4-1　面部修饰

部位	修　饰
眼睛	眼睛是人际交往中被他人注视最多的地方，也是修饰面容时首当其冲之处。面试化妆时女生需画眼线、涂眼影、上睫毛膏。画眼线不宜过于浓重。涂眼影切勿过量使用仅为西方人适用的蓝色眼影霜。睫毛膏切勿使用过量。用睫毛膏把睫毛捻成一撮，未见其美，反显其脏。若有必要，可佩戴眼镜。眼镜不仅要美观、舒适、方便、安全，而且还应随时对其进行擦拭或清洗。在应聘时，按惯例不应戴太阳镜或变色的近视镜、远光镜等，免得让人“不识庐山真面目”，或给人以拒人千里之外之感
眉毛	不论男士还是女士，不少人的眉形都有一定的缺陷。必要的话，应对眉毛进行修剪或补描。一般来说，男同学的眉毛尽量不要描画。女同学可以描眉，但最好不要文眉，在修眉或描眉时不要把眉毛修得过细或过粗、过短或过长、过弯或过直，也不要使之下拖或上吊。切记不要因为修眉而使自己显得妖艳或刁钻
面部皮肤	平时就应当对自己面部皮肤倍加爱护，除多加清洗和使用适当的护肤品外，有条件的还应定期进行皮肤按摩。油性、干性、暗疮性、过敏性皮肤的人，在选择润肤品时，一定要首先考虑它是否符合本人的特点。务必使自己的皮肤保持清爽、光洁、细腻、柔嫩的状态，不要使其积垢、生疮、干裂、粗糙。面试时更要做好皮肤的清洁，并抹上柔肤水和乳液，女同学还可以涂些粉底液及扑上干粉定妆，并抹适当的腮红，使人看起来容光焕发
脖颈	脖颈与头部相连，属于面部的自然延伸部分。修饰脖颈，一是防止其皮肤过早老化，与面容产生较大反差；二是使之经常保持清洁。化妆时脖颈也应该一并考虑在内，不要让别人觉得你像戴了面具一样
唇部	修饰唇形时，男同学可使用无色唇膏或润唇膏。以保持嘴唇的丰满圆润。女同学使用唇膏一定要先用唇笔画出轮廓，然后填入色彩适宜的唇膏
鼻子	要保持鼻子清洁，及时修剪鼻毛，同时注重鼻子保养，若是鼻子长疮、爆皮或出现“酒糟鼻”，严重影响美观。画鼻侧影，以改变鼻形的缺陷
胡子	胡子应经常修剪
口腔	保持口腔清洁，面试前不能喝酒或吃有异味的食品，保持口腔无异味、牙齿上无异物。呵护好自己的嘴唇，防止干裂、生疮，与他人交谈时不能口沫四溅
耳	保持耳朵清洁，及时清除耳垢和修剪耳毛。不要滥加装饰物

2. 头发的美化

在正常情况下，人们观察一个人往往是“从头开始”的，头发经常会给他人留下十分深刻的印象。美发的基本要求是使头发保持健康、秀美、干净、清爽、卫生、整齐的状态，保持头发正常的光泽和弹性，避免有汗、油、灰、屑。同时发型的选择也是塑造良好形象的关键之处。在选定发型时，必须考虑本人的性别、年龄、发质、脸形、身材、身份等因素。时下社会流行的一些新潮发型，例如“烫字式”“迷乱式”“爆炸式”“麦穗式”“梦幻式”等，都不适合大学生选择。男同学切记不要把头发染成黄、红、绿、蓝等颜色，同时“长发男儿”也是不受欢迎的，在理短发时，还必须做到：前发不覆额，侧发不掩耳，后发不及领，而且面不留须。女同学将头发梳成“马尾式”即可显现出青春活力，最好不要留披肩发，在面试时最好将头发盘起来，或者束起来。面试时不论为自己选定了何种发型，都不要在头发上滥加装饰物，男同学不宜使用任何发饰，女同学在必要时使用发卡、发绳、发带或者发箍时，应朴实无华，其色彩宜为蓝、灰、棕、黑，并且不宜带图案，色彩不要过于繁杂。一般情况下，不宜使用彩色发胶、发膏。

（1）脸形与发型。

① 椭圆形脸是标准脸型，可选任意发式。

② 长脸形的人显得面部消瘦，发型应适当遮住前额，以使脸“变短”些，脸部两侧应有头发，用以加宽脸形。男性的“四六开”或“中分”发型，一般不适合长脸形的人。

③ 圆脸形的人双颊显得宽一些，应将头发梳高，与脸形相协调；寸头适合于面部饱满的圆脸形男性。

④ 方脸形的人应设法掩饰脸部棱角，额部窄的脸形应增加额头两侧头发的厚度，前额较宽的可以梳“三七开”的分头。

（2）季节与发型。

① 夏天可留短发。女性如果是长发，夏天可以扎起或盘起来，这样人显得精神和凉爽。

② 冬季衣着较厚，女性留长发既显得美观又能保暖。

③ 男士四季都应以短发为主，短发可以体现男青年朝气蓬勃的精神面貌。男性留长发不符合中国人的审美观。男性发型的长度，应该是前不顶眉、侧不掩耳、后不碰领。

（3）饰物与发型。

女性可在头上用头花、发卡等适当装饰，这不仅可以增添魅力，还可以对整体美起到画龙点睛的作用。

（4）洁净与发型。

一头整齐、洁净、乌黑发亮的头发本身就构成美的形象。如果“前发不覆额、侧发不掩耳、后发不及领”，会给人以干练的感觉。

一般冬季每三天洗发一次为宜，因头皮表面有一层天然保护肤质，不必每日清洗。但南方夏季较热，出汗增多，应每日清洗。

（5）发型禁忌。

① 发型怪异。若干头发直立、呈“爆炸式”的新潮头发，不适合非艺术类的人士，尤其是在正式场合，过分张扬的发型会给职业文化环境带来负面影响和评价。

② 有头屑。头发黏糊糊的，有头屑或者有使用护发用品后形成的白屑，或者头发看上去不是丝而是缕。

③ 有异味。多日不洗的头发会散发出异味，影响个人形象。

④ 染彩发。女同学不可染彩发，染彩发是标新立异、显示个性的时尚行为，而一般的

企业、机关和事业单位，大都注重庄重大方，不接受过于张扬、个性的装扮。

⑤ 头发乱。蓬乱的头发让人感到不卫生、无修养。

⑥ 太特别。男士头发不应过长，过长会显得衰老憔悴，但也不应太短，不是非有必要不要剃光头。

⑦ 过多饰物。女性头发饰物不可过多，不可过于光亮耀眼，否则，给人一种俗气的感觉，反而失去自然美。头发饰物的色彩、样式要与年龄、肤色、衣服颜色协调。

3. 手臂的修饰

手臂是人体使用最勤、动作最多的一个部位，而且其动作还被附加了多种多样的含义，因此，手臂往往被人们视为人际交往中的“第二名片”。手掌应保持清洁、卫生，注意勤洗。肩膀部位也应注意，在参加各种正式活动时，肩部不应当裸露，应聘时更应该如此。

另外由于经常会有手的动作，手链、手镯等容易起妨碍作用，所以应聘时不宜佩戴，如果佩戴也要和个人身份相符，以少为宜。饰物要与服装搭配和谐，颜色、样式与服装形成整体效果，佩戴不要超过两种，而且同样的品种也不能超过两个。有的同学为了显示出高贵的气质，将身上能戴饰物的地方全部“武装”起来，其实这完全没有必要，何必非要把自己打扮成一个珠宝推销员似的。

指甲不能太长，应经常修剪。女性涂指甲油要用浅色。

（二）着装礼仪

职业服饰选择的原则是“职业第一，美丽第二”。职业服饰不是为了漂亮而穿，而是为了树立形象，要穿出“职业气质”和“角色意识”。不同的行业和领域，不同单位的文化背景，决定了不同服饰的特点和着装规则。所以事先要做好功课，一方面，要注意面试时面容的修饰和衣服的搭配；另一方面，可提前实地观察应聘单位员工的穿着以作参考。这里重点谈谈前一个方面。

人们对一个人的第一印象，主要来自对其仪容、服饰、语言、举止等方面的综合认识与印象，因此，面试时衣着打扮就显得较为重要，总体来说，衣着打扮应整洁、简单大方。

1. 配色原则

（1）呼应配色。

呼应配色指配色要考虑全身服装的颜色协调，服装的颜色一般是上衣浅、下衣深，内衣浅、外衣深。如果与此相反搭配时，以深浅反差不太大为宜，否则上深下浅，会给人感觉头重脚轻，内深外浅，会给人感觉压抑。

（2）适当配色。

适当配色指配色要考虑全身服装的颜色种类。全身服装的颜色一般不能超过三种。所以，购买单件衣裤时，不能只考虑喜欢和好看，要考虑自己是否存有与之颜色相配的其他服装，因为服装美不美，还在于服装颜色搭配后的整体视觉效果。

（3）点缀配色。

点缀配色指配色要考虑全身服装的装饰色。装饰色能使整体服装达到或生动，或活泼，或立体，或端庄的不同效果。如身穿深色服装用浅色胸花来装饰，可以起到画龙点睛的作用；女生如果身着低领的上衣，可以在脖子上系一条色彩明快的纱巾或戴一条项链做点缀。女性的手提包应与衣裙色彩协调一致，穿套装时，手提包的色彩对整体服装效果可起到点缀作用。

（4）衬托配色。

衬托配色指配色要考虑全身服装的基色。基色主要是指裤子和裙子的颜色。一般来说，黑、白、棕是配色中的公共安全色，它们最容易与其他颜色搭配，不会引来非议和反感，配色效果也会较好。配色的难点主要在于黑、白、棕三种颜色以外的其他颜色，一件红上衣，配上一条绿裤子，就会显得土气了。大夏天烈日当空，穿一件黑色暖调衣服；冬季寒风之日，穿一件白色冷调衣服；大喜婚庆日子，穿一件黑色衣服；送葬时穿一件红色衣服，显然都很不适宜。

如无条件买不同的手提包配不同衣服的女性，就可选择黑、白、棕三种色调，配衣服时，就不必过多考虑了。

（5）得体配色。

得体配色指配色要考虑人的体形，人体高矮胖瘦都可通过色彩搭配来进行调整，掩饰缺陷。

个矮的人的上衣和裙子、裤子、袜子最好是一个色系的底色，深浅可不同，这样可使身材不因色彩发生长度上的视觉断开，上衣也不可过长，提包不要过大，否则会更显矮。女性穿长筒靴时，与裙子之间不要出现空断，否则不仅色彩过乱，而且身体分割成多段也会显得更矮。个矮的人适合穿短上衣或者色彩一致的套装、长裙、长裤等。袜子的颜色应比裤子或裙子的颜色深，穿西装不能穿白袜子。体态较胖的人，不易穿浅色、横格、横条纹、带腰带、带大花、紧身的衣服；体态过瘦的人，不易穿深色、竖条纹、太贴身、过于宽大的衣服。大个子的人最好不要提较小的手提包，小个子人最好不要提较大的手提包。

（6）时节配色。

时节配色指配色要考虑颜色的性质，冬季适合暖色，夏季适合冷色。总之，服装美不美“先看颜色后看花”，色彩对于服装来说重于衣料，没有不美的色彩，只有不美的搭配。服装的搭配是一门学问，不仅要考虑到服装样式、色彩、款式、衣料、饰物搭配，还要考虑到年龄、职业、场合这些因素，只有把握这一点，方能显现服装的职业和生活艺术魅力。

2. 服饰的选择

应聘应着正装。着正装会给人郑重之感，若过于随便，应聘单位会认为你不重视此次面试。正装还必须庄重大方，与所扮演的实际角色相得益彰，若过于前卫花哨、徒有其表，便与大学生的实际角色相矛盾。另外着正装还有一定的规范，在具体的款式、面料、颜色、搭配与穿着上，都有一定的规矩（见表3-4-2）。

表3-4-2　服饰的选择

着装细节	注意事项
服饰	在财力、物力允许的前提下，应聘时所着正装应当制作精良。面料与款式、颜色为服饰的三项基本要素。正装的面料如果过于低廉，会使服装的档次大大降低。通常认为，纯毛、纯棉、纯麻等天然纤维面料，要么吸湿透气、柔顺贴身、结实耐用，要么悬挂挺括、外观华贵，均为最理想的正装面料。高比例含毛、含棉或含麻的混纺面料，因其耐折耐磨、价格较为低廉，也可予以考虑。但也没有必要为了面试铺张浪费购置昂贵的服装
	无论衬衫是什么颜色，其领子与袖口不得污秽。需佩戴领带时，领带应与西装、衬衫颜色相配。领带不得肮脏、破损或歪斜松弛。皮鞋应保持清洁光亮，不得穿带钉子的鞋

续表

着装细节	注意事项
款式	一要适应大学生的身份；二要充分展示大学生积极进取、奋发向上的精神风貌；三要尽量与众不同
色彩	总体要求是颜色以少为宜，最好控制在三种颜色之内，这样有助于保持正装保守的总体风格，显得简洁、和谐。正装若超过三种颜色则给人繁杂、低俗之感。最标准的正装颜色是蓝色、灰色、棕色、黑色。衬衣的颜色最佳为白色，皮鞋、袜子、公文包的颜色为深色（黑色最常见）。选择与自己肤色相搭配的服饰。浅黄色皮肤者，也就是我们所说的皮肤白净的人，对颜色的选择性不那么强，穿什么颜色的衣服都合适，尤其是穿不加配色的黑色衣裤，会显得更加动人。暗黄或浅褐色皮肤，也就是皮肤较黑的人，要尽量避免穿深色服装，特别是深褐色、黑紫色的服装。一般来说，这类肤色的人选择红色、黄色的服装比较适合。肤色呈病黄色或苍白的人，最好不要穿紫红色的服装，否则会使脸色呈现出黄绿色，更加重病态感；皮肤黑中透红的人，则应避免穿红、浅绿等颜色的服装，而应穿浅黄色、白色的服装

3. 着正装时的禁忌

大学生应聘最好着正装，在着正装时要避免触犯以下四个方面的禁忌。

（1）过分裸露。穿着正装不宜过多地暴露身体。正装的基本特点是：上衣有领子、有袖子，下衣不露腿。胸部、腹部、背部、腋下、大腿，是公认的身着正装时不准外露的五大禁区。脚趾与脚跟同样也不得裸露。

（2）过分透视。正装若过于单薄或透亮，往往会让自己的内衣“公之于众”，使人十分难堪。女同学尤其要高度重视这个问题，否则会使应聘单位产生错觉，认为你是一个不检点的人，从而影响你在面试官心目中的形象。

（3）过分瘦小。所着正装肥瘦大小必须合身，若过于肥大，会显得着装者无精打采，呆板滑稽。若过于瘦小，有可能让着装者捉襟见肘、行动不便。现在一些大学生往往爱穿过于瘦小的衣服，结果显得自己凸凹毕现，这样做得过了头，就会令人反感。

（4）过分艳丽。在自选正装时，需要在颜色、图案方面加以注意，一般的规则是，正装不宜抢眼，所以颜色不宜过多、过艳，图案不宜繁杂古怪。最保险的做法是选择深色的，并且最好不带任何图案。如果色彩、图案过于艳丽花哨，令人目不暇接、眼花缭乱，便会给人以轻薄、浮躁之感。

同学们要学会穿正装，并且要遵守约定俗成的穿着方法，做不到这一点，就会让自己陷入尴尬的境地。举例而言，男大学生在穿长袖衬衣与西裤时，按照标准的穿法，衬衫的衣扣与袖口除领扣之外皆应扣好；若打了领带，则领扣必须扣上。如果将衬衫的下摆放在西裤外面，或卷起袖子、裤腿，都是不合规矩的。男士的西装一般分为单排扣和双排扣两种，在穿单排扣西装的时候，一般两粒扣子，只系上面的一粒，如果三粒扣子，只系上面两粒，最下面的一粒不系；穿双排扣西装的时候，则应该系好所有扣子。衬衫的颜色要和西装整体颜色协调，同时衬衫不宜过薄，特别是穿浅色的衬衫的时候，衬衫里面不要套深色的内衣或保暖内衣。领带的颜色要和衬衫、西服颜色相配，整体颜色要协调，同时要注意长短适当，领带的长度正好到腰带的上方或有一二厘米的距离，这样最为适宜。再如，女大学生如果着裙装，一般应当穿皮鞋，袜子必须考虑袜筒的高度，不能穿低于裙摆的袜子，此之谓“三截腿”，不仅极为失礼，而且也毫无美感。

（三）握手礼仪

1. 要传递交际心理

握手，是人与人近距离的亲密接触，因此，对体察彼此的交际心理起着非常重要的作用。眼睛失明、耳朵失聪的海伦·凯勒曾经谈过她与别人握手的感受：有的人握手可以使你感到拒人于千里之外，有的人握手却使你感到温暖；有些人的手像凛冽的寒风，有些人的手却充满阳光。海伦·凯勒只能通过握手感受到别人的心，她的描述无疑是真切的、准确的。

握手一般应注意以下规则性礼仪：

（1）握手者必须从内心真诚接纳别人。

（2）握手应热情有力，避免“钓鱼式”“死鱼式”“抓指尖式”握手。

（3）作为主人、上级或女性，应主动伸手与人相握。

（4）不要戴手套与人握手（女性例外）。

（5）男性一般不抢先与女性握手。

（6）握手时保持适当的目光接触。

2. 与人保持适当的距离

每个人都有自己的空间，不同的距离在交往中会使人产生不同的心理感受。在公众场合，朋友、恋人之间，在我国不适宜拥抱等亲密性接触。表示亲热和高兴的心情，以手拉手和双手握手的方式比较适宜。以下是一般人际交往的距离：

（1）亲密距离：大约0.5米，这是与亲密的人所保持的距离。

（2）私人距离：0.5～1米，这是夫妻或恋人在公开场合所保持的距离。

（3）社交距离：1～3米，是一般商业性沟通距离或是同事间工作的距离。

（4）公众距离：3米以上，如上课时师生的距离、演讲者与听众的距离等。

（四）微笑礼仪

达·芬奇的杰作《蒙娜丽莎》是文艺复兴时期最出色的肖像作品之一。画中女士的微笑给人以美的享受，使人们充满对真、善、美的渴望，让人回味无穷。微笑是一种特殊的语言——“情绪语言”，它可以和有声语言及行动相配合，起互补作用，沟通人们的心灵，架起友谊的桥梁，给人以美好的享受。社交中都要微笑，笑是一种语言。文明社会需要微笑。

（1）微笑是自信的象征。只要尊重自己、重视自己，必然会重视强化自我形象，这种微笑充满自信、充满力量。

（2）微笑是修养的充分展示。一个有知识有修养的人会把微笑作为最好的礼物，慷慨地奉送给每一个人，使人感到愉快。

（3）微笑是和睦相处的反映。现实生活是多姿多彩的，既有风和日丽鲜花盛开的春天，也有风雪交加百花凋谢的寒冬，人生之路既有坦途也有坎坷，只要我们脸上写满微笑，乐以忘忧，就会使身处人生这个大舞台的人们感到愉快、安详、平和。

(4) 微笑是心理健康的标志。一个心理健康的人能真诚地微笑，表现出对别人的尊重、理解和同情，与善于发出真诚微笑的人交朋友，无疑会得到坦诚、热情、无私的帮助。

(五) 站、坐、行姿态礼仪

1. 站立姿态

站立时，两脚脚跟着地，脚尖离开约 45°，腰背挺直，颈脖伸直，头微向下，两臂自然下垂，不耸肩，身体重心在两脚之间。在正式场合，站姿有以下几点禁忌：

(1) 双手叉腰。

(2) 双手抱于胸前。

(3) 手插入衣袋。

(4) 东倒西歪。

(5) 懒散地倚着墙或椅子。

(6) 做小动作，如翻弄随身物品、摆弄打火机、玩弄衣带、咬手指、抓头、抠鼻、拽发辫等。

(7) 与人勾肩搭背。

(8) 弯腰驼背。

2. 端庄坐姿

俗话说“坐如钟”，坐姿是交往中人们采用最多的一种姿势，它是一种静态姿势。优雅的坐姿给人一种端庄、稳重、威严的美。

入座时，要坚持尊者为先的原则，进入面试室后，在考官没有请你就座之前，你不要急于坐下，等考官告诉你“请坐”时，你应道声“谢谢”然后就座。未经允许而自主落座，也许你会坐错位置，同时也会给招聘者留下了过于随便、自我的印象。如果不在招聘者指定的位置落座，你会被认为是没有听清楚他的指示，或者故意挑选自己喜欢的座位。就座时通常是侧身走近座椅，从椅子的左侧入座，如果背对座椅，要首先站好，全身保持站立的标准姿态，右腿后退一点，用小腿确定椅子的位置，上身正直，目视前方就座。落座时要轻，腰、腿肌肉要稍有紧张感，女士着裙装要先从后面用双手拢裙，不可落座后整理衣裙。入座时不能碰响桌椅，否则显得不礼貌，同时也暗示出你的紧张慌乱或者是满不在乎，也会给自己带来一点心理压力，给招聘者带来不悦。入座后不要紧贴椅背，不要坐满，一般只坐椅子的 1/2～2/3，两手可以搭放在椅子扶手上，无扶手时，女士右手搭在左手上，放于腹部或者轻放于双腿上；男子双手掌心向下，自然放于膝盖上。男士膝盖可以自然分开，但不可超过肩宽；女士膝盖不可以分开。女士要注意使膝盖与脚尖的距离尽量拉远，以使小腿部分看起来修长些，腿部线条也显得更优美。当与面试人员交谈时，要注意不能只是转头，而应将整个上身朝向对方，以示对其重视和尊敬。腰部要挺直，这样显得有自信，看上去也比较精神。身体要略向前倾，表现出谦虚、友好、重视对方的态度。交谈的过程中切忌跷二郎腿，不能晃腿，否则给人以傲慢轻浮之感，还让人觉得你过于兴奋或过于紧张。有谁愿意聘用一个浮躁而不懂得尊重别人的员工呢？两臂不要交叉抱在胸前，更不能把手放在邻座椅背上。离座时要先以语言或动作向周围的人示意，方可站起，动作不能太猛，不要弄出响声，站好后才可离开，同样要从左侧离座。一般而言，坐姿要维持较长时间，所以一定要端正、大方、舒展。面试时，每一个细节、每一个动作都影响着你在招聘者心中的形象，影响着你的录取概率。

在正式场合，坐姿有以下几点禁忌：

（1）两膝左右分开，两脚呈八字形，女性若这样坐有失雅观。

（2）脚尖朝内，脚跟朝外，内八字坐法，脚勾椅子腿，会显得很俗气。

（3）双手夹在大腿中间、垫在大腿下、手心向上、平放在椅子的扶手上。

（4）坐下后一会向东一会向西、半躺半坐、前倾后仰，显得情绪躁动不安。

（5）猛起猛坐，弄得座椅乱响，显得冒失。

3. 走路姿态

求职者走路时要挺胸平视，保持笔直的姿势，面带微笑，适当的时候和招聘者目光接触。求职者还要注意的是，不要在走路时将钥匙和硬币弄出声响，也不要把双手插在裤袋里，尤其不要插在臀部的口袋里，更不能将大拇指插在皮带里，这些会给人以散漫自大的印象。标准的走姿为：上身基本保持站立的标准姿势，挺胸收腹，腰背笔直；两臂以身体为中心，前后自然摆动，前摆约35°，后摆约15°。手掌向内；起步时身子稍向前倾，重心落在前脚掌，膝盖伸直；脚尖向正前方伸出，行走时双脚踩在一条线缘上。正确的行走，上体的稳定与下肢的规律运动形成对比，和谐、干净利落、鲜明均匀的脚步，形成节奏感，前后左右行走动作的平衡对称，都会呈现行走时的形式美。面试时同学们多穿西服，此时的走姿要求是以直线为主，应当走出挺拔、优雅的风度。行走的步幅可略大些，手臂放松自然摆动，男生不要晃动，女生不要左右摆髋。女生穿套裙多以半长裙与西装上衣搭配，所以应该尽量表现出职业装的干练、洒脱的风格特点，要步履轻盈、敏捷、活泼，步幅不宜过大，步速可稍快，以使走姿活泼灵巧。步态禁忌如下：

（1）大步流星：步幅过大或过急，显得不稳重；

（2）左右摇摆：双臂摆动幅度过大，摇头晃肩，显得浪荡；

（3）磨磨蹭蹭：行走像平时散步，显得无所事事、漫不经心；

（4）匆匆忙忙：步子小而急，显得心态浮躁；

（5）八字步：脚步呈内八字或外八字，显得不雅观。

（六）眼神礼仪

眼睛是心灵的窗户，目光是最富于表现力的一种“体态语”。它是人体传递信息最有效的器官，而且能表达最细微、最精妙的差异，显示出人类最明显、最准确的交际信号。正如著名印度诗人泰戈尔所说：“在眼睛里，思想敞开或是关闭，放出光芒或是没入黑暗，静悬着如同落月，或者像忽闪的电光照亮了广阔的天空。那些自有生以来除了嘴唇的颤动之外没有语言的人，学会了眼睛的语言，这在表情上是无穷无尽的，像海一般的深沉，天空一般的清澈，黎明和黄昏，光明与阴影，都在自由嬉戏。”据研究，人的视觉、听觉、味觉、嗅觉和触觉，唯独视觉最为敏感，人的视觉获得的信息占总信息量的83%。在汉语中用来描述眉目表情的成语就有几十个，如“眉飞色舞”“眉目传情”“愁眉不展”“眉开眼笑”“怒目而视”……这些成语都是通过“眼语”来反映人们的喜、怒、哀、乐等情感的，人的七情六欲都能通过眼睛这个神秘的器官显现出来。

不同的眼神表示不同的情感：热情洋溢的眼睛，表示友好和善意，十分讨人喜爱；轻蔑、傲慢的眼睛，拒人于千里之外，一般人难以与之接近；深邃、犀利的眼睛，是睿智、力量的象征，与之交往会得到启迪；明亮、欢快的眼睛是胸怀坦荡、乐观向上的表现，对之无须设防；贪婪、猥琐的眼睛，流露出欲壑难填的本性，需加以提防；阴险、狡黠的眼睛，表露着为人的奸诈和恶毒，与之交往更要小心谨慎，多加提防。

（七）名片礼仪

名片是现代社会中必不可少的社交工具。初次见面时，先互通姓名，再奉上名片，单位、姓名、职务、电话等清晰显示，使相互之间的距离一下子拉近了很多，所以熟悉和掌握名片的有关礼仪是十分重要的。正如有位名人所说："在现代生活中，一个没有个人名片或是不会正确使用个人名片的人，就是一个缺乏现代意识的人。"

1. 名片的内容

一般名片上应该印上工作单位（所在学校院系）、姓名、身份、地址、邮政编码等。工作单位（所在学校院系）一般印在名片的上方，姓名印在名片中间，右边印职务；名片的下方为地址、邮政编码、电话号码、电子邮箱地址等。通过名片可以展示个性，获得他人对自己多方面和多层次的了解。也有人在名片上印上自己的座右铭或喜爱的格言及愿与对方相识的真诚的话语等。

2. 名片交换

（1）递交名片。

在递交名片时动作要洒脱、大方，态度要从容、自然，表情要亲切、谦恭。应当事先将名片放在身上易于掏出的位置，取出名片先郑重地握在手里，然后再在适当的时机得体地交给对方。递交名片的姿势是：要双手递过去，以示尊重对方。将名片放置手掌中，用拇指夹住名片，其余四指托住名片反面，名片的文字要正向对方，以便对方观看。给多人递交名片时，要注意先后次序，或由近而远，或由尊而卑。一定要依次进行，切勿采取"跳跃式"，当然也没有必要像散发传单似的，随意滥发名片。

（2）接受名片。

接受他人名片时，应恭恭敬敬，双手捧接，并道感谢。接受名片者应当首先认真地看看名片上的内容，可以从上到下、从正面到反面重复看一遍，必要时还可把名片上的姓名、职务（较重要或较高的职务）读出声来，如"您就是张总啊"，以表示对赠送名片者的尊重，同时也加深了对名片的印象。然后把名片细心地放进名片夹或笔记本里夹好。

在别人给了名片后，如有不认识或读不准的字要虚心请教。请教他人的姓名，丝毫不会降低你的身份，反而会使人觉得你是一个对待事情很认真的人，从而增加对你的信任。接受名片时应避免马马虎虎地用眼睛瞄一下，然后顺手不经意地塞进衣袋；随意往裤子口袋里一塞、往桌上一扔；名片上压东西；离开时把名片忘在桌子上。名片是一个人人格的象征，这些行为是对对方人格的不尊重，从而使人感到不快。当然在收到别人的名片后，也要记住回敬别人自己的名片，因为只收别人的名片，而不给自己的名片，是拒绝的意思。

（3）索取名片。

如果没有必要最好不要强索他人名片。索取他人名片时，不宜直言相告，而应委婉地表达：可向对方提议交换名片，主动递上本人的名片；询问对方："今后如何向您请教？"（向尊长者索要名片时多用此法）；询问对方："以后怎么与您联系？"（向平辈索要名片时多用此法）。反过来，当他人向自己索取名片，自己不想给对方时，不宜直截了当，而应以婉转方式表达此意。可以说"对不起，我忘带名片了"，或者"抱歉，我的名片用完了"。

（八）乘车及乘电梯礼仪

1. 乘坐轿车的礼仪

在日常交际中，乘坐轿车时应注意以下礼仪。

（1）讲究上下车顺序。

同女士、长者或嘉宾乘双排座轿车时，应主动打开车后排的右侧车门，请女士、长者、嘉宾在右座就座，然后把车门关上，自己再从车后绕到左侧，坐在左座。到达目的地后，若无专人负责开启车门，则自己应先从左侧门下车后绕到右侧门，把车门打开，请女士、长者或嘉宾下车。下车开门时应注意前后行人、车辆情况，以免发生意外。

乘双排座或三排座轿车，座次排列还要根据驾驶员身份的不同分为两种情况：由主人亲自驾驶时，双排五座轿车上其他四个座位的座次，由尊到卑依次为：副驾驶座、后排右座、后排左座、后排中座；三排七座轿车其他六个座位的座次，由尊到卑依次应为副驾驶座、中排右座、中排左座、后排右座、后排左座、后排中座。若只有一个人乘车，则必须坐在副驾驶座上，多人乘车则应推举一人在副驾驶座上就座，否则就是对主人的失敬。

由专职司机驾驶时，双排五座轿车上其他四个座位的座次，由尊到卑依次为：后排右座、后排左座、后排中座、副驾驶座；三排七座轿车上其他六个座位的座次，由尊到卑依次为：中排右座、中排左座、后排右座、后排左座、后排中座、副驾驶座。根据常识，轿车的前排，特别是副驾驶座，是车上最不安全的座位。因此按惯例，该座位不宜请女士或儿童就座。而在公务活动中，副驾驶座，特别是双排五座轿车上的副驾驶座通常被称为"随员座"，按例专供秘书、翻译、警卫、陪同等随从人员就座。

（2）注意车上的谈吐举止。

在轿车行驶过程中，乘车人之间可以适当交谈，但不宜过多与司机交谈，以免司机分神。话题可以多谈一些沿途景观、风土人情等能够使大家高兴的事，避免谈论隐私性内容以及一些敏感且有争议的话题。举止要文明，不要在车内吸烟，因为车内相对封闭容易使空气浑浊。不要在车内脱鞋，女同学不要在车内化妆。不要在车内吃东西、喝饮料，不要在车内吐痰或向车外吐痰，更不要向车外扔东西，这都是有损形象和社会公德的。

2. 自驾车的礼仪

应聘时，有些招聘方要求应聘人员会开车，有时也会在这方面进行考核。如果自己驾车，应自觉遵守交通规则，文明开车，表现出良好的驾车风度。要注意礼让，要了解各路段的时速限制，注意路上的交通标志，集中精力、谨慎驾驶。要遵守交通规则，不抢行，不乱按喇叭。下雨天开车，要尽量慢行，尽量避开水坑，以免使污水溅到行人身上。道路拥挤或车辆堵塞时，应自觉循序而进或耐心等待，不可随意超车堵道。在快、慢车道分明的公路上行车，应根据自己的情况合理选择车道，既不要在快车道上开“蜗牛车”，也不要在慢车道上开“飞车”，不要频繁变换车道，影响后面车辆行驶。夜晚开车时，要适时变换远近灯光，绝不可一直用远光直射对面来车。需要停车时，应到允许停放的地方停放，停车不能挡车道及出入口。

3. 乘坐电梯礼仪

与其他人共同乘坐电梯时，需要遵守相应的礼仪规则。首先自己先进入电梯，按住控制键，然后礼让女士、尊长先进，再请其他人进入。特别是在人多时，要让电梯门保持恰当的开启时间，以方便他人进出。进入电梯后，在电梯内正确的站法是：先进电梯要靠墙而站，不要以自己的背对着别人。如果有人双手抱满东西，可代为按楼层按钮。如果电梯超员，应迅速退出电梯。乘坐电梯时，不管里边的人熟悉不熟悉，都应以微笑示意，轻声问好。如果电梯里人多，进去时已有人站在按钮旁，自己不方便按按钮，则应对靠近电梯门的人请求说：“能否请您帮我按一下第×层的按钮?”并且及时跟上一句“谢谢”的礼貌语。和乘坐公交车一样，出电梯时如果有人站在你前面不下电梯，要对其说：“对不起，我要出去。”如果是站在门口，为了不妨碍里面的人出去，也可以先走出去让出空间，以利于他人通过。乘坐电梯时，要注意安全。电梯关门时，不要扒门或强行挤入。在电梯超载时，不要硬挤进去。

（九）行路礼仪

在行路时要遵守交通规则，遵守社交礼仪，严格约束个人行为，充分展示大学生良好的公共礼仪修养。例如，在面试时可能也会遇到和招聘方一同进入面试间或者共同到某个地方的情况，这时就要注意遵守行路礼仪。

在行路时不要吃零食，不要吸烟，不要随地吐痰，不要乱扔垃圾，不要损坏公物。行路时务必要遵守交通规则，过马路要走人行横道、过街天桥或地下通道，不要翻越隔离栏杆，或是在马路上随意穿行。过人行横道线时要红灯停、绿灯行，不要闯红灯。遇到老弱病残人员有困难时，应主动上前去帮助他们，热情地搀扶他们过马路，不要视而不见，甚至对其讥讽或呵斥。通过狭窄路段时，不要争先恐后，应礼让他人，尤其是老人和女性。在拥挤之处不小心碰到别人务必要说“对不起”“不好意思”等道歉的话。有人向自己问路时，应尽力帮助，不要不耐烦或不予理睬，更不能故意戏弄人家。向他人问路时，要用尊称，事后勿忘说一声“谢谢”。

不论是并排行路还是单行行路，都要注意位次与走法。多人并排行路时，中间高于两侧，内侧高于外侧，所以，通常应该让女士或尊长走在中央或者内侧。与客人单行行路，即成一条线行进时，规则是前方高于后方，以前方为上，也就是说要让客人或尊长走在前面，把选择方向的权利让给地位高的人，这是走路的一个基本规则。

上下楼梯时，应靠右侧单行行进，并遵循以前为上的原则，让客人及尊长走在前面，把选择前进方向的权利交给客人和尊长。如果并排行进，则应把楼梯内侧让给女士或尊长，因为内侧的线路距离较短，相对省力。需要注意的是，男女同行，宜女士居后，特别是女士身着短裙时。在行进中通过大门或通道时，也应该礼让女士及尊长先进先出。

乘坐自动扶梯时，要依次排队站立在右边，将左边留出来给有急事、要赶着上下的人。脚不要踏在扶梯盖板上，严禁挤靠护栏，每个台阶最好不要超过两人，切勿拥挤，以免发生危险。遇有老人、妇女、儿童时应礼让。不要在路上打打闹闹，要塑造自己优雅的形象。

（十）交谈的礼仪

1. 称呼礼仪

① 行政职务。

在较为正式的场合，如政府、公司组织的活动中，称职务，如“李处长、王经理”等。

② 技术职务。

称技术职务说明被称呼者是该领域的权威，如“李教授、王会计师、杨专家”等。

③ 行业称呼。

在不知道对方职务、职称的情况下，可采用行业称呼，如“警察同志、解放军同志、护士小姐”等。

④ 泛尊称。

泛尊称指对社会各界人士在较为广泛的社交场合中都可以使用的表示尊重的称呼，如“小姐、夫人、先生、同志”等。

此外，还可使用表示亲属或邻里关系的爱称，如“叔叔、阿姨”等。

2. 介绍礼仪

（1）自我介绍。

自我介绍是交际场合中常用的介绍方式，在某种意义上可以说，它是打开与人交往大门的一把钥匙。自我介绍时应先向对方点头致意，得到回应后再向对方介绍自己，自我介绍时，应将右手放在自己的胸前，表情自然，可介绍自己的姓名、身份、单位等。当去某单位应聘时，自我介绍还应更详细一些，不仅要讲清姓名、身份、目的和要求，还要介绍自己的学历、经历、专长、兴趣、能力等。要至少讲出三条以上自己的优点，从而取得对方的信任，为应聘创造条件。

（2）正式介绍。

正式介绍是指在较为正规、郑重的场合进行的介绍。它应遵循以下原则：

① 把来客按职级介绍给其他人；

② 把晚辈、地位低者，介绍给长辈、地位高者；

③ 将男士介绍给女士；

④ 将生人介绍给熟人。

（3）商业介绍。

商业介绍的习惯和一般社交惯例有所不同。商业场合不分男女老幼，一般社会地位较低的人，总是先被介绍给社会地位较高的人。

（4）介绍形式。

① 应酬式。

适用于某些公共场合和一般性社交，只介绍姓名即可。

② 工作式。

适用于工作场合，需介绍姓名、单位及部门、职务或从事的具体工作。

③ 交流式。

适用于社交活动，包括介绍姓名、工作、籍贯、毕业学校、兴趣及交往对象的某些熟人等。

④ 礼仪式。

适用于报告、演出、讲座、庆典、仪式等一些正规而隆重的场合，介绍内容包括姓名、单位、职务等。

介绍他人时，要按照“先给长者介绍低者”的顺序。

3. 打电话的礼仪

打电话要选好时间，尽量避开对方休息、用餐时间，一般在上午 8 点后，晚上 10 点之前；通话时间不应长于 3 分钟；态度要好，不要大喊大叫；用语规范，通话之初，要说“您好”“我是××”，先作自我介绍，如果要对方找人或代为转告时，应说“劳驾”或“麻烦您”。

平时在使用手机时，还应注意以下几个问题：

手机要放在合乎礼仪的常规位置。在公共场合，手机要放在随身的公文包里或是上衣内袋里，也可以放在手提袋里，但不要拿在手上，不要放在上衣外面的口袋里或桌子上。

开会或与人洽谈时应关机或调到震动状态，这样既显示出对别人的尊重和会场的严肃性，也显示出手机主人的修养。

在公共场合特别是在楼梯、电梯、路口、人行道等地方，不可以旁若无人地大声打电话，应尽量压低声音。在看电影或剧场里、就餐时，极不合适接听电话，如果非得接听的话，可离开座位，到外面接听，以免影响他人。

4. 交谈礼仪中的重要原则

（1）与人保持适当距离。

从礼仪上讲，说话时必须注意保持与对话者的距离。距离过近，稍有不慎就会把唾沫星溅在对方脸上，极为不礼貌；距离过远，会使对方感到你不愿与他接近，也是一种失礼。

（2）态度要诚恳、语言要得体。

与对方交谈时，要自然大方，态度诚恳，语气亲切，充满自信，表达得体，内容不涉及不愉快的事。参加社交活动时，要注意不要议论政治性敏感问题；不要涉及党和国家机密或商业秘密；不能非议交往对象；不在背后议论领导、同行或同事；不涉及个人隐私，不问收入、婚姻、个人经历等。

（3）语速、语调适当。

尽量用平稳的语调，语速不快不慢，让对方能听得清楚。

（4）注意倾听，要善于互动。

与对方交谈时，要注意倾听，善于与对方互动，形成良好氛围。

（5）尊重、肯定对方。

在与对方交谈时，一定要眼睛看着对方，很专注，表现出尊重对方，对方说话时不打断、不补充、不纠正、不质疑；当对方的观点与自己类似或基本一致时，要及时抓住机会，用得体的言语、中肯的态度赞同或肯定对方。

5. 交谈中的禁忌

在公共场合高声谈笑、高谈阔论；喋喋不休地谈论对方一无所知且毫不感兴趣的话题；谈论他人不愉快的话题；当面指责对方、出言不逊、恶语伤人；在交谈过程中态度傲慢、自以为是、目空一切、夸夸其谈；手舞足蹈或边吃东西边交谈；谈话前吃大蒜、洋葱、韭菜等。

（十一）赴宴的礼仪

在求职应聘时，有时招聘方会安排你去参加宴会，或者借共餐之机多了解你一点，工作后，也有可能出席单位举办的宴会。因此，要懂得从入宴到告辞时的礼节规范，这既是个人素质与修养的表现，又是对招聘方或单位的尊重。对任何人来讲，出席宴会往往都是“非专为饮食，为行礼也”。不论是吃中餐还是吃西餐，不论宴会的具体形式是庄严隆重还是轻松随意，都应当牢记自己是置身于一种交际应酬的场合，而不是在自己的家中与家人一道用餐。尤其是和招聘方一起外出，更要切记此点。在宴会上勿忘交际之道，勿忘遵守礼仪规范，时刻严于律己。

1. 认真准备

出席宴会前，一般应梳洗打扮，女士要化妆，男士应梳理头发并剃须。衣着要求简洁、大方、美观，这会给宴会增添隆重热烈的气氛。去之前应该提前了解餐厅的基本情况，是中餐厅还是西餐厅，特色菜是什么等。

2. 按时抵达

按时出席宴会是最基本的礼貌。出席宴会抵达时间的早晚、逗留时间的长短，在一定程度上反映了对主人的尊重与否，应根据活动的性质和当地习俗掌握。迟到、早退、逗留时间过短都被视为失礼或有意冷落主人。身份高者可略晚些到达，一般客人宜早些到达。出席宴会到达时间各国习惯不一，有的是正点或晚一两分钟到达，我国则是正点或提前一两分钟到达。一般在请柬注明的时间内到达即可。抵达宴会活动地点后，先到衣帽间脱下大衣和帽子，然后前往迎宾处，主动向招待方问候。

3. 礼貌入座

桌次：两桌以上应按照居中为上，以右为次上，还要考虑远离房门为上的原则。

座次：餐桌上，面门居中者为主人，主人右侧为主宾，其他人可按照“主左宾右”的方式入座，也可根据熟悉程度或业务关系安排入座。

就座：应该等客人或尊者落座后再就座。

应邀出席宴会活动，应听从主人安排。进入宴会厅之前，先了解自己的桌次和座次。入座时注意座次卡上是否写有自己的名字，不可随意入座。如邻座是长者或女士，应主动帮助他们先坐下。入座后坐姿要端正，不可用手托腮或将双臂肘放在桌上。就座后应把双脚放在本人座位下，不可随意伸出，影响他人。不可玩弄桌上的酒杯、盘碗、刀叉、筷子等餐具，不要用餐巾或纸巾擦餐具，以免使人认为餐具不洁。

在社交场合，无论天气如何炎热，不可当众解开纽扣，脱下衣服。小型便宴时，若招待方请宾客宽衣，男士可脱下外衣搭在椅背上。

坐定后，如已有茶，可慢慢饮用。应与同桌的人交谈，特别是左右邻座，不可只与几位熟人或一两人交谈。若不认识，可作自我介绍。谈话要掌握时机，要视交谈对象而定。不可只顾自己一人夸夸其谈，或谈些荒诞离奇的事而引人不悦。

4. 文雅进餐

宴会开始时，一般是招待方先致祝酒词，此时应停止谈话，不可吃东西，注意倾听。致辞完毕，招待方招呼后，即可进餐。

进餐时要注意举止文雅，取菜时不可一次盛得过多。盘中食物吃完后如果不够，可以再取。用餐前应先将餐巾打开铺在腿上。用餐完毕叠好放在盘子右侧，不可放在椅子上，也不可叠得方方正正而被误认为未使用过。餐巾只能擦嘴，不能用于擦面、擦汗。服务员送的香巾是用来擦面的，擦毕放回原盛器内。

若遇本人不能吃或不爱吃的菜品，当服务员或主人夹菜时，不可打手势，不可拒绝，可取少量放入盘中，并表示“谢谢，够了”。对不合口的菜，勿显出难堪的表情。本人所在单位作为主人宴请时，席上不必说过分谦虚的话。对来华时间较长的外国人，不必说这是中国的名酒名菜。在给宾客让菜时，要用公共餐具，切不可用自己的餐具。

进餐时要文雅，要微闭着嘴咀嚼，不可发出声响。要将食物送进口中，不可张口去接食物。食物过热时，可稍凉后再吃，切勿用嘴吹。鱼刺、骨头、菜渣等不可直接往外吐，要用餐巾掩嘴，用筷子取出，或轻吐在叉匙上，放在碟中。嘴里有食物时不可谈话。剔牙时，要用手绢或餐巾遮口，不可边走动边剔牙。吃不完的剩菜，用过的餐具、牙签等应放在碟中，切勿放在桌面上。如果看到熟人别胡乱挥手招呼。如果那人目光正好移到你脸上，点头微笑即可，然后还是把注意力集中在你所在餐桌的人上面。

（十二）接待礼仪

1. 热情周到

接待来访的客人，首先要做到文明待客：来有迎声，问有答声，去有送声；其次要做到礼貌待客，规范使用问候语、感谢语等，要做到热情“三到”：“眼到、口到、意到”。

接待上级来访要周到细致，对领导交代的工作要认真听、记，领导来了解情况，要如实回答。如果领导来慰问，要表示诚挚的谢意。领导告辞时，要起身相送，互道“再见”。接待下级或群众来访要亲切热情，对反映的问题要认真听取，作好记录，一时解决不了的问题要客气地作好解释工作。客人访问结束时，要起身相送。

对于来办公室与领导会面的客人，通常由办公室的工作人员引见、介绍。在引导客人到领导办公室的途中，工作人员要走在客人左前方几步远的位置，并保持适当的速度，切忌把客人甩得很远。在进入领导办公室之前，要先轻轻叩门，得到允许后方可进入。进入房间后，应先称呼领导，再把客人介绍给领导。若是几位客人同时来访，要按照职务的高低，按顺序依次介绍，介绍完毕后走出房间时要把门轻轻带好。

2. 座次安排

主客面对面入座：面对房间门的是客位，是地位高者的座位。
主客并排入座：以右座为上。

经典案例

现在巴林银行工作的中国女博士南希由于穿着朴素，自我展示的能力平凡，在面试时，她的能力被低估和忽视。尽管她出色的计算机能力使她被公司雇用，但她留下的那个普通、平凡的第一印象，却成为日后事业发展的障碍，这也让她的上司感到遗憾。他的上司说："她看起来像个再普通不过的女人，但进公司后，她的专业能力是超乎我们想象的。不幸的是由于近来时的位置太低了，我们只能在那个基础上为她加薪。"

训练活动

1. 大学生为什么要注重礼仪修养？结合自己的体会，谈谈如何提高自己的礼仪修养。
2. 着装美的最高境界是外在美和内在美的和谐统一，你对这个问题如何理解？请结合社会生活实例谈谈你的看法。

知识阅览

服饰颜色的一般象征意义如下

白色——安静、明亮、素雅；象征整洁、纯洁、凉爽。
黑色——严肃、冷漠、阴暗；象征庄重、深沉、悲伤。
绿色——生机、情怀、清新；象征希望、朝气、快乐。
大红——激情、奔放、活跃；象征吉祥、张扬、喜悦。
黄色——高贵、和谐、秩序；象征顺畅、亲和、献身。
蓝色——自信、沉静、开阔；象征坦荡、诚挚、安全。
紫色——智慧、神秘、洋气；象征高雅、端庄、乐观。

第四章　大学生求职策略

名人名言

一个年轻人的就业，也是如此，四周都为困难所包围，你得镇静应付，把层层障碍打破，便发现你的康庄大道。

——卡耐基

本章学习目标

知识目标

1. 学会收集就业信息，学会整理自荐材料；
2. 掌握笔试和面试技巧；
3. 大学生如何维护自己的就业权益；
4. 掌握就业协议书和劳动合同签订的注意事项。

能力目标

1. 能运用就业信息帮助自己更好地就业；
2. 能撰写就业自荐材料；
3. 能识别就业协议书和劳动合同中的不合理条款；
4. 能保护自己的就业权益。

引例

【案例一】

张强在毕业之前的一个学期，在很多同学还忙于专业学习和考取各种证书时，就已经开始积极地寻找实习机会了。他凭借优秀的综合素质和不懈的求职努力，接到了多家公司的实习录用通知，在综合考虑自身条件和公司特点后，他选择了其中一家更适合自己的公司开始了认真的职场体验——实习。

三个月后张强结束实习回到学校，和大多数同学一样为今后竞争激烈的求职择业和毕业设计积极准备。面对严峻的就业形势，每个即将走向社会的大学生的内心都是忐忑而紧张的。然而就在张强还未将一份自己精心制作的求职简历寄出时，却意外地接到一家公司的录用通知，也就是他之前实习的那家公司。原来，张强实习的公司刚刚出台了招聘计划，由于他在实习期间的优秀表现给部门经理留下了深刻的印象，公司主动向他发出了入职邀请。

【案例分析】

张强顺利地找到工作，正是他平时注重积累职业素养和用实际表现积极争取的结果。从实习生中选人，成为越来越多用人单位的选聘方式。张强的经历提示我们，在专业学习之外，应该积极地参加社会实习，这无论是对职业素养的提升还是之后的求职应聘都有很大的帮助。

【案例二】

3 月份，应届大学毕业生王敏到北京一家食品生产公司应聘市场业务员职位，此时王敏尚未毕业，经过公司的笔试、面试后，公司人力资源部经理通知王敏公司决定正式录用她，并要求她尽快到公司上班。王敏通过网络信息搜索、实地考察和向辅导员咨询等方式详细了解了该公司的情况，对该公司的发展和薪水也很满意，因此接受了该公司的入职邀请。而此时辅导员提醒王敏应按学校就业工作要求，尽快与用人单位签订就业协议书，以便维护自身的合法权益，于是她带着毕业生就业推荐表和就业协议书来到了公司，希望尽快签订就业协议书。在与公司签订了就业协议后，招聘负责人提出要与王敏签订劳动合同，并约定合同期限为三年，试用期六个月，在校期间的工作时间包含在试用期内。王敏虽然觉得应该在取得毕业证后再与该公司签订劳动合同，但是在当前严峻的就业形势压力下，还是签下了这份劳动合同。5 月份，王敏在下班的路上发生了车祸，头部受伤、右臂骨折，住院治疗了两个月，期间学校同意她以网络方式完成论文，王敏于 6 月底正式答辩毕业。7 月初，伤愈后的王敏多次与公司交涉，要求公司认定工伤并报销部分医疗费用。王敏认为双方签订了劳动合同，她的身份就是公司员工，根据《工伤保险条例》的规定，她是在单位工作下班途中遭遇车祸受伤，应该认定为工伤，要求公司给予工伤待遇。但是公司则认为，王敏出车祸时还是在校大学生，归学校管理，双方签订的劳动合同是无效的。既然合同无效，王敏不能享受工伤待遇。王敏不服，于 11 月份向劳动争议仲裁委员会申请工伤认定，与此同时，食品公司也向劳动争议仲裁委员会申请劳动仲裁，根据 1995 劳动部《关于贯彻执行〈中华人民共和国劳动法〉若干问题的意见》明确规定“在校生利用业余时间勤工俭学，不视为就业，未建立劳动关系，可以不签订劳动合同”，要求确认双方签订的劳动合同无效。

【案例分析】

即将毕业的大学生就业身份是在校学生还是劳动者？他们与用人单位签订的劳动合同是否合法？由于劳动法中并没有相关规定，一旦双方发生纠纷，大学生的权益如何保护成了引人关注的问题。首先我们看一下“劳动者”的含义。法律赋予劳动者的劳动权利能力和劳动行为能力基于以下两个条件：一是法定年龄。我国劳动法第十五条规定：禁止用人单位招用未满十六周岁的未成年人。二是具有完全劳动能力和部分劳动能力的自然人可以建立劳动关系。其次，绝大多数毕业生在毕业当年 1—5 月份就开始联系工作，参加就业实习，甚至直接就业，这是客观存在的，也是与中央鼓励就业的政策相符合的。《关于贯彻执行〈中华人民共和国劳动法〉若干问题的意见》第十二条所指的是在校学生不以就业为目的，参加短期或不定期劳务工作以获取一定劳动报酬的情况，实际上，王敏的情况不属于勤工助学或实习，而属于就业。在这个案例中，王敏在签订劳动合同时已经年满 16 周岁，受过高等教育，身心健全，具有完全劳动能力，并取得学校颁发的毕业生就业推荐表，已具备面向社会求职和就业的条件。公司与王敏签订劳动合同时，对她的基本情况进行了审查和考核，在此基础上，双方就应聘、录用达成一致意见签订的劳动合同是真实意思的表示。并且我国现行的劳动法律法规并没有将大学生排除于劳动法意义上的劳动者之外，因此劳动关系应该得到法律的保护，双方签订的劳动合同是合法有效的。

问题聚焦

1. 求职前需要准备什么材料？
2. 如何应对招聘中的笔试和面试环节？
3. 大学生可享受哪些就业权益？
4. 大学生若在就业过程中出现劳动争议，应如何解决？

第一节 自荐材料

核心知识

一、自荐材料的作用

自荐材料是大学毕业生择业过程中用来和用人单位取得联系、“投石问路”的最常用办法之一，在求职择业的过程中具有举足轻重的作用，是职场的“敲门砖”。推荐、面试、录取都离不开自荐材料。自荐材料主要有以下三方面作用。

（一）介绍宣传作用

从学生择业角度讲，它是一份完整的个人说明书，是一份个人档案；从用人单位角度讲，它是选拔人才的重要依据。

（二）接洽联系作用

毕业生用自荐材料与用人单位接触，比口头介绍要详细、具体、直观。同时，用人单位事先阅读材料后，彼此消除了陌生感，有一个思想上的准备并能产生良好的印象。

（三）潜在的指导作用

自荐材料的形成，往往要经过搜集、整理、分析、编写的过程，能帮助毕业生盘点自身的情况和资源，明确自己的专长和爱好并进行理性思考，从而能够客观、科学地树立自己的就业目标，做好充分准备去参与择业、面试和竞聘。

二、自荐材料的特点

◆ 客观性。自荐材料必须以事实为基础，做到真实、客观。

◆ 全面性。要内容全面、结构合理、条理清晰，使用人单位一目了然，印象深刻。但切忌为了面面俱到而啰唆。

◆ 独特性。自荐材料的撰写要能够充分展示求职者的个性特征，因而具有不可取代的独特性。

◆ 创造性。自荐材料的形式、内容、结构可以发挥个人创造性思维以及想象力，来体现求职者个人的创新性。但切记要把握创造性和求实的尺度。

三、自荐材料的内容

自荐材料的内容主要包括求职信、学校推荐表、个人简历、附件（证书复印件）等内容。

1. 求职信

主要表述毕业生的求职意向与专业特长。行文时可以带着一定的感情色彩，但切记不可无限夸张、矫揉造作。求职信以书信格式书写，一般由三部分构成，即开头、主体和结尾。求职信一般放在整个自荐材料的前面。

2. 学校推荐表

学校推荐表在自荐材料中有着举足轻重的作用，用人单位对此有较高的信任度。将它放在自荐材料中加大了自荐材料的可信度和自荐力度。它一般包括本人及家庭基本情况、在校期间学业成绩和奖惩情况、自我鉴定、组织意见等部分。

3. 个人简历

个人简历一般包括姓名、性别、年龄、籍贯、政治面貌、生源类型、专业及学历层次、特长爱好、择业意向、身高体重（特殊岗位要求）等。

4. 附件

附件即能证明自荐材料中所列各方面情况的原始证明材料，是证明自荐材料真实性和自荐人各种能力的有利佐证。为防止投递过程中丢失，一般使用复印件。

（一）求职信

1. 求职信的格式及内容

求职信是自荐材料的一部分，是寄给用人单位的一种私人信函，属于简历的附信，一般置于自荐材料的最前面。求职信能够很好地补充简历本身缺乏描述性词语的不足。求职信的一般格式包括称呼、正文、结尾、署名、日期、附录等六方面内容。

（1）称呼。要在信笺的第一行起首书写，单独成行，以示尊重。如果写给国家机关、企业单位的人事处领导，用“尊敬的××处长（科长等）”称呼；如果是学校领导，则称为“尊敬的××校长（或老师）”。如果搞不清楚对方的身份，则称“尊敬的招聘主管”即可，切不可乱用称呼。

（2）正文。这是求职信的中心部分，一般要求说明求职信息的来源，应聘岗位，本人基本情况，学习、实践经历等内容。

（3）结尾。一般写明希望对方给予答复，并盼望能有机会参加面试；写上简短的表示敬意、祝愿之类的词语。如“顺祝安康”“深表谢意”等。

（4）署名、日期。署名时可以只写姓名，也可在姓名前加上一些与称呼相对应的词语，如“您诚恳的××”“您的学生××”等。日期写在署名的右下方，最好用阿拉伯数字，并写“年、月、日”。

（5）附录。求职信一般要求附有效证件，如学历证、职称证、身份证、获奖证书、户籍等复印件。

2. 求职信的书写要点

（1）求职信最好写给能做录用筛选和决定的人，这样既能提高效率又能加大力度。因而，先行调查，了解公司情况是非常重要的。

（2）求职信的针对性很强，是对特定的一家单位和某个岗位而言，因此在信中一定要阐明自己对该单位和该职位的兴趣，并简要阐述你对该单位情况的了解，比如在行业内的地位、公司的核心竞争力、企业文化、发展前景等，不仅能唤起对方的亲近感和自豪感，更能显示你的诚意和热情，以及对求职所做的充分准备。如果你对该单位和职位的理解深刻并具有创见性，就可从众多竞争对手中脱颖而出，受到青睐。

（3）求职信不是简历的重复，而是简历的有益补充，要避免重复简历中的数据。好的求职信简洁却有说服力，能够恰如其分地突出自身的特质与所应聘岗位的匹配，说明你能满足这一岗位的要求，在最短的时间内吸引潜在雇主的注意力，并为自己赢得进一步面试的机会。所以在正文部分，必须写明你对单位或职位感兴趣的原因，以及你个人所特有的、能满足岗位要求的知识、实践、技能等有价值的信息。最好能对照岗位要求来说明，并表明如果公司录用你，你能为公司做出怎样的贡献，侧重你对公司的价值而不是你自己的需要。所以好的求职信要针对目标单位和应聘岗位量身定制，只是重复简历中的数据，泛泛而谈自己的长处和能力，空谈自己一定能满足用人单位的要求，用一封求职信通打天下的情况要避免。至于那些与应聘岗位关系不大的技能、经验，则不需要事无巨细地列出。应聘不是选秀，没有内涵和针对性，不能在短时间内吸引招聘人员注意力的自荐材料只能石沉大海。

（4）用词简练、规范、准确，要传达大学生积极向上的精神，但不可过于感性，不要过多使用偏情感性的词语和句式，招聘人员希望自己能一目了然地在简练的客观陈述中迅速找到对招聘有价值的信息。所以，尽可能使用行业、公司常用的语言，凸显你作为职场新人的专业性。

（5）在正文结束时，明确地要求面试机会，不是强求，而是传达一种自信心和对这次求职的重视。

（6）信息的真实性是毋庸置疑却又要一再强调的，可以说真实是自荐材料的生命。求职信的内容虽然要有感染力、力求引起潜在雇主的注意，但要有理有据，不可夸大其词、夸夸其谈，更忌讳为了迎合岗位要求而造假，用人单位对求职者的诚信特别看重。当然真实并不代表言无不尽，只是强调自身与应聘岗位相关的优势，而不必将自己的劣势和盘托出。

（7）运用周到得体的礼仪。求职信与一般书信的礼仪要领和格式基本相同。一是称谓要得体。二是问候语要自然。问候语可长可短，应是发自内心的，体现出写信人的一片真情，问候要切合双方关系。三是祝颂要真诚。对长者可写“敬请××”“恭请××”；对平辈则用“此颂××”“即请××”，对于不同职业的用语也应区别对待。

（8）格式规范，形式标准，杜绝低级错误。首先，信笺要选用标准尺寸，现在一般的文件都为A4纸，用A4纸便于用人单位保存查阅。其次，最好打印，方便阅读，除非对自己的字体十分有信心，并且所谋求的岗位对此也有特殊要求，否则不要手写。再次，反复检查，坚决杜绝语法、文字、标点错误，这种低级错误在求职中是致命的。最后，不要长篇大论，尽量将有用的信息压缩在一页纸之内。

（二）简历

一个好的产品需要一份好的说明书，当十几年的求学生涯即将结束，作为一个即将踏入职场，即将被验收的“人才”，要把自己推销出去，也需要为自己准备一份说明书，这份“人才说明书”就是简历。它要说明你起步时的状态、现在的状态和你要达到的状态，一份好的简历能帮助你跨入职场门槛，是重要的求职工具。

1. 简历的要素

个人简历是求职者发给招聘单位的个人简要介绍。一份标准的简历包括个人基本信息（姓名、性别、年龄、民族、籍贯、政治面貌、学历、联系方式等）、教育经历、工作经历（实习经历）、荣誉与成就、英语水平、IT技能、自我评价、求职意向等要素。

2. 简历的功能

（1）是针对一项具体工作，对你的经验和技能进行系统盘点和评估；

（2）是面试时面试官提问的重要参考，是你回答提问的重要提示；

（3）是一个推销自己以获得面试机会的工具。

简历的最直接目标就是争取一个面试机会，记住，这份说明书不只是盘点你自己的资源和优势，不是自说自话，还要考虑到如何打动你的潜在雇主。正如一个广告，简历要发挥四种功效：吸引注意力，引起兴趣，描述成就，激发行动。要用简明扼要的方式吸引潜在雇主的注意力；要围绕岗位要求告知潜在雇主你能干什么，你干过什么，你是谁，你具备哪些知识和技能，你希望做什么。它必须包括足够的信息以便让潜在雇主对你感兴趣并评估你的资质；还必须能够激起雇主足够的兴趣从而邀请你进行一次面试。

要想让简历发挥这样的功效并不容易，制作一份优秀的简历要做足够充分的准备工作。

3. 简历的内容以及相关准备工作

（1）确定求职意向及其准备工作。

是否需要在简历中明确地写明求职意向（自荐信中已经包括求职意向），多数专家以及招聘人员认为在简历中写明这一点会对你的求职更有帮助，并且要写在最显眼的地方，通常在简历正文的第一项单列出来，就如同文章的标题一样点明主旨。对于每天要看大量简历的招聘人员来说，总是希望在最短的时间内知道你为何而来。这往往是“海选”简历的第一步。

明确具体的求职意向是对所追求的职位的简明清晰的描述，一个清晰的求职目标不仅为求职活动提供一个明确而集中的方向，同时也给潜在雇主留下了你对自己的职业目标已经做了认真思考的印象。它既可以是具体的职位，如“办公室助理”“初级编程员”，也可以是宽泛的，如“能够发挥沟通、协调、说服能力的服务性岗位”。但无论是具体的职位还是宽泛的领域，对目标的描述越具体越好。清晰的目标不仅使你精力集中，对于招聘人员的效果也会更明显更强烈。

要做到这一点，就要提前做好相关的准备工作。首先，做好职业生涯设计，确定最佳职业发展目标及发展路径。确定恰当的求职目标并不是在求职时才做的工作，求职目标和你未来的职业发展目标直接相关，没有明确清晰的职业生涯设计，盲目地确定自己的求职目标，对个人职业生涯的可持续性发展是不利的。确定求职目标之前要先做好职业生涯设计，不仅要对自己的兴趣、爱好、能力、特点进行综合分析与权衡，还要结合时代特点、行业需求寻求个人特质和社会需求的最佳结合点，确定长期的职业奋斗目标以及阶段性目标。你的求职目标要始终以职业生涯设计为依据。相关的职业生涯设计知识请参照本书相关章节。

其次，要做好就业信息搜集工作，了解就业形势、行业趋势以及当年就业市场的供需情况，寻找可以满足自身职业生涯发展需求的潜在行业和潜在雇主，确定具体的求职目标。

(2) 教育经历。

教育经历是用人单位招聘时很重视的一点，对于多数学生来说，通常都是按部就班接受教育，在求职竞争中似乎可以比拼的就是学校和专业背景了，其实在这一部分你完全可以让你的简历更吸引人。对于潜在雇主来说，他不仅关心你的学校和专业，更关心你这个人，教育和专业训练究竟对你产生了什么影响？帮助你获得了哪些知识和技能？你是否具有别人所没有的核心能力帮助你在接受教育时有某些突出表现？在制作求职简历之前，在你看似有限的教育经历中挖掘、盘点自身优势是非常重要的准备工作。

(3) 实习（工作、社团）经验。

教育经历重点展示了你的专业知识和技能，而实习（工作、社团）经验则重点展示了你应用知识、技能的能力，以及你的各种可迁移技能。对于应届毕业生来说，通常不具备正式工作经验，依然可以从你的实习、兼职、社会实践以及社团活动经验中挖掘出闪光点。比如，如果你申请的是管理相关职位，而你在学校里曾有过组织大型活动的经验，就可以重点突出这些经历。注意，不是简单地罗列你组织过的活动，而是要简练却重点突出地列出关键数据和重要细节，比如，活动的规模（参加者的群体范围、有多少人参加）、取得的成果等。

(4) 荣誉与成就。

在求学期间所取得的荣誉和成就能画龙点睛地说明你所具备的优势资源。同样要记住，不能只是简单罗列你的荣誉和成就，首先要选取与岗位要求密切相关的，其次要用关键数据强调荣誉、成就的含金量，比如，标明所获得的奖学金的获奖人数百分比。

(5) 自我评价。

自我评价也是简历中的重要内容，恰当的自我评价一方面是自我展示的机会，抓住机会再次强调自身的优势、技能、特长正是所应聘职位需要的；另一方面也能给潜在雇主留下你对自己以及职位足够了解的印象。如何才能让自己的自我评价抓住潜在雇主的眼球，让你的简历从诸多简历中脱颖而出，是需要一些技巧和精心准备的。

首先，要盘点自身特质，将你自身的优势、技能、特长列出来。其次，对照职位要求以及企业文化对人才的要求，从中选择与自身特质相匹配的。再次，还要注意用词简练而具体，不要空泛地写上一些可能大家都会用的词，比如“做事踏实”“为人正直”。过于冗长、格式化、无个性的自我评价会喧宾夺主、混淆重点，反倒会分散阅读者的注意力。比如，“善于制订计划，并达成目标；善于资源分析，能充分利用各种资源；能够适应快节奏的工作，有较强的实战经验和实际操作能力”等类似的表述就有较强的针对性。最后，还要注意自我评价要有据可依，最好能够体现在教育经历、工作经验以及成就奖励中。

要想做好上述相应的准备工作，并且能够根据招聘方发布的招聘职位制作出有针对性的简历，有一种比较实用、便捷、高效的方法可以参考：为自己准备一份“个人资源盘点表”，将简历中所有需要涵盖的个人特质、经验、资源、意向等方面的信息，分类列举；使用头脑风暴，还可以邀请家人、师长、朋友、同学等比较了解你的人，帮你一起挖掘你的优势，尽可能详尽、全面地罗列在这张表中，并进行分析，看哪些信息对应了哪些能力、资质要求；准备简历时，根据招聘要求从这张表中挑选出合适的信息。这样既可以提高效率，又不会遗漏重要信息。

4. 简历的类型

明确了简历的内容，并盘点了自身资源，做好了相应的准备工作，如何将你自身的各种优势和资源恰当地呈现出来，也是很重要的一步。这就涉及简历的类型，即组织信息的方式。一般来说，常用的简历类型有时序型、功能型和综合型。

（1）时序型简历。

时序型简历是传统的、最常使用的简历格式。按最近的工作（教育）经验排在最前面的顺序列出你的工作（教育）经历。时序型简历能够演示出持续和向上的成长全过程，关注的焦点在于时间、工作（教育）持续性、成长、进步以及成就。应届毕业生由于没有足够的工作经验，使用时序型简历会更简单方便，能简洁明了地呈现你的成长历程。

（2）功能型简历。

功能型简历是以你从事工作的职能类型来介绍你的经验、技能和工作经历，职位、在职时间和相关经历不作为重点，突出强调的是你的技能和个人资质，而不是时间和成长历程，关注的焦点完全在于你所做的事情。功能型简历适合那些已经有工作经验的人。

（3）综合型简历。

如果你具有对成功申请职位有重要作用的关键技能，同时在某些很有名望的单位里有成绩卓越的工作经历，最适合采用综合了时序型和功能型简历优点的综合型简历。这种综合型简历可罗列你的各种核心职业能力，同时指出工作的时间和单位名称。

5. 制作简历的注意事项

（1）简历的外观。

就像一个人的外表仪态一样，简历的外观至关重要。简历必须打印清晰，布局合理，看起来有吸引力。许多招聘人员仅仅快速扫描简历的主体部分，所以必须精心安排内容的布局，把与工作关系最密切的部分放在最显眼的地方。

（2）简历的文字风格

简历不是写文章，也不是信息的堆砌，招聘人员不会“阅读”你的简历，只会快速“扫描”，寻找他所需要的信息。所以，简历的文字必须是简洁而详尽的，在很短的篇幅之内要简洁明了地涵盖所有重要的信息，易于“扫描”，令人眼前一亮。掌握四个要点能帮助你打造一份这样的简历。

① 避免使用长句以及连接词，尽可能使用短句，甚至短语。

② 潜在雇主关心的是“你做过什么”“能做什么”，恰当地使用行为动词可以展现你的能力和成就，让你的简历更具说服力，避免大量使用华而不实的形容词。比如，增长、加速、简化等行为词展现了你的个人成就；传授、指导、收集、校对、指挥、激发、说服、设计、评估、观察、审计、操作等行为词展现了不同方面的能力。

③ 使你的简历详尽而具有说服力的另外一个办法是用数字来说话。用数字或百分比将你的成就和业绩表现出来，看起来真实、具体，远比使用抽象的形容词或程度副词效果要好得多。

④ 让结果来说话。你所取得的成就和业绩是个人能力的最佳证明，在简历中突出这些内容。

（3）简历中的关键词

每种职业和专业领域都有自己的行话、术语，比如会计行业中，会计、CPA（注册会计师）、审计等都是该领域的关键词。许多大公司的人力资源部都会使用电子简历，甚至有相关的软件帮招聘人员快速搜索简历中是否含有有关空缺职位的关键词。即使是纸质的简历，招聘人员也是快速扫描简历，从中寻找是否有跟职位相关的关键词。所以，在简历中增加跟行业或职位相关的关键词能帮助你的简历从诸多类似的简历中脱颖而出。可以通过网上的招聘启事和公司的网站搜集你所需要的关键词，招聘启事往往直接表达了潜在雇主想寻找什么样的人。

（4）简历的篇幅。

即使你有丰富的经历，你的简历也应该被压缩在一页 A4 纸之内。如果你的简历超过一页纸，就要检查一下是否在排版、布局、用词上存在问题。如果你确实觉得一页纸不足以涵盖你丰富的经验，也要把最关键的内容放在第一页。

（5）简历中不应该出现的内容。

简历的最直接目的是赢得一次面试的机会，那么那些不能帮助你达到这一目的，甚至会破坏它的内容，就不应该出现在简历中。

① 不要提出工资要求。在简历中提及这个敏感话题不是一个好的选择，如果是事业单位等有固定薪资体系的，工资、福利都不在可讨论的范畴；如果是企业，这个话题留在面试阶段双方初步达成协议时再谈，会比较安全。

② 教育经历或工作经历有时间上的间断却没有做出合理说明。

③ 提供与求职无关的私人资料，如宗教信仰、体重、三围等。除非特定职业，这些资料属于与求职无关的私人资料，不仅不会为你加分，或许还会令人质疑你的专业素养，招致

不必要的麻烦。

④ 书写错误是致命的，一定要杜绝。

6. 检查你的简历

一份简历制作完成之后，还要仔细检查。表 4-1-1 所示为一份简历检查表，可作为检查简历的参考。

表 4-1-1 简历检查表

检查项目	好	一般	不好	如何改进
1. 简历的格式是否有吸引力？				
2. 外观。是否简明？布局是否清晰和易于阅读？打印是否整齐？格式是否正确？				
3. 长度。是否简明、切题，不超过一页？				
4. 表达。用词是否准确、具体？职业目标描述是否清晰？				
5. 突出。是否选择与申请职位最相关的经验、奖励、技能？是否有助于取得一次面试机会？				
6. 完整。是否包括了所有的重要信息？				
7. 准确真实。是否准确反映了你本人的情况，没有虚假信息？				
8. 合乎常理。是否有不合常理、含混不清的地方？				

经典案例

别具一格的好“广告”

小李刚开始制作简历的时候，参考了很多网上的简历模板，按照千篇一律的格式罗列自己的履历，简历投递出去大多如石沉大海。后来，他改变了策略，认真思考自己最有优势的地方是什么，最自信的能力是什么，最能给别人留下深刻印象的能力是什么，最后总结为：领导能力强和团队合作精神好，作为团队领导参加过很多活动；写作、演讲能力强，获得过很多比赛的奖项；学习成绩优异，多次拿到奖学金。针对这几点，他写了简洁的自我评价，重点突出这几方面的优势，为了吸引招聘人员的注意，他将自我评价放在简历第二栏（第一栏是个人资料），紧接着就是所获奖项，然后才是其他活动和技能，让招聘人员一开始就看到自己的优点，大大增加了简历投递的成功率。

【案例分析】

不要用一份模板化的简历“海投”。投送简历前，你需要认真分析招聘启事，了解目标岗位所要求的能力、特点等，以此对自己的简历进行修改；将一些与该职位和所要求的能力无关的经历及介绍删除，将简历中与职位密切相关的经历、能力、个性特点等关键词的字体加粗，或者提到简历的最前面，或者予以详细阐述，适当突出重点；你也可以到目标公司的网站上了解该公司的文化、价值取向等。一份有针对性的简历无疑会使招聘人员对你的印象大大加分。

训练活动

一、按以下模板制作个人简历

<table>
<tr><td>姓名</td><td></td><td>性别</td><td></td><td>出生年月</td><td></td><td rowspan="5"></td></tr>
<tr><td>籍贯</td><td></td><td>民族</td><td></td><td>身体状况</td><td></td></tr>
<tr><td>政治面貌</td><td></td><td>身高</td><td></td><td>体重</td><td></td></tr>
<tr><td>毕业学校</td><td colspan="3"></td><td>学历</td><td></td></tr>
<tr><td>专业</td><td colspan="3"></td><td>毕业时间</td><td></td></tr>
<tr><td>联系电话</td><td colspan="2"></td><td></td><td>E-mail</td><td colspan="2"></td></tr>
<tr><td>主修课程</td><td colspan="6"></td></tr>
<tr><td rowspan="4">能力与专长</td><td>个人技能</td><td colspan="5"></td></tr>
<tr><td>个人专长</td><td colspan="5"></td></tr>
<tr><td colspan="3">计算机水平</td><td colspan="3">语言能力</td></tr>
<tr><td colspan="3"></td><td colspan="3"></td></tr>
<tr><td>教育经历</td><td colspan="6"></td></tr>
<tr><td>实习经历</td><td colspan="6"></td></tr>
<tr><td>奖励与证书</td><td colspan="6"></td></tr>
<tr><td>自我评价</td><td colspan="6"></td></tr>
</table>

二、列出有可能帮你介绍工作单位的亲朋好友

三、进行一次劳动力市场调查或参观人才交流市场，调查内容如下

1. 调查准备

① 确定目标；② 选择对象；③ 拟定提纲或制作调查表。

2. 调查方式

① 择业成功人士专访；② 毕业生座谈会。

3. 结果处理

① 找出择业成功的因素；② 制定学习对策。

知识阅览

职业资格证书

求职材料除了准备好主件简历，还要针对求职时用人单位对岗位的要求，准备一些必要的附件，如职业资格证书。职业资格是对从事某一种职业所必备的学识、技术和能力的基本要求。劳动和社会保障部与人事部于 1994 年 12 月颁发了《职业资格证书规定》，明确职业

资格包括从业资格和执业资格。

从业资格是指从事某一专业（工种）学识、技术和能力的起点标准。

执业资格是指政府对某些责任较大、社会通用性强、关系公共利益的专业（工种）实行准入制度，是依法独立开业或从事某一特定专业（工种）学识、技术和能力的必备标准。从业资格和执业资格是职业资格的两个档次，对学识、技术和能力的要求标准不同。达到这些标准所获得的证书，就是职业资格证书。

就一般专业（工种）而言，所要求达到的标准是从业资格标准，所获得的证书是从业资格证书，如会计证、驾驶证等就是从业资格证书。

对某一特定专业（工种）而言，所要求达到的标准是执业资格标准，所获得的证书是执业资格证书，如注册会计师证书、房地产评估师证书等。

国家职业资格证书是劳动者求职、任职、开业的资格凭证，是用人单位招聘、录用劳动者的主要依据，也是境外就业、对外劳务合作人员办理技能公正的有效证件。

职业资格证书由中华人民共和国人力资源和社会保障部统一印制，各地人力资源和社会保障部门及国务院有关部门按规定办理和核发。

国家职业资格证书分为五个等级，即初级（国家职业资格五级）、中级（国家职业资格四级）、高级（国家职业资格三级）、技师（国家职业资格二级）、高级技师（国家职业资格一级）。

经国家权威部门认证的职业资格证书，可为求职、就业、任职、自谋职业和独立创业提供岗位技能水平的有效证明，是展示个人职业素质现状的重要凭证之一。

职业资格由国务院人力资源和社会保障部及其委托的部门，通过学历认定、资格考试、专家评定、职业技能鉴定等方式进行评价，对合格者授予国家职业资格证书。1992 年，我国颁布了第一部《中华人民共和国工种分类目录》，目前，已正式颁布 3 200 多个工人技术等级标准（职业技能标准），1999 年颁布了《中华人民共和国职业分类大典》，相应的职业标准正在制定之中。其中的职业技能鉴定分为知识要求考试和操作技能考核两部分。知识要求考试一般采用笔试，操作技能考核一般采用现场操作加工典型工件、生产作业项目、模拟操作等方式进行。计分一般采用百分制，两部分成绩都在 60 分以上为合格，80 分以上为良好，95 分以上优秀。

第二节　笔试和面试

核心知识

一、笔试

笔试是用人单位对应聘者的专业知识、文字表达能力及书写态度等综合能力的测试，在企业针对应届生的校园招聘环节中，有时会采用笔试作为面试之前的筛选方式，其主要目的是进一步筛选出那些具备职位要求的专业知识、符合公司的企业文化、具有招聘公司所希望的思维方式和个人能力的应聘者。

笔试主要是以文字为载体，通过应聘者对预先设定的笔试题目的回答，判定应聘者是否具备招聘公司要求的一些基本素质和能力，如逻辑推理及数理分析能力、案例分析及写作能力等。主要适用于应聘人数较多、需要考核的知识面较广或需要重点考核文字表达能力的情况。相对面试来说，笔试可以对大量的应聘者在同一时间集中考核其特定方面的素质能力，而这些能力通过面试等其他方式很难考查，如书面表达能力、公文阅读及理解能力以及职位要求的特定知识或技能等。很多专业性、技术性很强的职位，笔试是必用的考核方式之一，如计算机软硬件开发类职位等。

但笔试在招聘环节也存在一定局限性。首先，笔试很难测评求职者的兴趣、能力、价值观等个人特质。有些人笔试成绩很高，但靠的只是死记硬背，其真正分析问题和解决问题的能力很差。再如，一个人的仪表风度、口才、反应的敏捷性等综合素质也无法通过笔试测评。而且，如果参加笔试的人数很多，设计多套笔试题，安排考场、监考人员等流程较为复杂，成本较大。所以，笔试并不是每家公司招聘流程中都会涉及的环节。

大学生应该注意择业过程中的笔试和学校课程考试的不同之处。要有针对性地做好笔试准备，掌握一定的答题技巧，以赢得笔试的成功。

（一）笔试的种类

1. 专业考试

有些用人单位专业性较强，对大学生的专业知识要求比较高，需要通过笔试的方式对求职大学生进行文化和专业知识的考核。考核的目的主要是检验求职者是否具备职务要求的专业知识水平和相关的实际能力。这种方式已经被越来越多的企事业单位所采用。例如，外资企业招聘雇员要考外语，公检法机关录用干部要考法律知识，文秘工作要测试应用文文种的写作，会计工作要考核相关的会计知识和政策法规，教师招聘要考核相应的教师综合技能等。

2. 智商和心理测试

智商测试主要为一些著名跨国公司所采用，他们对毕业生所学专业一般没有特殊要求，但对毕业生的素质要求较高。他们认为，专业能力可以通过公司的培训获得，因此，有没有专业训练背景无关紧要，但毕业生是否具有不断接受新知识的能力则是至关重要的。智商测试并不神秘。一类是图形识别，比如，一组有四种图形，让应聘者指出其相似点和不同点。这类题目在一些面向中小学生的智力游戏中是最常见的。另一类是算术题，主要测试毕业生对数字的敏感程度以及基本的计算能力。比如，给定一组数据，让毕业生根据不同的要求求出平均值，其难度绝不超过对中学生计算能力的要求。这类测试尤其在会计师、审计师等职业招聘中所常见。

心理测试是用事先编制好的标准化量表或问卷要求应聘者完成，根据完成的数量和质量来判定求职者职业心理水平或个性差异的方法。一些用人单位常常以此来测试求职者的态度、兴趣、动机、智力个性等心理素质，然后根据对个人的要求决定取舍。职业心理测试之所以得到广泛运用，在于个体的心理素质与职业之间有着密切关系。很多人会因为个人的心理素质与职业不相符合，导致工作频繁失误，而产生焦虑、失望等不良情绪，影响职业发展。

3. 综合能力测试

综合能力测试兼有智商测试的要求，但要求更高，主要考查毕业生的文字表达能力以及分析、解决问题和逻辑思维的能力。例如，IT、电子、通信、机械重工类企业，在招收技术人员时，就会着重考查逻辑推理能力、数字计算能力及行业相关综合知识。比如，应聘者要在规定的时间内对一组数据、一组资料进行分析，找出其合理的地方和存在的问题，并设计出解决问题的方案。通过这种测试，可以考查毕业生的阅读理解能力，发现、分析和解决问题的能力等。

国家机关招聘公务员，一律实行考试录用。近年来，国家公务员招聘考试的笔试科目为：行政职业能力倾向测试和申论。其中，行政职业能力倾向测试是极具代表性的综合能力测试，这个测试是国家公务员考试的一部分，是用来测试应试者与拟任职位相关的知识、技能和能力，是考查应试者从事公务员工作所必须具备的一般潜能的一种职业能力测试。考试题型有语言理解与表达、数量关系、判断推理、常识判断、资料分析等。主要测试应试者的知觉速度与准确性、语言理解及运用、数量关系、判断推理、资料分析等方面的能力；申论则是测试应试者的综合分析及文字表达方面的能力。

4. 事业单位考试

事业单位已逐步实行公开招考，笔试科目为公关基础知识和职业能力倾向测验，根据不同岗位还需加考专业科目。

（二）笔试的方法

笔试的考试方法有很多种，归纳起来主要有测验法、论文法、作文法。它们相互补充，使笔试方法形成一个较为完善的体系。

1. 测验法

测验法是一些具体方法的总称。与作文法、论文法相比，它是运用得最多的一种。测验法的实施方法很多，常见的有：

（1）填充法：也称填空法，主要是往缺少词语的句子里填充词语，做法有简有繁。

（2）是非法：也称订正法或正误判断法，是要求判断内容正误的方法。

（3）选择法：即对某一词句或问题提出若干容易混淆的解释，要求肯定一种正确的解释作为答案。

（4）问答法：要求学生对提出的问题做出回答。大多是要求用简单的词语回答简单的问题。

以上这些方法，常常是相互交叉的。这些题目的特点是：问题明确、简练；出题量大；问题涉及面广；问题的难度适当。所以，笔试者在准备参加测验时要明确考核范围，根据题型的特点去复习，以免产生失误。

2. 论文法

论文法就是招聘单位提出较大的问题，由考生用文字作答，以测验其思考能力的方法，其形式是一种论述题，也可以是自由应答型试题。这种方法在我国已有较长的历史，在招聘选拔人才的笔试中曾被普遍采用。这种方法与测验法的明显不同是，它可以使应试者做出自己的答案。如果说测验法是封闭性考试或识别性考试方法的话，那么论文测验则是开放性考试的方法，应试者在解答这类题型时应该读透题意、解释全面。论文测试的内容，主要是让应聘者对职业选择的具体问题做出评价，对某种现象做出分析或写出感想。案例分析、对公司的评价及读后感等都属于论文测试性质。在测试方法上，主要是让应试者叙述和评价事实，或比较异同，或阐明因果关系，或分析实质，或评价高低，或叙述认识和感想等。

3. 作文法

这种方法可分为两种：一是供给条件，实行限制性作文；二是分项给分、综合评定。供给条件的作文，就是让应聘者根据考试者提供的一定条件，在一定范围内作文。分项给分、综合评定，就是按作文的构成因素，区分项目，分别给分，然后给予综合性的评定。应聘者在进行作文考试的时候，一定要在主题表达清楚的同时，认真对待字、词、句及标点符号，给用人单位留下好印象，并取得高分。

（三）笔试前的准备

对于应聘者来说，如果有机会参加企业招聘的笔试，那么一定要在笔试前做好以下准备。

1. 研究职位要求，熟悉笔试题型，模拟真实笔试时的状态

在接到企业笔试通知之后，我们可以先通过多种渠道和方式了解企业历年招聘笔试的题型，并模拟笔试时的状态做一些模拟题，看看自己能否在指定的时间完成，正确率有多少，找出错误原因，总结笔试经验，针对自己的弱项突击练习。如果确实找不到往年笔试的题型，我们则可以通过研究职位招聘中对相关技能要求的说明，来间接判断笔试题考核的题型和内容。

在做模拟题的时候，建议模拟真实笔试时的状态，尤其是一些考场的特殊规定，如时间的限制、不允许使用计算器等。因为对于多数招聘者来说，如果给予充足的时间，招聘的笔试题是能够拿下高分的，但很多情况下，为了在笔试阶段尽可能全面、综合地考查应聘者的素质能力，企业设计的笔试题题量很大，有些应聘者在有时间限制的情况下，没有掌握答题的技巧，容易产生不能合理利用时间，情绪受影响，从而发挥失常的情况。

案例

珍珍是管理专业的应届毕业生，刚开始找工作时，在简历上花费了一番功夫。很快，某企业通知珍珍参加笔试，珍珍很是高兴。因为应聘的是管理培训生职位，珍珍还特意复习了很多管理学方面的知识。然而，第一次笔试回来，珍珍发现自己做的复习准备只派上了很小一部分的用场，更多的笔试题目像是趣味考试题，像数学推理、词语填空，还有小学时学的

应用题，这些都给没有做好准备的珍珍来了个措手不及。之后的笔试，珍珍还特意按第一次笔试的题型做了一些题目的收集，却发现每个用人单位的招聘笔试题都不相同，使得珍珍无从下手，所以每次笔试前心里都没底，超级紧张。

2. 复习相关基础知识及专业知识

在熟悉笔试题型之后，应该就考核的知识面进行延伸复习，毕竟在真实笔试时碰到做过的笔试题的概率是比较小的。实际上在校园招聘中，企业招聘笔试题中出现的一些基础知识及专业知识点都是我们在大学课堂上学习过的，笔试前，将相关的知识点再复习一遍，有助于从容应对笔试。

3. 明确企业招聘笔试要求，准备好相关物件

在接到笔试通知之后，一定要把笔试的时间、考场都先确定好，如果不放心，可以事先到考场去“踩点”，以免迟到。同时，根据笔试通知中的要求，带好相关的物件，包括一些个人证明（如身份证、学生证或记下申请职位时的ID号等）、笔试用具等。

4. 休息好，调整好自己的状态

笔试前一天晚上一定要休息好，调整自己的心态，使自己能够以放松的心态去应对笔试。

（四）笔试时的注意事项

1. 注意时间管理

要有策略地做题，先做擅长的，保证答题率和正确率。

2. 良好的考试环境

如果在网上考，要给自己营造一个安静不被打扰的环境，手机静音，电话拔线，门口挂上“请勿打扰”的牌子，调节舒服的光线来答题。

3. 注意考场纪律

一定要遵从监考人员的指示，在没有得到指令的情况下翻阅试卷，很有可能被取消考试资格，有很多公司都非常看重应试者的守纪与诚信。大家要明确一点，笔试不仅仅是一场考试，也是求职过程中的一个环节，考场上的表现很可能会影响到你之后的面试。

4. 注意心理调节

有时候我们可能会受到同考场内其他情况的影响，如别人早交卷等，这个时候，我们要注意调节自己的心理，不要紧张、慌张，相信自己一定能够做好题目。

二、面试

面试是毕业生在找工作时所要面临的一个重要环节。学习和掌握面试技巧，做好充分准

备，对于应对面试这一难关是非常重要的。通过面试，用人单位不仅可以直接了解应试者的面貌、举止，而且可以了解应试者的总体素质和各方面才能。对于毕业生来讲，面试是一种综合性极强，集多种知识、能力于一体的多方面考核方式，是对于自己多年的学习、实践成果的一次检验。因此，每一个毕业生必须做到：面试前充分准备，知己知彼；面试中认真表现，充分发挥实力；面试后把握分寸，适时联系沟通。

（一）面试的形式和种类

1. 面试的目的

一般来说，面试有以下几个目的：

（1）考核应聘者的动机与工作期望。

（2）考核应聘者仪表、性格、知识、能力、经验等。

（3）考核笔试中已获得的信息。

2. 面试的形式

（1）问题式面试。由招聘者按照事先拟定的提纲对求职者进行发问，其目的在于观察求职者在特殊环境中的表现，考核其知识与业务，判断其解决问题的能力，从而获得有关求职者的第一手资料。

（2）压力式面试。由招聘者有意识地对求职者施加压力，就某一问题或某一事件做一连串的发问，且刨根问底，直至无以对答。此方式主要观察求职者在特殊压力下的反应、思维敏捷程度及应变能力。

（3）随意（或自由）式面试。即招聘者与求职者海阔天空、漫无边际地进行交谈，气氛轻松活跃，无拘无束，招聘者与求职者自由发表言论，各抒己见。此方式的目的是在闲聊中观察应试者谈吐、举止、知识、能力、气质和风度，对其做全方位的综合素质考查。

（4）情景（或虚拟）式面试。由招聘者事先设定一个情景，提出一个问题或一项计划，请求职者进入角色模拟完成，其目的在于考核其分析问题、解决问题的能力。

（5）综合（全方位）式面试。招聘者通过多种方式考查求职者的综合能力和素质，如用外语与其交谈，要求即时作文或即席演讲，或要求写一段文字，甚至操作一下计算机等，以考查其外语水平、文字表达、书法及口才表达等各方面的能力。

在实际面试过程中，招聘者可能采取一种或同时采取几种面试方式，也可能就某一方面的问题对求职者进行广泛、更深刻及深层次的考查。

3. 面试的种类

面试的种类就目前而言，主要包括以下三种：

（1）集体面试。即很多求职者在一起进行的面试。对招聘者来讲，这样可以在专业、地域及其他各方面都有很大的选择余地。

（2）个别面试。即用人单位对求职者单独进行面试。

（3）随机面试。即采用非正规的、随意性的面试方式，这样可以考核出求职者的真实情况。

4. 面试的基本程序

（1）招聘单位对求职者的申请材料进行审核，确定面试名单。

（2）招聘单位向求职者通知面试时间、地点。面试地点一般按照就地、就近和方便的原则进行安排。通常有两种情况：一是学校或其附近的场地，二是招聘单位或其附近场地。通知面试的方式也大致有两种：一是招聘单位先通知学校就业主管部门，二是由学校通知学生或招聘单位直接通知学生本人。

（3）求职者准备面试。

（4）正式面试。其面试过程如下：

① 寒暄问候（开场白）。

② 公司简介、职位简介。面试官通常会简明扼要地介绍一下公司的情况或者招聘职位的情况。

③ 面试流程介绍。经过前两步之后，这时面试就已开始切入正题。面试官或许会把面试的整体流程安排告诉你，从而消除你的紧张情绪。

④ 围绕简历提问。在一般面试中，面试官首先会以你的简历内容为主线进行提问，而提问方式分为两种。一种是粗略地就简历的内容逐个提问，另一种是选择重点部分提问（如实习经历、社会实践经历等）。不过两种方式的目的是一致的。对于应聘者来说，在这个阶段应该注意以下几方面问题。

◆ 确认简历中的大环节。不能在简历里作假或夸大其词，否则很容易被有经验的面试官当场戳穿。

◆ 面试官会把对简历中可疑部分的提问隐藏在不经意的小问题之中。

◆ 小心面试官从你放松的谈话中套情报。面试官可能会从你的学校生活谈起，寻找一些轻松的话题，勾起你对大学的美好回忆。而当你滔滔不绝聊起过去时，你的工作能力、为人处世等信息也在不知不觉中传入了他的耳朵。要把握好尺度，牢记所应聘职位的岗位要求，谨记你的回答要始终围绕岗位要求展开，要能表明你是这个单位和职位适合的人才。不要以为面试官只是在跟你拉家常，不要一放松就知无不言、言无不尽。

⑤ 试探性提问。在对你的简历提问之后，面试官一般会围绕一些敏感、重要或棘手的问题提问，其主要目的是了解你对业务难题或一些重大问题的看法。这类问题一般来说业务性较强，回答得好坏、回答过程中的逻辑思路是否清晰，可以充分反映你的专业水平、敏感度、逻辑思维能力、分析问题的能力以及语言组织能力。

⑥ 向面试官提问。在面试最后阶段，面试官一般会给应聘者提问的时间和机会。对于应聘者来说，这是个需要谨慎对待的阶段，是否能提出好的问题对求职成功很重要。面试官让你提问，并非只是出于礼貌，而是要进一步考查你是否对应聘的单位和职位有足够的了解和热情，也是要考查你应对问题的能力。只有做了充分调查研究并且思维敏捷开放的求职者才能提出好的问题、创新性的观点，甚至建议。此时你若一言不发，会给面试官造成两种印象：一是你对企业没多大兴趣，因此实在没什么可问的，这样面试官对你的印象会大打折扣；二是你没有能力提出好问题，面试官会认为你不了解自己和应聘职位，反应慢，应变能力差。

（二）面试的原则和禁忌

1. 面试的心态

作为应届毕业生初次参加招聘，能否摆正自己的心态在很大程度上关系着招聘的成败。

（1）展示真实的自己。面试时切忌伪装和掩饰，一定要展现自己的真实实力和真正性格。有些毕业生在面试时故意把自己塑造一番，例如，明明很内向，不善言谈，面试时却拼命表现得很外向、健谈。这样的结果极不自然，很难逃过有经验的招聘者的眼睛，也不利于自身发展。即便是通过了面试，人力资源部门也往往会根据面试时的表现安排适合的职位，这对个人的职业生涯是有害的。

（2）以平等的心态面对招聘者。面试时如果能够以平等的心态对待招聘者，就能够避免紧张情绪。特别是在回答案例分析的问题时，一定要抱着“我是在和招聘者一起讨论这个问题”的心态，而不是觉得他在考自己，这样就可能做出很多精彩的论述。

（3）态度要坦诚。招聘者一般都认为做人重于做事。所以，面试时求职者一定要诚实地回答问题。

2. 面试成功的原则

要面试成功，需要掌握以下原则：

（1）肯定自己的价值。让面试官看到你是公司未来的一笔资产，有帮助企业实现预期目标的潜在能力，是公司的宝贵财富而非包袱。

（2）强调自己的人生目标。面试中要让考官感觉到你有积极的自我成长概念，努力进取，并充满旺盛的事业心与斗志，能迅速进入工作状态。企业最赏识这样的人。

（3）显示强烈的工作意愿。面试时要随时保持对工作的高度热忱与兴趣。

（4）展示与同事、团体合作的能力。一个容易与人沟通的求职者可以说已有一半获胜的希望。如果应聘者曾有社团活动的工作经验，可尽量举例说明，以争取主考官的青睐。

（5）具有诚恳的态度。在录用标准上，“才能”是永恒不变的原则，“诚恳”则是重要的辅助元素。面试前准备充分，仪容大方整洁，临场充分表现自我，便是诚恳的最好表现。

3. 面试的禁忌

（1）忌好高骛远、不切实际。找一个理想的职业是每个求职者的愿望，无可厚非。但美好的愿望应根植于自身素质和客观现实之上。审时度势，准确定位是求职成功的关键所在。眼高手低，这山望着那山高，是求职的大忌。

案例

显示才华的技巧

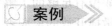

一位毕业生到杂志社应聘编辑一职，出示自己发表过的作品后，又说自己擅长策划、有领导才能，是做编辑部主任的最佳人选，并将杂志现在的办刊方式批驳得一无是处。然而，那位负责招聘的正是编辑部主任，因此，在第一关就把他刷掉了。此例说明，选定要就职的职位，只表现出自己有胜任那一职位的能力即可，不要锋芒毕露、预先设敌。

（2）忌妄自菲薄、患得患失。招聘单位所聘岗位和专业很可能与自己所学专业或原从事职业不同，这时你切不可把自己禁锢于原有小天地中守株待兔。只有增强自信，勇于挑战和跨越自我，及时调整心态，适应周围环境，才能到达成功的彼岸。

（3）忌盲目应试。要分清单位的性质和对求职者的要求，不要以应聘企业的准备工作去参加公务员或教育岗位的面试。

（三）面试准备

大学生在面试前一定要进行有效的准备，做到胸有成竹。如果准备工作失败了，那就准备着失败吧！所以面试之前要做好以下几点准备工作：

1. 充分了解用人单位和应聘职位的要求

“知己知彼，百战不殆”，对用人单位的性质、地址、业务范围、经营业绩、发展前景，对应聘岗位及所需的专业知识和技能等要有全面的了解，尽量使自己的能力素质与工作要求相适应。单位的性质不同，对求职者面试的侧重点不同。如果是公务员考试，内容和要求与企业招聘考试相差很大。公务员考试侧重时事、政治、经济、管理、服务意识等方面，而企业考试则会考查应聘者对公司的历史、现状、企业文化、主要产品等方面的了解程度。同时，还应该通过相关途径了解当天对你进行面试的考官的有关情况、面试方式、过程以及面试时间安排，索取任何可能提供给你的说明材料。

案例

一位专科毕业生在应聘某商城职位之前，先到该公司的超市进行了考察，从公司的宣传栏里了解到了该公司的背景，对公司的经营理念、市场定位、规模和发展目标有了总体的了解。接着，又上网查阅了许多关于该公司及国内其他连锁经营企业的管理知识。在此基础上，他还认真总结出对该公司的几点建议。

面试时，面试官的第一个问题便是：你对我们公司有多少了解？由于有了充分准备，他对公司状况做了一番陈述并递上了自己的“建议”，面试官对他很满意，最终他从 20 多个竞聘者胜出。

2. 准备合适的自我介绍

在求职面试时，大多数面试官会要求应聘者做一个自我介绍，一方面是了解应聘者的大概情况，另一方面是考查应聘者的口才、应变和心理承受能力及逻辑思维能力等。自我介绍就是打动面试官的敲门砖，也是推销自己的绝好机会。因此，一定要重视做自我介绍的准备。在面试前一定要准备个自我介绍的腹稿，时间不宜太长，3 分钟较为恰当。介绍时不要过多地讲述个人基本情况等内容，这些在求职自荐书上已经有了，应该更多地谈一些和你应聘的职位有关的工作经历和所取得的成就，证明你有能力胜任应聘的这个职位。自我介绍一定要事先对着镜子多练几次，注意自己的表情、语速、姿态等，以便用最佳的表现赢得考官的赏识。

3. 准备好可能被询问的问题

面试过程中考官一定会向应聘者提出有关问题，应聘者也可以适时地向考官发问。对可能问到的问题进行准备，有助于应聘者理清自己的想法，在面试现场进行清晰自如的表达。同时，也要善于提问题，这样招聘者才能知道求职者的水平及想了解的问题。

4. 准备好应聘所需要的材料

准备好可能用到的个人资料或作品，如求职自荐书、获奖证书、相关证件等，以便在面试过程中进一步向招聘者提供个人的相关资料。同时，准备一些便笺纸、签字笔等以备急需之用。所有资料最好都用一个整洁的文件袋装好，以免遗漏。另外，再一次确定去参加面试的路线并准备好参加面试的服装。

5. 心理准备

这好比是一场考试，是在测试每个人的能力，也在测试每个人的心理素质和临场发挥水平。因此，要成功面试，首先要充满信心。“海阔凭鱼跃，天高任鸟飞”，保持良好的状态、快乐的心情会大有好处。其次要抓住招聘者的心。招聘者可能会先评价一个求职者的衣着、外表、仪态及行为举止；也可能会对求职者的专业知识、口才、谈话技巧做整体性的考核；还可能从面谈中了解求职者的性格及人际关系，并从谈话过程中了解求职者的情绪状况、人格成熟度、工作理想、抱负及上进心。

6. 体能、仪表准备

面试前要保证充分的睡眠和愉快的心情，以保持良好的精神状态。面试前还应修饰自己的仪表，使穿着打扮等与年龄、身份、个性相协调，与应聘的职业岗位相一致。

7. 模拟面试训练

面试前一定要进行模拟训练，通过充分的准备和反复练习，提高面试的效果。既可以同学之间互相模拟训练，也可以找师兄、师姐帮忙模拟面试，还可以对着镜子练习。只有这样反复地练习，才能有真切的体会。

（四）面试的技巧

1. 掌握好时间

按时到达、安静等待，这是求职者应给应聘单位的第一印象，这也是面试的第一道题目。

守时是职业道德的一个基本要求。参加应聘要特别注意遵守时间，一般应提前5～10分钟到达面试地点，以表示求职的诚意，给对方以可信任感。提前半小时以上到达会被视为没有时间观念，但在面试时迟到或是匆忙赶到却是致命的，不管有什么理由，都会被视为缺乏自我管理和约束能力，即缺乏职业能力，会给面试者留下非常不好的印象。大公司的面试往往一次要安排很多人，迟到了几分钟，就很可能永远与这家公司失之交臂了。

走进公司之前，要注意把口香糖和香烟都收起来，并要把手机关机或置于静音状态，避免面试时突然响起造成尴尬局面，同时也分散你的精力，影响你的成绩。进入面试单位，若有前台，则开门见山说明来意，经指导到指定区域落座等候。若无前台，则问一下该单位员工，这时要注意使用“你好”“谢谢”等文明用语。

2. 敲门

如果没有人通知，即使前面一个人已经面试结束，也应该在门外耐心等待，不要擅自走进面试房间。自己的名字被喊到时，就有力地答一声“是”，然后敲门进入，敲三下是较为标准的。敲门时千万不可敲得太用劲，以里面听得见的力度敲门即可。听到里面说“请进”后再进入房间。开门关门尽量要轻，进门后应转身去正对着门，用手轻轻将门合上。回过身来将上身前倾30度左右，向面试官鞠躬行礼，面带微笑称呼一声“老师好”或“您好”，彬彬有礼而大方得体。

进屋后，如招聘人员问“你喝什么”或提出其他选择时，你一定要明确地回答，这样会显得有主见。最忌讳的说法是：“随便，您决定吧！”大公司最不喜欢没有主见的人，这种人在将来的合作中会给大家带来麻烦，浪费时间，降低效率。

3. 握手

根据礼仪规范，握手时应注意双方伸手的先后次序，一般应当遵守“尊者先伸手”的原则，尊者如长辈、上级；男女之间，应由女士先伸手；宾主之间，作为主人，为表示对客人的欢迎，无论男女长幼均应先伸手。

与面试官初次见面，握手是建立第一印象的开始。一般情况下，应在招聘者先伸出手来时，求职者才立刻伸出手去，绝不可贸然抢先伸手，不然就是违反礼仪的举动。握手的标准方式，是在距握手对象约1米处，双腿并拢，上身略向前倾，伸出右手，伸左手是不礼貌的。伸出的手掌应当垂直，这是通常的习惯。如果掌心向下会有傲慢之嫌，而掌心向上，又有谦卑之态。握手时，求职者要面带微笑。适宜的握手时间是3～5秒，上下稍许晃动三四次。与女士握手时，一般是握一下对方的手尖即可，不可时间过长或用力过大。如果戴手套，握手时应当先将手套摘掉。

握手时，应用力适度，不要用太大的力，但也不要用力很轻，一般掌握在和招聘者同等的力度即可。如果手指轻轻一碰就离开，或是懒懒地、慢慢地相握，缺少应有的力度，会给人勉强应付、不得已而为之的感觉。一般来说，手握得紧表示热情。男人之间可以握得较紧，甚至另一只手也加上，握对方的手大幅度上下摆动，或者在手相握时，又握住对方胳膊肘、小臂甚至肩膀，以表示热情。男性与女性握手应热情、大方，用力适度。

与人握手时神态应专注、热情、友好、自然。在通常情况下，与人握手时，应面带微笑，目视对方双眼，并且口道问候。在握手时切勿显得三心二意、敷衍了事、漫不经心、傲慢冷淡。如果在此时迟迟不握他人早已伸出的手，或是一边握手，一边东张西望、目中无人，甚至忙于跟其他人打招呼，都是极不应该的。

4. 自我介绍

语言能反映一个人的文化素质和修养。谦虚、诚恳、自然、亲和、自信的谈话态度会让你在任何场合都受到欢迎。面试时说话的语调、速度的快慢能反映出求职者感情的变化。所以说话时语调要自然，语速要适当，不要矫揉造作，对所提出的问题既要对答如流、恰到好处，又不夸夸其谈、夸大其词。

进入面试房间后，主考官会很快切入正题，“请你简单谈谈自己的经历和特长”。这是每个应聘者都应精心准备的内容。自我介绍通常是面试的开始，也是很好的表现机会，应把握以下几个要点：首先，要突出个人的优点和特长，并要有相当的可信度，语言要概括、简洁、有力，不要拖泥带水，主次不分；其次，要展示个性，使个人形象鲜明，可以适当引用别人的言论，如老师、朋友等的评论来支持自己的描述；再次，坚持以事实说话，少用虚词、感叹词之类；最后，要符合常规，介绍的内容和层次应合理、有序地展开。

面试开始时，首先是一个 2～3 分钟的自我介绍，犹如商品广告，在有限的时间内，针对“客户”的需要，将自己最美好的一面，毫无保留地表现出来，不但要给对方留下深刻的印象，还要激发其“购买欲”。

（1）清晰地报出自己的名字。

（2）自我介绍不求长，但思路必须清晰，重点必须突出，使面试官对你产生兴趣和好感。自我介绍是提前准备好的，但切忌在面试时像背课文、不自然。眼睛千万不要东张西望、游移不定，显得漫不经心，这会给人留下做事随便、注意力不集中的感觉。尽量少用手势，因为这毕竟不是在做演讲，保持一种得体的姿态很重要。

（3）不要完全重复求职自荐书上的内容，而应陈述自己的强项、优点、技能，突出成就、专业知识等。自我介绍只有短短 2～3 分钟，所以一定要突出你的知识与应聘岗位的紧密联系。切记一点，话题所到之处，必须突出自己可以对公司所做的贡献。

5. 交谈技巧

在应聘中对考官的问题要一一回答。要口齿清晰，声音大小适度，回答完整，不可犹豫，不用口头禅。回答时尽量不要用简称、方言、土语和口头语，以免对方难以听懂。不能打断招聘者的提问，以免给人以急躁、随意、鲁莽的坏印象。当不能回答某一问题时，应如实告诉对方，不要不懂装懂。考官都是专家，不懂装懂不仅不能侥幸得分，甚至会引起考官对你的人品产生怀疑。另外，说话内容要简洁，如果不简洁的话，面试官很难了解你说话的重点，会给面试官造成啰唆、低效的印象，还会耽误时间，如果面试的人很多，考官有可能不耐烦。

面试时要善于打破沉默，不善于打破沉默对应聘者是不利的，也是不礼貌的。不懂得打破沉默，说明你不善于与人沟通，不善于寻找话题，不会随机应变，不够灵活，甚至胆怯自卑，更重要的是，沉默对考官而言是尴尬的，如果你能适时打破这种局面，也会给考官留下好印象。

（1）面部表情。面试时要始终面带微笑，不要板着脸，否则不能给人留下好印象。在回答问题之前应该先微笑，在倾听问题的时候也应该保持微笑。

（2）手势动作。手势在传递信息、表达意图和情感方面发挥着重要作用，适度恰当的手势，能够加强对某个问题的表达力度，但面试中切忌手势太多，可适当配合一些手势讲解，不要频繁耸肩，不要使用不恰当的手势，更不能有抠指甲、挖鼻孔、仰头看天花板、想问题的时候歪着头、搓衣角等小动作。

（3）眼神交流。

在面试中，应全神贯注，目光始终聚集在面试人员身上，在不言之中，展现出自信及对对方的尊重。正确的眼神表达应该是：礼貌地正视对方，注视的部位最好是鼻眼三角区（社交区）；目光平和而有神，专注而不呆板。如果有几个考官在场，说话的时候要适当地用目光扫视一下其他人，以示尊重和平等。要随时注意每个考官的表情、举止并向其做出适当的回应。

听对方说话时，要轻轻点头，表示自己听明白了或正在注意听；要适时地对对方的观点或意见表示赞同，但不要抢话题或不合时宜地插话。

（4）答问技巧。在回答考官的问题时，要注意以下几点：

① 把握重点，条理清楚。一般情况下，回答问题要结论在先，议论在后，先将中心意思表达清楚，然后再做叙述。

② 讲清原委，避免抽象。招聘者提问是想了解求职者的具体情况，切不可简单地仅以“是”或“否”作答，有的需要解释原因，有的需要说明程度。

③ 确认提问，切忌答非所问。面试中，招聘者提问的问题过大，以致不知从何答起，或求职者对问题的意思不明白是常有的事。“你问的是不是这样一个问题……”将问题复述一遍，确认其内容，才会有的放矢，不至南辕北辙、答非所问。

④ 讲完之后适时沉默，好好思考你的回答。

⑤ 冷静对待，宠辱不惊。招聘者可能故意挑剔，令人难堪。这不是“不怀好意”，而是一种战术提问，考查你的“适应性”和“应变性”，你若反唇相讥、恶语相对，就大错特错了。

⑥ 要知之为知之，不知为不知。面试中常会遇到一些不熟悉或根本不懂的问题，面对这种问题，不能回避，更不能不懂装懂，而要坦率地承认自己不懂，这可能反倒会赢得招聘者的信任和好感。

（5）发问技巧。

面试时若招聘者问你有没有问题，你可以适当问一些问题，并且应该把提问的重点放在招聘者的需求及你自己如何能满足这些需求上。通过提问的方式进行自我推销是十分有效的，所提问题必须紧扣工作任务和职责。如应聘职位所涉及的责任及面临的挑战，该职位与所属部门的关系及部门与公司的关系，该职位具有代表性的工作任务是什么等。当然也要注意不要问一些通过事先了解能够获得的公司的信息。

（6）谈话技巧与原则。

① 谈话应顺其自然，不要误解话题，不要过于固执，不要独占话题，不要插话，不要说奉承话。

② 留意对方反应。交谈中很重要的一点是把握谈话的气氛和时机，这就需要随时注意观察对方的反应。如果对方的眼神或表情显示对你所涉及的某个话题已失去了兴趣，应该尽快将话题收住。

③ 有良好的语言习惯。不仅指表达流利、用词得当，同样重要的还有说话方式。要语调得体、声音自然、音量适中、语速恰当。

④ 交谈的“四度”原则。即交谈要体现高度：展现自己的水平，包括政治思想水平和强烈的敬业精神及专业水平；增强信度：态度要诚恳，表达要准确，内容要真实；表现风度：既要体现自身的外在美，还要体现内在气质；保持热度：主动问候，精神饱满，悉心聆听。

案例

应对面试回答有方

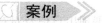

下面是毕业生小李在一次面试中与面试官的对话。

小李：各位领导、老师好！

面试官：请坐！介绍一下自己好吗？

小李：非常感谢你们到我们学校来招聘毕业生。我叫李明，是本校计算机系的应届毕业生。我对软件开发很有兴趣，在这方面投入了不少精力；同时作为班团主要干部也参与、组织了不少社会活动，应该说大学期间我在这两个方面都有不少的收获。这是我的成绩单和个人简历，请您过目。

面试官：你了解我们公司吗？

小李：贵公司是国内著名的电讯公司，我从上大学起就十分向往毕业后到贵公司工作。我认为到贵公司工作能最大限度地发挥我的才能。我不怕吃苦，就怕无事可做。

面试官：上大学时你为什么报考计算机专业？

小李：说实话，当时报考计算机专业是老师和家长的主意。但我在学习了计算机方面的知识后就深深地爱上了我的专业。特别是随着信息时代的到来，我对自己的专业发展前景非常有信心。

面试官：你学过的课程和我们的工作有什么关系？

小李：我想，计算机技术的广泛采用是电讯业的特点和发展趋势。我们计算机专业的课程设置几乎涵盖了硬件和软件技术的主要方面，这为我们打下了坚实的理论基础，同时也使我们有较强的适应能力。前面我已说过我对软件开发更有兴趣，我想这方面的知识和能力也许是将来的工作需要的。

面试官：你喜欢你们学校吗？你们系的老师怎么样？

小李：我非常喜爱我的母校，我也非常尊重我的老师，因为我在母校学到了知识，我从老师身上学会了做人。

面试官：你还有哪些特长和爱好？

小李：除了专业外，我还具有一定的组织管理能力，喜欢美术和流行音乐，也喜欢背起行囊去游历名山大川。

面试官：你有哪些缺点？

小李：我得承认我还缺乏实际工作经验，这方面的不足还需要在今后的工作实践中不断学习和弥补。再就是外语学得不够好，还需要继续努力学习。

面试官：你对加班、出差怎么看？

小李：我近几年内不会考虑结婚，没有家庭负担和拖累，加班应该没有问题。至于出差更是我所乐意的。

面试官：你是否打算将来继续深造？

小李：我想先工作几年，积累一些经验，发现自身的一些不足，然后再进一步充电。

面试官：你有什么问题要问吗？

小李：不知贵公司什么时候能给我一个明确的结果？

面试官：一个星期内我们将公布此次招聘的毕业生名单。

小李：谢谢你们，我可以走了吗？

面试官：再见！

分析：

应该说这个案例展现的是一个典型的面试过程，面试官所提的问题是面试时常常涉及的问题，毕业生小李的回答也称得上圆满。

6. 面试结束时的技巧和注意事项

求职过程必须善始善终。面试即将结束的时候，如果对方没有表示与你联系，可以问问对方什么时候做出最后的决定，好让自己有一个心理准备，或问一下可否在一段时间内来电询问。不要不敢问及有关问题，可以问与工作相关的问题。

（1）面试结束时的技巧。

① 适时告辞、礼貌再见。面试时间长短要视面试内容而定。不要在面试官结束谈话前表现出烦躁不安、急欲离开的样子，你应该知道在什么时候告辞。招聘者认为该结束面试时，往往会说一些暗示的话语表示面谈的结束，有的用这样的辞令结束谈话："我很感激你对我们公司这项工作的关注""谢谢你对我们招聘工作的关心，我们做出决定后就会立即通知你""你的情况我们已经了解了，你知道，在做出最后决定之前我们还要面试几位申请人""同你谈话我感到很愉快"或"感谢你前来面试"等。求职者听了诸如此类的暗示语之后，就应该主动告辞。这时应一面徐徐起立，一面以眼神正视对方，乘机作最后的表述，以显示自己的满腔热忱，如："谢谢您给我一个应聘的机会，如果能有幸进入贵单位服务，我必定全力以赴。"然后欠身行礼，说声"再见"，轻轻把门关上退出。如果之前有秘书或接待员接待过你的话，也应一并向他们致谢告辞。离开面试室但未离开招聘单位之前，切勿与熟人大声聊天，议论面试的感受。

如果面试官要约定下一次面试的时间，你可提出 1～2 个时间，由对方确定，不要说什么时候都行，也不要定死一个时间。

② 面试后礼仪。许多大学生求职时只留意面试时的细节，而忽略了面试后的礼仪。从你进入面试单位起你就可能已经进入了招聘方的视线，他们都在观察你的一举一动，看你是否符合他们的用人要求，所以在面试时的每一个环节都要注意自己的礼仪规范。

（2）面试结束后的注意事项。

① 回顾总结。

第一，面试一结束，应该对自己在面试时遇到的难题进行回顾。重新考虑一下，如果他们再一次向你提问时，该如何更好地回答这些问题。

第二，尽量要记下面试时与你交谈的人的名字和职位。

第三，万一通知你落选了，你也应该虚心地向招聘者请教你有哪些欠缺，以便今后改进。这样，就可以知道自己到底为什么落选。一般来说，能得到这样的反馈不容易，你应该好好抓住时机。

② 事后致谢。为了加深招聘者对你的印象，增大求职成功的可能性，面试后的两三天内，最好给主考官打个电话或写封信表示感谢。在信里应该感谢他为你所花费的精力和时间，感谢他为你提供的各种信息。

电话感谢要考虑适当的时间（如避开可能的例会等），电话内容要简短，最好不要超过5分钟，电话里不要询问面试结果。因为这个电话仅仅是为了表现你的礼貌和让对方加深对你的印象。

主考官对应聘者的记忆是短暂的。感谢信是应聘者勾起考官回忆的最好方式，并能彰显与其他求职者的不同。感谢信包括电子邮件和书面感谢信两种方式。如果平时通过电子邮件的途径和公司联系的话，那么在面试结束后，发一封电子邮件表示感谢，是既方便又得体的方式。但大多数情况下，还是写书面感谢信为好，特别是在面试的公司非常传统的情况下，更应如此。信的内容要简洁，最好不要超过一页纸，在书写方式上有手写和打印两种。打印出来的感谢信比较标准化，表示你熟悉商业环境和运作方式，但有时难免给人留下千篇一律的印象。如果想与众不同，或是想对某位给予你特别帮助的主考官表示感谢，手写则是最好的方式。当然，前提是你的字写得比较好。

标准的感谢信应包括这样一些内容：开头应提及你的姓名及简单的情况，然后提及面试时间、应聘的职位和考官的名字。如果信是写给考官本人的，可以不写考官的名字。信中可以适当地夸奖考官，例如，考官哪一点给你留下了深刻的印象等，但是不要显示出与其套近乎。感谢信的中间部分要重申你对该公司、该职位的兴趣，增加些对求职成功有用的事实内容，尽量修正你可能留给招聘者的不良印象。感谢信的结尾可以表示你对自己的素质能符合公司要求的信心，主动提供更多的材料，或表示希望能有机会为公司的发展壮大做出贡献。

面试后表示感谢是十分重要的，因为这不仅是礼貌之举，也会进一步加深主考官对你的印象。

③ 询问结果。在一般情况下，考官们每天面试结束后，都要进行讨论和投票，然后送人事部门汇总，最后确定录用人选，可能要等3～5天。求职者在这段时间一定要耐心等待消息，不要过早打听面试结果。主考官都会许诺一个通知时间，如果通知时间到了还没收到答复的话，那么就应该主动给招聘单位或主考官打个电话，询问一下结果。这其中有两个礼仪细节必须注意：什么时候问和怎么问。

如果在一个星期内，或者依据他们做决策所需的一段合理时间之内没有得到任何音信，你可以给招聘负责人打个电话，问他“是否已经做出决定了”。这个电话可以表示出你的兴趣和热情，还可以从他的口气中听出你是否有希望被录用。

如果知道自己没有被录用，要保持冷静，可以请教一下未被录用的原因，谦虚会赢得对方的尊重，有可能带来下一次面试机会。

如果在电话中听出自己有希望被录用，但最后决定尚未做出，那么过段时间后再打一次电话问一下。每次打电话后，还应该给对方寄封信。内容包括：重申自己的优点；对应聘职位仍然十分感兴趣；能为公司的发展做出具体的贡献；希望能早日听到公司的回音。

案例

面试后的感谢信

尊敬的××先生：

感谢您昨天为我的面试花费的时间和精力。我和您谈话觉得很愉快，并且了解到许多关于贵公司的情况，包括公司的历史、管理形式以及公司宗旨。

正像我已经谈到过的，我的专业知识、经验和成绩对公司是很有用的，尤其是我的钻研能力。我还在贵公司、您本人和我之间发现了理念、方法和管理上的许多共同点。我对贵公司的前途十分有信心，希望有机会和你们一起为公司的发展共同努力。

再一次感谢您，并希望有机会与您再谈。

应聘者：××××

××××年××月××日

④ 接收录取通知。作为一个求职者，在经历过数日的奔波、多次的面试之后，终于得到了被录用的消息，这时候你可能会庆幸自己的辛苦和努力没有白费，甚至还会欣喜若狂。收到心仪的公司的录用通知是一件喜事，但同时还有一件事情你要认真面对：了解公司，了解工作。在正式报到之前，先对所要服务的公司有所了解，这样在开展工作的时候就会顺畅很多。了解公司的方法很多，包括在面试时带回的公司简介、刊物或者企业形象方面的资料、企业网站等。有可能的话进行实地考察最好，这会使你对公司的整体情况和营运了解得更真切，会对你的工作带来很多帮助。

7. 面试时紧张心理的克服

很多大学毕业生在谈到面试时都表示自己非常紧张，觉得很苦恼。其实面试紧张是必然的，说明你对这件事情很重视。对应聘者来说，每一次面试都意味着一次机会，都会非常重视，担心面试不成功，因此紧张是必然的。

案例

主持人的紧张

记得著名电视主持人王小丫在一次访谈节目中说到，自己每次主持节目上台前都很紧张。大多数人都表示不理解，知名主持人为什么也会紧张？后来王小丫自己总结说，紧张是因为我对观众的重视，我害怕让他们失望。

为了不让紧张的心情影响面试效果，这里介绍几个克服紧张的办法。

(1) 提前15分钟到达面试地点。到达后先熟悉一下周围环境，然后找个安静的地方坐下来，整理一下自己的仪容，检查一下所带的物品。等到自己完全平静下来后，再从容、自信地走进面试场所。

(2) 做深呼吸，做深呼吸时不要被别人看到，否则会增加自己的紧张情绪。躲在一个角落里深呼吸三次就足够了。如果还紧张，不妨在手里捏着点小东西，比如一支笔，也许就不那么紧张了。

(3) 想象自己做得很成功的一件事，给自己增加信心。这是很有效的一种方法，想一下自己在过去的经历中做得最好、最受大家赞赏的事情，想一下当时的情景，能够让自己的紧张情绪得到缓解。

(4) 不要强求面带微笑，笑不出来会更紧张。在面试中保持微笑能够让考官觉得你很自信，但如果很紧张，笑不出来，那么就不要勉强自己笑，不然会让自己更紧张。

(5) 做好充分的准备。如果自己的准备工作没有做充分的话，一般会觉得更加紧张。准备工作做好了，会增加自信，减轻自己的紧张情绪。所以，去面试之前一定要对招聘企业的情况、招聘职位的要求进行了解，掌握一些面试技巧等，做好充分的准备。

案例

面试模拟

下面是一个模拟面试过程，包括问答技巧和应注意的面试礼仪，供大家参考。

M——面试官

D——大学毕业生，应聘者

进入面试场，坐定后，简短地进行自我介绍。

◎小提示

◆ 第一印象产生——决定性因素。

◆ 注意眼神接触，保持微笑。

◆ 注意礼貌。

M：从你的求职自荐书来看，你各方面的条件都不错，能不能谈一下你在大学学习期间有没有什么相关的社会活动经验？

D：我学的是市场营销专业，与社会接触比较多，我平时也比较喜欢参加学校社团活动和社会实践活动，在大学二年级的时候就是班级的××干部，连续两个暑假参加了加拿大××公司主持的国际商务论坛，在该公司做过市场兼职助理，做一些相关的联络工作……

◎小提示

◆ 回答问题要诚实、中肯，切忌撒谎和浮夸。

◆ 力争引起对方的共鸣。

M：为什么想到我们公司工作呢？

D：我在××地方看到贵公司的招聘广告，对贵公司刊登的职位信息做了一些研究，觉得我所学的专业与贵公司的职位要求相符，我还在贵公司的网站上看到贵公司将在三年内大幅度扩大营销队伍的新闻……

◎小提示

◆ 搜集公司的情报，了解职务内容。

◆ 把握充分展示自己的机会。

M：如果你获得这个工作机会的话，你可不可以想象五年后的自己？你有没有考虑过自己的职业生涯规划？

D：虽然这个社会有很多不可预测的事情，但我还是认为自己在这五年里会随着公司一起成长，我一定会紧紧跟随公司的最新发展，而我在营销策划上一定会在较高层次上取得较大的进步……

◎小提示

◆ 充分表达出自己对工作的热忱和对自己未来的信心。这是任何人力资源经理都会喜欢的。

M：你觉得你有足够的能力来做好这份工作吗？

D：有。虽然我还有某些不完善的地方，但我相信当我逐渐熟悉公司的运作方式和操作环节后，我一定能……

◎小提示

◆ 回答问题应表现出高度的自信心及魄力。

M：你所期望的待遇可能超过了我们公司的标准，我们无法满足你的要求，你能接受吗？

D：我所提出的期望待遇与国内这个行业的职位薪酬标准相比是属于中等偏上的，当然具体的待遇标准还要由贵公司评估我的表现后来确定。在双方达成共识的基础上，在一定时期内我可以接受贵公司新员工的待遇标准……

◎小提示

◆ 回答这类问题的方法有很多种，要根据当时面谈的气氛和具体的情景来灵活回答。

◆ 勇于为自己争取公正待遇，诚实而不欺瞒。

◆ 以双赢的心态去协商。

◆ 保持弹性，让一切充满可能性。

M：你有没有什么要问的？

D：有。我想问一下，关于××方面公司的策略是什么？

◎小提示

◆ 切忌回答“没有问题”。

◆ 传达出争取工作的决心。

◆ 搞清楚有待了解的部分。

M：由于时间的关系，我们今天的面试就到此为止。由于还有一部分应聘人要进行这一轮面试，所以我们要在对所有参加面试的应聘人进行全面比较衡量后，才能决定合适的人选。有进一步的消息，我们会及时通知你的。谢谢你！

D：十分感谢您抽出宝贵的时间和我面谈，我从中受益匪浅。希望下次有机会再当面请教。再见！（与面试官握手道别，并将椅子放回原处后离开。经过前台时，和引导你进入人事部的前台小姐说“谢谢”。）

◎小提示

◆ 注意，直到离开公司后，你的面试才结束。

◆ 表现完美的人际关系能力。

◆ 注意：如果公司门口有张纸片或小杂物等，不要视而不见地走过，而要将它捡起来扔进垃圾桶。因为这很可能是公司故意设计的面试细节，来考查应聘者的素质。

当天下午，应聘者按照公司的地址给考官发了一份感谢信，表示通过面试进一步了解了公司的企业文化，自己很想为该公司服务，也有信心做好营销企划的工作，希望有机会向考官多多学习。

我们通过面试模拟案例将面试准备过程和面试常见提问浓缩到一起，希望大家通过仔细揣摩模拟案例中的内容和本书其他部分，能较为容易地掌握求职面试的技巧和礼仪。要记住：凡事预则立，不预则废。有充分的准备，方能战无不胜，攻无不克。

（五）面试中常见问题的回答技巧

（1）为什么来我公司应聘？说出该公司吸引你的地方，如公司品牌形象好、规模大、行业处于不断上升中、培训发展的机会比较多等。同时，表达你想到该单位工作的愿望。把实话说出来，给面试官一个很务实的印象。

（2）为何选择这份工作？分析自己的兴趣、专长之所在，说明自己所学专业、实习经历及对这项工作的期待和理想。

（3）你认为自己具有哪些优缺点？客观回答就可以了，将自己的优点说出来，但最好能够说出与这个职位比较吻合的优点，也可以坦率地说出自己的缺点，但最好说出一些不重要的、与应聘职位不相冲突的缺点。

（4）你的目标和职业生涯规划是什么？一定要有所打算，可将自己进单位以后，如何实现自己的人生理想，表达自己明确的人生目标和职业生涯规划。你可以告诉面试官，希望三年能掌握什么技能、五年晋升到什么职位。

（5）除了应聘我公司之外，你是否还应聘了其他工作？回答时应考虑到如果单位知道你还应聘了不同性质的工作，可能认为你志向不坚定，但是说没有，面试官也不会相信，不妨这样回答："我对某个方向感兴趣，只要是合适的企业我都会去看看的。"

（6）你期望的工资待遇是多少？不能不回答，也不能漫天要价。应在事前做好相关调查。了解一下你所应聘职位的社会平均报酬，仔细权衡自己所具有的能力和经验，得出一个较为准确和客观的数字。同时，收集一下应聘单位类似岗位的薪酬情况，比较后得出合理的数字。如果缺乏这些信息，可以问对方这个职位的薪资范围是多少，或起薪标准是多少。在了解具体情况之后，可向面试官提出一个一定范围的薪酬标准。

经典案例

从失败中总结经验

一位高职院校的大三毕业生，一心想去大企业。还好，求职过程中，获得了几次大企业面试的机会，结果却屡屡败下阵来。于是他主动找了系里的就业指导老师，老师让他说出自己的苦恼，下面是他们的对话：

毕业生：我在第一个大企业面试时，看到面试的人很多，学历都比自己高，我就有些紧张了。平时也不知自己胆子这么小，没想到面试官提问时，我脑子里一片空白，两只手都攥出了汗，说话自然没了条理，自己就知道不行了。

指导老师：你敢于到大型企业去面试，就像你自己所说的，并不是胆小的人。面试时你之所以一反常态，主要是你把注意力放在应聘人多、学历高上了。其实要是只看这些，企业没必要让你来。让你来面试，就是要看看你到底用什么来证明你到这个公司最合适。所以只要自己有信心、有实力，就要把注意力放到面试准备上。

高考只一次你都考过来了，到企业面试找工作的机会是很多的，一家不成功再找另一家。只要你调整好心态，大胆应试，成功最好，不成功再找。这样想你就不会紧张了。你后来积极去应聘第二家不是很好吗？你可以照着镜子好好练习练习，也可以请同学当考官训练你的反应能力和胆量。

毕业生：我到了第二家企业，面试官问我："毕业前你都办完了哪些手续?"我说："我忙于找工作，毕业手续都是我妈给我办的。"前面我感觉谈得挺好，我以为问到办手续就有门了。结果听到这句话，几位面试官都出现了异样的表情。结果当时就告知我"你没有被录用"。

指导老师：问题就出在你在面试时出现了致命的失误。"手续妈妈办"，这哪是大学生啊！人家不了解你，会认为你独立工作能力弱，依赖性强，安排不好时间。再去应聘时，这种致命的回答一定要杜绝，比如："你们不是大企业吗？工资这么低啊!""节日还要经常加班，春节我还得回家过年呢!""我的业余爱好是喜欢周末和朋友们喝酒聊天。"

毕业生：前两家面试没成功，看同学们都找到工作了，我求职心切，对第三家公司面试明显准备不足了。面试官问我："为什么要来我们公司?"我说："前两家公司人多我没应聘上，到你们公司看看行不行。"面试官又问："你来我们企业能做什么?"我说："我是学机械的，你们看有没有适合我的岗位。"结果面试就结束了。

指导老师：你自己的分析是对的，这次的问题是对企业没有充分了解。你对要应聘的公司通过招聘广告等多种方式做些了解，面试前要练一练两分钟的自我介绍；对你简历中提到的主要成绩，在细节上做到心中有数，企业要通过细节确定其真实性；面试时要保证让面试官听清楚。

一周后，他再次找到这位指导老师，说他又参加了一个大企业的面试，得到了众多面试官的一致好评。又一个星期后，老师接到了他的电话，他被这家企业录取了。

【案例分析】

从这个例子可以看出每一次经历都是一次成长的好机会。经历了失败及时总结经验，在实力不断增强的基础上不断增强自信心，才能不断增加成功的砝码，到达成功的彼岸。

训练活动

招聘情景模拟

将同班同学分组，每组推荐2～3人作为招聘面试的考官，其余同学作为求职者。模拟设计一个专业公司，拟定面试大纲。选取某一组模拟面试，由面试官对求职者进行提问，其他组观察。观察组对面试官及求职者的表现进行评价。每组轮流进行。

知识阅览

打好手里的牌

艾森豪威尔年轻的时候，有一次与家人一起玩纸牌，连续几次他都抓了很坏的牌，就变得很不开心，不停地抱怨。这时他妈妈对他说，如果你要玩，就必须用你手中的牌玩下去，不管那些牌怎么样。人生也是如此，发牌的是上帝，不管怎样的牌你都必须拿者，你能做的，就是尽你的全力，求得最好的效果。很多年过去了，艾森豪威尔一直牢记着母亲的教诲：人生如打牌，既然发牌权不在你手里，那么，你能做的只有用你手里的牌打下去，并努力打好，除此之外，你没有任何选择。

第三节　就业权益与法律保障

核心知识

一、就业权益

大学毕业生在求职过程中，应当掌握一定的法律知识，尤其是权益保护方面的知识，这有助于维护自己的正当权益。

（一）违约及求偿权

毕业生和用人单位签订协议后，任何一方不得擅自毁约。若用人单位无故要求解约，毕业生有权要求对方严格履行就业协议，否则用人单位应承担违约责任，支付违约金，毕业生有权要求用人单位进行补偿。

（二）获取信息权

就业信息是毕业生择业成功的前提和关键。毕业生只有在充分占有信息的基础上，才能选择适合自身发展的用人单位。毕业生获取信息权包括三个方面：信息公开、信息及时、信息全面。

（三）接受就业指导权

大学生有权从学校接受就业指导，学校应成立专门机构，安排专人对毕业生进行就业指导，包括向毕业生宣传国家关于大学生就业的方针、政策，对毕业生进行择业技巧的指导，引导毕业生根据国家、社会的需要，结合个人实际进行择业，使毕业生通过接受就业指导，准确定位、合理择业。当然，随着毕业生就业完全市场化，毕业生也将从学校接受就业指导转为主动到市场寻求和接受某些合法机构的就业指导。

（四）被推荐权

高等院校在就业工作中的一个重要职责，就是向用人单位推荐毕业生。经验证明，学校的推荐往往在很大程度上影响到用人单位对毕业生的取舍。毕业生享有被推荐权，包含以下方面的内容：其一，如实推荐。即高校在对毕业生进行推荐时，应实事求是，根据毕业生本人的实际情况向用人单位进行介绍、推荐，不能故意贬低或随意拔高。其二，公正推荐。学校对毕业生进行推荐应做到公平、公正，应给每一位毕业生就业推荐的机会。公正推荐是学校的基本责任，也是毕业生享有的最基本的权利。其三，择优推荐。学校根据毕业生的在校表现，在公正、公开的基础上，还应择优推荐。用人单位录用毕业生也应坚持择优标准，真正做到优生优用、人尽其才。只有这样，才能调动广大毕业生和在校生学习的积极性。

（五）选择权

根据国家有关规定，高校毕业生在国家就业方针、政策指导下自主选择用人单位，学校、其他单位和个人均不得干涉。任何将个人意志强加给毕业生，强令毕业生到某单位工作的行为都是侵犯毕业生选择权的行为。毕业生可结合自身情况，与用人单位协商，要求学校予以推荐，直至签订就业协议。

（六）依据《中华人民共和国劳动合同法》（以下简称《劳动合同法》），求职者在求职过程中享有如下权益

1. 知情权

《劳动合同法》第二章第八条规定：用人单位招用劳动者时，应当如实告知劳动者的工作内容、工作条件、工作地点、职业危害、安全生产状况、劳动报酬，以及劳动者要求了解的其他情况；用人单位有权了解劳动者与劳动合同直接相关的基本情况，劳动者应当如实说明。

2. 可不承担与工作无关的附加条件

《劳动合同法》第二章第九条规定：用人单位招用劳动者，不得扣押劳动者的居民身份证和其他证件，不得要求劳动者提供担保或者以其他名义向劳动者收取财物。

3. 在被录用时有权要求签订劳动合同

《劳动合同法》第二章第十条规定：建立劳动关系，应当订立书面劳动合同。已建立劳动关系，未同时订立书面劳动合同的，应当自工作之日起一个月内订立书面劳动合同。

4. 在试用期内应当按照国家法规执行

《劳动合同法》第二章第十九条规定：劳动合同期限三个月以上不满一年的。试用期不得超过一个月；劳动合同期限一年以上不满三年的，试用期不得超过两个月；三年以上固定期限和无固定期限的劳动合同，试用期不得超过六个月。同一用人单位与同一劳动者只能约定一次试用期。以完成一定工作任务为期限的劳动合同或者劳动合同期限不满三个月的，不得约定试用期。试用期包含在劳动合同期限内。劳动合同仅约定试用期的，试用期不成立，该期限为劳动合同期限。

5. 在试用期的工资应当按照国家标准计算

《劳动合同法》第二章第二十条规定：劳动者在试用期的工资不得低于本单位相同岗位最低档工资或者劳动合同约定工资的百分之八十，并不得低于用人单位所在地的最低工资标准。

6. 在签订合同时，用人单位不得随意要求劳动者承担违约金

《劳动合同法》第二章第二十五条规定：除本法第二十二条劳动者违反服务期约定的，

应当按照约定向用人单位支付违约金和第二十三条规定劳动者违反竞业限制约定的，应当按照约定向用人单位支付违约金的情形外，用人单位不得与劳动者约定由劳动者承担违约金。

7. 有选择是否加班的权利，并享受加班补偿

《劳动合同法》第三章第三十一条规定：用人单位应当严格执行劳动定额标准，不得强迫或者变相强迫劳动者加班。用人单位安排加班的，应当按照国家有关规定向劳动者支付加班费。《中华人民共和国劳动法》（以下简称《劳动法》）第四章第四十一条规定：用人单位由于生产经营需要，经与工会和劳动者协商后可以延长工作时间，一般每日不得超过一小时；因特殊原因需要延长工作时间的，在保障劳动者身体健康的条件下延长工作时间不得超过三小时，但是每月不得超过三十六小时。

8. 有权拒绝用人单位的某些要求

《劳动合同法》第三章第三十二条规定：劳动者拒绝用人单位管理人员违章指挥、强令冒险作业的，不视为违反劳动合同。劳动者对危害生命安全和身体健康的劳动条件，有权对用人单位提出批评、检举和控告。

9. 不得被解除劳动合同的情形

《劳动合同法》第四章第四十二条规定：求职者被录用后有以下情形之一的，不得被解除劳动合同：

（1）从事接触职业危害作业的劳动者未进行离岗前职业健康检查，或者疑似职业病病人在诊断或者医学观察期间的；

（2）在本单位患职业病或者因工负伤并被确认丧失或者部分丧失劳动力的；

（3）患病或者非因工负伤，在规定的医疗期内的；

（4）女职工在孕期、产期、哺乳期的；

（5）在本单位连续工作满十五年，且距法定退休年龄不足五年的；

（6）法律、行政法规规定的其他情形。

（七）依据《劳动法》，求职者在求职过程中享有如下权益

1. 享有平等的权利

《劳动法》第二章第十二条规定：劳动者就业，不因民族、种族、性别、宗教信仰不同而受歧视。

2. 不应当受到性别歧视

《劳动法》第二章第十三条规定：妇女享有与男子平等的就业权利。在录用职工时，除国家规定的不适合妇女的工种或者岗位外，不得以性别为由拒绝录用妇女或者提高对妇女的录用标准。

3. 可以在报酬约定不明确的情况下要求同工同酬

《劳动法》第五章第四十六、四十八条和《劳动合同法》第二章第十一、十八条规定：

工资分配应当遵循按劳分配原则，实行同工同酬。国家实行最低工资保障制度，最低工资的具体标准由省、自治区、直辖市人民政府规定，报国务院备案，用人单位支付劳动者的工资不得低于当地最低工资标准。用人单位未在用工的同时订立书面劳动合同，与劳动者约定的劳动报酬不明确的，新招用的劳动者的劳动报酬按照集体合同规定的标准执行：没有集体合同或者集体合同未规定的，实行同工同酬。劳动合同对劳动报酬和劳动条件等标准约定不明确，引发争议的，用人单位与劳动者可以重新协商；协商不成的，适用集体合同规定；没有集体合同或者集体合同未规定劳动报酬的，实行同工同酬；没有集体合同或者集体合同未规定劳动条件等标准的，适用国家有关规定。

4. 工作时间应当按照国家法规执行

《劳动法》第四章第三十六条规定：国家实行劳动者每日工作时间不超过八小时，平均每周工作时间不超过四十四小时的工时制度。

5. 休息休假及待遇应当按照国家法规执行

《劳动法》第四章第三十八条、第四十条、第四十五条和第五章第五十一条规定，用人单位应当保证劳动者每周至少休息一日。用人单位在下列节日期间应当依法安排劳动者休假：① 元旦；② 春节；③ 国际劳动节；④ 国庆节；⑤ 法律、法规规定的其他休假节日。劳动者连续工作一年以上的，享受带薪休年假，劳动者在法定休假日和婚丧假期间以及依法参加社会活动期间，用人单位应当依法支付工资。

6. 加班薪酬计算应按照国家法规执行

《劳动法》第四章第四十条规定：① 安排劳动者延长工作时间的，支付不低于工资的百分之一百五十的工资报酬；② 休息日安排劳动者工作又不能安排补休的，支付不低于工资的百分之二百的工资报酬；③ 法定休息日安排劳动者工作的，支付不低于工资的百分之三百的工资报酬。

7. 可以随时通知用人单位解除劳动合同的情形

《劳动法》第三章第三十二条规定，求职者被录用后有以下情形之一的，可以随时通知用人单位解除劳动合同的：① 在试用期内的；② 用人单位以暴力威胁或者非法限制人身自由的手段强迫劳动的；③ 用人单位未按照劳动合同约定支付劳动报酬或者提供劳动条件的。

8. 女性求职者被录用后享受国家法规的特殊保护

《劳动法》第七章规定：禁止安排女职工从事矿山井下、国家规定的第四级体力劳动强度的劳动和其他禁忌从事的劳动。不得安排女职工在经期从事高处、低温、冷水作业和国家规定的第三级体力劳动强度的劳动。不得安排女职工在怀孕期间从事国家规定的第三级体力劳动强度的劳动和孕期禁忌从事的劳动。对怀孕七个月以上的女职工，不得安排其延长工作时间和夜班劳动。女职工生育享受不少于九十天的产假。不得安排女职工在哺乳未满一周岁的婴儿期间从事国家规定的第三级体力劳动强度的劳动和哺乳期禁忌从事的其他劳动，不得安排其延长工作时间和夜班劳动。

9. 应享受社会保险和福利

《劳动法》第九章规定：国家发展社会保险事业，建立社会保险制度，设有社会保险基金，使劳动者在年老、患病、工伤、事业、生育等情况下获得帮助和补偿。社会保险基金按照保险类型确定资金来源，逐步实行社会统筹。用人单位和劳动者必须依法参加社会保险，缴纳社会保险费。

（八）择业期内户档保留学校权

毕业生如在毕业当年未能找到工作，或只是找到非正规就业单位，该生有权在毕业择业期（两年）内将户口、档案保留在学校。择业期满后，学校无此义务。

二、法律保障

（一）大学生就业权益的劳动法保护

《劳动法》规定：劳动者享有平等就业和选择职业的权利、取得劳动报酬的权利、休息休假的权利、获得劳动安全卫生保护的权利、接受职业技能培训的权利、享受社会保险和福利的权利、提请劳动争议处理的权利以及法律规定的其他劳动权利。劳动者有权依法参加和组织工会。工会代表和维护劳动者的合法权益，依法独立自主地开展活动。劳动者依法通过职工大会、职工代表大会或者其他形式，参与民主管理或者就保护劳动者合法权益与用人单位进行平等协商。劳动者就业，不因民族、种族、性别、宗教信仰的不同而受歧视。妇女享有与男子平等的就业权利。在录用职工时，除国家规定的不适合妇女的工种或者岗位外，不得以性别为由拒绝录用妇女或者提高对妇女的录用标准。

（二）大学生就业权益的民法保护

民法的平等、自愿和等价有偿原则与诚实信用原则，对毕业生保护自身的就业权益有着重要意义。很多毕业生在寻找工作时往往把自己放在从属地位，认识不到自己与用人单位之间在法律上是平等的关系。毕业生与用人单位之间签订的就业协议以及就业后签订的劳动合同，都是民法规定的平等的法律关系的反映。所以毕业生在这种法律关系前提下，应该充分发挥自己的优势，与用人单位签订合适的合同或协议。

1. 就业协议

就业协议是大学毕业生保护自身权益的基本形式。就业协议本质上是一种合同，它是毕业生与用人单位以平等的身份签订的确立双方权利与义务的协议。就业协议反映的是一种民事法律关系，签订协议就是一种民事行为，要想使这种民事行为成为民事法律行为，就必须遵循民法的具体规定。大学毕业生与用人单位签订就业协议与报到后签订劳动合同的行为都是双方法律行为、双务法律行为、有偿法律行为、诺成性法律行为。如果协议中附带有特殊的条件，如住房待遇、科研经费待遇等，这种协议的签订又称为附加条件的法律行为。就业协议及附加条件必须由双方共同以书面的形式签订。毕业生签完主协议后，对附加条款不进行文字注明和双方签字，只接受口头承诺，这是非常不可取的。当毕业生进入工作单位，口头承诺得不到兑现时，毕业生的合法权益就得不到有效保护。

2. 民事责任

民事责任是民事违法行为人必须承担的法律后果，亦即由民法规定的对民事违法行为人所采取的一种以恢复被损害权利为目的，并与一定的民事制裁措施相联系的国家强制形式。

民事责任的构成要件主要包括以下内容：

◆ 用人单位的行为具有违法性；
◆ 对于毕业生具有损害事实；
◆ 违法行为与损害结果之间存在因果关系；
◆ 用人单位主观上有过错。

在毕业生就业过程中用人单位存在如下一些违约和侵权事件，将承担民事责任。

◆ 用人单位中途违约，取消被录用者的录用行为；
◆ 毕业生到单位报到，单位拒绝接收；
◆ 单位接收毕业生报到后没有按约定给予相应的待遇；
◆ 用人单位将毕业生个人的知识产权据为己有；
◆ 对毕业生依法维护权益的行为进行人身攻击或威胁等。

当然，某些情况下对毕业生虽然有损害事实，但用人单位可以免除民事责任。

（三）大学生就业权益的仲裁法保护

《中华人民共和国仲裁法》是大学毕业生在就业过程中及就业后应当了解的法律法规。当大学毕业生的权益受到损害时，可以通过仲裁的方式来解决。就业者与就业单位按照双方自愿的原则达成仲裁协议，可以向劳动争议仲裁委员会申请仲裁。没有仲裁协议，一方申请仲裁的，劳动争议仲裁委员会不予受理。如当事人双方没有达成仲裁协议，都可以向人民法院起诉。仲裁应遵循如下法定程序：

（1）申请人递交申请书，劳动争议仲裁委员会收到仲裁申请书之日起五日内，认为符合受理条件的，应当受理，并通知当事人；认为不符合受理条件的，应当书面通知当事人不予受理，并说明理由。

（2）劳动争议仲裁委员会受理仲裁申请后，应当在仲裁规则规定的期限内将仲裁规则和仲裁员名册送达申请人，并将仲裁申请书副本和仲裁规则、仲裁员名册送达被申请人。

（3）被申请人收到仲裁申请书副本后，应当在仲裁规则规定的期限内向劳动争议仲裁委员会提交答辩书。劳动争议仲裁委员会收到答辩书后，应当在仲裁规则规定的期限内将答辩书副本送达申请人。被申请人未提交答辩书的，不影响仲裁程序的进行。

（4）仲裁应当开庭进行。当事人协议不开庭的，仲裁庭可以根据仲裁申请书、答辩书以及其他材料作出裁决。仲裁庭在作出裁决前，可以先行调解。当事人自愿调解的，仲裁庭应当调解。调解不成的，应当及时作出裁决。

（5）调解书经双方当事人签收后，即发生法律效力。裁决书自作出之日起发生法律效力。

（6）当事人应当履行裁决。一方当事人不履行的，另一方当事人可以依照民事诉讼法的有关规定向人民法院申请执行。受申请的人民法院应当执行。

（四）学会处理劳动争议

劳动争议也叫劳动纠纷，是指劳动关系双方因为权利和义务问题发生的纠纷。根据《劳动法》第七十七条规定："用人单位与劳动者发生劳动争议，当事人可以依法申请调解、仲裁、提起诉讼，也可以协商解决。调解原则适用于仲裁和诉讼程序。"因此，毕业生与用人单位可以选择下列方式解决劳动争议：

1. 协商解决

劳动争议发生后，当事人就争议事项进行商量，使双方消除矛盾，找出解决争议的方法。不愿协商或者协商不成的，当事人可以并有权申请调解或仲裁。

2. 企业调解

劳动争议发生后，当事人可以向本单位劳动争议调解委员会申请调解，企业调解达成协议的，制作调解书，双方当事人应自觉履行（此协议不具有法律约束力）；如果从当事人申请之日起三十日内未达成协议，则视为调解不成。当事人可以在规定的期限六十至九十天内，向劳动争议仲裁委员会申请仲裁。另外，当事人不愿调解或调解达成协议后反悔的，也可直接向劳动争议仲裁委员会申请仲裁。

3. 劳动仲裁

劳动争议一般由所在行政区域内的劳动争议仲裁委员会受理，当发生争议的单位与职工不在同一劳动争议仲裁委员会管辖地区时，由职工当事人工资关系所在地的劳动争议仲裁委员会处理。如果当事人任何一方对裁决不服，则应在收到裁决书十五日内向当地人民法院起诉，期满不起诉的，裁决书即发生法律效力，当事人对发生法律效力的调解书和裁决书应当依照规定的期限履行。

4. 法院判决

当事人任何一方不服裁决向人民法院起诉的，法院将按照民事诉讼法的有关程序进行。首先对双方当事人进行民事调解，如果双方当事人就劳动争议达成协议，法院将制定民事调解书，调解书一经送达当事人立即生效，与判决书具有同等法律效力。如果调解不成，法院应当在规定的时间内作出书面判决。原被告任何一方对判决不服的，可在法定期限（自收到判决书起十五日）内向上级人民法院提起上诉。

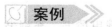

案例

张某与旅行社实习劳动合同纠纷案

2007年1月4日，张某在校期间与旅行社签订了实习合同及培训合同。实习合同约定，张某实习期间为2007年1月4日至张某毕业止，旅行社每月支付张某400元报酬。实习合同附件"实习注意事项"约定，实习生正式工作未满十二个月的，实习期没有实习工资。

培训合同约定，张某实习期间培训费为4 000元，张某如未到期离开旅行社，或违反实习合同被提前解除实习合同的，应返还培训费；张某违反劳动合同或提前解除合同，以及培训后为旅行社服务年限不满一年，需赔偿旅行社培训费及脱产期间发的工资奖金。

2007年7月，旅行社起诉至一审法院称，合同签订后，张某到我单位实习，其实习期间应当至2007年7月，但其自2007年6月起即不再到旅行社实习，其给旅行社造成了经济损失。故要求张某支付实习期间培训费4 000元，并返还已发放的脱产工资奖金1 600元。张某辩称，自己与旅行社约定的实习期已满，旅行社未安排自己进行任何培训，故不同意旅行社诉讼请求。

一审法院经审理判决后，张某不服，以1 600元是旅行社支付的生活补贴，非实习劳务费为由上诉至二中院。

【裁判】

法院终审判决驳回旅行社要求实习生返还培训费及奖金的诉讼请求。

【法理分析】

本案属于实习生提前终止实习，旅行社要求其支付培训费案，故在分析该案时，可以分以下两个步骤梳理线索。

第一个步骤，实习生与旅行社所签订的实习合同以及合同中具体条款的效力问题。

本案中，张某在校期间与旅行社签订了实习合同及培训合同，对双方的权利和义务进行了约定，但是，实习合同附件“实习注意事项”中关于实习生正式工作未满十二个月的，实习期没有实习工资的约定是不符合法律规定的。因为，实习合同关系和劳动法律关系是两种不同性质的法律关系，二者之间不存在内在的牵连关系，即双方建立实习合同关系不应受到尚未建立的劳动合同关系的约束。旅行社不能以预先设定劳动关系作为履行实习合同的附加条件，所以，合同中的此项条款是无效的。旅行社依此主张实习生张某返还1 600元的脱产工资奖金是没有根据的。

第二个步骤，实习生提前终止合同以及由此引发的案件讼争问题。

本案中，双方约定的合同履行期限是至张某毕业，即2007年7月。但事实上，张某在2007年6月5日就不去旅行社实习，事实上单方终止了合同，已然构成违约。旅行社本应以张某违约为由，请求损害赔偿，但在实际的诉讼请求方面，却是要求张某支付实习期间培训费4 000元，并返还已发放的脱产工资奖金1 600元。从案例本身看，旅行社仅对张某进行了随岗培训，并未对张进行脱产培训，4 000元的培训费无法确切计量。而对于1 600元的脱产工资奖金，正如二审法院所认定的那样：实习合同约定旅行社公司每月支付实习生报酬400元，双方已依约履行，说明旅行社公司认可实习生在实习期间为该公司付出了一定的劳动。现旅行社公司要求实习生返还此款，无法律依据。

当然，如果旅行社以违约为由请求损害赔偿，在事实的具体认定上，即张某的违约行为是否给旅行社造成损失以及损失的具体数额应该如何确定，都体现着较大的法官自由裁量权。

综上所述，法院终审判决驳回旅行社要求实习生返还培训费及奖金的诉讼请求，是符合法律规定的。

【法律风险提示及防范】

随着就业形势日渐严峻，大学生在面临毕业时往往会选择去实习单位，在检验自己所学知识的同时也为将来的工作打下必要的基础。但是由于实习毕竟不同于正式工作，在现实生活中实习单位和实习生之间往往存在手续简化的情形，从而引发了诸多问题，故需要从以下几个方面来防范：

（1）对于实习的大学生来说，找到一份适合自己的实习工作，并签订书面的实习合同是必要的。实习期间，认真遵守合同条款的有关约定，不仅可以达到实习本身追求的目标，而且能够最大限度地保护自己的合法权益。

（2）对于实习单位来说，在签订合同的过程中，必须充分考虑到合同条款本身的合法性，同时兼顾双方的利益。如果只是利用自己的强势地位，签订违背公平原则或是有利于己方的合同，由此引发纠纷，即使最终诉至法院，法律也很难保护其所主张的利益。同时，在起诉中，如何选择有利于自己的诉讼请求，对于案件能否胜诉是至关重要的。

【相关法律法规集成】

《中华人民共和国合同法》

第五十二条　有下列情形之一的，合同无效：

（一）一方以欺诈、胁迫的手段订立合同，损害国家利益；

（二）恶意串通，损害国家、集体或者第三人利益；

（三）以合法形式掩盖非法目的；

（四）损害社会公共利益；

（五）违反法律、行政法规的强制性规定。

第六十条　当事人应当按照约定全面履行自己的义务。

第一百零七条　当事人一方不履行合同义务或者履行合同义务不符合约定的，应当承担继续履行、采取补救措施或者赔偿损失等违约责任。

第一百零八条　当事人一方明确表示或者以自己的行为表明不履行合同义务的，对方可以在履行期限届满之前要求其承担违约责任。

三、签订就业协议书

（一）什么是就业协议书

如前所述，就业协议书是指求职择业者与用人单位之间为确立录用或就业关系而达成的协议。普通高校毕业生就业协议书是明确毕业生、用人单位和学校在毕业生就业工作中，为了确定录用或就业关系，依法协商达成的明确各方权利义务的书面协议。它是合同的一种形式，有一定的法律效力。

（二）就业协议的内容

一份完整的就业协议书，一般由五个部分组成：签约须知、毕业生情况及意见（甲方）、用人单位情况及意见（乙方）、学校意见和协议书的条款。

1. 签约须知

要求毕业生、用人单位、学校三方按照平等、自愿、诚实守信的原则，经过协商，签订协议，指出三方在签订协议过程中需注意的事项。

2. 毕业生情况及意见（甲方）

由毕业生本人如实填写。毕业生的基本情况，包括姓名、出生年月、专业名称、政治背景及家庭住址；毕业生的应聘意见及签名。

3. 用人单位情况及意见（乙方）

由用人单位如实填写本单位的情况。用人单位的名称、地址；毕业生档案的接收地址和户口迁移地址；用人单位及主管部门签署意见并盖章。

4. 学校意见

由毕业生所在学校填写学校名称、联系地址及就业指导负责人，最后由院系和就业工作部门签署意见并盖章。

5. 协议书的条款

经甲乙双方协商，达成一些条款。主要规定工种岗位、工作期限、工资报酬、就业协议终止的条件，违反协议的责任和条款增补栏，最后是甲乙双方签字与盖章。

以上三方签字后协议即生效，三方都应该严格履行协议，一方若违反协议，应承担相应的违约责任。条款增补栏中可补充其他约定，同样具有约束力。

（三）就业协议书的作用

1. 就业协议书是国家和院校毕业生就业管理、编制就业计划的重要依据

不论毕业生被何种用人单位录用，都应签订就业协议书，目的是维护国家就业计划的严肃性，有利于国家有关部门了解大学生的就业去向及分布情况，便于制定大学生就业政策，有利于进行宏观调控。同时，经过培养院校鉴证登记的就业协议书是办理报到证的依据，是院校统计毕业生就业去向的依据之一。

2. 就业协议书是毕业生就业、转递人事关系和用人单位确定用人指标的依据

就业协议书是毕业生经过学校推荐，在与用人单位达成一致意见的基础上签订的。协议一旦签订，一般就意味着毕业生的第一份工作就确定了。毕业生本人保存一份作为办理报到、接转行政和户口关系的依据。毕业生的档案、户籍等人事关系就可以转入用人单位及所在城市，这对毕业生今后的工作、生活、职业发展具有很重要的作用。用人单位先与毕业生签订就业协议，然后再签订劳动合同，通过这种形式来确定劳动关系，明确各自的权利与义务。

（四）签订就业协议书的注意事项

1. 全方位了解用人单位

首先，毕业生在签约之前，要确认用人单位的主体资格。签订就业协议的当事人必须具

备合法的主体资格。与毕业生签订就业协议的用人单位必须具有从事经营或管理的资格和能力；并具有录用毕业生就业的自主权。一般来说，招聘毕业生的各种所有制企业单位都应具有经过工商行政部门登记的独立法人资格，具备信息登记号。除此之外，毕业生在与用人单位签订就业协议前，还应先仔细了解用人单位的基本情况，以利于做出正确的判断。用人单位的情况，包括单位的发展历史、规模、效益、管理制度、薪酬待遇及人才培养体系等，对一个单位的企业文化与价值观也应有所了解。在充分了解企业的情况下，力求做到结合自身的兴趣、能力和需要，知己知彼才能做出理性的选择。

2. 熟读协议、诚实填写

毕业生在签约前要认真阅读《全国普通高等学校毕业生就业协议书》所附说明，仔细阅读协议书中的有关条款，明确自己在毕业生就业中的权利和义务。毕业生对就业协议书的各项内容要认真如实填写，避免因隐瞒或虚报个人信息发生违约问题和用人单位签约后产生纠纷。毕业生要明白签订就业协议是一种法律行为。毕业生与用人单位经过双向选择，确定就业意向后，签订《全国普通高等学校毕业生就业协议书》，经签字盖章后，任何一方不得随意解除，否则应承担违约责任。

3. 明确违约责任

违反就业协议所导致的法律责任，一般限于违约责任。毕业生违约有两种，一种是毕业前签订就业协议书后违约，另一种是毕业后与用人单位签订正式劳动合同后违约，大多数是前一种情况。在日益逼近的毕业期限和严峻的就业形势双重压力下，很多同学为了不至于“毕业就失业”，在不怎么满意有些勉强的情况下就随便签了个单位“保底”，大家都想以后找到更好的单位就毁约。抱有此种想法的人不在少数。而在实践当中，到头来吃亏的还是这些草率的毕业生，违约就要承担违约责任。为避免这种情况，毕业生可以与用人单位在就业协议中就解除条件作约定。当约定条件成立时，毕业生可依约定解除协议，而无须承担违约责任，避免产生经济损失或其他纠纷。

（五）就业协议书的签订程序

在深刻了解就业协议书的含义、作用及注意事项之后，就到了签订就业协议书这一程序。一般来说，就业协议书的签订有以下几个步骤：

（1）填写毕业生基本情况；

（2）用人单位及上级主管部门分别签字同意录用并加盖公章；

（3）单位所在地人事局（或人才交流中心）签字并加盖公章；

（4）毕业生所在院（系）签字盖章；

（5）学校就业指导中心签字盖章；

（6）就业指导中心留一份，返回用人单位一份，毕业生自留一份，用人单位主管部门一份。如有要求，毕业生还需将就业协议书的复印件送交学校负责学生就业工作的老师处登记备案。至此就业协议书的有关手续办理完毕。

（六）就业协议书常遇到的问题

（1）签“保底”协议出现违约。

如前面所述，就业协议书是明确毕业生、用人单位、学校在毕业生就业中权利义务关系的法律文书。因为就业协议在三方共同签署后即生效，是一个民事合同行为，对签约三方均有合同的约束力，所以在签订协议之前一定要三思而后行。毕业生在签订三方协议前要熟悉就业的有关法律、法规和政策，要清楚用人单位的情况和自己的权利义务，要认识到违约行为是对自己乃至学校诚信度的减损，而不仅仅是双向选择的问题，应慎重签约。对于在就业中处于弱势地位的毕业生而言，在就业时往往会面临多种选择。这时，要慎重考虑自己的选择，否则就可能耽误其他毕业生就业，打乱用人单位的招聘计划，有损学校的声誉，最后还得自己花钱交纳违约金。

对于签订“保底”协议，许多毕业生认为这种做法不是不讲诚信，而是双向选择。这种认识其实是完全错误的，草率地和用人单位签订协议是危险的，毕业生和用人单位签的就业协议不是一张废纸，都具备相应的法律效力，不能轻易反悔，否则要承担违约责任，如果给用人单位造成损失，还必须承担损害赔偿责任。因为就目前的就业形势而言，用人单位大多掌握着主动权，有时本应双方协商的违约金数额变成了用人单位单方面制定，毕业生往往只能被动地接受，所以毕业生在签约前一定要慎重。毕业生在遭遇用人单位违约的时候，要依法维护自己的利益，及时调整心态，寻找别的工作机会，学校应帮助毕业生维权。学校应利用自己在资金、设备、信息等方面的优势帮助毕业生了解用人单位的有关情况，防止毕业生上当受骗。毕业生违约会使用人单位对学校整体信誉产生负面评价，可能会对其他毕业生就业产生不良影响；而用人单位违约会损害学生的利益，也给学校的就业指导工作带来困难。因此，学校一定要处理好毕业生就业协议的签订工作。作为受过高等教育的大学毕业生，应当遵守诚信原则，不可随意毁约或与多家用人单位签订就业协议，切勿因为“心猿意马”而带来一些不必要的损失。既然签了约，就应当一诺千金，努力遵守。

最后还需提醒的是，毕业生千万不要认为和用人单位签订了就业协议书就万事大吉了，为避免到用人单位报到后发生纠纷，签约前达成的收入、住房和保险等福利待遇最好在协议书的备注栏中注明。如若做不到这一点，毕业生应注意报到后及时和用人单位签订劳动合同。为保险起见，可在签协议时了解劳动合同的内容，尤其是工作年限和待遇，毕业生应向招聘人员索要样本或复印件，如发生纠纷也能及时向法庭举证。

（2）可否要求换发未经学校盖章的就业协议书？

教育部明确规定，学校在制定毕业生建议就业方案时，要完善相应的管理措施，与用人单位和毕业生一起维护就业协议书的严肃性。毕业生一旦与用人单位签订就业协议，双方就已构成契约关系（不论是否经学校盖章），毕业生如因故要终止与原签约单位的协议，必须办理违约手续。

（3）就业协议书签订时是否可先由学校盖章？

若用人单位提出，希望学校先盖章，学生需要出具用人单位接收函（可用传真件）及个人申请后学校可先行审核盖章。

（4）用人单位若只答应一年后签订劳动合同，但毕业前不肯签就业协议书，即不肯接受派遣，对毕业生本人有哪些影响？

① 人事档案等关系只能派回原籍，而不是工作所在地。

② 当地人事就业主管部门不再对该毕业生履行对大学生权益的保护责任。

③ 所有与自己有关的人事关系都必须通过原籍的人才服务机构代理委托。

④ 对日后的工作调动及相关待遇产生负面影响。

(5) 如何办理违约手续？

签协议是非常严肃的事，所以签了协议后，原则上不得违约。至于个别毕业生由于种种原因不得不违约的，必须取得下列文书才能办理。

① 原签约单位（包括协议书上盖过章的上级主管部门）书面同意解除协议的函件；

② 新单位同意接收的函件；

③ 本人要求违约的书面申请；

④ 填写违约审批表，并由所在学校系办签署意见。由所在系在规定的时间内统一将毕业生违约材料送至就业指导中心，经就业指导中心审核同意，再发新协议书。

(6) 签订协议后，考取了公务员或自费出国留学，怎么办？

只要毕业生提供如下材料，学校不作违约处理：

① 原签约单位同意解除就业协议的书面证明；

② 公务员录取通知书，或国外学校录取通知书的复印件；

③ 本人申请报告，并附上学校意见。

毕业生将以上材料送就业指导中心，经审核同意后即可。

(7) 与单位签订就业协议书后又想更换单位，怎么办？

就业协议书是一份具有法律效力的文件，签订要慎重。如果确实由于个人原因不能履行原协议书的内容，须与原签约单位做好解释、协商工作，征得原单位书面同意后（可在原就业协议书上注明同意解除，签字并盖章），方可向学校就业指导机构递交申请（院系盖章），申请中写明原因，并附原单位同意解除协议的书面文件，经批准并登记后交回旧协议书，领取新协议书，再重新办理相关签约手续。

解除协议的具体步骤如下：

① 毕业生个人提出书面申请；

② 将书面申请交用人单位盖章同意；

③ 将书面申请交用人单位的主管单位盖章同意（有人事主管权的单位此步骤可省略）；

④ 将书面申请交院系就业工作负责人签字同意；

⑤ 将就业协议书原件连同书面申请交学校就业指导中心，换发新协议书。

(8) 学校依据就业协议已开具报到证，学生不到单位报到，如何处理？

有下列情形之一的毕业生，由学校报地方主管毕业生调配部门批准，不再负责其就业，在其向学校交纳全部培养费和奖（助）学金后，将其户口关系和档案转至家庭所在地，按社会待业人员处理：

① 自领取报到证之日起，无正当理由，超过三个月不去就业单位报到的；

② 报到落户后，未经批准擅自离开接收单位，经教育拒不改正的；

③ 不顾国家需要，强调个人无理要求，扰乱毕业生就业秩序的；

④ 无理要求用人单位将其退回学校的；

⑤ 其他违反毕业生就业规定的。

（9）毕业生到用人单位需要办理哪些报到手续？

毕业生到用人单位报到需持就业报到证、毕业证、户口迁移证、党（团）关系介绍信、毕业生档案（由校学生处学生档案室通过机要局邮寄）。毕业生持以上证件到单位报到后，还要及时办理落户手续（由个人或用人单位办理），询问用人单位是否已收到个人档案并和用人单位签订劳动合同。

（10）毕业生交就业协议书有无期限？

按四川省人事厅的统一部署要求，与用人单位协商好以后，最晚不得超过当年5月底（以当年的通知为准）将已签订的就业协议书交回学校，以便统一编制学校就业建议计划。再晚将不能列入全省就业方案之中，只能派回原籍就业。

（11）“专升本”的学生在接到录取通知前，又不想放弃就业机会，怎么办？

面对用人单位实话实说。征得单位同意后，签就业协议书时需再签订一个附加协议以说明情况，并报学校。否则，按违约处罚。

（12）“专升本”的学生接到录取通知书后，要放弃就学怎么办？

早点决定，赶在6月前告知学校的就业指导办公室以便办理报到证。否则，毕业生的档案将无法明确去向，只能发往录取院校。

四、签订劳动合同

大学毕业不仅意味着未来事业的风帆从这里升起，人生新的征程从这里起步，而且也意味着你已经具备了《中华人民共和国劳动法》规定的劳动关系主体一方——劳动者的主体资格。劳动者有劳动的义务，也有享受劳动所创造的物质财富和精神财富的权利，全面准确地把握、处理好与用人单位的劳动关系，是毕业生发挥主动性、积极性、创造性，走向成功的法律保障。签订劳动合同则是处理与用人单位关系的一道护身符。

（一）何谓劳动合同

劳动合同，也称劳动契约、劳动协议，是指劳动者同用人单位为确立劳动关系，明确双方责任、权利和义务的协议。根据协议，劳动者成为某一用人单位的员工，承担某一工作和任务，遵守单位内部的劳动规则和其他规章制度。用人单位有义务按照劳动者的劳动数量和质量支付劳动报酬，并根据劳动法律、法规和双方的协议，提供各种劳动条件，保证劳动者享受本单位成员的各种权利和福利待遇。

（二）劳动合同有哪些内容

按照《劳动合同法》的规定，劳动合同必须具有以下的内容：

（1）用人单位的名称、住所和法定代表人或者主要负责人姓名；

（2）劳动者的姓名、住址和居民身份证或者其他有效身份证件号码；

（3）劳动合同期限；

（4）工作内容和工作地点；

（5）工作时间和休息休假规定；

（6）劳动报酬；

(7) 社会保险事项；

(8) 劳动保护、劳动条件和职业危害防护的规定；

(9) 法律、法规规定应当纳入劳动合同的其他事项。

劳动合同除上面提到的必备条款外，用人单位与劳动者可以约定试用期、培训、保守秘密、补充保险和福利待遇等其他事项。

(三) 审查用人单位是否具有录用毕业生的自主权

就业市场中招聘的单位多如牛毛，有合法的，也有没经过登记注册的，甚至有的打着招聘的幌子从事非法活动，因此，认真审查用人单位的资格非常必要。用人单位不管是机关、事业单位还是企业单位，都必须具有录用毕业生的自主权。如果其本身不具备用人自主权，则必须经具有用人权的上级主管部门批准同意。因此，毕业生签约前，一定要先审查用人单位的主体资格。由于就业市场中招聘单位很多，难免会有鱼目混珠的情况，因此毕业生在签订就业协议前，应仔细了解用人单位的基本情况，这有利于做出正确的判断。

按照《劳动合同法》规定，中华人民共和国境内的企业、个体经济组织、民办非企业单位等组织（以下称用人单位）等都可以自主聘用劳动者为其员工。另外，国家机关、事业单位、社会团体也可以自主聘用一部分合同制员工。

针对现在社会上的各种各样的用人单位，我们把能够与毕业生签订劳动合同的单位大致归纳为以下三种类型：国家机关、事业单位（学校、科研院所、协会、医院等）、企业（股份有限公司、有限责任公司、合伙企业、个人独资企业、个体工商户）。其中，企业单位的具体名称五花八门，如某某行、某某商号、某某厂、某某场、某某庄、某某会、某某所、某某馆、某某店、某某站。

我们正式与用人单位（特别是企业）签订合同前，可以要求看一下单位的营业执照（正本或副本）。单位的营业执照副本一般是为单位异地开展业务或参加年审时使用。只有加盖执照颁发部门印章的副本，才与正本一样具有法律效力。

(四) 如何解决合同纠纷

与用人单位建立了劳动关系后，由于用人单位与劳动者之间存在着利益上的差别，产生劳动争议不可避免。劳动争议也叫劳动纠纷。一般是指劳动关系双方当事人在执行劳动法律、法规或履行劳动合同的过程中持不同的主张和要求而产生的争执。劳动争议涉及劳动者的健康安全、工作、生活和社会保险等各个方面，关系到劳动者的切身利益。因此，劳动者与用人单位一旦发生劳动争议，劳动者有权依法申请调解、仲裁或者提起诉讼。《中华人民共和国劳动法》《中华人民共和国劳动合同法》《中华人民共和国劳动争议调解仲裁法》《中华人民共和国民事诉讼法》《工伤保险条例》等，是对劳动者合法权利的法律保证。

依法维权是基本的原则。但是单位基于临时的业务需要偶尔要求员工加班而没有支付加班费或推迟几天发工资等，都是正常的，我们不必与单位斤斤计较。只有那些事关我们切身利益的重大事项，才需要我们依法保护自己的合法权益。依法维权要做到有理、有利、有节。

1. 争议解决途径

用人单位与劳动者发生劳动争议，当事人可以协商解决，也可以依法申请调解、劳动仲裁、提起诉讼。劳动争议发生后，当事人可以向本单位劳动争议调解委员会申请调解；调解不成，当事人一方要求仲裁的，可以向劳动争议仲裁委员会申请仲裁。对仲裁裁决不服的，可以向人民法院提出诉讼。

2. 前置程序——劳动仲裁

争议发生后，在向法院提起诉讼之前，必须先向劳动争议仲裁委员会提出争议仲裁申请。劳动争议申请仲裁的时效期为一年。仲裁时效期从当事人知道或者应当知道其权利被侵害之日起计算。

3. 诉讼

劳动争议当事人对仲裁裁决不服的，可以自收到仲裁裁决书之日起十五日内向人民法院提起诉讼。一方当事人在法定期限内不起诉又不履行仲裁裁决的，另一方当事人可以申请强制执行。

4. 劳动争议仲裁或诉讼的证据

此证据指能够证明劳动案件事实情况的人、事、物。劳动争议仲裁或诉讼的证据如下：

（1）书证。具体形式有合同书、工资条、培训记录、安全教育记录、工作证、单位对劳动者的处理决定等。

（2）物证。如引起工伤争议的机器、厂房、交通工具等。

（3）证人证言。如劳动者的同事等。

（4）当事人的陈述。

（5）鉴定结论。

在申请仲裁及诉讼中，一般遵循“谁主张，谁举证”的诉讼证据规则，因此劳动者平时要注意一些证据材料的保留，特别是书证。另外，《关于审理劳动争议案件适用法律若干问题的解释》规定：在劳动争议纠纷中，因用人单位作出开除、除名、辞退、解除劳动合同、减少劳动报酬、计算劳动者工作年限等的决定而发生的争议，由用人单位负举证责任。这种规定在一定意义上减轻了劳动者的举证负担，更有利于保护劳动者的合法权益。

五、防范求职陷阱

心情迫切的求职者，特别是初涉职场的毕业生，是最容易上当受骗的，因此，大学生需要了解防范求职陷阱方面的常识。

（一）各种求职陷阱

1. 以试用的名义廉价谋取求职者的劳动

有些用人单位正是看中了毕业生迫切希望找到一份专业对口、薪酬丰厚的好职业这一心理，巧设“诱饵”，引初涉职场的毕业生上钩。这些单位一般在面试时都能让应聘者较为顺利地通过并进入试用期，然后口头告知试用期期限。而应聘者被录用后，在试用期内尽管待遇很低，仍会不懈努力，以争取获得正式职位。可试用期满后往往无人理会，当问及原因，对方会说对应聘者试用期的表现比较满意，但要进行全面考查。此时应聘者还以为单位是真想留自己，于是痛快地答应再试用的要求。当延长试用期满的时候，公司却以种种理由将其辞退。

据了解，利用试用期骗取廉价劳动力主要有两种形式：一是说求职者试用不合格，公司解聘也是无奈之举；二是无故延长试用期，几个月的卖力表现换来的最终还是解聘。

2. 谋取求职者的培训费用

有些公司在招聘时告诉求职者要先培训，培训合格拿到证书后才能上岗。而求职者在交了培训费、考试费、证书费等种种费用，经过几天像模像样的培训，参加完考试后，就陷入了漫长的等待。向公司询问，可能被告知“很遗憾，考试未通过，不能上岗”，或电话根本打不通，公司已不知去向。还有一些求职者拿到了所谓的从业资格证书，却发现不但无岗可上，而且证书是伪造的，或是早已作废的。这类骗子公司通常会与一些培训机构联手，双方各取其利，不少大学生因求职心切而掉入此类陷阱。

案例一

骗交“培训费”

师范专业应届毕业生小智与不少同专业的毕业生一起参加了某保险公司下属培训中心教员的招聘考试，小智很快通过了笔试，并顺利参加了面试。一番面试后，公司决定录用小智，但是，要先进行保险业务培训，并要小智掏100元的培训费。小智很纳闷，应聘的是教员职位，为何要参加保险业务培训？公司对此解释说，新来的员工都要到公司基层锻炼。

案例二

收取“保证金”

小李是汉语言文学专业的毕业生，不久前她回到老家找工作。在一次大型招聘会上，她看到了某培训机构招聘中文教员的广告，试用期三个月，试用期间的工资为每月800元，转正后每月底薪1 000元，同时有代班提成。小李觉得能找到与专业对口的工作很不容易，便毫不犹豫地投了简历，参加了面试、笔试。然而签约时，公司却要求她交纳3 000元的保证金，说是避免她在短期内跳槽，保证金在两年后返还。

提示：根据相关规定，用人单位在与劳动者订立劳动合同时，不得以任何形式向劳动者收取定金、保证金（物）或抵押金（物），不得有欺诈行为或采用其他方式谋取非法利益。

国家明令禁止在招聘过程中以任何名义收取费用，包括培训费等。求职者在应聘时碰到公司收费，这些公司多半有“猫腻”，应该警惕。不管对方是什么理由，即便对方表示可以出具发票、收据，求职者也千万不能交钱，最好是停止应聘。因为《劳动法》有明确规定，建立劳动关系时，不能向劳动者收取抵押金、报名费、培训费。

3. 薪酬陷阱（承诺高薪等）

薪酬陷阱是指招聘时开出优厚的待遇，等到员工正式上班时，企业对之前的承诺却以种种理由不予兑现，于是员工大呼上当；或是对薪水中的一些不确定收入，进行虚假或模糊的承诺，最终不能兑现，或者缩水兑现。

高薪往往是跳槽的主要诱惑，它在一定程度上促进了人员的流动，在高薪的迷惑下求职者对一切都信以为真，招聘方也利用人们追求高薪的心理巧做手脚，因而薪酬中的软性成分也就应运而生。所谓薪酬中的软性成分，是指当初没有明确商定标准，只是口头承诺的那部分薪酬，其变动的空间和额度随意性很大。再加上没有法律的相关保护，一旦不兑现或发生劳资纠纷，只能自认倒霉。因此，面对这些高薪招聘单位，千万不要忘记以下两个问题：

（1）先界定薪酬的上下限，并协商支付方式，尽量减少薪酬中的“软性成分”。

（2）应聘时多个心眼，不清楚的地方要问明白。比如，一年是给十二个月的薪水还是给十三个月的薪水，试用期待遇如何，试用期时间多长，加班时间费用如何计算等等，问清楚后就不会稀里糊涂地上当受骗，吃哑巴亏了。

通常情况下刚刚就业，薪酬不高是正常的。相反，如果一个不熟悉的单位提供高薪酬时，求职者应提高警惕。因为一些不法分子正是以高薪待遇之名，行非法敛财之实。在当前的就业形势下，求职者特别是大学毕业生要摆正心态，千万不要轻易相信工作初期就很容易获得高收入。同时，对有的单位在高薪的前提下，提出如交押金、培训费、服装费时，要敢于说“不”。

4. 利用招聘无偿占有应聘者劳动成果等

由于聘请专家或者专业人才的费用较高，有些设计公司和营销公司为了节约成本，通过大规模招聘的方式来获取好的创意或者方案。这类招聘往往要求应聘者做案例，进行创意反馈。目前，很多中小企业甚至个别大型企业，将公司接下的项目作为考试题目直接交给应聘者完成，在不付出任何成本的情况下骗取应聘者的劳动成果，在应聘中免费翻译文章、策划文案、设计程序的例子比比皆是。如果求职者在不能判断招聘单位真实意图，又想取得工作的情况下，需要对自己的劳动成果进行保护。

（1）提交策划方案等劳动成果时要准备两份，一份提交，一份自己留存，在留存的一份上要求招聘单位签字确认，以便将来能够证明劳动成果内容。

（2）提交策划方案时附上版权声明，并要求招聘单位签收。声明内容为：任何收存和保管本策划方案各种版本的单位和个人，未经本作者同意，不得使用本策划方案或转借他人，亦不得随意复制、抄录、拍照或以任何方式传播。否则，引起有碍作者著作权之问题，将可能承担法律责任。

案例

中介的小伎俩

张小姐在一家职业介绍所的信息栏上看见某公司招聘文员的启事，便前去咨询。职介所“电话联系”了该公司后，告诉张小姐职位空缺，她可以去试一试，但要缴纳100元中介费，并承诺如果这家公司不合适，可另外推荐，直至找到工作为止。面试后，公司让张小姐回家等消息。等了两个星期后，被告知未被录取。张小姐只好找到那家职介所要求重找一家公司。经过面试，又经过长达半个月的等待，仍然得知没有被录取。当张小姐第三次来到职介所时，职介所则告诉她没有新的空缺职位，让她再等等。

部分非法职介机构通常采取拖延时间、与用人单位共同欺骗等手段，骗取求职者的"信息费""介绍费"等。求职者碰到那些"一间门面、一张桌子、一部电话"的职介所或者"人才市场"时要格外当心。正规的职介机构通常具备以下特征：有营业执照和招工许可证原件；明码标价；公示劳动监察机关举报受理电话；收费时出具由税务部门监制的发票；服务人员持有职业资格证。

5. 不将承诺写入合同

在与用人单位签订劳动合同时，一定要对合同内容细细琢磨与甄别，看看合同是否存在陷阱。求职者与用人单位签合同时，要把握以下三个环节。

（1）合同必须合法。用人单位这一劳动合同主体须符合法定条件，依法支付工资和其他社会保险，提供劳动保护条件，承担相应的民事责任。双方签订的劳动合同内容（权利与义务）必须符合法律、法规和劳动政策的规定。

（2）合同内容要全面。按照《劳动法》的要求，劳动合同的必备内容包括：劳动合同期限、工作内容、劳动保护和劳动条件、劳动报酬、劳动纪律、劳动合同终止的条件、违反劳动合同的责任等。签订合同时应将合同内容与相关的具体规定比对。对于试用期、培训、保险、福利等求职者希望在劳动合同中体现的内容，当事人应提出在劳动合同中写明。

（3）对合同文本要仔细推敲。签订劳动合同前，应仔细阅读关于岗位的工作说明书、岗位责任制、劳动纪律、工资支付规定、绩效考核制度、劳动合同管理细则和有关规章制度。不管用人单位这些文件是否作为劳动合同的附件，它都涉及求职者多方面的权益。如遵守用人单位的劳动纪律和规章制度是职工的法定义务，当作为劳动合同附件时，与劳动合同具有同样的法律约束力。当劳动合同涉及数字时，应当使用大写汉字。劳动合同至少一式两份，双方各执一份，求职者应妥善保管。用人单位事先起草的劳动合同文本，要求求职者签字时，求职者一定要慎重，应对合同文本进行仔细推敲，发现条文存在模糊或有异议的语言或词汇时要提出更正。

（二）规避求职陷阱

现在社会上求职陷阱五花八门、形形色色，求职者为保障自己的人身安全和合法权益，应从以下几个方面来做。

1. 了解用人单位情况

一般来讲，用人单位的情况包括以下几个方面：

（1）用人单位的全称。

（2）用人单位的隶属关系。市属单位要搞清上级主管部门（指人事管理权限），省直单位要搞清主管的厅、局，中央直属单位要搞清主管部、委、总公司的情况（人事档案管理关系）。

（3）用人单位的联系方法，如人事部门联系人、电话、通信地址、邮政编码等。

（4）用人单位的所有制性质（全民、合资、私营等）。

（5）用人单位需要的专业、使用意图、具体工作岗位。

（6）用人单位的规模、发展前景、地理环境、经营范围和种类等。

（7）用人单位所需人才的具体要求。

（8）用人单位的福利待遇（包括工资、福利、奖金、住房等）。

2. 注意“三忌”

俗话说，“苍蝇不叮无缝的蛋”，要想不落入求职陷阱，对个人而言需要心理素质过硬，所以在求职过程中要注意“三忌”。

（1）忌贪心。对年薪几百万的职位想想就让人流口水，好的职位、高的薪酬格外有吸引力，但若不考虑自己的实际情况，抱着试运气的心态，极易中招。

（2）忌急迫。急于找工作的心理易被一些利欲熏心的人利用，成为他们假借招聘骗取钱财的机会。例如，以报名费、服装费、培训费、证件费等各种名义收取应聘者的费用，并一再拖延对应聘者的承诺，在骗取一定的钱财后，便人去楼空。

（3）忌糊涂。工作难找，但并不等于有工作就要。没有最好的职位，只有最合适的职位，我们对自己的择业及发展要有一个清楚的构想，不要盲目地“捡到篮里都是菜”。

3. “一看二闻三接触”

（1）“一看”。观察公司的外部环境、人员情况、办公所在地的环境、公司人员的基本素质等，对这些摆在眼前的东西不能视而不见，它们都能传递出公司的基本情况。

（2）“二闻”。通过咨询手段了解公司的经营发展概况，上网查资料、发帖询问。尤其是对那些无法通过网站资源追踪其踪影的小公司，可以通过和该公司的前台、保安、一般职员聊天的方式了解公司现状，也可以通过亲属、朋友等进行有目的的探询。

（3）“三接触”。直接交手，试探虚实。在面试时不要只做个被提问者，有提问的机会千万别放过。

4. 调整情绪，心态平和

就业制度改革拓宽了求职者的职业选择面，职业选择的自由度越大，择业心理压力也越大。有的人面对用人单位严格的录用程序感到胆怯；有的人因是女性、学历层次低等不敢大胆求职；有的人因自己能力不强而紧张。部分大学毕业生找工作心情迫切，希望一蹴而就，或幻想不用付出多大努力，就能得到称心如意的工作，但在实际中往往事与愿违。正是因为害怕失败，在应聘遭到挫折的时候，很容易产生焦躁情绪，甚至造成恐惧心理。若不能在一定时间内化解，则会严重影响自己主观能动性的发挥，从而失去判断事物的理智和辨别是非的能力。骗子就是利用求职者的这种心理行骗的。所以，求职者要调整好情绪，保持平和心态，既要充满成功的信心，也要有失败的思想准备。每一次求职都是自己人生旅途上的一次拼搏，只要拼搏了，无论结果怎样，都将是无悔的人生经历，所谓“不以成败论英雄”就是这个道理。当你求职受挫时，不要气馁，更不要焦躁，应以平常心待之，在艰辛的求职路上，用自己的理智、睿智找准自己的位置。只有如此，才可避免因急躁、焦虑等情绪的影响掉进求职陷阱，使自己的合法权益受到侵害，造成不必要的损失。

5. 及时举报

据《就业“陷阱”何其多》这篇文章显示，在对 12 463 人进行的网上调查中，有 55% 的人遭遇过求职陷阱，其中有 49% 的人选择忍气吞声，与对方申辩的只占 26%，向有关部门反映的只有 15%，起诉维权的人仅有 10%。由此可见，遭遇求职陷阱的问题何其严重，但起诉维权的人却寥寥无几，说明多数求职者识别求职陷阱的能力不强，运用法律武器保护自己合法权益的意识淡薄。据了解，很多大学生掉入求职陷阱后，一般会选择沉默或者“自认倒霉”。不法分子设计的种种陷阱，使求职者蒙受精神和经济损失，造成求职市场的混乱，严重干扰了劳动就业的正常秩序，危害了广大求职者的合法权益，破坏了社会的和谐稳定，其卑鄙行径为千夫所指、万人所骂。但是，痛恨不能改变现实，要想不让不法分子的行骗伎俩得逞，除了求职者要有防范意识和辨别能力外，还需有关部门重拳出击，对违法行为进行有效打击，净化就业环境，规范就业管理，保护求职者的合法权利和利益。求职者如果遭遇求职陷阱，一定要进行举报，到有关部门投诉，并协助有关部门将骗子绳之以法。否则，就是纵容不法之徒继续为非作歹，将会造成更多无辜的求职者上当受骗。揭发和举报招聘过程中的违法行为，也是每个求职者的社会责任和义务。

经典案例

【案例一】

违约金

2014 年 3 月，即将毕业的郭强、上海一家网络公司和郭强所在学校三方签订了《全国普通高等学校毕业生就业协议书》，协议约定郭强在规定时间到用人单位报到，用人单位做好接收工作，学校审核列入建议就业计划，并负责办理派遣手续。同时约定第一年为见习期，服务期为三年，未按规定完成服务期，每相差一年支付 5 000 元违约金，不满一年按一年计算，双方权利义务以报到后签订的劳动合同为准。2014 年 7 月 12 日，公司与郭强签订了劳动合同，期限四年，并规定了三个月的试用期。不久，郭强发现公司在管理和经营方面都不理想，认为自己不适宜在该公司工作，于 2014 年 8 月中旬依据《劳动法》和劳动合同规定向公司提出辞职申请。公司扣留了他的档案，不予办理解除劳动合同的相关手续，并要求郭强支付 2 万元违约金。郭强认为，自己辞职的依据是《劳动法》。根据《劳动法》规定，在试用期间双方可以随时解除劳动合同，网络公司要求交违约金或赔偿金没有道理，双方权利义务应以劳动合同约定为准。因此，郭强向劳动争议仲裁委员会提起申诉，要求确认解除劳动合同合法，不支付“违约金”，并要求公司办理离职手续，返还被扣押的档案、户口材料。

网络公司认为：郭强是国家招生计划内的毕业生，是公司依据国家有关政策法规招聘的外地生源。劳动合同产生的基础是三方协议，如果要解除劳动合同，前提是要解除三方协议，就首先要承担违反协议的相关责任。据此，网络公司认为郭强的辞职行为已构成违约，要求其支付违约金。

劳动争议仲裁委员会认为：郭强与网络公司通过双向选择，按照教育部有关规定，依据毕业生就业工作程序和上海市接收外地生源高校毕业生的暂行规定签订的三方协议中有关于服务期的约定，与国家现行的法律法规不相抵触，应视为合法有效。同时，劳动者依法享有平等就业和选择职业的权利。郭强在与网络公司签订服务期条款后，有权依法提出解除合同，但在服务期限未满的情况下，郭强提出解除合同的行为应属违反服务期限约定的行为，应承担违约责任。根据上海市人事局制定的《上海市接收外地生源毕业生的暂行办法》第九条的规定，毕业生在协议书规定的服务期内要求调离的，本人应承担相应的违约责任。最后，劳动争议仲裁委员会裁定郭强承担违约责任，赔偿网络公司违约金 20 000 元，公司在收到违约金 30 日之内为郭强办理人事档案转移手续。郭强对劳动争议仲裁委员会的裁决不服，向法院起诉。法院认为：《劳动法》的适用范围是中国境内的企业、个体经济组织和与之形成劳动关系的劳动者。劳动合同是劳动者与用人单位确立劳动关系、明确双方权利义务的协议。因此，就业协议中服务期限条款与劳动合同相冲突时，应以劳动合同为准。试用期是用人单位对劳动者是否合格进行考核、劳动者对用人单位是否适合自己进行了解的期限，试用期包含在劳动合同期限之内。在试用期内，《劳动法》规定劳动者可以随时解除劳动合同。因此，郭强有权在试用期内通知网络公司解除劳动合同，郭的行为不构成违约，网络公司有协助郭强办理转移档案户口材料的义务。最后，法院判决解除双方劳动合同，网络公司于判决生效后 10 日内将郭强的人事档案、户口材料转移至郭强所在的街道办事处，郭强支付网络公司招收录用实际支付的费用。

【案例二】

险入“传销道”

小王是通信专业的毕业生，即将毕业时，小王将求职信息发到了几个大型人才网站上。信息发出不久，广州一家电子公司给他打来电话，说他的情况符合本公司条件，想对小王进行深入了解，近半小时的通话，对方不停地就小王组织过什么活动提问。通话结束时，对方留下了公司网址。挂掉电话后，小王立即浏览了该公司网站，了解到该公司是销售电脑配件的。小王对技术员的职位相当满意，三天后，他主动拨通了该公司的电话，对方说正要联系小王进行面试，“嘀”的一声电话录音开始……小王顺利“闯”过面试，并与公司谈妥了 3 000 元的月薪。公司要求小王一个星期内必须到广州报到。就在上火车的前一晚，小王在网上无意中搜到了一则消息，称“一个毕业生应聘到广州一家电子公司后，被公司人员安排到一间封闭的小屋内，强迫其接受传销知识，毕业生砸破了玻璃才逃离”，相似的求职经历把他吓出一身冷汗。

【案例三】

被扣身份证

法律专业的大专生小李即将毕业，为了尽快还清助学贷款，小李找到了一家职介所，希望尽快找一份高薪工作。职介所以介绍工作为由，将小李的身份证扣了下来，给小李介绍了一个跑长途货运的工作。可小李看过工作环境后，发现与职介所描述的相差甚远，便要求职介所退还他的身份证，可职介所却让小李付 800 元的介绍费，才能拿回抵押的证件。无奈之下，小李报了警。

训练活动

（1）自己找2～3家企业，收集一些介绍该企业的各种资料，从价值观、愿景和行为方式等方面分析该企业的企业文化。

（2）通过各种渠道搜寻一份劳动合同样本，仔细研究，找出相关条款的法律依据，提出自己的意见，以便对合同有更深入的了解。模拟你将来想去的单位起草一份合同文本。

知识阅览

试用期陷阱

试用期是一个敏感的阶段，应聘的毕业生虽已踏进用人单位的大门，但在成为正式员工前总惴惴不安，生怕失去眼前的工作，所以对用人单位总是百依百顺，答应一切要求。一些用人单位也摸透了毕业生的这种心理，设置试用期陷阱，借机牟取非法利益。

1. 试用期不签合同

试用期原本是用人单位与劳动者为相互了解对方而约定的考察期，然而却成了很多用人单位降低人工成本、使用廉价劳动力的一个堂而皇之的借口。部分用人单位在试用期不与毕业生签订劳动合同，在试用期满后以各种理由辞退应聘者，这在现实中很普遍。用人单位对劳动者先试用，试用满意的，再订立劳动合同，将试用期合格作为订立劳动合同的前提。这使应聘的毕业生白白付出大量时间精力，也错过了最佳就业期，造成很大损失。

《劳动合同法》规定，“建立劳动关系，应当订立书面劳动合同”，“劳动合同期限三个月以上不满一年的，试用期不得超过一个月；劳动合同期限一年以上不满三年的，试用期不得超过两个月；三年以上固定期限和无固定期限的劳动合同，试用期不得超过六个月。同一用人单位与同一劳动者只能约定一次试用期”。这些规定有效地约束用人单位滥用试用期的行为。

2. 只试用不录用

求职者勤勤恳恳地在用人单位工作，眼看试用期将满，却因“不符合录用条件”被辞退。这种情况在大学生就业时也十分多见，这是用人单位不合法的用工方式之一。《劳动合同法》规定，“劳动者在试用期间被证明不符合录用条件的，用人单位可以解除劳动合同”，但这并不意味着用人单位可以在试用期内随意辞退劳动者。用人单位可解除劳动合同的条件是必须证明劳动者在试用期间不符合录用条件，如果用人单位没有证据证明劳动者在试用期间不符合录用条件，就不能解除劳动合同。否则，需承担因违法解除劳动合同所带来的一切法律后果。

当然，在试用期间，用人单位有解除劳动合同的权利。《劳动法》第二十五条第一款规定：“在试用期间被证明不符合录用条件的，用人单位可以解除劳动合同。”这里有两点需要注意：首先是“在试用期间”，对在试用期间不符合录用条件的劳动者，用人单位可以解除劳动合同；若超过试用期，则用人单位不能以试用期间不符合录用条件为由解除劳动合同。其次是“不符合录用条件”，录用条件应当是经公布、为用人单位和劳动者所共知的。劳动者在试用期间未被证明不符合录用条件的，用人单位不得单方面解除劳动合同。

解除劳动合同是否在试用期，会有不同的法律后果。在试用期间，用人单位仅需证明劳动者不符合录用条件就可以随时解除劳动合同，且不需支付经济补偿金；超过了试用期，除《劳动法》第二十五条第二、第三、第四款规定外，用人单位须具备一定条件、按一定程序才能单方面解除劳动合同，并按规定给予劳动者经济补偿金。

3. 把“试用期”变成“剥削期”

以前很多毕业生对劳动法律、法规不了解，以为试用期就应该拿低工资或者没有劳动报酬，这是一种误解。基于劳动关系的劳动应当得到相应的劳动报酬，《劳动合同法》第二十条对此明确规定：“劳动者在试用期的工资不得低于本单位相同岗位最低档工资或者劳动合同约定工资的百分之八十，并不得低于用人单位所在地的最低工资标准。”试用期内劳动者已经与用人单位建立了劳动关系，用人单位就必须按照劳动合同的约定给劳动者支付工资报酬，并且不得低于政府规定的最低工资标准。

五险一金的解读

养老保险：实行社会统筹和个人账户相结合的模式。用人单位的缴费比例为工资总额的20%，个人缴费比例为本人工资的8%并记入个人账户。养老保险累计缴满十五年达到法定退休年龄后才能领取养老金。

失业保险：所有组织及其职工必须缴纳失业保险。用人单位的缴费比例为工资总额的2%，个人缴费比例为本人工资的1%。失业保险缴满一年、符合规定才能享受失业保险待遇。

医疗保险：实行社会统筹和个人账户相结合的模式。用人单位的缴费比例为工资总额的8%，个人缴费比例为本人工资的2%并记入个人账户。

生育保险：生育保险费由用人单位缴纳，职工个人不缴费。生育保险主要支付生育发生的医疗费用和产假期间按月发放的生育津贴。

工伤保险：工伤保险费由用人单位缴纳，职工个人不缴费。工伤保险主要支付工伤医疗费、伤残补助金、抚恤金、伤残护理费等。

住房公积金：单位缴基数的7%～12%，个人与单位缴的一样，全部进入个人公积金卡，购房时可提取或申请公积金贷款，利率较低。

第五章　职场基本能力培养

名人名言

用专业知识教育人是不够的。通过专业教育，他可以成为一种有用的机器，但是不能成为一个和谐发展的人。

——爱因斯坦

本章学习目标

知识目标

1. 明确职业适应的主要内容，了解初入职场应注意的问题，提高自己的职业适应能力，塑造良好的职业形象；
2. 了解职场沟通与协作的内容及应注意的问题；
3. 了解情绪管理的内容及应注意的问题；
4. 了解时间管理的内容及应注意的问题。

能力目标

1. 掌握职场沟通与协作的方法与技巧；
2. 提高如何管理和调控自己情绪的能力；
3. 学会管理时间。

引例

我是不是该换份工作?

自从决定来沿海城市闯一闯之后，大学毕业生李林的生活开始变得戏剧化。李林毕业于内地一所普通大学，在深圳找到了一个不错的工作，5、6月间，别人还在忙着拍毕业照的时候，他已经入职了。工作很轻松，都是一些上传下达的活儿，偶尔写点文字，布置个会场，也不是难事。虽说工资3 000元有点低，但相对于他的学校，这已经是一份“高配”的工作了，而且前途看好，没几年跳个槽，工资翻个倍也是可能的。

但这份“美差”在李林眼里，却是个“闲差”。由于单位是个半公半私的企业，上上下下都是上了年纪的人。部门有个主管是年轻人，可最近也听说要辞职了。主管跟李林说了单位的众多“不是”，他也跟着动摇了：“我是不是该换份工作?”李林私下再去投递简历，并得到过面试机会，甚至还有一家薪水相当高的公司，答应给他一个实习机会，只是一番打听下来，所谓“薪水高”只是想当然而已，现实离理想挺远。现在，李林按捺住跳槽的欲望，决定先好好工作一段时间再说。

问题聚焦

1. 你知道校园环境与职业环境的区别吗？
2. 初入职场应培养哪些能力？
3. 进入职场后，应注意哪些问题才能助自己快速成长？

大学生圆满完成学业，走向社会，踏入职场，从这一刻起，学生时代和学生角色画上了句号，也就是说，从这一时刻起就已踏入社会，成为一名职业人。要想顺利踏入社会，克服各种障碍，正确处理工作与人际关系中的矛盾，尽快适应职场环境，培养良好的适应能力，需要从认识职场开始，需要具备职场所要求的基本能力，如职业适应、职场道德、职场礼仪、职场沟通、职场协作、情绪管理、时间管理等。职场道德和职场礼仪已在前面进行了叙述，本章不再讲解。

第一节　职业适应能力

职业适应是指人在从事职业活动时，必须具备的一系列心理适应和行为调整的素质，包括个体对职业环境、职业任务和职业活动的适应，以及对自身行为和新的职业需要的适应。它是在先天因素和后天环境相互作用的基础上形成和发展起来的。具体地说，就是人在职业生活环境中根据职业的性质和外在要求，对自身的身心系统进行评价，对职业行为进行自我测试，学习从事职业活动所必备的知识和技能并合理应用于职业实践，努力达到自我体验与行为经验相互一致的心理过程。

核心知识

一、影响职业适应的因素

职业与人的生存和发展的物质条件密切相关，与人对社会的贡献密切相关，与自我价值实现密切相关。影响职业适应的因素也随新时期大学生择业价值取向而日益凸显。

（一）职业期望

在经济社会中，大学生的职业期望的起点都比较高，很大程度上会受到利益取向的制约，这是我国由计划经济向社会主义市场经济转轨的客观反映，是社会在特定发展时期的必然表现。大学生经过十几年的寒窗苦读，希望能迅速实现自己的职业目标，更好地回报家人和社会，因而他们对自己的未来职业抱有很高的期望。

（二）职业心理

大学生在职业生活中面临着多元化的选择，一部分学生摒弃了“铁饭碗”的传统观念，转向追求个性张扬和实现自身价值。大多数学生希望专业对口，在事业上有所作为，对职业的考虑是多方面的，这是职业心理务实化的一个表现。即大学生在择业时既追求精神上的满足感和事业上的成就感，又希望在物质上有足够的保障，表明了大学生涉世之初的不自信和隐隐的担忧。

（三）职业风险

对工作稳定性的追求反映出当代大学生既渴望参与竞争，又期望有退路的一种矛盾心态。刚毕业的大学生身上有着一股敢闯敢做的拼劲，这是创业所需要的，具有进步意义。

（四）职业待遇

职业待遇是影响一部分大学生职业适应的关键因素。刚毕业的大学生首先面临的是一个生存问题，之后才谈得上长足发展。较高的经济水平既是职业流动的物质保障，又是向高一层职业流动的筹码。

（五）职业声望

时代发展使人们改变了“一锤定终身”的观念，但他们往往倾向于选择相对稳定、声望较高的职业，这说明大学生职业价值观中还存留着传统观念的痕迹，这是我国社会仍处于转型时期的反映。国家公务员考试成为“中国第一考”，并涌现出无数的“考霸”和“面霸”，但是其中很多学生选择这份相对稳定和职业声望较高的职业时，并没有作相应的职业测评，并不知道自己真正需要什么职业。同时，现在的大学生特别关注职业性质及其前途，有较强的竞争意识和自主性，既关心职业声望和职业报酬，也希望职业符合个人兴趣爱好。

（六）自我价值

随着社会对“以人为本”价值观的进一步认同，大学毕业生越来越注重自我价值的实现和个人前途的发展，出现了价值的多元化选择。对大学生来说，选择适当的职业是跨入社会、实现价值、走向成功的重要一步。

（七）人际关系

在强调团队协作精神的社会中，和谐的人际环境对职业适应具有举足轻重的作用。有些大学生虽然工作能力很强，但没有体会到和谐融洽的人际交往能力对工作的助力作用，会产生与领导、同事相处不好而陷于困境的情况，最终成为职业适应的绊脚石。

二、职业适应中容易出现的问题

要想顺利融入职场，就要尽量避免犯一些低级错误。当然，刚毕业的大学生找到第一份工作后，由于工作经验欠缺，是比较容易犯错的。下面是职业适应中容易出现的问题。

（一）依恋与忐忑共存

大学生初入职场，难免会带有学生时代的稚气与志气，无法将自己全面转化为职场角色，面对全新的职业角色忐忑不安，在角色转换过程中过多地留恋学生角色，习惯以学生角色的行为习惯待人接物，用学生特有的思维方式思考和解决问题。例如，遇到困难和挫折时有选择退缩和依赖家长的倾向，无法独立面对。刚刚进入新环境的大学生因为担心在单位留给领导和同事的第一印象受损，担心承担责任，害怕丢面子，会不同程度地表现出缩手缩脚或者手足无措的情形。

（二）眼高手低与心浮气躁

很多大学生想当然地认为自己接受了比较系统正规的高等效育，拿到了学历，学到了一定的知识，比没有受过高等教育的人更具有优势，在单位基层从事琐碎的工作是大材小用。但事实上，由于大学生刚刚踏入职场时，缺乏相应的实际工作技能和社会知识，甚至欠缺社会生存和交往能力，因此容易造成高不成低不就的尴尬局面，极易出现这山望着那山高、心浮气躁、患得患失、无法安心本职工作的游离状态。

一些大学生在选择就业岗位时，不是实事求是地根据自身实际情况来选择，而是往热门行业、热点岗位上挤，有的甚至盲目攀比。其实对于初涉职场者来说，重要的是调整好心态，从一个最佳起点步入职场，不要一味地眼睛向上看，去选择自己能力所不及的职位。

（三）自负与自卑交互作用

大学生刚刚参加工作，即使对职场角色的转换很有信心，也依然会对自己存有怀疑和自卑心理，担心什么也不会，进而对自己全盘否定，变得非常自卑。

（四）急于做事

有些事情能做，有些事情不能做，要学会区分才行，有的事情毫不费力但非常讨好，有的事情费心费力却极不讨好；学会选择做什么之后，还要思考做事的方法，有时怎么做比做什么更重要。如果不能做到以上两点，做再多的事情也不会得到认可。

（五）把事情想得极为简单

事情可能很简单，但要意识到做事需要跟人打交道。凡是跟人打交道的事情就没有简单的，你需要照顾到每个人的利益和感受，稍有不慎就会得罪人，所以必须多想才行。你或许不喜欢把事情弄得很复杂，但客观规律不是由你的个人倾向决定的。

（六）做事时不考虑人的差异性

人有个性，想法可能千奇百怪，所以在职场混久了的人从不主动表明自己的态度，等别人先说，自己后发言。这种人都是“老油条”，年轻人自然要发挥年轻的优势，不受传统观念的束缚，但是考虑他人的个性是必要的。你可以不认同，但要尊重，即便你确实不喜欢。

（七）轻率地向别人提出要求

作为初入职场的年轻人，不能随意地向上级领导、老员工提出要求，别人不是你的父母，不是你的监护人，没有义务直接答应你的要求。即使你需要别人配合你，也要以适当的方式表达出来。

（八）强调自己在工作方面的能力

部分年轻人认为自己上学时做过学生干部，有很强的工作能力，在职场中过度强调自己的工作能力，想尽快得到别人的认可。其实，这种做法得到的效果恰恰相反。工作能力不是说出来的，而是通过日常工作体现出来的，你的能力是由他人来判断和评价的。

（九）缺乏团队精神

在大学里，你通过独自的努力取得好成绩，但在职场中，你的忠诚也应该延伸到你的工作团队中去，年轻人需要适应公司的文化并使其融入自身。高校鼓励学生独立思考以帮助青年们成长及心理成熟，但在工作中，员工的贡献是按照公司的利益来进行评估的。

（十）唯利是图

一些初涉职场者自恃各方面的条件都不错，在经济利益问题上很难有合理的定位，做出了偏颇之举，如在工资、福利、住房等方面要求过高，等等。作为初涉职场者，应更多地看到自身的弱势，理性地看待薪酬标准，没必要因为薪酬问题与适合自己的职位失之交臂。

（十一）心理失衡

对于大多数初涉职场者来说，无论是在求职过程中，还是在步入职业岗位后，都会或多或少地遭遇一些挫折。遇到这种情况，一定要保持良好心态，切不可产生不平衡的心理，更不能一味地怨天尤人、满腹牢骚，甚至做出对人对己都不利的行为。

（十二）目光短浅

只看现状，对单位发展和个人发展的前景等至关重要的因素很少考虑，这可能会使你得到一些眼前的利益和满足，但从长远发展看并非明智的选择。

（十三）环境障碍

一些人事先对新环境、新岗位估计不足，期望值定得过高、不切实际，当他们按照这个过高的目标接触现实环境时，往往会产生一种失落感，感到处处不如意、不顺心。特别是一些初出校门的大学生，很多想法都是理想化的，与现实有不少差距。因此，初涉职场者在踏上工作岗位后，要能够根据现实的环境调整自己的期望值，尽量把期望值定得低一些、现实一些。

（十四）贪图享受

一些大学生认为，经过十几年的寒窗苦读终于学业有成，接下来就该是享受的时候了。这样的心理定位是非常错误的。大学生初涉职场，在明确自己的职业发展目标和方向的前提下，最重要的是进行工作经验的积累，学会从一个“学校人”变成“职业人”，逐步增加自己的职业含金量和竞争优势。只有这样，才能保证在职场顺利发展。

三、转变角色，适应职业的需要

职业适应包括从生理层面，到心理层面，到工作层面，再到社会层面的适应等几个方面。

（一）生理适应

生理适应包括对工作时间、劳动强度以及紧张程度、情绪调控等方面的适应。

步入职场，从学生角色转换成职业角色，原来的许多生活习惯就都要适时改变。在学校读书的时候，喜欢睡懒觉，经常上课迟到或者频繁请假，也许会得到老师的谅解，但是，在职场中，迟到、早退等无视工作纪律的问题，可能会带来非常严重的后果。所以，首先要调整生活规律，早睡早起，坚持锻炼身体，关注职业形象，遵守职业纪律和职业道德，在短时间内适应职场生活。

（二）心理适应

心理适应包括个人观念和意识的适应、角色适应、情感态度适应、意志适应和个性适应等方面。

1. 公正的自我评价

进入工作单位，熟悉工作环境之后，首先要对自己所从事的工作从整体上进行分析。先分析自己对工作的适应条件，后对自己的能力进行正确评估，对未来进行职业目标规划。

这个阶段心理调适的重点在于：保持心态平和，切忌攀比和轻易跳槽。很多职场新手目光短浅、眼高手低，稍不满意就轻言放弃，受损失的不仅是用人单位，更是本人。因此在职场中要兢兢业业、踏踏实实地工作，善于抓住机遇，全面展示自己的才华。

2. 正确调整失落心态

人的失落心态总是在动机冲突难以解决的情况下才会出现。怀有失落心态的人，始终贯穿的就是现状和理想之间的剧烈冲突。这种无法控制外界世界的无力感与梦想的破灭感交织形成相互加强的效果，心理旋涡反复出现，消耗的心神能量超越限度，自然而然就会激发严重的失落感。产生这种失落心态与不正确的心理定位直接相关。解决的办法是要放掉思想包袱。悲观的人，先被自己打败，然后才被生活打败；乐观的人，先战胜自己，然后才战胜生活。对自我有一个充分、全面、正确的了解，这样有利于对自我情绪的有效控制和调整。例如，你如果能够客观地认识到自己性格的急躁，那么你就能因自我暗示或是有意识地控制而保持一颗平和的心，从而不容易再因别人跟不上自己的步调而生气了。工作后，你到了一个更大的环境中，这里高手如云，可能自己显得相对较弱，可能出现心理失落。其实只要经过自己的刻苦努力，情况是可以得到改变的，不要过分纠缠于结果，而是着手做应做的事。

3. 调节自己的认知方式

人对事物的不同认知会导致情绪的极大不同。情绪常常是取决于人对事物的看法，换个角度心情会迥然不同。相同的半杯水在有的人眼中是“只剩下半杯，挨不了多久了”，而有的人看到的是“还有半杯呢，希望还在”。因此，在受到情绪困扰的时候，通过调节自己的认知方式来调节情绪，就是将自己从原有的思维方式中抽离出来，试着从另一个层面思考。不要总是执着于“我”如何如何，换一个角色看，从别人的角度看“我”。设想一下如果是你的朋友遇到现在的问题，你会怎么办，你是怎么安慰开导他的。或者可以自问：为什么别人可以有这样的失败记录，自己就不可以呢？当局者迷，旁观者清。你需要不时地走出“此山”，看看“此山”的真面目。

认识是一个不断发展的过程。对于自我认知要不停地重新审视是否合理，适时做出调整。对于相同的刺激，不同的评价会带来不同的情绪反应。失落也许并不是因为事情真的非常糟糕，而仅仅是因为你认为它很糟糕，所以它就“无奈”地变得糟糕了。

4. 转移注意力

心理学研究表明，在发生情绪反应时，大脑皮层上会出现一个强烈的兴奋中心。这时，如果另外找一些新的刺激，引起新的兴奋中心，就可以抵消或冲淡原来的兴奋中心。所以，当你失落时最好采取行动，分散自己的注意力。

转移也是有技巧的，消极转移到抽烟、喝酒上只会让失落感加强，甚至自暴自弃。而积极的转移则是将时间、精力从消极情绪中转到有利于个人未来发展的方向上来。体育运动就不失为一种积极的转移方法。体育运动可以松弛紧张情绪，又可以消耗体力，使消沉者活跃、激愤者平静，达到平衡的目的。

失落往往伴随着挫败感，而挫败感是可以由成功后带来的自信抵消的。所以找出一个你认可的长处，不论大小，在失落的时候，就做自己擅长的事，从中得到成就感，并且告诉自己：“你看，我不是也可以做得很好嘛！既然我可以做好这件事，那么当然也能做好其他的事。”

另外，也可以去为别人做事，施者比受者有福。这样不仅可以将烦恼忘记，而且可以从中体验到自己的存在价值，在别人的感谢和夸赞下坚定信心，还能收获友情。

5. 克服工作压力，尽快进入职业角色

大学生在校期间学到的知识和技能是很有限的，初入职场心理压力往往比较大，害怕在工作中出现过失和错误。所以，消除初入职场时的心理压力是重中之重。

这一阶段心理调适的重点，首先要使自己适应工作节奏，为承担重要工作做好准备；其次是虚心学习，不断丰富自己的专业知识，提高专业技能，运用自身掌握的知识去解决问题，培养自己的独立见解，展示自己的潜能，使自己逐步具备独立开展工作的能力；最后，要尽快融入集体，建立良好的人际关系，更好地承担角色责任。总之要努力为单位创造效益，做出贡献。

（三）知识技能适应和岗位适应

这是指对工作岗位所需的知识、技术和能力的适应，以及对劳动制度和岗位规范的适应等。

初入职场的大学生虽然有大学文凭，但可能实际操作什么都不会，因为学校教育比较注重理论知识的学习，然而职场中更注重实践能力和经验。因此，大学生要进行再学习。再学习可以让你尽快掌握工作的知识和技能，正所谓“干到老，学到老”。竞争在加剧，学习不但是一种心态，更应该是一种生活方式。

人在职场，所有人都是老师。谁疏于学习，谁就难以提高，谁就不会创新，谁就会被社会淘汰。谁能够终生学习，谁就能使自己适应职业岗位不断变化的要求，学习不但增强了自己的竞争力，也增强了单位的整体竞争力。

（四）环境适应

在管理学中有一个“蘑菇定律”：长在阴暗角落的蘑菇因为得不到阳光又没有肥料，常面临着自生自灭的状况，只有长到足够高、足够壮的时候，才被人们关注。蘑菇定律通常是指初学者被置于不受重视的部门或干打杂跑腿的工作，处于自生自灭（得不到必要的指导和提携）的过程中。这个定律是组织对待初出茅庐者的一种经常使用的管理方法，组织一般对新进的人员都是一视同仁，从起薪到工作都不会有大的差别。无论你是多么优秀的人才，在刚开始的时候，都只能从最简单的事情做起。很多职场新手心气高、目标远大，希望走上工作岗位就可以大展拳脚，对于上级交办的简单工作不屑一顾，眼高手低，最后连基础的工作都做不好。对于职场新手而言，只有快速逾越这个阶段，树立端正的职业态度，正确进行职业定位，才能早日摆脱“蘑菇定律”。

1. 踏踏实实做好每一项工作

职场新手对单位的整个工作环境及工作流程都比较陌生，可能连最基本的复印、传真都需要他人指导。在这种情况下，上级对待新人的通常做法是交派一些诸如打字、翻译、资料检索等最基本，也是最简单的工作，这是每一个新人进入职场后通常接受的第一门功课。然而，许多职场新手对此心存抱怨，“领导根本不把重要的工作交给我，我简直就是个打杂的”。其实，看似简单的工作是让职场新手了解工作的整体操作流程，同时也可以考验一名员工的品质，磨砺其工作态度。初入职场的大学生犹如一张白纸，在上面书写任何东西都是经验的积累，所以大家不要嫌工作琐碎，要有耐心，要学会在工作中积累。

2. 积极适应环境

毕业生在进入职场之前总会有很多的幻想，比如理想的行业、理想的职位、理想的收入等，直到真正进入职场之后才发现“理想很丰满，现实很骨感”。事实上，理想的工作环境是不存在的，现实的工作环境总有各种不如意。因此，职场新手要学会自我调节，认清自己的优、缺点，明确自己的优势和不足，客观地看待职场生活，以愉快的心情适应工作环境，立足现实，求得自身发展。

很多学生以为在学校里学得了“真理”。然后期望用这些“真理”去改造世界。可真正到了工作岗位才发现，在大学里学的书本知识很多在单位根本用不上，单位需要有足够的执行能力、足够的应用能力，这些在大学里并不曾学过。还有的不适应艰苦、紧张的基层生活，不习惯单位的一些制度、做法，在心理上就产生很大的落差，对现有岗位感到失望，觉得处处不如意、事事不顺心。因此大学生在踏上工作岗位后，根据现实环境调整自己的期望值和目标就变得十分重要，看问题不能理想化，对外部要求要切合实际，承受挫折的能力要强，要擅长自我调整，不断地充实和提高自己，这样获得的积累将是职业生涯中一笔宝贵财富。遇到挫折、困难不能失落与彷徨，要找时间与老员工、同事谈谈心，与朋友聊聊天，把“掉在地上的心”重新拾起来，不是有这样的一句话吗，“适者生存，能者成功”，所以我们要学会适应自己的工作岗位，做到适应别人，适应工作环境，遇到困难挫折冷静地思考、彻底地解决。

3. 等待机会，厚积薄发

机会永远只垂青有准备的人。对于职场新手而言，在这个信息爆炸的社会里，缺乏的不是机会，而是蓄势的远见与忍受平淡的耐力。职场竞赛，比的是耐力和信念，这是一场长跑，短暂的热情和速度都难以获得最终的胜利。因此，毕业生在进入职场后，仍需要不断提高自己，提升信念，等待时机来临，脱颖而出。

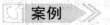

案例

卡莉·费奥丽娜从打杂到惠普 CEO

卡莉·费奥丽娜从斯坦福大学法学院毕业后，第一份工作是在一家地产经纪公司做接线员，她每天的工作就是接电话、打字、复印、整理文件。尽管父母和朋友都表示支持她的选择，但很明显这并不是一个斯坦福毕业生的本分。但她毫无怨言，在简单的工作中积极学习。一次偶然的机会，几个经纪人问她是否还愿意干点别的，于是她得到了一次撰写文稿的机会，就是这一次，她的人生改变了。这位卡莉·费奥丽娜就是惠普公司前 CEO，被尊称为世界第一女 CEO。

【案例分析】

组织一般对新进人员都一视同仁，无论你是多么优秀的人才，都只能从最简单的事情做起。“蘑菇”的经历对于成长中的年轻人来说，就像蚕茧之于蚕蛹，是羽化前必须经历的一步。

如今就业形势非常严峻，刚出校门的毕业生由于没有经验，很难找到满意的工作，于是有些人选择了先就业后择业的道路。在社会上工作和在学校里学习有天壤之别，首先需要的就是磨去棱角，适应社会，把年轻人的傲气和知识分子的清高去掉，摆正心态，放低姿态。如果明白“蘑菇管理”的道理，就能从最简单、最单调的事情中学习，努力做好每一件小事，多干活少抱怨，更快进入岗位角色，赢得同事的认同和信任，从而较早地结束“蘑菇期”，进入真正能发挥才干的领域。

（五）人际关系适应

职场的人际关系相比单纯的校园人际关系要复杂得多。职场新手应该把姿态放低一点，谦恭有礼，赢得好感，才有利于开创工作局面。要努力工作，适当表现自己，最大限度地争取上级和同事的认可。

1. 正确处理人际关系的重要原则

处理好人际关系的关键是要意识到他人的存在，理解他人的感受，既满足自己，又尊重别人。

（1）真诚原则。真诚是打开别人心灵的金钥匙，因为真诚的人使人产生安全感，减少心理防卫。越是好的人际关系越需要双方暴露一部分自我，也就是把自己真实的想法与人交流。当然，这样做也会冒一定的风险，但是完全把自己包裹起来是无法获得别人的信任的。

（2）主动原则。对人友好，主动表达善意，能够使人产生受重视的感觉。主动的人往往令人产生好感。

（3）交互原则。人的善意和恶意都是相互的，一般情况下，真诚换来真诚，敌意招致敌意。因此，与人交往应从良好的动机出发。

（4）平等原则。良好的人际关系让人体验到自由、无拘无束的感觉。如果一方受到另一方的限制，或者一方需要看另一方的脸色行事，就无法建立起高质量的心理关系。

2. 如何正确处理人际关系

人际关系是职业生涯中一个非常重要的课题，特别是对大公司企业的职业人士来说，良好的人际关系是舒心工作、安心生活的必要条件。如今的毕业生绝大部分是独生子女，刚从学校里出来，自我意识较强，来到社会错综复杂的大环境里，更应在人际关系方面调整好自己的坐标。

（1）与上司的关系。

① 先尊重后磨合。任何一个上司，干到这个职位上，至少有某些过人之处。他们丰富的工作经验和待人处事的方法，都是值得我们学习借鉴的，我们应该尊重他们精彩的过去和骄人的业绩。但每一个上司都不是完美的，所以在工作中，唯上司之命是听并无必要，但也应记住，给上司提意见只是本职工作中的一小部分，尽量完善、改进、迈向新的台阶才是最终目的。要让上司心悦诚服地接纳你的观点，应在尊重的氛围里，有礼有节有分寸地磨合。不过，在提出意见前，一定要拿出详细的足以说服对方的理由。

② 主动请示汇报工作。上级最苦恼的事情之一就是不知道下级在干什么、干得如何。如果上级总是直接问下级，下级就会认为上级不信任他，上级也会担心给下级造成不必要的压力和误解；如果上级不问，下级也不主动汇报，上级也会担心下级没有认真执行到位，不知是否有需要上级帮助解决的重要问题。称职的下级必须主动、及时地向上级汇报自己的工作。要知道，汇报是下级的义务，听不听是上级的选择。一定不要担心上级没时间听而不主动汇报。汇报时，要着重两个方面：一是做了什么，有什么结果或者成果，不必讲细节；二是还要打算做什么，怎么做，为什么这么做，也不要讲细节。既不要在汇报中夹带请示事项，也不要把汇报当成请功，领导心里自有一本账，而且不仅要报喜，更要报忧。

对于超越自己管理权限的事项，下级必须请示，不能先斩后奏、越权办理。请示时，必须给出至少两个可供上级选择的建议，而且必须有自己明确的主张，绝不能只把问题抛给上级，自己没有任何主见，要让上级做选择题，而不是做问答题。对于属于自己管理权限之内的事项，特别是日常的、例行的工作，只要依照权限主动去做就行了，只需及时向上级汇报结果即可。如此，上级会认为下级是一个有主见、有魄力、有领导力的人。如果出于对上级的“敬畏”而事事请示，上级就会对下级的工作主见、工作魄力甚至领导力产生疑问。

（2）与同事的关系。多理解慎支持。在办公室里上班，与同事相处得久了，彼此之间都有了一定的了解。作为同事，我们没有理由苛求人家为自己尽忠效力。在发生误解和争执的时候，一定要换个角度、站在对方的立场上为人家想想，理解一下人家的处境，千万别情绪化，把人家的隐私抖搂出来。任何背后议论和指桑骂槐都会破坏自己的形象，并受到旁人的抵触。同时，对工作我们要拥有诚挚的热情，对同事则必须选择慎重地支持。支持意味着接纳人家的观点和思想，而一味地支持只能导致盲从，也会有拉帮结派的嫌疑。

(3) 与朋友的关系。善交际勤联络。俗话说“树挪死，人挪活”，在现代竞争激烈的社会，铁饭碗不复存在，一个人很少在一个单位终其一生，所以多交一些朋友很有必要，所谓朋友多了路好走。因此，空闲的时候给朋友挂个电话、发个电子邮件，哪怕只是片言只语，朋友也会心存感激，这比叫大伙撮一顿更有意义。

(4) 与下属的关系。多帮助细聆听。在工作上，只有职位上的差异，人格上都是平等的。在员工及下属面前，我们只是一个领头带班的而已，没什么值得荣耀和得意之处。帮助下属，其实是帮助自己。因为员工们的积极性发挥得越好，工作就会完成得越出色，也能让你自己获得更多的尊重，树立开明的形象。聆听能体味到下属的心境和了解工作中的情况，为准确反馈信息、调整管理方式提供准确的依据。

(5) 与竞争对手的关系。在我们的工作中，处处都有竞争对手。许多人对竞争者四处设防，更有甚者，还会在背后冷不防地“插上一刀、踩上一脚”。这种做法只会增加彼此间的隔阂，制造紧张气氛，对工作无疑是百害无益。其实，在一个整体里，每个人的工作都很重要，任何人都有可爱的闪光之处。当你超越对手时，没必要蔑视人家，别人也在寻求上进；当对手超越你时，你也不必存心添乱找碴，因为工作成绩是大家团结一致努力的结果，“一个都不能少”。无论对手如何使你难堪，千万别跟他较劲，先静下心干好手中的工作吧！

案例

【案例一】

迷茫——与领导之间远近两不宜

小华刚参加工作时，他抱着走“群众路线”的想法，尽量远离领导，和同事打成一片。他以为只要认真做事，就能在公司立足。可是三个月试用期还没到，小华就被“炒鱿鱼”了，因为领导觉得他“表现平平”。不久他又找到另一份工作。他吸取上次的教训，频频在领导眼前晃悠，开会时总抢着坐在领导旁边，隔三岔五主动汇报工作……同事们的鄙视早在小华的意料之中，可让他没想到的是，有一次他无意中听到领导说自己“太爱出风头”……

【案例分析】

“领导”也分很多种：亲和的、严肃的、传统的、前卫的……不同的性格，决定了领导与你之间“距离”的远近，弄清这点很重要。不要害怕流言蜚语，我们不可能让每个人都满意，凡事做到问心无愧就好。

【案例二】

愤怒——被最亲密的同事出卖了

大学同学小丽和阿梅同时进入一家公司，又在同一个部门工作，关系一直很好。出于信任，小丽和阿梅无所不谈，从个人隐私到对公司的种种看法。可让小丽没想到，有一天多年的好姐妹会反目成仇。前些日子，部门主管辞职了，公司决定在小丽和阿梅之间选一个接替这个职位。论资历和实力，姐妹俩不相上下。可最后，小丽落选了，后来才知道，是阿梅找人到领导那儿告了小丽一状，说小丽对公司有诸多不满……

【案例分析】

很多时候，同事之间除了合作关系，还是潜在的竞争对手。当你们目标一致时，同事是你最亲密的战友；当你们利益发生冲突，这种关系就变得摇摇欲坠。言多必失，在与同事保持安全距离的同时，务必管好自己的嘴。

【案例三】

为难——客户提出非分要求

李健是一名销售顾问，深知与客户保持良好的关系至关重要。几年来，他与一些重要客户成了很好的朋友，经常一起吃饭、打球，感觉如鱼得水。这种状态让李健的同事羡慕不已，但他却是有苦说不出。一是为了维护这种“朋友”关系，李健的日常开销大增；二是一些客户会请他“看朋友的面子”，为他们提供一些“便利”，而这些“便利”是以损害公司利益为代价的……

【案例分析】

没有任何显性的或隐性的利益冲突，是成为“朋友”的必要条件之一。而你与客户，本来就是因为利益走到一起的，而且这种利益时常会发生冲突，所以，客户注定难以成为你真正意义上的朋友。务必与客户保持适当距离，要记住“吃人嘴软，拿人手短”这句话，守住与人交往的道德底线，坚决不做违反原则的事，这是你与客户保持平等对话权利的前提条件。

四、塑造良好的职业形象

职业化员工往往能给我们一个非常好的印象，这种好印象往往是来自他们展示的良好职业形象。良好的职业形象包括，着装规范、注重礼仪和独特的气质。当我们同具有良好职业形象的人接触或打交道的时候，他们总能够给我们留下深刻的印象。

着装规范能彰显职业化员工的素质，注重礼仪能折射职业化员工的修养。在工作中，那些注重礼仪的员工总能够与领导、同事和客户建立良好的人际关系，赢得他人的尊重、支持和帮助。

独特气质能表现职业化员工的魅力。当我们乘坐飞机的时候，我们总能被空中小姐热情、端庄、文雅的独特气质所折服，可见独特的气质也是建立良好职业形象的一个重要元素。

建立良好的职业形象对于促进员工职业发展具有重要作用。一是有利于赢得他人的尊重、支持和帮助。在职场上，有“礼”走遍天下，无“礼”寸步难行。二是有利于打造个人职业品牌。个人职业品牌需要良好的职业形象做支撑。三是有利于提高自身综合素质。建立良好的职业形象，不仅要注重外表，更要提高内在的修养，如品德、知识、情商等，所谓“腹有诗书气自华”。一个员工要体现独特气质仅靠着装是不够的，更需要提高内在的修养。前者是表象，后者是根本。要建立良好职业形象，要从讲究着装规范、注重礼仪修养和培养独特气质三个方面着手。

（一）讲究着装规范

讲究着装规范，就是员工在工作的时候，应按企业的要求着职业装。穿着职业装，不仅能展现职业化员工的外部形象，同时，更有利于自己工作的展开。

（二）注重礼仪修养

员工职业化需要良好的礼仪修养做后盾。在职场中，我们既要重视化妆、服饰、语言、姿态的美，更要看重道德修养，道德是礼仪的基础，礼仪是道德的表现形式。礼仪是一种修养，是多层次的道德规范体系中最基本的道德规范。礼仪不仅显示出人的道德情操和知识修养，也能帮助人们修身养性、完善自我。良好的礼仪行为能体现出一个人高尚的道德修养，使他获得人们的尊敬和好感。当然，也只有具备良好道德修养的人才会有得体的礼仪行为。

（三）培养独特气质

良好的职业形象既需要外在着装和礼仪来诠释，更需要借助于内在独特的气质来彰显。相比较而言，员工的外在着装和礼仪修养比较容易做到，而独特气质的培养需要较长时间，难度也更大一些。培养独特气质是员工建立良好职业形象的关键环节。

案例

小许是20世纪90年代出生的“新新人类”，在一家科技公司负责游戏项目。小许是追赶时尚、跟随潮流的城市大男孩，一会儿跟随韩流，扎着花色头巾，穿者肥大宽松的韩装；一会儿又是街舞男孩的超酷打扮，戴一个耳环，戴粗大的手链，好端端的牛仔裤剪了好几个洞，要不就是一边裤脚高，一边裤脚低。总之，什么流行玩什么，什么时尚跟随什么。幸好科技公司环境宽松，同事大多是年轻人，也是着休闲装，小许也认为这是自己的个性、自己的风格，没什么不妥。

一天，董事长不打招呼忽然而至，看到小许这一身超酷打扮，脸色十分难看，说道：我还当我们公司来了夜总会歌手或是街头艺术家呢！小许尴尬得恨不得马上换掉身上这套行头。

【案例分析】

“90后”玩的就是个性，这是个人喜好，无可非议。然而，在工作环境中就不同了。所以，新潮男生应注意，酷装就留在休闲时间穿，上班时间还是穿得正式点。其实男生只要一件白衬衫、一条西裤，打上领带，鞋子光亮点，气质就出来了。

五、树立责任意识

在社会生活中，人们在享受权利的同时，还必须承担相应的社会责任，履行相应的义务。责任既是社会规则有序的保障，又是个人有所成就的可靠基础，也是为人处世必备的基本要素。因此，责任意识是建立一切优秀品质、培养一切美好行为的首要因素。可从如下几个方面来培养自己的责任意识。

（一）培养自省意识

自省是建立一切良知与自我约束的基本要素。一个人缺乏自省意识，他就永远不能求得良好的发展和完善。人要有自省意识，随时反省自己，才能使自己少犯错，不断地发展完善自己，才能认真履行自己的职责，也才能有所成就。

培养自省意识与培养自尊心、自信心和奋进意识并不矛盾。因为人要有所成就，需要自尊、自信，需要顽强进取，但这并不等于可以自高自大，把个人意志凌驾于他人之上，甚至以侵犯或牺牲他人利益为代价来满足自己的欲望。当今一些大学生犯罪的一个重要原因就是个人主义极端膨胀，常以侵犯他人利益来满足自己的私欲。人只有学会自省，才能养成正确的责任意识。

（二）培养自主意识

人要能够对自己负责，必须首先学会把握自己的言行。在社会生活中，人们要正确认识自己，正确履行自己的职责，光有自省是不够的。如果他不能摆正自己的位置，遇事没有什么主见，人云亦云，随波逐流，就不能正确指导自己的言行，也就不能承担任何责任。

自主意识的建立是要以正确的道德意识及正确的人生观为支撑，再辅以自省意识、自律自强来完成的。要培养正确的自主意识，以树立做人的责任感，除了要培养自省意识，增强自尊心、自信心之外，还需有正确的人生观，建立正确的道德意识，从而为明确正确的做人责任打下良好的基础。

（三）培养纪律意识

强烈的责任感在人们的日常生活中常表现为具有严格的纪律性。因为一个人在社会生活中既享受着他应有的权利，又必须承担应尽的义务和责任，这是保证他本人和别人能够充分享受权利的必要条件。而要使人们能够履行责任，承担相应的义务，就必须靠纪律来维持。严格的纪律性常常是许多高尚行为和英雄举动产生的最基本的条件。从个人角度来讲，每个人都有私欲，面对危险与恐惧都有逃避的欲望，面对诱惑也常常会有非分之想。但有责任感的人却严守纪律，约束自己的欲望及行为，使自己不犯错误，正确履行自己的职责，这需要人具有坚强的自制力。一个人若把纪律性作为他行动的指导，他就会以纪律约束自己，坚定不移地履行自己的职责，遵守规则和纪律，并在一定情况下做出高尚的举动，表现出英雄行为。

（四）要培养敬业精神

敬业精神本质上是强烈的责任意识在人们工作中的重要表现。古人讲“在其位谋其政”，既然承担了某一项工作任务，就要尽心尽力地把它干好。要养成敬业精神须从日常生活做起，学会承担一定的责任，学习履行自己应尽的职责。

经典案例

【案例一】

某传播公司人力资源部经理肖先生称，单位对今年新招聘的几个大学生很不满意，几个大学生都是“90后”，平时聚在一起喜欢叽叽喳喳，对领导也很会讨好，但对布置的工作却没有时间概念，经常拖延。结果有两次被经理训斥，几个女孩子当场就委屈得大掉眼泪，怎么劝也打不住。现在经理再给她们布置工作，只能这样说：“小李，你乖一点，今天5点下班前一定要完成任务，可以早点下班。”“小徐，你不要再和小李说话啦，让她快点做。”简直就是“连骗带哄”。

分析：

肖经理认为，现在的一些新大学生虽然功课学业都不错，但由于被家庭过分娇宠，往往心理承受能力很差，对待工作的责任心也不强。他们公司的重要岗位，以后情愿招聘三四十岁有工作经验的人，他们更有责任心，吃得了苦。

【案例二】

王芳在一家小型的销售公司做文员。公司规模不大，二三十人，销售的是健身器材。虽说文员是一个闲职，但王维并不轻松。她每天早上6点起床去上班，晚上7点多才能下班。整个办公室里，就只有她和经理两个人坐守者，其他业务人员都出去跑业务了。

王芳每天要接听很多电话，有打电话要来面试的，有打电话说要订货的，当然也有打电话说买的东西坏了要来换一个的……这些事她都会向经理汇报。虽然经理交代她，如找他有事，电话跟他说一下就可以了，但王芳想，对公司里的事经理有必要有一个大体的了解，就一直坚持在不打扰经理的情况下简略地汇报一下。经理见她做事这么认真、积极，就没有说什么，只是刚开始觉得烦，后来才发现这样也不错，自己对公司的运转情况了解得更多了。

有一次，经理刚好出去了，办公室里就剩下她一个人，有一个顾客打来电话说买的健身器材坏了，要来换一下，并且还要再买两台。王芳心中很忐忑，她没有帮顾客提货的权限，就向顾客说了公司的地址，让顾客有空的话过来一下。打完电话后，王芳立马联系经理，可经理的电话一直都没有接通，她不知道怎么办才好，只好在那里等经理回来。半个小时过后，经理和顾客同时出现在了门口，经理不明白是怎么回事，径直走进了自己的办公室。

王芳让顾客坐下来，倒了一杯茶，让顾客稍等。她先是去了经理办公室向经理说明顾客的来意，等待经理的答复。经理说：“怎么不早说，我要是回来晚了，你就要自作主张把事情处理了吗?”王芳说：“没有联系到你，只能等了，也没想到顾客来得这么快。”经理本想批评她，说她自作主张，可又想到平时她规规矩矩向自己汇报相关的事情，就没有再说什么。得到经理的批示后，她去仓库取来了健身器材交给了顾客。这件事最后总算是顺利地解决了。

分析：

什么是上级？上级的标志就是有高于下属的权力。下属超越权限的行为在职场中是最忌讳的事。如果一切事情下属都可以作决策，那还要上级做什么？王芳做事有不周到之处，才会招来经理的不满和反问。王芳平时就是勤汇报、多请示，这才没有招来更多的指责。在职场中，还要牢记的一点是：在请示汇报中，千万不要添油加醋，掺入自己的判断和主观的猜想。一切要从实际出发，尊重事实，这样才会成为一个诚实、可信又敬业的下属。

训练活动

了解自己的责任心

对以下问题回答“是”或“否”。

1. “既然决定做一件事情，那么就要把它做好。”你相信这句话吗？
2. 与人相约，你从来不会迟到，即使自己生病时也不例外吗？
3. 没有警察时，你会遵守交通规则吗？
4. 你经常拖延交作业吗？
5. 你经常帮忙做家务吗？
6. 你会认真写好每一个字吗？
7. 每天出门前，你有照镜子的习惯吗？
8. 当你作业做到深夜还未完成时，你会继续努力直至完成吗？
9. 与人约会，你通常会提前一会儿出门，以保证自己能准时赴约吗？
10. 当你发现自己脚下有纸屑，你会拾起扔进垃圾桶吗？
11. 你会把零用钱储存起来吗？
12. 发现朋友违规，你会举报吗？
13. 外出时你找不到垃圾桶，你会把垃圾带回家去吗？
14. 你会坚持运动以保持健康吗？
15. 你忌吃垃圾食品、脂肪过高和其他有害健康的食品吗？
16. 你永远将正事列为优先，完成后再做休闲活动吗？
17. 当你玩得正高兴时，妈妈请你帮忙去买酱油，你会放弃玩耍吗？
18. 收到别人的信，你总会在一两天内就回信吗？

说明：回答“是”的得1分，回答“否”的不得分。

点评：4分以下，你是个完全不负责任的人。你一次又一次地逃避责任，将会造成你将来的困境，手上的钱也老是不够用。4～8分，你的责任感有所欠缺，这将会使你难以得到大家的充分信任。9～12分，大多数情况下你都很有责任感，只是偶尔会随性而为，没有考虑得很周到。13～18分，你是个非常有责任感的人。你行事谨慎、懂礼貌、为人可靠，并且相当诚实。

知识阅览

职业道德

美国著名的《哈佛商业评论》评出了9条职业人应该遵循的职业道德：①诚实；②正直；③守信；④忠诚；⑤公平；⑥关心他人；⑦尊重他人；⑧追求卓越；⑨承担责任。

第二节　职场沟通与协作能力

核心知识

一、职场沟通能力

职场人士每天至少有1/3的时间是在职场中过的，能否从工作中获得满足与快乐，能否爱岗敬业并最终成就一番事业，领导、同事和下属均发挥着很重要的影响。因此，在职场中，如何与领导、同事及下属进行交往和沟通，是职场人士必须积极面对的一个问题。讲究职场沟通艺术，不仅可以使职场人际关系更加和谐融洽，大大提高工作效率，还可以减少矛盾与冲突，营造健康优良的工作环境。松下幸之助指出："企业管理过去是沟通，现在是沟通，未来还是沟通。"

（一）初入职场人际沟通原则

人际沟通的关键是要意识到他人的存在，理解他人的感受，既满足自己，又尊重别人。初入职场者在进行人际沟通时要注意遵循以下几个基本原则。

1. 尊重对方

尊重对方是沟通的前提，礼貌是对他人尊重的情感外露，是谈话双方心心相印的导线。因此，在与人沟通时，首先要尊重对方，其次要多用礼貌语言。

2. 真诚守信

真诚是打开他人心灵的金钥匙，因为真诚的人能使人产生安全感，减少心理防卫。良好的人际关系需要沟通双方暴露一部分自我，把自己真实的想法说出来。答应他人的事一定要尽力完成，因种种原因难以践行承诺的，要及时说明原因。

3. 主动交往

主动与人友好、主动表达善意能够使对方产生受重视的感觉，主动的人往往令人产生好感。要想做好本职工作，不仅要取得上司的信任，还必须与同事保持和谐的关系，只有这样，在工作中才能得到他们的支持与帮助。只要有机会，初入职场者就要主动与同事多交流、多沟通。同事之间难免会出现一些误会和矛盾，很多初入职场的年轻人一遇到这种情况，就会马上质疑对方的人品，甚至上纲上线，以为对方有什么企图，最后决定以牙还牙。这样，双方的关系很快就会变僵。因此，初入职场，一定要做到宽容、与人为善。与同事出现了误会，首先要从自身反思，然后主动想办法化解和消除。只有这样，人际关系才会更加顺畅。

4. 信息组织

所谓信息组织就是沟通双方在沟通之前应该尽可能地掌握相关的信息，在向对方传递这些信息时，尽可能地简明、清晰、具体。初入职场的年轻人由于以前没有任何工作经验，在与人沟通时很容易给同事或上级一种“异想天开、脱离实际、年轻气盛”的感觉。降低或消除这种感觉最好的办法就是尽可能做好充分的准备，使自己的建议建立在事实基础之上，从而具有说服力和可执行性，切不可仅凭借自己的观察和主观判断就提出问题，而且没有针对问题的解决方案。

5. 保持适当距离

在人际交往中，一方面要积极主动地与各方面交往，扩大交际范围，保持良好的人际关系；另一方面要注意不给人一种拉帮结派的印象，也就是说，既要积极主动与人交往，又要注意保持适当距离。所谓适当距离，就是无论关系多密切、交情多深，双方都有自己的隐私，要在彼此真诚相待的基础上互相尊重，不干扰对方的私生活，在和谐中保持各自的独立。

（二）初入职场人际沟通技巧

1. 自信的态度

自信是取得良好沟通效果的前提。在职场沟通过程中，不随波逐流或唯唯诺诺，有自己的想法才能赢得他人的尊重与信赖，才能充分调动交际对象沟通的积极性。

2. 体谅他人的行为

这其中包含“体谅对方”与“表达自我”两方面。所谓“体谅对方”是指设身处地为别人着想，并且体会对方的感受与需要。在人际交往过程中，要想有效地对他人表示体谅和关心，唯有设身处地地为对方着想。由于我们的了解与尊重，对方也会体谅我们的立场与好意，从而做出积极而合适的回应。

3. 有效地直接告诉对方

一位知名的谈判专家在谈到他成功的谈判经验时说道：“我在各个国际商谈场合中，时常会以‘我觉得’（说出自己的感受）、‘我希望’（说出自己的要求或期望）为开端，结果常会令人极为满意。”其实，这种行为就是直言不讳地告诉对方自己的要求与感受，若能有效地直接告诉对方自己想要表达的思想，会有利于建立良好的人际关系。但是在沟通时，也要善于控制自我表达。有一种说法；“强势的建议，是一种攻击。”有时，即使说话的出发点是善良的，但如果讲话的口气太强势，对方听起来，就像是一种攻击一样，很不舒服。因此，在与人沟通时，尽量做到“异中求同，圆融沟通”，有话直说，口气可以委婉，但一定要能很好地传情达意。

4. 善用询问与倾听

询问与倾听是用来控制自己，让自己不要为了维护权利而侵犯他人的行为。尤其是在对方行为退缩、默不作声或欲言又止的时候，可用询问引出对方真正的想法，了解对方的立场、需求、愿望、意见与感受，并且运用积极倾听的方式来诱导对方发表意见，进而对自己产生好感。一位善于沟通的人绝对善于询问及倾听他人的意见与感受。

（三）与上级的沟通

职场沟通的对象包括是领导、同事和下属。对象不同，沟通的技巧也有所不同。

上下级之间的良好沟通，无论对个人还是对组织，都具有非常重要的意义。对于下级来说，通过与上级的良好沟通，既能全面、准确地了解相关信息，进而提高工作效能，又可以向领导及时表达自己的思想、观念，有利于自己在职场上快速发展。另外，在与上级沟通时，一定要注意选择合适的沟通渠道，确保沟通的质量。

1. 与上级沟通的原则

与职场上其他交际对象相比，“上级领导”这个群体具有特殊性。从在组织机构中的作用方面看，他们位高权重、影响范围广；从个性特征来讲，他们稳重老练、能力过人而又多少有点自尊自恋、好为人师。因此，在与上级沟通的过程中，除遵循一般的人际沟通原则以外，还有一些特殊的原则。

（1）服从至上。上级在组织机构中处于高层，对于自己领导的组织，他们一般都能够掌握全局情况，对问题的分析、处理比较周全，能够从大局出发。在与上级沟通中，坚持服从原则，是现代管理的基本特征，是一切组织通行的原则，也是组织得以生存和不断发展的基本条件。如果下属与上级沟通时持对抗态度、拒不服从，这样的组织是无法形成统一的意志的，组织就会如同一盘散沙，不可能有大的发展。当然，服从不是盲从，下属一旦发现上级有明显失误，就要敢于建言，及时向领导反映。

（2）不卑不亢。与上级沟通，既不能唯唯诺诺、一味附和，也不要恃才傲物、目无领导。作为下级，一定要尊重领导的意见，维护领导的威信，理解领导的难处与苦衷，提出不同的意见或建议时，要选择适当的时机，用上级易于接受的方式。这样，无论是对工作，还是对沟通双方的感情、建立融洽的人际关系，都是很有益处的。

（3）充分准备，工作为重。上下级之间的关系主要是工作关系，因此，下属在与上级沟通时，应从工作出发，以工作的开展作为沟通的主要内容。切不可在上级面前搬弄是非或一味地对上级讨好谄媚、阿谀奉承，丧失理性和原则。在与上级沟通之前，一定要广泛收集相关信息，做好信息的分析与整理，尽量形成非常明确的结论。

（4）掌握有效的沟通技巧。同普通人一样，上级领导的性格特征也千差万别、各种各样，作为下属，一定要在对上级充分了解的基础上，寻找沟通的最佳方式和技巧。

2. 与上级沟通的技巧

（1）坦诚相待，主动沟通。

初入职场，最为重要的就是要与人坦诚相待，给人留下坦诚的印象。在与上级沟通时，对工作中的事情不要力图保密和隐瞒，要以开放而坦率的态度与之交流，这样才能赢得上级的信赖。

在实际工作中，任何人都难免犯错误，犯错误不要紧，重要的是要尽早与上级沟通，得到他们的批评、指正和帮助，同时取得谅解。消极回避，不仅不能取得上级的谅解，反而有可能让他们产生误解。

（2）心怀仰慕，把握尺度。

只有对上级怀有仰慕的心情，才能实现有效沟通。与领导交谈时，要有一个积极的心态，还要把握尺度。对上级交办的事情要慎重，看问题要有自己的立场和观点，不能一味附和，对领导者个人的事情，作为下属，不要妄加评论。对领导提出的问题发表评论时，应当很好地掌握分寸。

（4）注意场合，选择时机。

领导的心情如何，在很大程度上影响到与之沟通的效果。当领导的工作比较顺利、心情比较轻松的时候，进行沟通效果会好一些。领导心情不好时，最好不要与之沟通。

（5）尊重权威，委婉交谈。

领导者的权威不容挑战。不论领导是否值得敬佩，下属都必须尊重他。与上级沟通时要采取委婉的语气，切不可意气用事，更不能放任自己的情绪。总之，下属与上级沟通要讲究方法、运用技巧。

3. 与各种性格的领导打交道的技巧

由于个人的素质和经历不同，领导会有不同的领导风格。仔细揣摩每一位领导的不同性格，在与他们交往的过程中区别对待，运用不同的沟通技巧，会获得更好的沟通效果。

（1）与控制型的领导进行沟通。

① 控制型领导的性格特征是：强硬的态度；充满竞争心态；要求下属立即服从；讲实际、果决，旨在求胜，对琐事不感兴趣。

② 沟通技巧：与控制型领导沟通，重在简明扼要，干脆利索，不拖泥带水，不拐弯抹角。面对这一类领导，无关紧要的话少说，直截了当、开门见山地谈即可。

此外，他们很重视自己的权威性，不喜欢部下违抗自己的命令，所以应该更加尊重他们的权威，认真对待他们的命令，在称赞他们时也应该称赞他们的成就，而不是他们的个性和人品。

（2）与互动型的领导进行沟通。

① 互动型领导的性格特征是：善于交际，喜欢与他人互动交流；喜欢享受他人对他们的赞美，凡事喜欢参与。

② 沟通技巧：面对互动性领导，赞美的话语一定要出自真心诚意、言之有物，虚情假意的赞美会被他们认为是阿谀奉承，从而影响他们对你的整体看法。他们还喜欢与部下当面沟通，喜欢部下能与自己开诚布公地谈问题，即使对他有意见，也希望能够摆在桌面上交谈，厌恶在私下里发泄不满情绪的部下。

（3）与实事求是型的领导进行沟通。

① 实事求是型领导的性格特征：讲究逻辑性，不喜欢感情用事；为人处事自有一套标准；喜欢弄清楚事情的来龙去脉；理性思考而缺乏想象力；是方法论的最佳实践者。

② 沟通技巧：与实事求是型领导沟通时，可以省掉话家常的时间，直接谈他们感兴趣而且实质性的内容。他们同样喜欢直截了当的方式，对他们提出的问题也最好直接作答。同时在进行工作汇报时，多就一些关键性的细节加以说明。

（四）与同事的沟通

对职场人士来说，处理好同事关系至关重要。所谓同事关系，是指同一组织内部处于同一层次的员工之间的横向人际关系。同事之间最容易形成利益关系，如果不能及时、有效地沟通，就容易形成隔阂。因此，适时地与同事进行沟通，既有利于营造和谐的工作环境，也有利于各项工作的顺利开展。

1. 与同事沟通的技巧

同事之间既是合作者又是潜在的竞争者，这是一种非常微妙的人际关系，因此，职场人士在与同事相处时一定要特别注意沟通艺术。

在与同事沟通时，通常要注意以下几个方面。

（1）主动交流沟通。

人际关系要顺畅，彼此的交流是前提。因此，在紧张的工作之余主动找同事谈谈心、聊聊天和请教一些问题是非常必要的。在主动沟通中应注意把握以下几点：一是要选择合适的时间、地点、场合，选择易引起对方兴趣的话题；二是要保持诚恳、谦虚的态度；三是要随时观察对方的心理变化，因势利导，随机应变；四是要注意语言艺术。

（2）懂得相互欣赏。

职场人士都有得到赞许的欲望，都希望自己的职业和工作受到别人的重视，得到他人较高的评价。因此，在职场人际交往过程中，要善于发现同事的优点、长处及其工作中取得的成绩和进步，并加以及时地肯定和赞美。一句由衷的赞美，既可以表达对同事的尊重，又会赢得对方的好感，进而融洽彼此之间的关系。

（3）保持适当距离。

同事之间保持适当距离，对人、处事才可能客观公正。“过密则狎，过疏则间。”每个人都有自己的私人空间，搞好职场人际关系并不等于无话不谈、亲密无私。所以，当自己的个人生活出现危机时，不要在办公室随意倾诉；同时，要尊重同事的权利和隐私，不打探同事的秘密，不私自翻阅同事的文件、信件，不查看对方的计算机；对同事不品头论足。

（4）重视团队合作。

随着社会分工越来越细，现代企业越来越强调员工之间的沟通协调。作为团队中的一员，无论自己处于什么职位，在保持自己个性特点的同时，一定要很好地融入集体。在工作中，同事之间要同心协力、相互支持；需要大家协同完成的，要事先进行充分的沟通，配合中要守时、守信、守约；自己分内的事认真完成，出现问题或差错要主动承担责任，不拖延，不推诿；确需他人协助完成的，要用请求的态度和商量的语气，不能颐指气使、居高临下。

（5）善处分歧和矛盾。

同事之间会不可避免地出现分歧和矛盾，在发生分歧和矛盾时，一定要学会用适当的交流方式去化解。通常的做法是：第一，不要激化矛盾。对于那些原则性并不是很强的问题，不必非要和同事分个胜负。第二，学会换位思考。与同事发生矛盾时，要学会站在他人的角度想问题，同时，多从自身找原因，主动忍让。第三，主动打破僵局。如果与同事之间已经产生矛盾，自己又确实不对，这时就要放下面子，进行道歉，以诚待人，以诚感人。

2. 与同事沟通的基本要求

（1）确立一种观念：和为贵。

折中的处世哲学中，中庸之道被奉为经典，中庸之道的精华就是以和为贵。与同事相处，难免会有利益上的或其他方面的冲突，处理这些矛盾的时候，首先想到的解决办法应该是和解。能始终与同事和睦相处，往往也极易赢得上司的信赖，因为人际关系的和谐处理不仅仅是一种生存的需要，更是工作上的需要。

（2）明确一种态度：尊重同事。

在人际交往中，自己待人的态度往往决定了别人对自己的态度，因此，若想获取他人的好感与尊重，必须首先尊重他人。每个人都有强烈的友爱和受尊重的欲望。在某方面不如你的人，很可能因为自卑而表现出强烈的自尊，如果你能以平等的姿态与其沟通，对方会觉得受到极大的尊重，从而对你产生好感。因此可以说，没有尊重就没有友谊。

（3）坚持一个原则：避免与同事产生矛盾。

同事与你在一个单位工作，几乎天天见面，彼此之间免不了会有各种各样鸡毛蒜皮的事情发生，个人的性格、脾气秉性、优点和缺点也暴露得比较明显，尤其每个人的行为上的缺点和性格上的弱点暴露得多了，会引出各种各样的瓜葛、冲突。这种瓜葛和冲突有些是表面的，有些是背后的，有些是公开的，有些是隐蔽的，种种不愉快交织在一起，很容易引发各种矛盾。为此，要非常理性地对待他人的缺点、弱点，多一点宽容、多一份担当。

（4）学会一种能力：与各种类型的同事打交道。

每一个人都有自己独特的生活方式与性格。在任何一个组织中，总有些人是不易打交道的。职场人士必须要学会因人而异，采取不同的交往策略。下面简要列举一下日常工作中可能遇到的几类同事及与其交往的策略。

① 傲慢的同事：往往性格高傲、举止无礼、出言不逊。与其交往不妨这样：其一，尽量减少与他相处的时间，在和他相处的有限时间里，尽量充分表达自己的意见，不给他表现傲慢的机会；其二，交谈言简意赅，尽量用短句子来清楚说明你的来意和要求，给对方一个干脆利落的印象，也使他难以施展，即使想摆架子也摆不了。

② 过于死板的同事：与这一类人打交道，不必在意他的冷面孔，相反，应该热情洋溢，以热情来化解他的冷漠，并仔细观察他的言谈举止，寻找出他感兴趣的问题和比较关心的事进行交流。同时，与这种人打交道一定要有耐心，不要急于求成，只要能找出共同的话题，他的那种死板会荡然无存，而且会表现出少有的热情。

③ 好胜的同事：这类同事狂妄自大，喜欢炫耀，总是不失时机地自我表现，力求显示出高人一等的样子，在各个方面都好占上风。交往时，可在适当时机挫其锐气，使他知道，山外有山，人外有人。

④ 城府较深的同事：这种人对事物不缺乏见解，但是不到万不得已或者水到渠成的时候，他绝不轻易表达自己的意见。他们一般工于心计，总是把真面目隐藏起来，希望更多地了解对方，从而能在交往中处于主动地位，周旋在各种矛盾中立于不败之地。和这种人交往，首先要有所防范，不要让他完全掌握你的全部秘密，更不要被他所利用，以致陷入他的圈套之中而不能自拔。

⑤ 急性子的同事：遇上性情急躁的同事，头脑一定要保持冷静，对他的莽撞完全可以

采取宽容的态度，一笑置之，尽量避免争吵。

⑥ 刻薄的同事：刻薄的人在与人发生争执时好揭人短，且不留情面。他们惯常冷言冷语，挖人隐私，常以取笑别人为乐，行为离谱，不讲道德，无理搅三分，有理不让人。碰到这样一位同事，要与他拉开距离，尽量不去招惹他。吃一点小亏，听到一两句闲话，也装作没听见，不恼不怒，与他保持相应的距离。

（五）与下属沟通

在管理过程中，上下级之间能否实现有效的沟通，往往决定着管理的效率，进而决定着组织能否获得大的发展。因此，领导者必须时刻了解下属的观点、态度和价值观念，积极帮助他们通过创造性的工作实现其价值。实现这一目标的根本途径就是面对面的语言沟通。可以说，没有沟通，就没有了解；没有了解，就没有全面有效的平衡的管理过程。作为领导者，不管工作多么繁忙，都要始终保留与下属沟通的时间。实际上，真正有效的沟通并不妨碍工作，也不会占用太长的时间，比如去工作现场时同行、共进午餐等，都是进行有效沟通的极好机会。要成功地与下属沟通，基本原则有三点：一是要有真诚的态度，不搞形式主义；二是要保持开放的心态，广开言路；三是要主动创造沟通的良好氛围，不咄咄逼人。

1. 与下属沟通的技巧

上级在与下属沟通时，可灵活使用下列技巧。

（1）积极授权，传达信任。

授权指上级将职权和职责授给某位下属，它是一门管理的艺术，充分合理的授权不仅能使领导者不必亲力亲为，把更多的时间和精力投入组织机构的大政决策上，更重要的是还能够充分表达对下属的信任。它对下属的激励作用是任何其他管理行为难以企及的。可以说，授权所传达出的信任为上级与下属沟通打下了坚实的情感基础。

（2）拉近距离，平等交流。

下属对上级也往往存在各种各样的心态：试探、戒备、恐惧、对立、轻视、佩服、无所谓。作为领导者，要充分了解下属的心理和他们所关心的焦点问题，适时地与之进行有效沟通。交流伊始要重视开场白的作用，可以从日常生活话题开始，拉几句家常，开一些善意的小玩笑，这样既可以消除对方的疑虑，又能拉近双方心理上的距离，在此基础上再引入正题，就很容易达到沟通的目标了。上级在围绕相关问题阐述自己的观点时，语气要平和，语调要自然，态度要和蔼，晓之以理，动之以情，多采用商量的口吻。

案例

艾森豪威尔是第二次世界大战时的盟军统帅。有一次，他看见一个士兵从早到晚一直挖壕沟，就走过去跟他说：“现在日子过得还好吧？”士兵一看是将军，敬了个礼后说：“这哪是人过的日子哦！我在这边没日没夜地挖。”艾森豪威尔说：“我想也是，你上来，我们走一走。”艾森豪威尔就带着他在那个营区里面绕了一圈，告诉他当一个将军的痛苦：肩膀上挂了几颗星以后，还被参谋长骂的那种难受，打仗前一天晚上睡不着觉的那种压力，以及对未来前途的那种迷惘。

最后，艾森豪威尔对士兵说：“我们两个一样，不要看你在坑里面，我在帐篷里面，其实谁的痛苦大还不知道呢！也许你还没死的时候我就活活地被压力给压死了。”这样绕了一圈以后，又绕到那个坑附近的时候，那个士兵说：“将军，我看我还是挖我的壕沟吧！”

（3）提高频率，缩短时间。

上级与下属的沟通是开展日常管理活动的一种重要方式，因此，作为领导者不要寄希望于一次沟通解决所有问题。要随时随地尽可能多地与下属进行交流，只有这样才能使上下级关系日趋顺畅。但这并不是要求领导者没话找话，而是要把沟通在管理当中的作用日常化，要带着明确的目的沟通，一旦目标实现，就策略地撤退，果断结束谈话，不拖泥带水、海阔天空地扯一些与工作无关的话题。也就是说，领导者与下属的沟通要经常化，一次交流的时间不要太长，频繁地、短时间地与下属沟通，下属更容易感受到领导者的亲近，更明确地体会到上级对他的注意和关心。

（4）因人而异，不做比较。

由于个人性格、知识水平和人生经验的差异，不同的人开展工作的能力和方式也会有很大的差别，这就要求上级在与下属沟通时，要根据不同对象采取不同的方式。要避免拿一个人的短处与他人的长处进行比较，也不能将一个人做错的事同他人做对的事相比。

2. 表扬下属的技巧

表扬下属就是对下属的工作给予正面评价，对其行为、举止予以肯定。其目的是激励下属以良好的心态更加积极地工作。

表扬是现代管理者用得最多又最容易得到对方认同的一种激励措施。领导对下属的表扬，能够有效激发下属的工作积极性与主动性。心理学家杰斯莱尔说：“表扬就像温暖人们心灵的阳光，我们的成长离不开它。”因此，身为领导者应该及时发现下属的优点、进步和成绩，并及时送上真诚的赞美。

作为一种沟通技巧，表扬下属不是随意说几句好听的话就可以奏效的。事实上，表扬下属也要掌握一些技巧。

（1）当众不提名表扬。

团队成员有一个特点：如果在会议上表扬一种现象，而不是表扬某个人，很多人都会对号入座，认为自己就是这种现象的主体，所以上司表扬的就是自己；反之，如果是批评一种现象，绝大部分人都会认为自己没有这种现象，批评的主体不是自己。所以当众不提名地表扬一种现象，可以起到表扬很多人的目的，鼓舞很多人的士气。事实上，当众直接提名表扬，不仅起不到表扬的边际效应，还会使被表扬的人在所有的同事面前略感尴尬，并进而成为大家远离的对象。

（2）一对一，口头表扬。

要真正鼓励某个人，最行之有效的办法就是一对一、面对面表扬。员工的工作激情往往来源于上司的肯定，而肯定的方式有很多种：譬如升职、加薪的重大表扬，口头表扬也是一种重要方式。面对面告诉他：他的某项工作做得非常好，只要继续努力，一定能够取得更好的成绩。

（3）借上司之口表扬。

这种表扬方式适合团队核心成员。这类人多年以来都是在直接上司的鼓励下成长起来的，同样的鼓励出自同一个人之口，次数太多自然就会失去影响力。另外，这些团队核心成员对自己在上司心目中的地位、形象已了然于心，因此，作为上司，要经常将自己属下的突出表现向更高一级的领导汇报，以便他们在与那些表现突出的员工接触时，能够有针对性地赞美和鼓励，这样可以起到自己无法起到的激励作用。

（4）不要又表扬又批评。

作为上级一定要注意，不要对下属的表扬弄得像工作总结似的：先表扬，然后是“但是”“当然”一类的转折词。这样的“一分为二”会使原有的夸奖失去作用，达不到激励的效果，应当将表扬、批评分开，不要混为一谈。若下属确有问题需要指出，也要等到事后寻找合适的机会再批评，这样效果会更好。

3. 批评下属的技巧

工作中犯错也是难免的，作为领导者，在没搞清楚事情始末的时候，就一顿轰炸，完全不给下属解释的机会，不仅不利于问题的解决，反而会导致上下级关系紧张，达不到批评的目的。因此，领导者要想使自己的批评被对方接受，是需要讲究批评艺术的。

（1）摆正自己的心态。

从法律上说，人人都是平等的，没有地位高低、身份贵贱之分，切忌张口闭口就说“你怎么搞的”“你怎么这么差劲，怎么能……”等有伤下属自尊的话来打响批评的第一炮。工作的失误有可能是员工本人一时疏忽大意，切忌对下属进行人身攻击，也不可将其以往工作中出现的错误集中起来，一起兴师问罪。

（2）避免当众指责。

有些领导者喜欢当众斥责下属，以此转移责任，这种方法是不可取的。身为领导，无论如何都对单位的人和事负有责任，这是推诿不掉的。一味强调自己的不知情，反而暴露出管理不力，还会给人留下自私狭隘的印象。在发生问题的时候，领导者如果确实不知情，应把有关人员找来，把问题问清楚。领导者先处理问题，等事后再进行必要的批评。

（3）不要过分指责。对于工作中出现失误并已经认错的下属，不论是真认错还是假认错，认错本身总不是坏事，作为领导应该给予肯定，然后顺着其认错的思路继续下去：错在哪儿？为什么会犯这样的错误？错误造成了什么后果？应该怎样弥补？怎样防止再犯类似错误？这些问题解决了，批评指责的目的也就达到了。

（4）欲抑先扬，就事论事。

卡耐基曾经说过：“矫正对方错误的第一方法——批评之前真诚赞美对方。”上级在批评下属之前先就对方的长处给予真诚的赞美，因为这样能够很好地化解被批评者的对立情绪，使批评在和谐的氛围中进行，从而达到理想的效果。在批评时，一定要客观具体、就事论事，不转移话题，不随意联想，更不要进行人身攻击。批评的话语要简洁明了，适可而止。

二、职场协作能力

职场中离不开你的领导、下属、同事，业务经营离不开客户或是你的对手，只有同这些不同类型的人开展好协作，你才能不断取得成功。你要做到的是：思路清晰、方法得当、有策略、有技术且能巧妙运用各种工具。其实，每个人都有自己的优势和魅力，职场中只要仔细观察，用心领会，掌握其中的思路、策略、方法、工具、途径等，你也能成为职场协作的高手。

（一）与领导协作的路径

1. 有理有度说服领导

如何说服领导，才能让领导能同意你的观点？说服领导既要有理又要有度。有理：观点成立；有度：把握分寸。与领导协作不能只是简单地接受并执行指令，需要有独立的思维与见解，并能够说服领导接受。

因为领导对于自尊和威信有更强烈的诉求，领导更加喜欢务实的下属，绝大多数领导更坚信自己的观点，不喜欢下属凭空反驳自己的观点。说服领导的主要方法有以下几点：

（1）数据支撑，不凭空猜想。

语气委婉，重在商量，照顾领导情绪。例如："从我收集的几十份调查报告来看，事情是不是可以这样……"

（2）用真实案例更有说服力。

语气委婉，把握说话的尺度。例如："×公司和我们情况类似，×公司以失败告终，采取该公司的办法，我们是否需要再慎重一点？"

（3）举出问题做论据。

陈述问题要简短、有力、清晰。例如："我觉得目前的决策存在以下几点问题，它们分别是……"

（4）拿出实际方案，说服会更有力度。

满足领导喜欢务实和客观的心理。例如："我觉得目前的方案并不完美，我做了一个新的方案，我们可以综合比较一下再做决定。"

（5）跳出一己之见，集合众人力量说服。

传递自己的观点，把握领导的接受程度。例如："这个不只是我一个人的意见，我也综合参考了其他人的观点。您是不是再考虑一下？"

2. 韬光养晦施加影响

同样是对领导施加影响，为什么别人受到表扬，而我却挨批评？因为别人施加影响的方式是韬光养晦，而你是锋芒毕露。

（1）与领导协作，要学会对其施加影响。

① 要让领导人认识到你在协作中发挥的作用。

② 要让领导认识到你在协作中该有的地位。

③ 要让领导认识到你在协作中表现出的能力。

（2）与领导协作，不能过于施加影响。

① 过于施加影响可能会引起领导的反感。

② 过于施加影响可能会引起领导的戒备。

③ 过于施加影响可能会引起领导的敌视。

(3) 与领导协作应该韬光养晦地施加影响。

① 隐藏锋芒，逐步积累自己的威信。

② 从细节入手，逐步积淀自己的魅力。

③ 增强自控，逐步调整自己的情绪。

④ 润物无声，逐步传递自己的观点。

3. 面对问题要拿出方案

(1) 面对问题的解决步骤。

如果在工作中出现问题，你应该这样做：第一步确认问题，第二步分析问题，第三步寻找对策，第四步评估对策。

(2) 与领导协作的方式。

A君选择逃避，B君选择等待，C君选择抱怨，D君拿出方案。最终D君胜出。

因为选择逃避会让领导对其人品失去信任，选择等待会让领导对其能力失去耐心，选择抱怨会让领导对其抗压力产生怀疑，只有拿出方案的人不仅体现了面对问题的积极态度，也体现了面对问题的抗压能力及解决能力，这会为他与领导的协作打下坚实的基础。

4. 及时提醒领导的遗漏

领导也是人，做事难免会有遗漏，你要及时提醒他。首先，你要知道领导遗漏了什么，然后要分析领导为什么会出现遗漏：领导太忙，或者领导不便参与，还是领导忽略了？身为下属的你需要及时提醒领导，但是提醒需要掌握技巧，在错误的时间和场合提醒会引起领导的反感。如何及时提醒领导？须注意的第一点是在工作中要注意领导的细节，并且熟记于心；第二点是在办事的过程中要学会察言观色，明确哪些需要提醒，哪些不需要提醒；第三点是针对不同事项选择不同的提醒方式。

(1) 领导太忙。可以在休息时间提醒领导，或是在闲聊时提醒领导，也可以在领导心情好的时候提醒他。

(2) 由于身份不便参与。可以选择休息时间提醒此事，探知领导的态度，询问领导是否需要为其代办此事。例如：昨天应该去参加某位下属的生日聚会，下属给领导发出了邀请，领导担心去参加影响不好，可询问领导可否代其向下属解释并送去迟到的祝福。

(3) 领导忽略的事项。

例如：领导近期要参加一个经济论坛活动，但是只有构想演讲内容的时间，那么你可以为领导整理参加人员名单，便于领导尽快熟悉，为领导查询好时间和行车路线，避免遇到特殊情况而迟到，同时与主办方提前联系，帮领导提前安排好一切事宜。

5. 提前构想应变措施

当要和领导协作完成一项事务时，一定要提前构想好应变措施，不能等到出现意外时再来考虑如何应变。可以采用PDPC法。

PDPC法，即过程决策程序图法，是在制订计划阶段或进行系统设计时，事先预测项目可能发生的障碍（不理想事态或结果），从而想出一系列对策措施，以最大的可能将项目引向最终目标（达到理想结果）。该法可用于防止重大事故的发生，因此也称为重大事故预测图法。

过程决策程序图法的优点很多，具体来说主要有以下几点：

第一，能从整体上掌握系统的动态并据此判断全局。据说象棋大师一个人可以同时和十个人下象棋，而且还能赢。这就在于象棋大师胸有全局，因此能够有条不紊地谋划策略，即使面对十个对手，也有把握战而胜之。

第二，具有动态管理的特点。

第三，具有可追踪性。PDPC 法很灵活，它既可以从出发点追踪到最后的结果，也可以从最后的结果追溯中间发生问题的原因。

第四，具有前瞻性。能预测到通常很少发生的重大事故，并在设计阶段就考虑应对的预案。

PDPC 法可分为两种：一种是顺向思维法；一种是逆向思维法。

PDPC 法主要有五个方面的用处：

第一，制订目标管理的实施计划，确定在实施过程中解决各种困难和问题。

第二，制订科研项目的实施计划。

第三，对可能出现的事故进行预测。

第四，制定工序控制的一些措施。

第五，选择处理纠纷的各种方案。

6. 正确向领导作汇报

想要协作沟通好，正确汇报很重要，要选择正确汇报的时机，掌握正确汇报的技巧，端正汇报工作的态度。正确汇报有助于增强领导与自己协作的信心，有助于领导了解协作的具体情况并及时解决问题，有助于领导安排下一步的协作。

（1）选择汇报时机。要了解领导的心性、心理、情绪，了解沟通的氛围。

（2）掌握汇报技巧。注意不要越级汇报，不要小题大做，不要事事汇报，不要模糊汇报，要带好笔和本。

（3）端正汇报态度。要做到谦虚、自信，不要抱怨、推诿，不要诋毁他人，不要乱说话。

（二）与下属协作的技巧

1. 明确下达唯一指令

要与下属协作顺利，指令必须明确且唯一。下达指令是领导者指挥下属工作、与下属进行互动协作的开始。指令过多或过于频繁可能会让下属无从下手，最终会适得其反，阻碍协作进程。明确的指令可以帮助下属规划目标，制定方案，增强信心，实时监测。那么下达指令如何做到明确且唯一？可以将指令细分为一个个阶段性的任务，并规定一个完成的时间周期。另外还要明确每一个指令的执行要素。

2. 给予信任，理智授权

与下属协作就像放风筝，让它们在天上飞是因为风筝线始终握在自己的手中。因为下属要做好相应工作，必须是在职责范围内，或是领导给予了相应授权，作为领导者要学会授权，但是授权并不意味着完全放权，而是要在区分内容和对象的基础上拿捏授权的尺度，进行理智授权。理智授权要做到：一要明确自己的岗位职责，有针对性地选择授权内容；二要分析授权对象的特点和能力，确定授权的程度；三要对授权的工作及时监控和反馈。有以下几种授权的类型：

（1）部分授权。领导者在一定条件下、一定程度内允许下属自行执行，并要求下属保证及时沟通与反馈。对经验丰富、能力过人的授权对象可以采用这种授权方式。

（2）逐渐授权。领导者通过对下属的严格考查，逐渐将权力交予对方。对需要逐步培养及考查的授权对象，并且在任务不是很复杂的情况下，可以采用这种授权方式。

（3）弹性授权。领导者在不同时期授予下属不同大小的权力，并在一定时期后将权力收回。这种授权方式十分灵活，根据不断变化的协作情况采取不断变化的授权形式。

3. 过程问询跟踪监督

如果你做事风格是只要求结果，不关注过程，那么结果往往出乎你的意料。如果你做事风格是既要求结果，又关注过程，那么结果是你早已胸有成竹。因此你要在协作中跟踪下属的执行情况，监督下属的执行结果。过程问询跟踪监督的方法有：

（1）定期寻求反馈法。可以让下属通过定期汇报总结的方式向自己反馈，在跟踪和监督的过程中加深协作。

（2）自我节点控制法。对进程中重要的节点进行主动跟踪和监督。虽然领导者在与下属协作的过程中要理智地授权。但授权不代表领导者可以完全无视过程。对过程的把控比对于结果的纠偏更重要，它可以保证协作沿着正确的轨道进行。跟踪：主要指跟踪下属的执行进度、困难、情绪、成果、目标等。监督：指在协作的过程中对下属执行的效率进行管控，保证目标的实现。

4. 在必要节点上提供帮助

在必要的节点上要对下属提供帮助，这些节点主要包括起点、难点、重点、障碍点、终点等，主要帮助下属解决难点，监管重点，排除障碍点。

案例

让下属小王负责组织联谊聚会，增进公司和客户的感情，那么，作为上级领导，你要注意哪些问题？

（1）难点：邀请与会嘉宾。你可以动用自己的人脉关系，帮助下属扩大嘉宾的选择范围；对于个别不愿出席的重要嘉宾，领导可以亲自邀请；个别与会嘉宾的身份及性格特征也要告知下属，以便其更好地做好邀请工作。

（2）重点：活动的主题。你可以提供活动主题的大概范围，帮助下属圈定方向；可以告知举办活动的目标和意义，帮助下属确定主题、广告语及宣传和策划。

（3）障碍点：与会人员的安排，会场的突发情况。你可以及时跟踪下属组织活动的执行进程，提醒其细节上的注意事项；准备备用方案，如果遇到突发情况，帮助下属协调解决，或者直接启用备用方案，保证活动顺利进行。

5. 目标纠偏，把控方向

与下属协作，目标纠偏和把握方向很重要。要做到锁定目标：不论发生什么困难或突发情况，都按照原定目标进行；目标管控：如果目标偏离原定轨道的话，做得越多，错得越多。

6. 奖优惩劣，有效激励

领导者要学会激励下属高效协作，有效激励需要将正面的奖励和反面的惩罚结合起来使用，两者缺一不可，如何将两者结合使用呢？

（1）同时使用，让下属一方面看到被奖励的正面榜样，一方面避免成为受惩罚的反面典型，对其施加双重影响。

（2）注意使用顺序，先奖励后惩罚还是先惩罚后奖励要依据具体情况而定。奖优惩劣，要遵循公平定律，这样才不会产生骄纵心理、敌对心理、愤怒等不平衡心理。

（三）与同事协作的方法

1. 平等沟通，不卑不亢

同事之间协作沟通不能“卑”，例如：“求求您帮我解决一下这个问题吧！”同事之间协作沟通不能“亢”，例如：“喂！帮我做一下这个工作呗！”与同事沟太过自卑的话，难以树立良好的职业形象，太过自负的话，难以形成融洽的人际关系

正确的沟通态度介于两者之间，正确看待和评估自身的能力及特质，练就自信心理。正确定位同事之间的关系，这有助于培养不卑不亢的态度。正确看待与同事协作的事项，大家是以共同的目标为基础，以平等的身份进行团队合作。

2. 任务分工，密切合作

任务分工是与同事之间协作的重要支撑。它可以提升协作效率，保证协作效果，增强协作动力。任务分工保证了每个人的熟练程度，自然提升了效率。同时促使每个人加深了对工作的了解，自然保证了结果。另外有竞争有协作，自然增强了动力。

为什么有些同事在协作时，虽然进行了任务分工，但是没有达到该有的效果呢？主要问题是：任务分工不明确，导致无从下手；任务分工不具体，造成互相干扰；任务分工不得法，事倍功半。

3. 责任到人，清晰明确

通力合作不仅需要任务单，还需要责任状。与同事协作要责任到人，清晰明确。责任是推进器，它可以促使人更好地执行任务。责任是对协作效果的保证，它可以更好地约束行为。所以与同事协作要确保责任到人且清晰明确，这样对彼此都会产生制约力，也有利于各自发挥主观能动性，彼此密切合作，合理分享协作成果。

（1）将责任和人的权力相结合。同事间进行协作都有各自的权限，将责任和权力相结合会促使协作者更加珍惜并慎重使用手中的权力。这样可以保证在协作的过程中做好自己的本职工作。

（2）将责任和人的岗位相结合。将责任和岗位相结合可以形成岗位职责，这样既可以清晰梳理协作流程，又可以避免人员的流动给协作带来负面影响。

（3）将责任和个人的任务分工相结合。因为人员和岗位都有可能会发生变化，而将责任和任务相结合便可以很好地应对协作过程中的变化，增强同事间协作的明确性。

4. 资源共享，互通有无

如果我把我的资源给你，这样你就多了一项资源。如果我把我的问题给你，这样我便少了一个问题。为什么同事之间协作需要资料共享，互通有无？其实每个人的心理都有相同的地方，如果我想要获得资源，必先给予。同时别人获得了资源，也会想到回报对方，回赠对方需要的资源。这就是资源共享，互通有无。

5. 利益分配，公平合理

与同事协作利益分配要公平合理。不公平的利益分配会破坏协作关系与和谐氛围，不合理的利益分配会打击同事间协作的积极性和热情。一是因为利益分配是体现分工主导地位的“风向标”，不公平合理难以平民心；二是因为利益分配是体现协作执行能力的“晴雨表”，不公平合理容易起争端。

利益分配是整个工作中必须认真谨慎对待的一环。就是因为处理不好这一环，很多合作伙伴反目成仇，很多项目从此终结，很多公司停滞不前，甚至就此倒下。

要公平，就不能厚此薄彼，不能排资论辈，不能只考虑一部分人，不能仅凭地位，不能仅听一家之言。

要做到合理分配，可以按任务总量计算，可以按贡献大小计算，可以按能力高低计算，可以按任务难度计算，可以按绩效标准计算。

总而言之，利益分配是非常重要的，切不可匆忙决定，要全方位地考虑，切实做到公平合理，最终目的是激励所有人。

6. 优势互补，通力合作

同事协作要学会优势互补。

（1）优势互补需要认清自我。与同事优势互补，事先要明白三点：自己想达成的目标是什么？自己的优势在哪里？自己的局限又在哪里？只有弄明白了这三点，才能进一步推进协作。

（2）优势互补需要达成共识。

所谓达成共识，就是互相认可对方的优势是什么，如果彼此连对方的优势在哪都没弄清，就谈不上互补，也不知道互补什么。

（3）优势互补需要适当退让。承认自己的局限性不是件轻松的事情，优势互补就是互补对方的劣势和短处，如果认识不到自己的短处，优势互补同样无从谈起。在这种情况下要以大局为重，以协作的目标为先，适当地退让是明智的选择。

经典案例

【案例一】

张琳在国内一家大型化妆品公司工作，主要负责产品采购。她做事踏实认真，每次部门经理交给她的任务总能够圆满完成，颇受经理赏识。有一次，采购部经理告诉张琳，泰国有一种产品很畅销，现在采购到国内，一定会有很好的市场前景。张琳听后半信半疑，她认为在国外畅销的产品，国内未必畅销，这样贸然行动，风险很大。张琳说出自己的想法后，经理却仍然坚持要大量采购，并且将采购账户上的资金全部透支。

对于零售采购商而言，有一条非常重要的规则，即采购账户上必须存有一定数量的余额。否则，一旦账户资金透支，就不能再采购任何商品了。张琳深知其中的道理，对于经理的冒险行为一直提心吊胆。令她担心的事情终于发生了。一天早上，公司总经理打电话给张琳，说法国市场有一种畅销的化妆品，打算尽快采购。这个消息太突然了，让张琳有点措手不及。

经过考虑，张琳决定向总经理说明情况，但是她并没有将过错推到本部门经理身上，而是主动承认这件事的错误是自己造成的。总经理听后很生气，可是当他耐心听完张琳对泰国那批产品的具体描述，又坦诚地承担责任后，决定原谅她，再给她一次机会。之后，总经理向公司总部申请拨款，让张琳出面采购法国的化妆品。在接下来的销售中，这两种产品在国内市场都卖得特别好，深受顾客喜爱，公司业绩直线上升。在公司的总结会议上，总经理表扬了张琳敢作敢为、勇于承担过错的精神。不仅如此，还发给她一笔丰厚的奖金。

对于张琳来说，当时她主动承认了错误，就等于承担了一定的风险，极有可能遭受处罚，甚至有被辞退的风险。但是，她这种勇于承担责任的行为，却为她带来了丰厚的奖励，并使她的职场之路从此一帆风顺。其实，无论从事哪种职业，在一个团队中，都难免有功有过，如果人人都争功诿过，就无法做到和谐相处，那么也谈不上发展。因此，只有常常“静坐常思己过，闲谈莫论他非”，做到功成不居，过失不诿，才能得到他人的认可。

【案例二】

小丽进公司不久，总经理的秘书就出国了，由于她谦虚、勤奋和聪明，总经理秘书这个空缺就被她填补了。随着地位的变化，她开始有些飘飘然了，不久，同事们能从她说话的口气中感受到她那种无形的优越感。这天，市场部张经理打电话找总经理，小丽回答：“总经理出去了，等他回来，我马上与你联络。”小丽的回答让张经理感觉怪怪的，心里很不舒服。没过几天，总经理就提醒小丽要摆正自己的位置，为人要低调一些。

显然，张经理在总经理那里说了对小丽不满的话。张经理为何对小丽的应答感觉怪怪的呢？因为小丽的答语给张经理这么一种感觉：总经理似乎只属于她一个人，我张经理只是一个外人。

训练活动

一、测测你的人际沟通能力

1. 你在说明自己的重要观点时，其他人却不想听你说什么，你会（　　）。

A. 马上气愤地走开

B. 于是你也就不说了，但你可能会很生气

C. 等等看还有没有继续说的机会

D. 仔细分析对方不听自己说话的原因，找机会换一个方式再说

2. 去参加老同学的婚礼回来，你很高兴，而你的朋友对婚礼的情况很感兴趣，这时你

会（　　）。

A. 详细述说从你进门到离开时所看到和感觉到的相关细节

B. 说一些自己认为重要的内容

C. 朋友问什么就答什么

D. 感觉很累了，没什么好说的

3. 你正在主持一个重要的会议，而你的一个下属却在看他的手机，并有声音干扰会议现场，这时你会（　　）。

A. 幽默地劝告下属不要玩手机　　B. 严厉地命令下属不要玩手机

C. 装作没看见，不管他　　D. 给那位下属难堪，让其下不了台

4. 你正在向老板汇报工作时，你的助理急匆匆跑过来说有一个重要客户的长途电话找你，这时你会（　　）。

A. 说你在开会，稍后给客户电话

B. 向老板请示后，去接电话

C. 让助理说你不在，询问对方有什么事

D. 不向老板请示，直接跑去接电话

5. 你去与一个重要的客户见面，你会（　　）。

A. 像平时一样穿着随便　　B. 只要穿得不太糟糕就可以了

C. 换一件自己认为很合适的衣服　　D. 精心打扮一下

6. 你的一位下属已经连续两天下午请了事假，第三天上午快下班的时候，他又拿着请假条过来说下午要请事假，这时你会（　　）。

A. 详细询问对方为何要请假，视原因而定

B. 告诉他今天下午有一个重要的会议，不能请假

C. 很生气，什么都没说就批准了他的事假

D. 很生气，不理会他，不批假

7. 你刚应聘到一家公司任部门经理，上班不久，你了解到公司中就有几个同事想就任你的职位，老板不同意，才招聘了你。对这几位同事你会（　　）。

A. 主动认识他们，了解他们的长处，争取成为朋友

B. 不理会这个问题，努力做好自己的工作

C. 暗中打听他们，了解他们是否具有与你进行竞争的实力

D. 暗中打听他们，并找机会为难他们

8. 与不同身份的人讲话，你会（　　）。

A. 对身份低的人，总是漫不经心地说话

B. 对身份高的人说话，总是有点紧张

C. 在不同的场合，会用不同的态度与之讲话

D. 不管是什么场合，都是用一样的态度与之讲话

9. 你在听别人讲话时，总是会（　　）。

A. 对他的讲话很感兴趣，记住对方所讲的要点

B. 请对方说出问题的重点

C. 在对方讲些没必要的话时，立即打断他

D. 在对方不知所云时，你就很烦躁，就去想或做其他的事

10. 在与人沟通前，你认为比较重要的是，应该了解对方的（　　）。

A. 经济状况、社会地位　　B. 个人修养、能力水平

C. 个人习惯、家庭背景　　D. 价值观念、心理特征

评分方法：

1、5、8、10 题：选 A 得 1 分，选 B 得 2 分，选 C 得 3 分，选 D 得 4 分；其余的题：选 A 得 4 分，选 B 得 3 分，选 C 得 2 分，选 D 得 1 分。将 10 道测验题的得分加起来，就是你的总分。

结果分析：

如果总分为 10～20 分，说明你因为经常不能很好地表达自己的思想和情感，所以也经常不被他人所了解；许多事情本来是可以很好地解决的，由于你采取了不适合的方式，所以有时把事情弄得越来越糟；但是，只要你学会控制好自己的情绪，改掉一些不良习惯，你随时可能获得他人的理解和支持。

如果总分为 21～30 分，说明你懂得一定的社交礼仪，尊重他人；能通过控制自己的情绪来表达自己的想法，并能实现一定的沟通效果；但是，你缺乏高超的沟通技巧和主动性，许多事只要你继续努力，就可大功告成的。

如果总分为 31～40 分，说明你很稳重，是控制自己情绪的高手，所以其他人一般不会轻易知道你的底细；你能不动声色地表达自己，有很高的沟通技巧和人际交往能力；只要你能明确意识到自己性格的不足，并努力优化它，一定能取得更好的成绩。

二、阅读下面的资料，思考如何有效进行人际沟通

人与人的交往是一个互相认识，逐渐建立信任，增进了解的过程。你说了，其他人可能不会完全知道，但你不说，其他永远不会知道。战无不胜的人际沟通黄金四原则中，首先提到的原则就是“告诉别人你是谁”，可见表达的重要性。为了很好地与人合作，同时也给自己更多的机会，就必须清楚地表述自己做人的原则，你的原则表述得越清楚，其他人也就越知道该怎样对你，就像领袖必须让所有人敬畏一样，表现出个性中强悍的一面不是坏事，事实证明，这更有助于导致长期的合作，同时也更公平，就像在运动员比赛前一定要让他知道比赛规则一样。

让其他人认识你，这是人际交往的社会基础，只有在了解的基础上才能建立尊重、欣赏、信任等深层次的关系。这一过程的重要性可能已经深入人心了。让其他人认识你，你能做的就是更好地表达自己。这里的表达不是指完全暴露自己、过分表现自己，也不是指向其他人发泄自己的情绪，而是指以平和的语气去叙述自己。人与人沟通的第一步是表达自己，包括表达自己的需要，表达自己的感受，表达自己的思想，表达自己的态度、喜好等。作为有独立意识的个体，他首先要表达的是自己的思想，人是三分理智、七分感情的动物。人类除了有意识、思维之外，更大的一部分是情感。人的心情往往是由对事件的主观认识所引起的，那么如何利用这三分的理智去战胜七分的情感呢？情感的表达又包括哪些呢？

需要是情绪产生的前提，所以表达需要是最重要的，因为满足需要是人心理状态的基础，我们通常用“我想……”“我要……”的方式来表达。这影响着人际交往的动机。当需要满足时人们就开心，不满足时则会失落、悲伤或者生气。当产生某种情绪时，接下来就需

要表达感受，也就是说出“我觉得……”“我感觉……”“我明白……”“我知道……”这样的话。这是人际交往中最直接也最容易被对方接受的沟通。表达了感受可能会引起对方的共鸣，此时若再进一步说出你的想法，你就给了对方一个理由，让对方更清楚地知道你为什么会这样做，你们之间就有了比同情更深层次的理解。这是人际关系进一步发展的条件。我们始终强调的是，以上的表达都要坚持就事论事的原则，都要保持叙事的心态和语态。表达了这三点之后，人际沟通的双方应该有了一个互相理解的基础。但为了维系或发展人际关系，完善以后的交往，还需要恰当地表达自己的态度，即在交流中让对方知道“我喜欢……”“我讨厌……”“我接受……”“我反对……”，这样的表达有利用于交往双方形成一个交往原则，减少日后由于不理解而带来的冲突。所有人际关系的问题，都源于彼此对角色与目标的认识不清，对切身相关的人我们会有所期待，会误以为不必明白相告。人生之所以多姿多彩，是因为情的存在。亲情、友情、爱情是人类情感的三大主题，也是三种最重要的人际关系，那么在这三种人际关系中如何表达自己呢?

亲情是需要表达的，不要等发生矛盾时埋怨父母不理解你，不妨在日常生活中更主动地表达自己。表达你对亲情的理解和态度：告诉他们，你很爱他们；告诉他们，你遇到事情时会怎样来解决；告诉他们，你有什么困难；告诉他们，当他们总说你是小孩子时你的感受；告诉他们，你希望在什么时候得到他们的帮助……爱情是需要表达的，虽然我们都希望爱人能善解人意、体贴入微，希望和相爱的人心有灵犀，但默契也是需要培养的。不要再因为不同的观点、不同的习惯而默默生气，不妨善意地、温和地、坦诚地告诉对方：“我知道我错了，但你当时这样说话时我真的很高兴（难过）”“我本来以为你是会那样想、那样做的”“如果你是我，你能理解我的感受吗?”“我们不要争论对错，只谈谈彼此的感受好吗?”很多时候人们会为了维护面子而激烈争吵，但答案其实心里早已清楚了，这时如果从感觉入手去沟通是否更容易接受呢?友情是需要表达的，不要去猜想他人的心思，很多时候当你们坦诚交谈后才会发现，原来他（她）是这样想的；原来他（她）是在从另一个角度为我考虑；原来他（她）根本不知道我会为此而如此伤心（开心）；原来在你还耿耿于怀的时候他（她）早就把事情忘到九霄云外了……把你的困惑和认识在合适的时间，找个合适的地点，向对方说出来，可能就会减少很多误会，就会使你们的交流更顺畅。

不要再因为缺乏沟通而加深误解，不要再因为沟通不畅而使问题变得越来越复杂。减少了沟通的环节就提高了沟通的效率。当你学会直接地表达时一切都会变得很简单。现在就去告诉你的同学、你的家人、你的友人，告诉他们你是谁，告诉他们你想要什么，告诉他们你需要他们的帮助，告诉他们你的感受，告诉他们你的梦想同样会照亮他们的夜空，然后一起希望，一起等待，一起欢笑，一起痛苦，一起爬山，一起看日出……

知识阅览

成功的17条定律

美国著名的成功学创始人拿破仑·希尔（Napoleon Hill）所写的《人人都能成功》被誉为“一本影响和改变千万人命运的书”。希尔经过数十年的研究，在他的书中归纳出了最有价值的17条定律。

积极的心态	多上些心	正确的思考方法
明确的目标	高度的自制力	培养领导才能
建立自信心	迷人的个性	创新制胜
充满热诚	专心致志	富有合作精神
正确看待成败	永葆进取心	合理安排时间和金钱
保持身心健康	养成良好的习惯	

人际交往的“3A”原则

1. 接受（Accept）

在交往中，要学会认可他人。挑剔会让人失去朋友。

2. 赞同（Agree）

对他人引起自己共鸣的观点表示赞同，会给人以知己感，处处抬杠和反驳则会树敌。

3. 赞美（Admire）

真诚的赞美会引起他人行为发生自己所期待的改变。指责和批评则让他人表现更坏。

第三节 情绪管理能力

核心知识

一、情绪概述

（一）什么是情绪

情绪是一种先天的能力，它同五官一样与我们如影随形，并在每个人的生命中扮演着十分重要的角色。所谓情绪，是指人对客观事物是否符合自身需要而出现的态度的反映或体验，包括内心的体验和伴随的心身变化，即情绪是一个人内心的感受经由身体表现出来的状态。例如：当听到一句针对我们的刺激性、攻击性或侮辱性话语时，我们的交感神经系统便会兴奋起来，体内会分泌出肾上腺素，心跳加快，血压升高，呼吸急促，肌肉紧张，而且往往同时伴有悲哀和愤怒。

情绪的内部体验：人的情绪和情感体验按照对立的性质配合成对，形成两极状态。具体表现有：肯定-否定、强-弱、简单-复杂、积极-消极等体验。

表情：表情可分为面部表情、身体表情和语调表情。

情绪的生理反应：情绪的生理反应几乎涉及所有的系统、器官和组织。

（二）情绪的种类

人类的情绪表现多种多样、千姿百态，我们很难回答出人类究竟有多少种不同的情绪。

我国的心理学家把情绪分为18类，即：安静、喜悦、愤怒、哀怜、悲痛、忧愁、着急、烦闷、恐惧、惊骇、恭敬、抚爱、憎恶、贪欲、忌妒、傲慢、惭愧、耻辱。现代心理学研究认为，兴趣、愉快、惊奇、悲伤、厌恶、愤怒、恐惧、轻蔑和羞愧是人类共同具有的九类基本情绪。其中兴趣和愉快是正面的，惊奇是中性的，其余六类情绪都是负面的。

人们之所以认为悲伤、厌恶、愤怒、恐惧、轻蔑和羞愧这些情绪为负性情绪，有时又称为负面情绪，是因为此类情绪体验是不积极的，身体也会有不适感，甚至影响工作和生活的顺利进行，进而有可能引起身心的伤害。与负面情绪相反，正面情绪是健康的、积极的、温和的情绪。

二、负面情绪对人的影响

（一）负面情绪的消极影响

人们常说“人生不如意十有八九”，也就是说，若将人生分成十份，不称心如意的事情，多占八九份。现实生活中，我们每个人都不可避免地面临着各种各样的烦恼和杂乱的琐事，难免遭遇到郁闷、沮丧、恼火、无聊、莫名其妙的不快乐等负面情绪。

负面情绪的消极影响首先表现在健康方面，“伍子胥一夜白头”的故事我们都很熟悉，现实中我们都能亲身体悟到情绪剧变引起的情绪过敏。例如：人在激动时皮肤会潮红发热，在愤怒、紧张时皮肤会苍白冰冷。为什么会发生情绪过敏呢？人是一个高度精密的统一体，当由各种原因引起急躁、激动、焦虑和抑郁等情绪波动时，会引起内分泌和神经系统的功能紊乱，从而影响皮肤表面密布的微血管的收缩和舒张的平衡，皮毛营养不足，引起皮肤和毛发的病理表现。现代医学认为人类的大部分疾病都与情绪有关，如果经常处于消极或紧张的情绪状态之中，就可能使体内器官和组织处于不正常的活动状态，使人的身体出现注意力难以集中、整天无精打采、记忆力减退、人际关系受损、夜间失眠、生理的紊乱等亚健康状态，甚至导致反社会的暴力倾向。

负面情绪不仅会影响身心健康，而且还会影响一个人的心态，改变其命运。

案例

秀才赶考

“秀才赶考遇棺材”的故事就是典型一个案例。古时候，有两个秀才一起去京城赶考，就在他们即将到达京城时，路上遇到了一支出殡的队伍，两个秀才同时看到了送葬的队伍中那一口黑乎乎的棺材，其中一个秀才心里立刻“咯噔”一下凉了半截，心想：完了，真够倒霉的，赶考的日子居然碰到棺材，这不是预示我今年考试霉运吗？于是心情一落千丈，走进考场，那个“黑乎乎的棺材”一直挥之不去，结果，文思枯竭，果然名落孙山。另一个秀才一开始心里也“咯噔”了一下，但转念一想：棺材，棺材，不是预示我“升官发财”吗？好兆头，秀才我今天要鸿运当头了，一定考中。于是心里愉快，情绪高涨，在考试中文思如泉涌，果然金榜题名。

（二）负面情绪的积极影响

虽然负面情绪给我们人类带来了消极影响，如果发明出一种能完全消除负面情绪的药物，免费提供，我们服不服用呢？多数人的回答是否定的。实际上，一些消极的情绪会产生正面的行为动机，会让个体出现保护自己的行为，而这些行为能让我们得以生存或者舒缓心理压力，是人类自保的必要措施。例如，当一个人在野外的小路上，突然从草丛中爬出一条眼镜蛇，一般人此时都会出现恐惧、紧张等情绪。这时候的负面情绪让我们心率变快，神经系统较敏锐，自我保护意识性增强，充满力量，正是这样的生理变化使我们迅速做出逃避或逃离反应，获得更高的生存率。如果一个人在此时不感觉到害怕，那后果不堪设想。因此，不要简单地消除负面情绪或一味克制负面情绪，要正确认识负面情绪的积极意义；即使在面临过多的负面情绪时，我们也只需要把负面情绪调控在合理的范围内，控制其消极方面的影响。

此外，我们的情绪表达可以控制别人的行为。例如：悲伤时，我们眼皮会耷拉下来，嘴角下撇，眼神游离，声音微弱。这种情绪的表达对我们有着极大的生存价值，因为情绪的表达可以使别人了解我们的情绪，这也是我们常说的情绪表达价值。

（三）情绪的传染性

案例

踢猫效应

一个公司的经理因公司业绩不好把生产部部长叫来办公室训斥了一顿。生产部部长挨训后将负面情绪转给设备科科长，科长又去训斥库管员，库管员回到家看到自己的儿子在看电视，问作业做了没有，儿子说没有，于是库管员对着自己的儿子大发雷霆。儿子感到莫名其妙，平时爸爸问这个问题他也是说没有，怎么唯独今天就发这么大火。儿子被骂了以后也感到很恼火，就独自出门去散心，刚走到路口就看到一只猫经过，孩子心里窝火，狠狠踢向身边的猫，猫突然受到惊吓，在惨叫中飞快逃窜到路边的绿化带中。

公司经理有了坏情绪，潜意识驱使他去找下属发泄怒气，而下属受到上司情绪攻击，又回去找自己的下级做出气筒，这样就会形成一条愤怒传递链，最后的牺牲品是猫。“猫”在心理学上被认为是最弱小的群体。

这就是心理学上著名的“踢猫效应”，也被称为“踢猫理论”。“踢猫效应”描述的是一种典型的坏情绪的传染过程。一般而言，人会有各种不满情绪和糟糕心情，当一个人的情绪变坏时，潜意识会驱使他选择下属或无法还击的弱者发泄。不良情绪和心情会随着社会关系链条依次传递，由地位高的传向地位低的，由强者传向弱者，由金字塔尖一直扩散到最底层，最终的承受者就是无处发泄的最弱小的那一个元素，即“猫”。因此，学会调节情绪以及合理疏泄负面情绪是十分必要的。

三、如何管理和调控自己的情绪

任何情绪都是我们人性的一部分，都应该真实呈现。管理情绪的第一步是了解情绪的本来面目，挖掘情绪产生的深层原因，并得心应手地掌握自己的情绪。

（一）利用情绪 ABC 理论改变认知，减弱或转换负面情绪

情绪 ABC 理论是 20 世纪 50 年代由美国心理学家埃利斯创立的，其理论的基本观点是：人的情绪不是由某一诱发性事件本身所引起，而是由经历了这一事件的人对这一事件的解释和评价引起的。在情绪 ABC 理论模式中，A 是指诱发性事件；B 是指个体在遇到诱发事件之后相应而生的信念，即他对这一事件的看法、解释和评价；C 是指特定情景下，个体的情绪及行为的结果。其中的诱发性事件 A 只是引起情绪及行为反应的间接原因，而人们对诱发性事件所持的信念、看法、解释 B 才是引起人的情绪及行为反应的更直接的原因。

例如，同样是失恋，有的人放得下，认为未必不是一件好事，能很快从失恋的情绪中走出来，而有的人却伤心欲绝，认为自己今生彻底得不到爱，很可能都不会有爱了。再比如，在竞聘失败后，有的人可能会认为，这次竞聘领导职务只是试一试，不过也没关系，下次可以再来，有的人则可能会想，我精心准备了那么长时间，竟然没成功，是不是我能力太差了，我还有什么用啊！周边的同事会怎么评价我？可见，同样的事情，由于个人对此评价不一样，其带来的情绪体验也截然不同。

情绪 ABC 理论揭示了引发我们情绪的主要原因，认为人的情绪可以通过改变不合理认知来达到克服情绪障碍、走出情绪困扰的目的。不合理观念常常具有以下三个特征。

1. 过分概括化

这是一种以偏概全的不合理思维方式的表现。常常把“有时”“某些”过分概括化为“总是”“所有”等，遭受一些挫折失败后，就会认为自己“一无是处、毫无价值”，这种片面的自我否定往往导致自卑自弃、自罪自责等不良情绪。

2. 糟糕至极

这种观念认为如果发生了一件不好的事情，那将是非常可怕的、非常糟糕的，是灾难性的。这种想法会导致个体体验到耻辱、自责自罪、焦虑、悲观、抑郁等极端不良情绪，进而陷入恶性循环难以自拔。

3. 绝对化的要求

这是指人们常常以自己的意愿为出发点，认为某事物必定发生或不发生的想法。它常常表现为将“希望”“想要”等绝对化为“必须”“应该”或“一定要”等。

因此，在日常生活和工作中，当遭遇各种失败和挫折，要想避免情绪失调，就应多检查一下自己的大脑，看是否存在一些“绝对化要求”“过分概括化”和“糟糕至极”等不合理想法，如果有，就要有意识地利用情绪 ABC 原理，换一个角度看待你认为不好的事情，可能事情改变不了，但你可以改变这件事带给你的感受。

案例

认知改变情绪，情绪改变结果

有一个美国年轻军官接到调动命令，将他调到一个处接近沙漠边缘的基地。新婚的妻子也离开生活的城市一同前往。该地夏天酷热难耐，风沙多且早晚温差大，更糟的是当地印第安人都不懂英语，连日常沟通交流都有问题。过了几个月，妻子实在是无法忍受这样的生活，于是写了封信给她的母亲，除了诉说生活的艰苦难熬外，信的结尾还说她准备回繁华的都市生活。她的母亲回了封信跟她说："有两个囚犯，他们住同一间牢房，从同一个窗户往外看，一个看到的是泥巴，另一个则看到的是星星。"从此她改变了生活态度，积极地走进印第安人的生活里，跟他们学编织和陶艺，并迷上了印第安文化。她还认真地研读关于天文的书籍，几年后出版了几部研究星星的著作，成了天文方面的专家。

由此可见，认知改变了，情绪会改变，结果也会改变。因此，当你情绪不好或陷入心理困境的时候，不妨问问自己：为什么这么不开心？是不是自己把有些事情想得太严重了？能不能从另一个角度观察，去发现其积极意义？

（二）利用心理暗示，强化正面情绪，改善负面情绪

案例

望梅止渴

望梅止渴就是最有名的心理暗示的故事。望梅止渴是说三国时期曹操的部队在行军路上，由于天气异常炎热，士兵个个口干舌燥，情绪低落，无精打采。曹操见此情景，大声对士兵说"前面有梅林"，士兵一听到"梅林"，想到酸梅便口生津液，也不觉得渴了。

暗示是人类心理活动的一种特殊形式，其作用自古以来就为人们所熟知。心理学上也有一个著名的试验揭示了暗示作用。在接受试验者的皮肤上贴一片纸，并告之这是一种特殊功效的纸，它能使皮肤局部发热，要求被贴纸的人用心感受那块皮肤的温度变化。十几分钟过去后，将纸片取下，那块皮肤果然变红，并且摸上去发热。其实，那只是一张普通的纸，是心理暗示使皮肤的温度发生了变化。

心理学家巴甫洛夫认为：暗示是人类最简单、最典型的条件反射。心理暗示在心理学上被定义为"用含蓄、间接的方式，对自己或别人的心理和行为产生影响"，即人或环境以非常自然的方式向个体发出信息，个体无意中接受这种信息，从而做出相应的反应的一种心理现象。

暗示从对象上分自暗示与他暗示两种。自暗示是指自己接受某种观念，对自己的心理施加某种影响，对情绪与意志发生作用。例如，有个"不要想粉红色的大象"的心理学游戏。测试对象被告知不能去想象屋子里有一头粉红色的大象，实验发现，越是暗示自己不要想，自己就越是想到粉红色大象。他暗示是指个体在与他人交往中产生的一种心理现象，别人对

自己的情绪和意志发生作用。

暗示从所起的作用上可分为积极的心理暗示和消极的心理暗示。积极的心理暗示对人的情绪、智力和生理状态能产生良好的影响，调动人的内在潜能发挥最大的能力；而消极的心理暗示则对人的情绪、智力和生理状态都会产生不良的影响。

心理学的一个重要暗示规律：装着有某种心情，模仿某种心情，往往能帮助我们真的获得这种心情。也就是说一个人想象自己进入某种情境并感受某种情绪时，结果这种情绪十之八九果真会到来。因此，我们要学会利用诸如“我真棒”“我一定能按时完成任务”等语言、文字或其他一些模拟方法，通过听觉、视觉、触觉等感觉器官，给自己或他人的大脑以良性刺激，来达到调整心情的目的。

（三）借助于心理咨询技术，改善并调节情绪

心理困扰是现代社会的一个很突出且普遍存在的问题，其中包含职业、学业发展，异常行为，情绪障碍，人际关系，竞争等问题，以及中年人职业枯竭、家庭问题、成瘾行为、突发事件等。对这些心理困扰与行为问题若不能及时进行调控，长期积存容易导致抑郁、焦虑、强迫、自卑等负面情绪。

心理咨询是咨询师利用心理学的理论和方法，帮助来访者发现自己的问题及其根源，挖掘自身潜能，改变原有的认知结构和行为方式，减轻心理问题和负面情绪的过程。心理咨询对维护和提高人们的心理健康，调整人的情绪具有重要作用。但由于国内心理咨询行业起步较晚，人们对心理咨询存在以下几方面误区。

求助于心理咨询很丢人。这是因为一些人缺乏心理健康知识，缺乏对心理咨询的正确认识，缺乏正确的求助意识。有人以为只有严重的精神疾病才求助于心理咨询。事实上，重性精神疾病只占心理咨询求助人数的一小部分。心理咨询更多的是面对有社会适应困难、心理调节困难的处于亚健康状态的正常人。

心理咨询会泄露个人隐私。心理咨询不可避免地会讨论个人的经历、感受，这些都是个人的隐私话题，也可能正是我们的问题所在。专业的心理咨询往往具有安全的氛围，当事人可以卸下生活中沉重的面具，坦诚地面对自己的内心，这本身就是咨询和治疗的一部分。在咨询过程中，个人把自己包裹得越严实，从中获得的收获也越少。一方面，专业的咨询师会与来访者共同构建安全的咨询氛围，更会为当事人的言行保密；另一方面，寻求帮助的当事人自己可以掌控讨论的节奏和进度，如果你觉得没有准备好，或者觉得与话题无关，你可以拒绝讨论相关话题，没有人强迫你。

求助于心理咨询的都是弱者。现代社会的人更应认同这样的观念：能够认识到自己的局限或问题并勇于面对，积极向外界学习和寻求帮助，从而积极改变的人，才能更适应现代社会的竞争，才是真正的强者。强者应该善于利用各种资源，包括心理咨询，帮助自己解决问题，而不是选择退却和回避。

心理咨询师应帮我做出决定。这也是很多人对心理咨询的最常见误解之一。当事人有时强烈地希望咨询师帮助自己或代替自己做出生活中的某些决定，事实上这是专业心理咨询所应避免的。因为生活方式的选择权只属于当事人自己，咨询师不可以侵害当事人的这种权利，即使是当事人授意的。心理咨询是帮助当事人发现自己身上的潜力，自主应对生活压力，自己做出决定。专业的咨询师会提供情感支持性、生活指导性的建议，但不会提供人生

选择性的建议，更不会替当事人做出决定。

什么问题适合心理咨询呢？一般当出现以下问题时，可以求助于心理咨询。

- ◆ 失去奋斗目标想重新给自己定位；
- ◆ 不能适应新的环境而苦恼；
- ◆ 遇到人际关系困扰；
- ◆ 为学习或考试焦虑不安；
- ◆ 面临爱或性的困惑；
- ◆ 为人生选择而烦恼；
- ◆ 面临经济压力或来自家庭的困扰；
- ◆ 情绪难以自控或长时间抑郁焦虑；
- ◆ 想更好地开发自己的潜能，合理地规划自己的人生；
- ◆ 想完善自己的人格缺陷；
- ◆ 突然遭遇退学、休学、处分或其他重大打击难以承受；
- ◆ 面临其他强烈的心理冲突。

上面讲的是个体心理咨询，但有的人对个体心理咨询比较排斥，那么可以选择参加团体心理辅导，进行情绪管理的干预和学习自我心理调节的方法。团体心理辅导是在团体的情境下进行的一种心理辅导形式，它是通过团体内人际交互作用，促使个体在交往中观察、学习、体验，认识自我、探索自我、调整改善与他人的关系，学习新的态度与行为方式，以促进良好的适应与发展的助人过程。目前，一般心理咨询机构可以开设包含自我探索与成长、情绪管理、人际交往、团队合作、意志力培养、亲情联结、思维训练与潜能开发、领导力培养、社会责任、自信培养、阳光心态等心理主题的团体辅导，这些主题可以有效地帮助人提高情绪管理能力。

（四）拓宽视野，提升情绪觉察和管理能力

“将军额横堪走马，丞相肚内能撑船”是形容一个人宽宏大量、大人有大量，其所倡导的是为人处世要豁达大度，待人处事要宽厚仁慈。

案例

让出三尺

六尺巷位于安徽省桐城市城内，其得名源于康熙朝宰辅张英对邻居“让出三尺”的故事。

据《桐城县志》记载，康熙年间文华殿大学士兼礼部尚书张英的老家人与邻居吴家在宅基地的问题上发生了争执，两家大院的宅基地都是祖上的产业，时间久远了，成了一笔糊涂账。因为修院墙两家起了争执，公说公有理，婆说婆有理，谁也不肯相让。张家人把这件事告诉了张英，想让张英“摆平”吴家。张英阅过来信，给家人回了一首诗，诗曰：“千里家书只为墙，让他三尺又何妨。长城万里今犹在，不见当年秦始皇。”家里人见信后立即将围墙拆掉，向里移了三尺。这一行为感动了邻居，吴家也把围墙向后退让了三尺，于是两家的院墙之间有一条宽六尺的巷子。这条巷子虽短，留给人们的思索却很长。

张英的宽容豁达、心胸开阔、恭谦礼让的美德让六尺巷的故事广为流传。社会是由千差万别的个人组成的，人际关系中的冲突必然会带来情绪的改变，有些人不能很好管理自己的情绪，常为一些小事而生气、发怒，甚至大打出手，借此出口气，取得所谓的“内心平衡”。其实，这样反而会让情绪变得更糟糕。而高情绪管理能力的人通常是情绪稳定的，不会因小事产生剧烈的情绪波动。

觉察自我情绪的方法：

情绪记录法。用一个星期有意识地留意、记录自己的情绪变化过程。可以将情绪类型、时间、地点、环境、人物、过程、原因、影响等列一个记录表，连续记录自己的情绪状况。一周后再回过头来看看记录，你会有新的感受。

情绪反思法。在一段情绪过程之后，反思自己的情绪反应是否得当，为什么会有这样的情绪，造成这种情绪的原因是什么，有什么负面的影响，今后应该如何防止类似情绪产生以及如何控制类似不良情绪的蔓延。

情绪恳谈法。通过与你的家人、上司、下属、朋友等恳谈，征求他们对你情绪管理的看法和意见，借助于他人的眼光认识自己的情绪状况。

情绪测试法。借助于专业情绪测试工具或咨询专业人士，获取有关自我情绪认知与管理的方法、建议。

5. 调整饮食结构，发泄负面情绪

许多研究结果表明，某些特定的食物能使大脑中产生某些化学物质，从而影响人的情绪，改善人的心情，于是人们把目光投向了食物对心理的影响，由此引出了一门饮食心理学。如果一个人心情不好就到酒吧喝酒，很晚才回家睡觉，第二天起床就感觉累，于是就不停地喝咖啡，而酒和咖啡都是刺激性食品，以毒攻毒就形成了恶性循环。当你发现最近一段时间自己情绪一直低迷，不妨去找一位专业的营养师指导设计餐饮食谱，科学合理地搭配好每一餐，使饮食在缓解负面情绪方面起到良好的辅助作用。

此外，耗氧运动最能消除坏心情，改善情绪。跑步、游泳等大量体能运动能有效地改善或发泄负面情绪。兴趣爱好也能转移人的注意力，给人一个发泄不良情绪的空间。所以，要尽量培养诸如琴棋书画、茶艺、种植花草等适合自己的兴趣爱好。当然，也可以在优美的自然风光中，感受大自然的宏大，体会人与自然的融合，负面情绪也会得到改善或消除。

情绪是与生俱来的，无法消除；情绪没有好坏之分，任何一种情绪对我们来说都有正面价值和负面价值。情绪管理首先是要能觉察自我情绪的变化，接纳自己内心感受的存在，正确地认识自己的负面情绪。其次，要能恰当分析自己情绪的起因，找到办法来处理调控自己的恐惧、焦虑、愤怒和悲伤等情绪；再次，不断地修炼情绪管理技能，不被情绪所左右，不受他人负面情绪感染，并能从负面情绪中挖掘出正面的意义及功能，让负面情绪为己所用；最后，善于帮助他人摆脱负面情绪，有效的方法是积极聆听法，通过有效的聆听、发问、区分和回应，设身处地地了解和接纳他人的情绪，解读其未觉察的内心，帮助其端正心态、稳定情绪、找到问题的根源、积极乐观地对待问题。

经典案例

被苍蝇击倒的冠军

1965年9月7日，世界台球冠军争夺赛在美国纽约举行，路易斯·福克斯的得分一路遥遥领先，只要再得几分便可稳拿冠军了。而就在此时，一只苍蝇落在了主球上。路易斯并未在意，挥挥手将苍蝇赶走了。可是，当他俯身准备击球的时候，那只苍蝇又飞回到主球上来了。在观众的笑声中，路易斯又去赶苍蝇，情绪也受到了影响。而更为糟糕的是，这只苍蝇好像是有意跟路易斯作对，他一回到球台，它就跟着飞回到主球上来，引得周围的观众哈哈大笑。

路易斯的情绪恶劣到了极点，终于失去了冷静和理智。他愤怒地用球杆击打苍蝇，不小心触动了主球，裁判判为击球，路易斯因此失去了一轮机会。本以为败局已定的对手见状勇气大增，信心十足，最终战胜了路易斯，获得了冠军。

训练活动

一、在不同的情景下，每个人产生的情绪各不相同，同学们或多或少都经历过下列情景，想想你当时的情绪是怎样的，先用绘画的形式把它表达出来，最后说明产生该情绪的原因是什么。

当你被同学怀疑是小偷的时候：________________。

当你失去了最重要的东西的时候：________________。

当你解开了一道数学难题的时候：________________。

当你拿着糟糕的成绩单回家见父母的时候：

二、情绪在不同的情景下产生，试分析下面两名学生的情绪表现，分别指出属于哪种情绪以及对这两名同学的作用。如果是你碰到了这种情景，你会怎么办？

A学生这次考试不理想，他满脸愁容，自怨自艾："哎，我这脑袋真笨，看来我不是块读书的料，永远都学不好。"

B学生同样没考好，可他这样对自己说："也许我学习方法不太对头，改改，下次会考好的。"

三、测试自己的情绪状态

（一）完成下面的句子，是哪些事件引起你生气、难过、焦虑、害怕、丢脸、无助的感觉呢？

1. 我最生气的一件事：________________。
2. 我最难过的一件事：________________。
3. 我最焦虑的一件事：________________。
4. 我最害怕的一件事：________________。
5. 我最丢脸的一件事：________________。
6. 我最无助的一件事：________________。

（二）讨论：

1. 你在填写中有何感受？

2. 你认为自己的情绪的知觉能力如何？负性情绪出现时你是置之不理还是平和接纳？

3. 别人的情绪经历对你有何启示？

知识阅览

丹尼尔·特尔曼的EQ定义

1. 认识自身的情绪

认识情绪的本质是EQ的基石，这种随时随地认知自身感觉的能力对于了解自己非常重要。了解自身真实感受的人才能成为生活的主宰，否则必然沦为感觉的奴隶。

2. 妥善管理情绪

情绪管理必须建立在自我认知的基础上。这方面能力较差的人常受低落情绪的困扰，而能控制自身情绪的人则能很快走出命运的低谷，重新奔向新的人生目标。

3. 自我激励

自我激励包含两方面的意思：一是通过自我鞭策保持对学习和工作的高度热忱，这是一切成就的动力；二是通过自我约束以克制冲动和延迟满足，这是获得任何成就的保证。

4. 理解他人情绪

能否设身处地理解他人的情绪，这是了解他人需求和关怀他人的先决条件，特尔曼用同理心来概括这种心理能力。“同理心”是同情、关怀与利他主义的基础，具有同理心的人常能从细微处体察出他人的需求。

5. 人际关系管理

恰当管理他人的情绪是处理好人际关系的一种艺术。这方面的能力强意味着他的人际关系和谐，人缘好，“会做人”，适于从事组织领导工作。显然，这种能力要以同理心为基础。

情绪心理调适方法

1. 心理分析疗法

心理分析疗法，又称精神分析疗法、分析性心理治疗，是心理治疗中最主要的一种治疗方法。其基本理论核心是：人的精神活动可分为潜意识、前意识和意识。潜意识深藏于意识之后，是人类行为背后的内驱力。虽然我们意识不到潜意识的内容，但我们大多数的动机是潜意识的。潜意识的动机在某种程度上影响着我们各方面的行为，人的重要行为表现源于人们自己意识不到的动机和内心冲突。精神分析学说以潜意识的理论为基点，所要探讨的“是一个人为什么是他那个样子”的真正原因。它设法使潜意识的东西进入意识中，然后通过自我认识，摆脱心理问题和不良情绪。精神分析的目的和价值在于它能够挖掘出深藏在潜意识中的各种关系（尤其是童年的精神创伤和痛苦经历），使之被召回到意识中来。

运用心理分析法进行自我调节：合理宣泄、自我反省、心理暗示。通过尽情倾诉积郁在心中的烦闷和内心矛盾，释放心头的重负，恢复心理平衡，如大哭、听音乐、倾诉等；通过分析潜意识中的矛盾和冲突，领悟自身的心理病因与症结，消除病因，治愈心理疾病。一个人无论做出多么不符合逻辑，甚至是荒诞可笑的行为，背后都是有原因的，如果能明白这些行为背后潜在的驱动力，那么就能更深入地认识和把握自己。心理暗示是通过语言、动作以含蓄的方式对自己或他人的认识、情感、意志和行为产生影响的一种心理活动形式，分为积极心理暗示和消极心理暗示。

2. 行为疗法

行为疗法又称行为治疗，是基于现代行为科学的一种非常通用的心理治疗方法，即根据心理学的理论和心理学实验方法确立的原则，对个体进行反复训练，矫正适应不良行为的一类心理治疗。所谓适应不良性行为是不健康的、异常的行为，可以有各种不同的原因，有些是神经系统病理变化或生化代谢紊乱引起的症状，有些则是由错误的学习形成的。行为主义心理学认为：人的行为是后天习得的，既然好的行为可以通过学习而获得，不良的行为、不适应的行为也可以通过学习训练而消除。

运用行为治疗法进行自我调适的方法有系统脱敏法、厌恶疗法、放松疗法三种。系统脱敏法由著名精神病学家沃尔帕创立。系统脱敏法有三个步骤：第一，使肌肉松弛；第二，建立焦虑层次（从最轻微的焦虑到引起最强烈的恐惧依次安排）；第三，在肌肉松弛的情况下，从最低层次开始想象产生焦虑的情境，直到能从想象情境转移到现实情境，并能在原来引起恐惧的情境中保持放松状态，使焦虑情绪不再出现为止。厌恶疗法又称惩罚消除法，是应用惩罚性的厌恶刺激来矫正和消除某些适应不良行为的方法。例如，强迫自己洗手者让其想象自己的手被洗得脱皮的可怕情景，渐渐让自己消除不断洗手的习惯，也可用具体的厌恶刺激或动作，如当不良行为出现时，立即用橡皮圈弹击皮肤，起到惩罚作用。长期的心理紧张如不调适和疏导，容易导致严重的身心疾病。因此，要学会放松自己的情绪。放松疗法就是通过全身肌肉的放松，来缓解紧张情绪，从而保证身体的健康。常用的放松方法是：肌肉松弛法、深呼吸练习操、音乐放松法、凝神法、意念集中法等。

3. 自主训练法

自主训练法，又称适应训练法。其中较简单的一种方法如下：

（1）背部轻轻靠在椅子上，头部挺直，稍稍前倾，两脚摆放与后肩同宽，脚心贴地。

（2）两手平放在大腿上，闭目静静地深呼吸三次；排除杂念，把注意力引向两手和大腿的边缘部位，把意念排导在手心。

（3）不久，你会感到注意力最先指向的部位慢慢地产生温暖感，然后逐渐地扩散到手心。这时，你心里可以反复默念："静下心来，静下心来，两手就会暖和起来。"

（4）做五遍深呼吸，慢慢数五下，睁开眼睛。

第四节　时间管理能力

核心知识

一、时间管理的定义与内涵

（一）什么是时间

人的一生是由时间组成的，时间资源是人生命中重要的资源。古往今来，告诫人们珍惜时间的“盛年不重来，一日难再晨”“一寸光阴一寸金，寸金难买寸光阴”等名言警句和名人珍惜时间的故事数不胜数。然而，时间问题仍然困扰着许多人。能否有效地对时间进行合理的计划和控制，提高时间利用率和有效性已经是现代人社会性格的一个重要标志。目前，时间管理和使用已经成为一门新的学科。

现在是什么时间？我们每个人都可以凭借计时工具或根据感觉给出答案。如果把词序颠倒一下再问：时间是什么？恐怕绝大多数人都会顿觉茫然。的确，从我们降临人间开始，时间就一刻不停地伴随着我们，“时间”对我们是最重要、最平常，也是经常说的名词，但很多人仍然不知道时间是什么。时间本质的问题是极少数科学家、哲学家研究的课题，对于我们绝大多数的人来说并不需要深入探求。我们将时间简单理解为是一条有起点、有单位、有指向、无始无终的直线，它不依赖任何其他事物而永远独立存在。

在所有的资源中，时间不同于其他资源，它没有弹性、无法贮存、无法替代，并且永不可逆。

不可存储性：无论我们用还是不用时间都照样流逝，也不论我们愿意不愿意，都将被迫按一定的速率消耗它。时间一旦丧失，则会永远消失，无法失而复得。因为时间无法储存和复得，所以时间成了世界上无偿使用的稀缺资源。

公平性：时间是绝对平均和公平的，世界上人人都是时间的消费者，任何人一天都只有 24 小时，即 1 440 分钟，无法针对时间进行开源。

不可逆性：时间是不可逆的，人的一生按照出生、成长、衰老、死亡的顺序进行，没有反过来的。

（二）什么是时间管理

时间不可逆、不会停止、不能储存等特性决定人们既无法留住时间，也无法针对时间进行开源，而人们能做的只是有效地进行时间管理。国外学者史蒂芬·柯维指出，人们对时间管理的研究经历了四个阶段（见表 5-5-1）：第一阶段是备忘录式的；第二阶段强调行事日程表，注重规划与准备；第三阶段强调优先顺序，依据轻重缓急制定短、中、长期的目标，再制定相应计划，将有限的时间、精力加以分配，是一种以价值为导向、效率为主旨的学习或工作方式；第四阶段是一种倾向于一切以自然法则为中心的罗盘式时间管理理念，主张关键不在于时间管理理念，而在于个人管理，强调以人为本，人重于事，效果高于效率。

表 5-5-1　时间管理的演进

第一阶段	着重利用便条和备忘录
第二阶段	强调行事日程表，注重规划与准备
第三阶段	强调优先顺序，依据轻重缓急将有限的时间与精力加以合理分配
第四阶段	个人管理，以生活重心为导向

所谓的时间管理是指个体在正确认识时间价值的基础上，在有限的时间内合理地计划、控制和分配任务活动，达到时间与活动的最佳结合状态，以有效地完成既定目标，克服浪费

时间内外因素的过程。

（三）时间管理的好处

（1）用较少的时间可以把事情办好；
（2）工作有条理；
（3）取得更好的成果；
（4）承受较少的压力；
（5）获得成就感；
（6）从工作中获得满足感；
（7）获得更高任务的资格；
（8）承受较小的工作压力和绩效压力；
（9）完成任务中较少失误；
（10）更好地完成事业和人生目标。

二、时间需要管理

（一）时间是有限和稀有资源

我们的时间多吗？我国台湾地区有一个十分经典的“剪时间尺”培训游戏可以对这个问题给出答案。

首先，我们用纸制作一条长 200 mm×20 mm 的“生命时间尺”。在尺子长度方向上均匀制作出 80 个格，每 1 格是 1 年（假设寿命是 80 岁）。

剪掉已经度过的时间。过去的岁月将不会再有，用剪刀把尺子上的 20 个格剪去（假设我们现在是 20 岁）。现在尺子上 60 个格是我们人生还剩下的时间。

剪掉老年期的时间。人在 60 岁后就进入老年期，60 岁至 80 岁处于半退休或退休状态，用剪刀把尺子上的 20 个格剪去。现在尺子上剩下 40 个格是我们一生的黄金时间。

剪掉睡眠的时间。人每天平均睡眠 8 小时，一年 365 天，一年中平均的睡眠时间是 2 920 小时，40 年有相当于 13 年的时间是在睡眠中度过的。剪去 13 个格，剩下的 27 个格是我们一生可以创造价值的时间。

剪掉就餐的时间。一般我们每天早中晚三餐平均需要 2. 5 小时，40 年用于就餐的时间相当于 4 年。剪去 4 个格，现在的尺子上剩下 23 个格。

剪掉交通的时间。我们每天用于交通的时间平均可达到 1. 5 小时，40 年是 21 900 小时，相当于两年半，剪下 2. 5 个格，现在尺子上剩下 20. 5 个格。

剪掉消遣休闲的时间。与亲友、同事聊天，打电话，找东西，看电视，娱乐，40 年用去 6 年，所以请再剪去 6 个格，剩下 14. 5 个格。

剪掉生理需要的时间。锻炼身体、刷牙洗脸、大小便及洗澡按平均每天花去 2 小时计，40 年用去 6 年半，所以请再剪去 6. 5 个格，生命尺上现在只有 8 个格。

剪掉休假的时间。在 40 年中我们休假、闹情绪以及无法集中精力工作的时间总数为 35 900 小时，约等于 4 年。剪下 4 个格，现在尺上剩下 4 个格。

从手中剩下的尺子长度我们可以看到，人的一生真正只有 4 年用于工作，在为自己增加财富、为社会创造价值，这足以让我们明白时间管理的意义。如果这 4 年的时间也没很好管理利用，那真是枉活一世。但令人遗憾的是，现实生活中有不少人只想到如何度过时间，很少人学习管理时间。

（二）时间是压力根源

现代社会生活节奏“快”，“快餐”“快运”“闪婚”“快餐文化”等各种以“快”为特征的事物也应运而生，我们的生活淹没在“快”的海洋里。快节奏的社会生活本来是无可厚非的，然而，不少人在快节奏的环境中却失去了自我，变得无所适从，变得浮躁。许多人忙得分不清欢喜忧伤，盲得没有主张，茫得失去方向。“忙、盲、茫”已成为很多人生活的真实写照。事实上，忙碌、盲目和茫然多是因为我们不懂得分辨事务的轻重缓急，缺乏对时间的管理造成的。所以说，时间既是我们宝贵的资源，也是我们烦恼的根源。

（三）利用好时间价值

许多人总是终日忙碌，在人海漂泊，却始终不知道哪一站才是自己的终点。整天的忙碌，却总感觉收获不多。其实，一个人的成功主要取决于他如何利用时间，大多数人的成功和时间管理能力是成正比的。时间价值分析见表 5-5-2。

表 5-5-2　时间价值分析表

年收入/万元	年工作时间/天	每天工作时间/小时	每天价值/元	每小时价值/元	每分钟价值/元
2	254	8	78. 74	9. 84	0. 16
4	254	8	157. 48	19. 68	0. 33
6	254	8	236. 22	29. 52	0. 48
8	254	8	314. 96	39. 36	0. 66
10	254	8	393. 70	49. 20	0. 80

（四）时间管理之诊断与分析

要进行时间管理，首先要分析目前的时间使用状况，并懂得分辨浪费时间的因素。

目标不明确，没有计划。造成时间浪费最多的是时断时续的工作方式。因为重新工作时需要花时间调整大脑活动及注意力，才能在停顿的地方接下去做。

追求完美。无论任何事情都讲求完美，而且为了达到心目中完美的标准，总是一再拖延时间，永远也无法确切回答完成的时间。

个人生活管理能力差，条理不清。东西乱丢乱放，不用的东西不扔掉，物品不分门别类保管好，时间经常浪费在寻找乱放的东西上面。

信息太多。信息不足会让人感到不安，有人始终对信息保持敏感、大量吸收信息。但现在处于信息爆炸时代，各种有用没用的信息充斥于各种媒体，如果不加筛选地接收信息，反而缺少了思考、体验的时间。

惯性拖延。这是最常见的时间运用不当的类型。这种人总是习惯拖到最后一刻，才熬夜加班赶进度。

常见的浪费时间的行为见表 5-5-3；时间浪费因素分析见表 5-5-4。

表 5-5-3 常见的浪费时间的行为

序号	浪费时间的行为	序号	浪费时间的行为
1	没有目标	8	没有计划
2	无效会议	9	不速之客
3	条理不清	10	经常救火
4	不会说“不”	11	想干的事太多
5	工作搁置	12	拖延
6	缺乏个人管理	13	无效授权或不授权
7	职责不明确	14	无效沟通

表 5-5-4 时间浪费因素分析表

姓名： 日期： 年 月 日

分析干扰因素	干扰者	排序	后果	对策
缺乏自律				
文件杂陈				
拖延				
不会说“不”				
职责混淆				
突然约见				
经常“救火”				
条理不清				
计划不周				
无效会议				
不速之客				
电话干扰				

三、科学利用、管理时间的方法

人们一直在探索利用、管理时间的方法，目前，比较多的方法有：ABC 分类法、21 项时间管理策略、时间管理的 SMART 原则、20/80 原则、四象限原则等。

（一）以 SMART 原则明确自己的目标

时间管理的目的，是让人在更短的时间达成更多自己想要达成的目标。我们都知道成功等于目标，所以一个人越能够把目标明确地设立好，其时间管理和利用就会越来越好。

确立以 SMART 为导向的目标管理原则。目标管理原则不单单是有目标，而且是要让目标达到 SMART 标准。SMART 标准是指：目标的范围是明确的，不是宽泛的，要用具体的语言清楚地说明要达成的行为标准；目标是可衡量性，即最终实施的目标需简化为实际的、可衡量的小目标；目标不是理想化的，是可以通过努力实现的，而且目标应该基于结果而非基于行动或过程；目标必须在确定日期内完成。

根据 SMART 原则，把自己一段时间内需要实现的目标写下来，并清楚地记上要实现这个目标所需要做的那些事情，这样把大目标划分成小目标，更容易实现，而这个清单也会更清晰明了，让自己看清下一步将要实现的内容。一旦有了“个人清单”并划分好小目标之后，就有了一个参考的依据。比如，为了达成今年的每一个目标，上半年必须完成哪些事情？下一步就是把它切割成季目标。每一季需要做哪些事情全部列出来，如此再确定每个月、每周需要做哪些事情，并且在前一天晚上把第二天要做的事情列出来。表 5-5-5 为月计划表。

表 5-5-5　月计划表

2016 年 2 月	本月应该做的事项 ☐ ☐ ☐			本月计划事项 ☐ ☐ ☐		
星期一	星期二	星期三	星期四	星期五	星期六	星期日
1	2	3	4	5	6	7
8	9	10	11	12	13	14
15	16	17	18	19	20	21
22	23	24	25	26	27	28
29						

（二）时间“四象限”原则，掌握正确的做事顺序

时间管理的重点在于如何善用及分配自己的时间。在一次上时间管理课时，教授在桌子上放了一个装水的罐子。然后又从桌子下面拿出一些正好可以从罐口放进罐子里的鹅卵石。当教授把鹅卵石放完后问学生：“你们说这罐子是不是满的？”“是！”所有的学生异口同声地回答说。“真的吗？”教授笑着问。然后他从桌子底下拿出一袋碎石子倒进罐子里，摇一摇，再问学生：“你们说，这罐子现在是不是满的？”这回他的学生不敢回答得太快。有位学生怯生生地回答道：“也许没满。”“很好！”教授说完后，又从桌下拿出一袋沙子，慢慢地倒进罐子里，再问学生：“现在你们告诉我，这个罐子满还是没满？”“没有满！”全班同学这下学乖了，大家很有信心地回答说。“好极了！”教授从桌下拿出一大瓶水，把水倒进

看起来已经被鹅卵石、碎石、沙子填满了的罐子里。这个故事告诉我们，如果不先将鹅卵石放进罐子里，也许以后永远没机会把它们放进去了。

时间“四象限”原则把事情按照重要又紧迫的事、重要而不紧迫的事、紧迫但不重要的事、既不重要又不紧迫的事进行合理排序，并建立一个二维四象限的指标体系（见图 5-5-1）。重要且紧迫的事情是必须做的；重要但不紧迫的事情是应该做的；不重要但紧迫的事情是可以做的；不重要也不紧迫的事情是避免做的。到底该如何排序呢？当然，第一个做的肯定是紧急而又重要的事。把这些事情做好了，其他的事情可以按部就班地做了。此外，我们应该对 A 区中的事情进行收缩，对 D 区中的事情尽量舍弃，把主要精力放在重要但不紧急的 B 区的事情上。这样既能抓得住属于主、重、急的工作，又不耽误次、轻、缓的工作。表 5-5-6 为工作重要性分析表，它可以帮助分析安排主次、急缓工作。

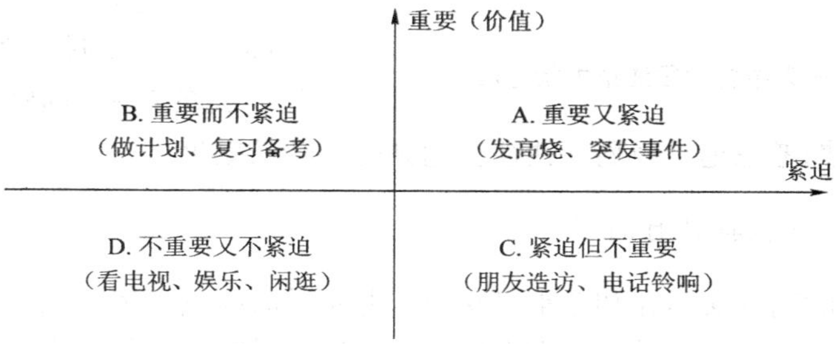

图 5-5-1　时间四象限图

表 5-5-6　工作重要性分析表

姓名：　　　　　　　　　日期：　　年　　月　　日

重要性 / 工作事项	非常重要（绝对要做）	重要（应该做）	不很重要（可做可不做）	不重要（可不做）
频次				
时间				

（三）利用碎片时间的价值

在现实生活中，不少人经常抱怨事情太多：想学习跳舞，想参加英语速成班，想把一本书读完，想陪孩子去公园，想去逛商场，想去健身房……自己就像上了发条一样忙个不停，埋怨时间不够用。

在时间管理中，要善于利用零星时间处理杂务，如在开会前 10 分钟的时候，看一下工作记录，如果还有一封电子邮件要发的话，完全可以利用这个空隙把这项任务完成；利用在车站候车、医院候诊等零星时间背英语单词；在乘车途中阅读一本书。对看似不起眼的零星时间巧妙利用，不轻易浪费，持之以恒，也可起到聚沙成塔、聚水成渊的作用。

（四）掌握生理节奏法，利用好自我最佳效率时间

人的智力、情绪和体力在每月中是呈周期性变化的，变化规律呈一条波浪形曲线，往复循环。当人处于高潮期就会感到精力特别旺盛、情绪高涨、思维敏捷，工作效率也会特别高。在低潮期的时候，会觉得情绪不佳，身心疲惫，反应迟钝，工作效率低下。处于临界点不稳定状态的时候，协调性差，容易出现差错或感染疾病。科学研究证明，人的体力周期为23天，情绪周期为28天，智力周期为33天。即使我们在一天中也能感觉到不同时间人体功能的变化。效率曲线反映的是人一天中不同时段效率高低的规律（见图5-5-2）。掌握生理节奏，合理地休息，运用好每天的黄金时间，合理安排各类任务，将重要的任务放在效率最高的时间段完成，有意识地在情绪高潮期考虑远景规划，往往会达到事半功倍效果。

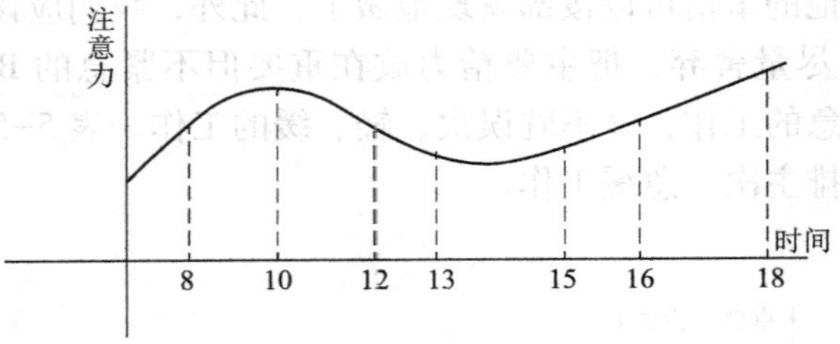

图5-5-2　一天中各时段注意力状态曲线

（五）利用先进手段提升时间利用率

一个人在多数时间其实是在和杂事打交道，并不是时时刻刻都在做重要的工作。学习掌握先进技术对节省时间大有帮助，如数据库软件可以帮助保存资料，高效地提取资料；网络在线交流技术，能减少很多会议，达到事半功倍的效果。还要学会过滤筛选信息、清除不需要的信息源。在这个信息泛滥的时代，有很多干扰源，例如手机、网络等，当我们想要专心做一件事情的时候，一条短信也许就可以让我们转移注意力，去干其他事情，甚至很难再回到最初的状态。所以我们要筛选信息，切断干扰源，让自己更加专注，为自己腾出大块时间来处理重要的事情。

富兰克林有一句名言："时间是构成生命的材料。"生命的有效价值就靠在这些有限的时间里发挥作用。而时间是不受我们主观意志控制的，总是按照一定的速率流逝。所以，时间本身是无法管理的。然而，人虽然不能控制时间的流逝，却能控制自己的行为。因此，如果想成功，必须重视时间的价值，学习利用时间的管理方法，学会统筹兼顾，合理地分配时间，把时间用到极致，让自己真正成为时间的主人。

经典案例

合理地安排时间

穆尔大学毕业后，在哥利登油漆公司做业务员，月薪是160美元，但满怀雄心壮志的他拟定了一个月薪1 000美元的目标。穆尔逐渐对工作得心应手后，他对客户资料及销售图表进行了认真分析，他发现，80%的业绩是来自20%的客户，而他花在每个客户身上的时间都是一样的。于是，穆尔放弃了其中购买量最小的36个客户，全力服务其余20%的客户。

结果如何呢？第一年，他就实现了月薪1 000美元的目标，第二年成为美国西海岸数一

数二的油漆制造商，还当了凯利·穆尔油漆公司的董事长。

这个故事除了告诉我们树立正确目标的重要性，还体现了巴列特定律（也称80/20原理）：总结果的80%是由总消耗时间中的20%形成的。

训练活动

一、制订一个合理实用的计划表

（一）假设现在是星期一的晚上，你要计划未来五天的日程，面前是这五天要做的事情：

1. 你从昨天早晨开始牙疼，想去看医生。
2. 星期六是一个好朋友的生日，你还没有买礼物和生日卡。
3. 你有好几个月没有回家，也没有写信或打电话。
4. 有一份夜间兼职不错，但你必须在星期二或星期三晚上去面试（19点以前），估计要花1小时。
5. 明晚8点有个1小时长的电视节目，与你的工作有密切关系。
6. 明晚有一场演唱会。
7. 你在图书馆借的书明天到期。
8. 外地一个朋友邀请你周末去玩，你需要整理行李。
9. 你要在星期五交计划书之前把它复印一份。
10. 明天下午2点到4点有一个会议。
11. 你欠某人200元钱，他明天也将参加那个会议。
12. 你明天早上从9点到11点要听一场讲座。
13. 你的上级留下一张便条，要你尽快与他见面。
14. 你没有干净的内衣，一大堆脏衣服没有洗。
15. 你想好好洗个澡。
16. 你负责的项目小组将在明天下午6点钟开会，预计1小时。
17. 你身上只有5块钱，需要取钱。
18. 大家明天晚上聚餐。
19. 你错过了星期一的例会，要在下星期一之前复印一份会议记录。
20. 这个星期有些材料没有整理完，要在下星期一之前整理好，约需2小时。
21. 你收到一个朋友的信，1个月了，没有回信，也没有打电话给他。
22. 星期天早上要作一次简报，预计准备简报要花费15个小时，而且只能用业余时间。
23. 你邀请恋人后天晚上来你家共进烛光晚餐，但家里什么吃的也没有。
24. 下个星期二，你要参加一次业务考试。

请将这份事件清单中的各种事件划分不同的优先级，按优先级把它们重新排序，然后根据这些事件，制订一个周末的时间安排表。

时间表可以参照下面的格式，每天上班时间为8—18点（含往来交通时间，中午有1小时休息）：

时间	星期二	星期三	星期四	星期五	星期六
08:00					
08:30					
09:00					
09:30					
10:00					
10:30					
11:00					
11:30					
12:00					
12:30					
13:00					
13:30					
14:00					
14:30					
15:00					
15:30					
16:00					
16:30					
17:00					
17:30					
18:00					
18:30					
19:00					
19:30					
20:00					
20:30					
21:00					
21:30					
22:00					
22:30					
23:00					

（二）编好时间表以后，请考虑：

1. 哪些事情被放弃不做？为什么？
2. 哪件事情有最高的优先级？为什么？
3. 你会高兴地执行这个计划吗？

二、时间管理能力的自测题

（一）请为每一项选择最适合你的修饰语。

自　测　题	选项		
	总是	经常	很少
1. 我觉得我可以工作得更努力。			
2. 我可以告诉你上个星期我工作了多少个小时。			
3. 我常常把事情留到最后一分钟才做。			
4. 对我来说，开始一项工作很难。			
5. 我对下一步要做什么不很确定。			
6. 我要开始做某件事之前，要拖延很长时间。			
7. 我不知道我做的是否足够多。			
8. 我在不同的任务之间频繁地换来换去。			
9. 我在某些地方的工作效率比在其他地方高。			
10. 我在某些时间的工作效率比在其他时间高。			
11. 我工作起来没有规律，往往在某件事上花费很多时间后又搁置一旁。			
12. 我不可能完成我想做的全部事情。			
13. 我不肯定自己是否在优先处理最重要的事情。			
14. 到这门课程结束之前，我不敢肯定自己是否会坚持到底。			
15. 我工作时没有任何计划。			

（二）分析。

1. 我觉得我可以工作得更努力。

你总是觉得你可以做得更好一些吗？如果你总是觉得自己的时间没有发挥最大作用，这说明你的时间管理技巧有问题，你要学会善用时间。

2. 我可以告诉你上个星期我工作了多少个小时。

很多人对自己的工作时间只有个大致的印象：我好像一直在工作。这样是不行的。人们的感觉往往和实际并不相符。研究人员用摄像机摄下实验者的工作情况，把统计得到的工作时间与实验者自我感觉的工作时间对照，发现两者之间的差距相当大。如果你对自己的工作时间没有明确的认识，最好花一天至一星期的时间，逐小时记录自己的工作时间，结果说不定会使你大吃一惊。

3. 我常常把事情留到最后一分钟才做。

如果总是出现这种情况，可能有两种原因：一是你忽视时间管理，不使用时间表；二是在制订时间表时，没有依照合理的顺序。

4. 对我来说，开始一项工作很难。

哪怕订好了计划，要开始做这件工作，仍是件头疼的事——如果常常出现这种情况，那么，症结不在制订计划的环节，而在于“行动”这一环。你要有意识地增强自己的行动意识，并学会一些克服拖延的技巧。

5. 我对下一步要做什么不很确定。

如果总是对下一步要做什么不很确定，则是缺乏整体计划的表现。

6. 我要开始做某件事之前，要拖延很长时间。

请参见对第4项的解释。

7. 我不知道我做的是否足够多。

请参见对第1项的解释。

8. 我在不同的任务之间频繁地换来换去。

怎样确定分配给不同任务的时间长度，是一项重要的技巧，过长或过短都会降低你的效率，你可以通过测试和记录来确定最适合自己的间隔。

9. 我在某些地方的工作效率比在其他地方高。

没有人能完全排除外界影响，不同的地点对人的工作效率有不同的影响，只不过人们往往没有留意这一点。如果你清楚地知道自己在哪些地方的工作效率较高，说明你对自己很了解。这有助于你进行时间管理。

10. 我在某些时间的工作效率比在其他时间高。

请参见对第9项的解释。

11. 我工作起来没有规律，往往在某件事上花费很多时间后又搁置一旁。

这也是缺乏整体计划的表现。

12. 我不可能完成我想做的所有事情。

人不可能完成所有想做的事情，在制订时间表时必须有所取舍。但如果连时间表上的事情也总是不能完成，那么不是时间表不切实际，就是执行的过程出现了问题。

13. 我不肯定自己是否在优先处理最重要的事情。

先明确价值观，再确定目标，就能较容易地为各种事情确定优先级，优先处理重要的事情。如果总是对此感到迷惘，则说明对自己的价值观不很明确，不能清楚地表述自己真正需要的是什么。

14. 到这门课程结束之前，我不敢肯定自己是否会坚持到底。

如果因为缺乏计划和执行能力，常常不能完成想做的事情，就会对自己失去信心，做任何事情的时候都不知道自己是否会坚持到底。

15. 我工作时没有任何计划。

这是你对自己的计划性的评价，请对照上面各项的解释，看你对自己的评价是否恰当。

知识阅览

莱金原则

美国有一位企业家查尔斯·史瓦，他在担任伯利恒钢铁公司总裁期间，曾向管理顾问艾伦·莱金请教说："请你告诉我，如何能在工作时间内做妥更多的事？我将支付给你顾问费。"艾伦·莱金把一张白纸递给他并对他说："请你写下明天必须做的事，并按其重要性排列先后次序。第二天你走进办公室，先从最重要的那项工作做起，并持续进行到完成此项工作为止。然后，你再重新检核你的办事次序，着手进行第二项工作，即使着手进行的那项工作花掉你整天的时间，也不用担心，一定要这样坚持下去，养成自己每天做最重要的工作的习惯。而且，还要让你的下属也这样做，并养成习惯。当你觉得这样做效率高的时候，你再付给我报酬。”果然，试行效果明显。

几周后这位企业家付给艾伦·莱金顾问费25 000美元。这便是著名的“莱金原则”，即：把时间用到最重要的事情上去。当然养成一个习惯并不容易，据统计，养成一个新的习惯一般要用30天。

参考文献

[1] 闫庆斌，李军．大学生职业规划与就业创业指导［M］. 北京：中央民族大学出版社，2015.

[2] 王裕清．大学生职业规划与就业创业指导［M］. 北京：北京邮电大学出版社，2014.

[3] 彭涛．高职生职业生涯规划与就业指导［M］. 北京：中央民族大学出版社，2016.

[4] 杨克欣．大学生职业发展与就业创业指导［M］. 天津：南开大学出版社，2013.

[5] 张艳．大学生职业指导实训教程［M］. 北京：高等教育出版社，2008.

[6] 李花，陈斌．大学生就业指导与创业教程［M］. 天津：南开大学出版社，2014.

[7] 曹广辉．职业生涯规划与择业［M］. 北京：高等教育出版社，2008.